Phytopathologie

E. F. Elstner / W. Oßwald / I. Schneider

Phytopathologie

Allgemeine und biochemische Grundlagen

Spektrum Akademischer Verlag Heidelberg · Berlin · Oxford

Die Deutsche Bibliothek – CIP-Einheitsaufnahme

Elstner, Erich F.:
Phytopathologie : allgemeine und biochemische Grundlagen / E. F. Elstner/W. Osswald/ I. Schneider– Heidelberg ; Berlin ; Oxford : Spektrum, Akad. Verl., 1996
(Spektrum-Hochschultaschenbuch)
ISBN 3-8274-0074-0
NE: Osswald, Wolfgang F.:; Schneider, I.:

Lektorat: Ursula Loos, Marion Handgrätinger (Ass.)
Redaktion: Regine Zimmerschied
Einbandgestaltung: Eta Friedrich, Berlin
Druck und Verarbeitung: Druckerei Bitsch, Birkenau

Inhalt

Vorwort

Das Lehr- und Forschungsgebiet Phytopathologie umfaßt alle Erkrankungen von Pflanzen, vom makroskopisch kaum erfaßbaren Abfall physiologischer Leistungen bis hin zum Absterben einzelner Organe, Individuen oder ganzer Bestände. In deutscher Sprache gibt es einige wenige, gut eingeführte, neu aufgelegte oder neu erschienene Lehrbücher, die sich vor allem der "klassischen" Phytopathologie widmen und damit für das Studium des Faches oder Nebenfaches oder als Nachschlagewerke unentbehrlich sind. Neuere und "brandneue" Erkenntnisse auf dem Gebiet der Physiologie und der molekularen Biologie der Pflanzenkrankheiten sind jedoch nicht nur in der deutschsprachigen, sondern auch in der angelsächsischen Lehrbuchpalette eher fragmentär vertreten und nur schwer aufzufinden. Das im Spektrum Akademischer-Verlag erschienene Lehrbuch und Nachschlagewerk *Schadwirkungen auf Pflanzen* (B. Hock, E. F. Elstner (Hrsg.) 3. Aufl. Okt. 1995) enthält einige Kapitel, die diesem Bereich zuzuordnen sind. Vor allem abiotische Schadwirkungen sind dort intensiv behandelt. Eine konsequente Abhandlung physiologischer und biochemischer Erkenntnisse der erregerbedingten Pathogenese über alle Erregerklassen hinweg fehlt jedoch. Diese Lücke zu füllen, ist die Aufgabe des vorliegenden Lehrbuches.

Es wurde versucht, die grundlegenden physiologischen Leistungen sowohl bei der Symptomausprägung als auch bei der Resistenzinduktion auf eine vereinfachte biochemische Basis zu bringen, wobei einige allgemeine Grundlagen in sehr gedrängter Form in Teil A aufgeführt sind. Dabei konnte natürlich nicht die gesamte "Biochemie der Pflanzen" repetiert werden, was auch völlig unnötig wäre, da gleichnamige "Klassiker" in nur schwer erreichbarer Qualität seit Jahren vorliegen und neu aufgelegt sind.

Es wurde deshalb nicht als Aufgabe gesehen, eine auf die Phytopathologie bezogene Biochemie der Pflanzen zu erstellen. Vielmehr sollten die für die wesentlichen Erregerklassen (Viren, Bakterien, Pilze) charakteristischen Änderungen physiologischer Leistungen auf dem neuesten Stand der zugrundeliegenden Biochemie erklärt werden. In weiten Bereichen wurde eine Untergliederung ähnlich dem Handbuch *The Biochemistry and Physiology of Plant Disease* (R. N. Goodman, Z. Kiraly und K. R. Wood, 1986) gewählt, wobei im wesentlichen zelluläre Kompartimente als "Leistungsträger" den Raster der biochemischen Erklärungsansätze für Symptome oder Resistenzen darstellen. Es wurde auch nicht versucht, die atemberaubenden, erst seit einem knappen Jahrzehnt erarbeiteten molekulargenetischen Grundlagen phytopathologischer Prozesse einzuarbeiten: Es hätte den gesetzten Rahmen bei weitem gesprengt.

Zum Schluß möchten wir dem Verlag, und hier vor allem Frau Dr. Ursula Loos, für ihre Geduld und ihr Entgegenkommen danken. Sie verstand es ausgezeichnet, die Autoren von ihrem Elaborat in endlicher Zeit "abzunabeln", was bei einer ständig anhaltenden Flut von aufregenden, neuen Literaturberichten (»die unbedingt noch mit hinein müssen«) gar nicht einfach ist. Ein ganz besonderer Dank gilt Frau Marlene Göppel: ohne ihre verantwortungsvolle Mitarbeit und ihren bedingungslosen Einsatz hätte das Buch im gesetzten Zeitrahmen nicht abgeliefert werden können. Die Kollegen und aufmerksamen Leser bitten wir um Korrektur- und Verbesserungsvorschläge, damit dieses Erstlingswerk in einiger Zeit wieder auf neuestem Stand und " noch besser" aufgelegt werden kann.

Freising-Weihenstephan, Juni 1996
E. F. Elstner
W. Oßwald
I. Schneider

Einführung

Die Phytopathologie ist die Lehre von den Pflanzenkrankheiten. Dabei werden im "klassischen Sinn" im wesentlichen die Erkrankungen angesprochen, die von Pathogenen, das heißt von Lebewesen (wenn man hier die Viren einmal großzügig dazurechnet) ausgelöst werden. Die Allgemeine Phytopathologie beschreibt dabei die Biologie der Wirte und der Erreger sowie die grundsätzlichen, edaphischen und biologischen Bedingungen, die für Infektion, Symptomentwicklung, Ausbreitung und schließlich für Epidemien verantwortlich sind. Die Spezielle Phytopathologie mit ihren stark anwendungsbezogenen Bereichen erläutert die systematische Stellung und die krankheitsbezogenen Eigenschaften von Erregern und Wirten, wobei die Virulenz von Erregerrassen (Pathotypen) und die spezifische Resistenz von Wirtsrassen (im Sinne der Gen-für-Gen-Theorie) im Mittelpunkt stehen. Die Auslotung von Resistenzen und neuerdings auch von Bekämpfungsschwellen hat dabei eine besondere (wirtschaftliche!) Bedeutung erlangt und stellt einen Schnittpunkt zwischen herkömmlichem Landbau der Industrieländer und ökologischem Landbau dar. Die Molekulargenetische Phytopathologie ist in aller Munde: Seit einigen Jahren stehen der Züchtungsforschung Techniken zur Verfügung, mit denen Resistenzen wesentlich gezielter und schneller erreicht werden können. Mangelndes oder bewußt fehlgeleitetes Verständnis dieser Methoden haben diesen Forschungsbereich zu einem Zentralthema der politischen Kontroverse und auch der Sensationspresse gemacht. Die Biochemische Phytopathologie beschreibt Phänomene der Wirtsbesiedelung durch Pathogene, die Symptomausprägung nach Infektionen, die intra- und interzellulären Wege und Mechanismen der Resistenzinduktion sowie die Resistenzmechanismen auf molekularer Ebene.

A Schädigungsmechanismen - generelle Aspekte

Der Großteil Höherer Pflanzen ist gegen die meisten potentiellen Pathogene resistent. Ein Pathogenbefall mit nachfolgender Erkrankung ist demnach die Ausnahme und nicht die Regel. Die allgemeine und biochemische Phytopathologie beschäftigt sich mit den naturwissenschaftlichen Gesetzmäßigkeiten und der Biochemie der Wirt-Parasit-Beziehungen. Unter Wirten versteht man im wesentlichen grüne Kormophyten, das heißt Höhere Pflanzen. Die Organisation des Kormus, also des Körpers der Höheren Pflanzen, ist in der folgenden Abbildung dargestellt.

Grundsätzlich können alle Teile der Höheren Pflanze von Pathogenen besiedelt werden, angefangen von den Wurzelhaaren bis hin zu den Samen

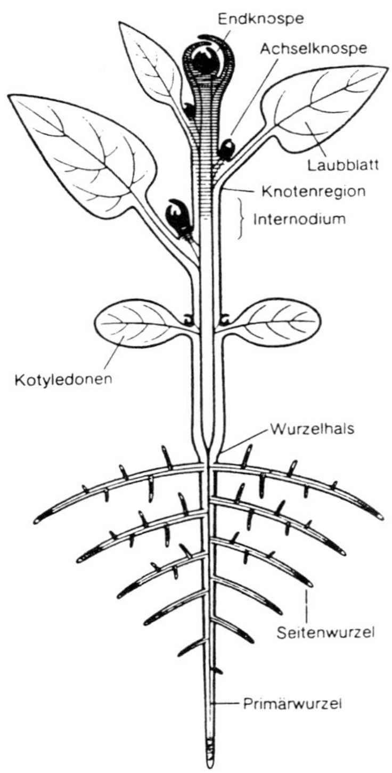

Organisation des Kormus am Beispiel einer dikotylen Pflanze. (Modifiziert nach: Troll, W. (1959) *Allgemeine Botanik*. 3. Aufl., Enke Verlag, Stuttgart.)

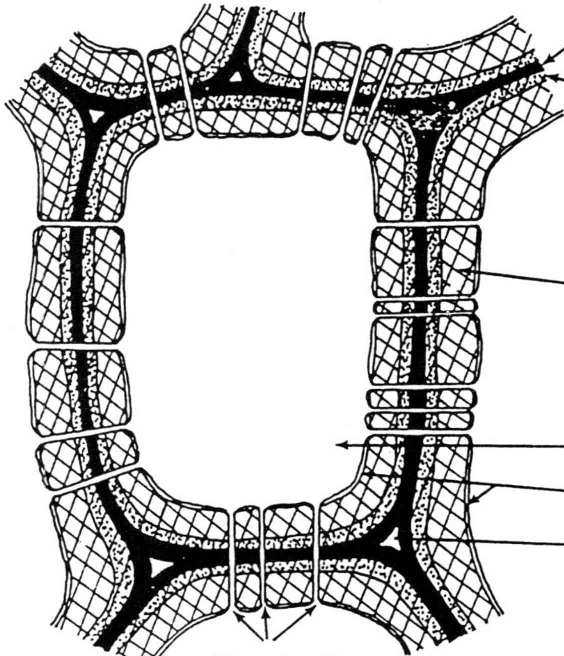

1.1 Der Aufbau der pflanzlichen Zellwand.

und Früchten. Um die Besiedelungsstrategien der Pathogene zu verstehen und die Symptomauslösung charakterisieren zu können, ist es nötig, sich mit dem Bau und der Biochemie zellulärer Kompartimente zu beschäftigen. Deshalb sollen in Teil A diese Kompartimente sowie die Grundrisse der darin ablaufenden metabolischen Vorgänge besprochen werden.

1. Bau der pflanzlichen Zellwand

Die Wand der Pflanzenzellen hat vor allem Schutzfunktion: Schutz gegen mechanische Beanspruchung, Austrocknung und den Angriff von Mikroorganismen. Benachbarte Zellen sind voneinander durch eine besondere Schicht, die sogenannte Mittellamelle, getrennt. Ihr schließen sich nach innen die Primärwand und die Sekundärwand an, welche durch das Plasmalemma zum Cytoplasma hin abgegrenzt ist (Abb. 1.1).

1.1 Zellwandkomponenten

Die pflanzliche Zellwand (Mittellamelle, Primär- und Sekundärwand) setzt sich aus folgenden Komponenten zusammen:

- Pectine (Polygalacturonsäure, Rhamnogalacturonan, Arabinane, Galactane und Arabinogalactan),
- Hemicellulose (Xyloglucan und Heteroxylane),
- Glykoproteine (Arabinogalactan-Proteine und das hydroxyprolinreiche Glykoprotein (HRGP)),
- Cellulose und Lignin (mengenmäßig die wichtigsten Komponenten der Pflanzenzellwand).

Die Mittellamelle verbindet als Kittsubstanz die Wände benachbarter Zellen miteinander und setzt sich in erster Linie aus Pectin zusammen.

Die Primärwand besteht aus einer Matrix (Pectinkomponenten und Hemicellulose), in die Glykoproteine und Cellulosefibrillen eingebettet sind. Wie die erwähnten Bauelemente der Pflanzenzellwand in der Mittellamelle und der Primärwand von Dikotyledonen und Gräsern verteilt sind, ist in Tabelle 1.1 dargestellt.

Tabelle 1.1: Die Komponenten der pflanzlichen Primärwand und der Mittellamelle

	Polymer	**Anteil an Trockenmasse der Zellwand**	
Wandtyp		Dikotylen	Gräser
Primärwand	**Zellulose**	20 - 30	20 - 30
	Hemizellulosen		
	- Xyloglukan	25	2 - 5
	- Heteroxylan	2 - 5	20 - 30
	- ß-Glucan	0	15 - 30
	Pektine		
	- Homogalakturonan	15	} 5
	- Rhamnogalakturonan	15	
	- Arabinane	wenig	} ?
	- Galaktane	wenig	
	Glycoproteine		
	- Arabinogalaktan-protein (AGP)	variabel	variabel
	- HPRG	5	0.5
	- Peroxidasen	variabel	variabel
	- saure Phosphatasen	variabel	variabel
Mittellamelle	**Pektine**	hauptsächlich	hauptsächlich
	- Homogalakturonan (Pektin, Pektinsäure)		

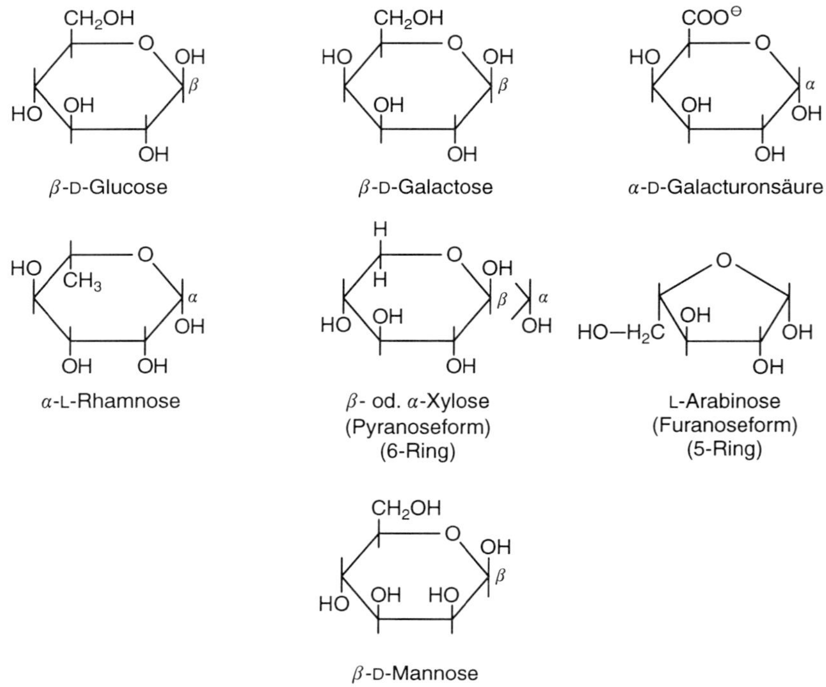

1.2 Die Monosaccharidbauelemente der pflanzlichen Zellwand.

Die Sekundärwände bestehen zu etwa zwei Drittel aus Cellulose und einem Drittel Lignin und enthalten nur wenig Hemicellulose und Pectinsubstanzen. Durch die Inkrustierung von Lignin (Verholzung) wird die Zellwand druckfest. Die Ligninmasse eines Baumstammes entspricht zuletzt vermutlich einem gigantischen Polymer.

Die Polysaccharide der Zellwand setzen sich aus den in Abbildung 1.2 dargestellten Monosacchariden zusammen.

Im folgenden soll auf die Verknüpfung der einzelnen Monosaccharide zu den Polymeren näher eingegangen werden.

1.1.1 Pectine

Pectin ist ein Mischpolymerisat aus sauren Polysacchariden, wobei der Hauptbestandteil die Polygalacturonsäure ist. Polygalacturonsäure besteht aus 1,4-verknüpften α-D-Galacturonsäuremolekülen. Bleibt die Carboxylgruppe der Galacturonsäure unverestert, so spricht man von Pectinsäure; ist sie dagegen zum größten Teil mit Methanol verestert, so liegt das Pectin vor.

Das Pectin und die Pectinsäuren können sich über Ionenbindung an zweiwertiges Calcium oder Magnesium zu größeren Netzwerken zusammenlagern. Die Pectinfraktion ist mit Wasser leicht quellbar; sie stellt eine gelartige Masse dar.

Neben Homogalacturonanen findet man in der Pectinfraktion noch weitere Komponenten:

- Rhamnogalacturonan besteht aus 1,4-verknüpften α-D-Galacturonsäuremolekülen (GalU), in die in regelmäßen Abständen α-L-Rhamnose (Rha) eingelagert ist.
- Arabinane setzten sich zusammen aus α-L-Arabinosemolekülen in der Furanose-Form, die in der Kette eine 1,5-Verknüpfung und an den Verzweigungen eine 1,3-Verknüpfung aufweisen.
- Galactane sind aus 1,4-verknüpften β-D-Galactosemolekülen aufgebaut.
- Arabinogalactane setzten sich aus 1,3-verknüpften β-D-Galactosemolekülen (Gal) zusammen. Seitenverzweigungen ergeben sich über 1,6-Verknüpfungen mit Arabinose (Ara) oder weiteren Galactosemolekülen.

1.1.2 Hemicellulose

Neben den erwähnten Pectinen spielen auch die Hemicellulosen eine entscheidende Rolle beim Aufbau der Matrix der Primärwände. Der Hauptbestandteil der Hemicellulosefraktion bei Dikotylen ist das Xyloglucan. Es setzt sich aus β-D-Glucosemolekülen (Glc) zusammen, die in der Kette 1,4-glykosidisch verknüpft sind. Über 1,6- beziehungsweise 1,2-Verknüpfung mit Xylose-(Xyl-) und Galactose-(Gal-)Molekülen entstehen Seitenverzweigungen.

Neben dem Xyloglucan spielen vor allem bei Gräsern zwei weitere Komponenten eine wichtige Rolle: Heteroxylane und β-1,3-Glucane. Heteroxylane sind β-1,4-verknüpfte Xyloseketten (Xyl), die Arabinose(Ara)- und Glucose(Glc)-Moleküle als Seitenverzweigungen tragen können. β-Glucane setzen sich aus 1,3- und 1,4-verknüpften β-D-Glucosemolekülen (Glc) zusammen.

1.1.3 Glykoproteine

In die Matrix der Primärwände sind Glykoproteine eingelagert. Zu den Glypkoproteinen zählen das Arabinogalactan-Protein (AGP) und das Extensin, welches auch als hydroxyprolinreiches Glykoprotein (HRGP, Abschnitt 17.7) bezeichnet wird. Beim Arabinogalactan-Protein ist die Aminosäure Hydroxyprolin (Hyp) über ihre OH-Gruppe glykosidisch an Arabinoseeinheiten des Kohlenhydratgerüsts gebunden. Außerdem findet man im Proteinanteil neben Hydroxyprolin noch Glycin und Serin, wobei jedoch Hydroxyprolin deutlich überwiegt. Der Kohlenhydratanteil im Arabinogalactan-Protein beträgt etwa 90 bis 98%. Das Molekül ist sauer (Unterschied zu Extensin) und gut wasserlöslich.

Das hydroxyprolinreiche Glykoprotein Extensin ist ein helikales Polypeptid von etwa 80 nm Länge und besteht aus sich häufig wiederholenden Pentapeptidsequenzen (Abb. 1.3).

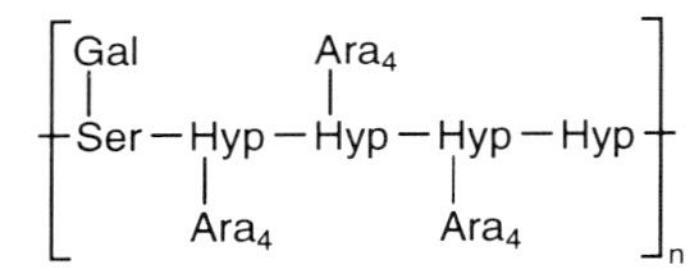

1.3 Das sich wiederholende Pentapeptid im Extensin.

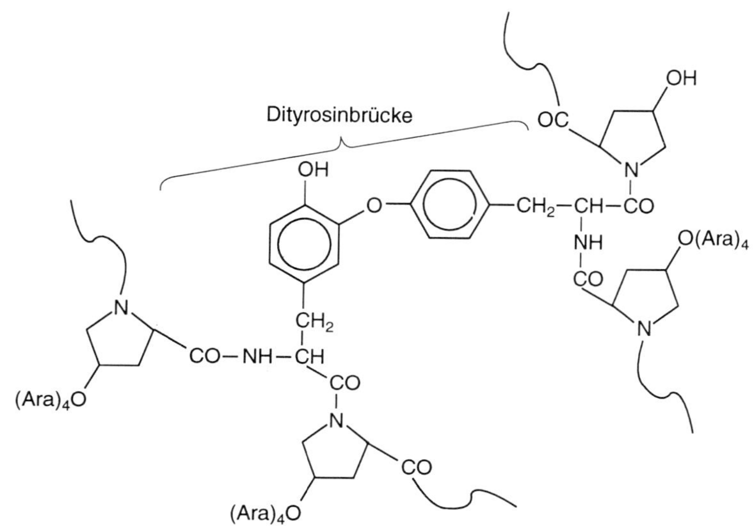

1.4 Die Verknüpfung zweier Ketten im Extensin durch eine Tyrosinbrücke. (Modifiziert nach: Kindl, H. (1994) *Biochemie der Pflanzen.* 4. Aufl., Springer Verlag, Berlin, Heidelberg.)

Ein Teil der Hydroxyprolinreste trägt *O*-glykosidisch gebunden Seitenketten aus ein bis vier Arabinosylresten (Ara). Weiterhin findet man an Serin (Ser) gebundene Galactosylreste (Gal). Das Extensin ist im Gegensatz zum Arabinogalactan-Protein basisch, und der Kohlenhydratanteil macht nur etwa 50% aus. Die Extensinmoleküle sind in der Zellwand teilweise über Dityrosinbrücken miteinander verknüpft (Abb. 1.4).

Die Verknüpfung der Tyrosinreste erfolgt peroxidasekatalysiert, wobei Wasserstoffperoxid benötigt wird.

1.1.4 Cellulose

Bei der zweiten, neben den Glykoproteinen wichtigen Komponente, die in die Matrix der Primärwände eingelagert ist, handelt es sich um die Cellulose. Sie ist ein lineares, aus *β*-1,4-glykosidisch miteinander verknüpften Glucosemolekülen (Glc) bestehendes Polysaccharid.

Die Cellulose ist sehr widerstandsfähig; erst Kochen mit Schwefelsäure löst die glykosidische Bindung - ein Vorgang, der auch als "Holzverzuckerung" bezeichnet wird. Jedes Cellulosemolekül besteht aus etwa 15000 Glucosemolekülen. Die einzelnen Cellulosemoleküle lagern sich zu Elementarfibrillen zusammen; etwa 20 solcher Fibrillen bilden die Mikrofibrille.

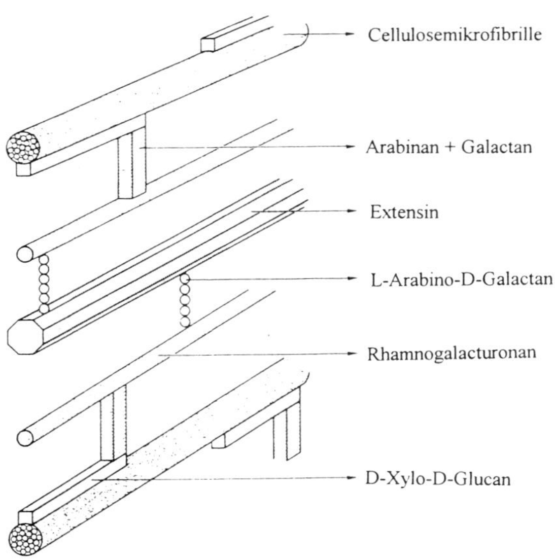

1.5 Modell der molekularen Architektur der pflanzlichen Primärwand. (Modifiziert nach: Richter, G. (1988) *Stoffwechselphysiologie der Pflanzen.* Thieme Verlag, Stuttgart.)

Die Mikrofibrillen sind in die Matrix der Primärwände eingelagert.
Die molekulare Architektur der Primärwand könnte folgendermaßen beschaffen sein: Das Rückgrat der Primärwand bilden Rhamnogalacturonanmoleküle, die über Arabinane und/oder Galactane mit Xyloglucanen kovalent verknüpft sind (Abb. 1.5).

Die Xyloglucane stehen ihrerseits über Wasserstoffbrückenbindungen mit den Cellulosemikrofibrillen in Verbindung. Arabinogalactane, die an Rhamnogalacturonane binden, stellen die Verknüpfung zu den Glykoproteinen in der Primärwand her.

1.1.5 Lignin

Eine weitere wichtige Komponente der pflanzlichen Zellwand, die sich hauptsächlich in den Sekundärwänden befindet, ist das Lignin. Das Lignin ist in die Zellwand inkrustiert und verleiht ihr somit hohe Festigkeit und Stabilität. Lignin ist nach der Cellulose die zweithäufigste organische Substanz auf der Erde. Lignifizierte Zellwände kann man mit Stahlbeton vergleichen (Cellulosefibrillen = Stahl; Lignin = Beton). Lignin findet man auch in Primärwänden und der Mittellamelle, wobei sein Anteil hier deutlich geringer ist. Zudem unterscheidet sich das Lignin der Mittellamellen von dem der Primär- und Sekundärwände. Der Übergang der Pflanzen vom

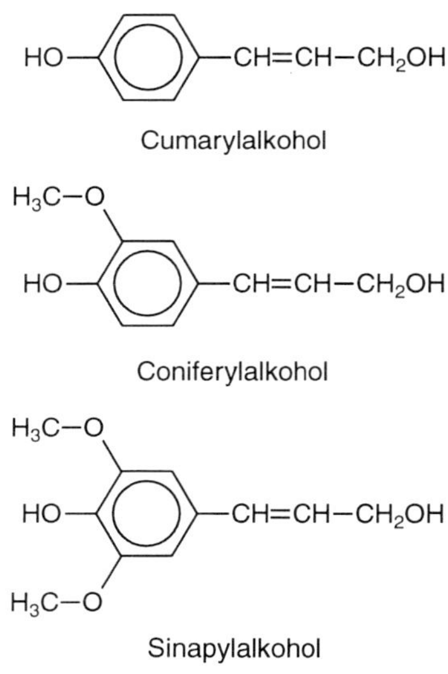

1.6 Die drei Bauelemente des Lignins.

Wasser- zum Landleben ist eng mit der Evolution der Ligninbiosynthese verknüpft. Erst nach der Inkrustierung der Zellwände mit Lignin konnten Pflanzen Festigungsgewebe entwickeln, welche die Stabilität größerer Landpflanzen (Bäume) auch ohne den Auftrieb durch das Wasser gewährleisteten.

Lignin besteht aus drei Bauelementen: dem Coniferylalkohol, dem Cumarylalkohol und dem Sinapylalkohol (Abb. 1.6).

Die drei Bauelemente entstammen dem Shikimisäure-Stoffwechsel und polymerisieren nach enzymatischer Dehydrierung (Abschnitt 17.2.1). Diese Reaktion wird über zellwandgebundene Peroxidasen und Wasserstoffperoxid katalysiert. Es ergibt sich ein dreidimensionales Netzwerk ohne definierte chemische Zusammensetzung (Abb. 1.7).

Lignin ist ein Mischpolymerisat aus den angeführten Phenylpropanalkoholen. Die Zusammensetzung des Lignins variiert erheblich bei den verschiedenen Pflanzengruppen. So weist etwa das Laubholzlignin (Angiospermenlignin) einen hohen Sinapylanteil auf, während das Lignin der Nadelhölzer (Coniferenlignin) hauptsächlich aus Coniferylbausteinen besteht. Das Lignin der Gramineen (zum Beispiel Strohlignin) ist durch einen hohen Cumarylalkoholanteil charakterisiert.

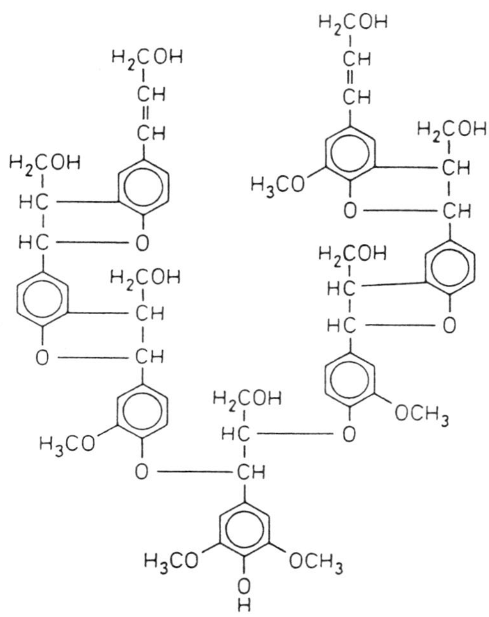

1.7 Das Ligninmakromolekül im Ausschnitt. (Aus: Lüttge, U.; Kluge, M.; Bauer, G. (1988) *Botanik*. VCH Verlagsgesellschaft, Weinheim.)

Während potentielle Eindringlinge, wie Pilze und Bakterien, sowohl Hemicellulosen als auch Pectine und Cellulose durch Hydrolasen (Glucanasen, Cellulasen) bei neutralem pH und Raumtemperatur hydrolytisch, das heißt durch Wassereinlagerung, spalten können, ist dies bei der komplexen Ligninstruktur nicht möglich.

Es ist hier zu bemerken, daß der Abbau des Lignins beispielsweise durch den Fäulnispilz *Phanerochaete chrysosporium* durch sogenannte Ligninasen erfolgt. Diese Ligninasen sind Peroxidasen, die zum Teil manganabhängig kovalente Bindungen im Lignin radikalisch spalten. Diese übergangsmetallkatalysierte Reaktion (es nehmen Eisen und Mangan an dem Reaktionsablauf teil) ist eine Schlüsselreaktion für den Abbau schwer zugänglicher Substanzen, etwa halogenierter, aromatischer und aliphatischer Kohlenwasserstoffe. In den vergangenen Jahren wurde diese Reaktion sehr genau studiert, da man mit ihrer Hilfe hofft, extrem umweltproblematische Chemikalien "entsorgen" zu können.

1.2 Die Kutikula

Oberirdische Pflanzenteile sind meist von einer mehrschichtigen Kutikula bedeckt, die sich wie folgt gliedert (Abb. 1.8).

Die äußerste Schicht, die gleichzeitig die Grenzschicht zur Atmosphäre darstellt, bilden Wachsauflagerungen. Nach innen grenzt die Kutinschicht an, die zusätzlich Cellulose-, Hemicellulose- und Pectinbausteine enthält. Unter "Wachsen" versteht man Ester aus langkettigen, unverzweigten Fettsäuren (C26-C36; zum Teil mit Dreifachbindung) mit aliphatischen (C16-C36) oder zyklischen Alkoholen. Die einzelnen Kutine sind hochmolekulare Polyester von noch unbekannter Struktur, welche sich aus Hydroxy- und Epoxyfettsäuren (Kutinsäuren) aufbauen, wobei die wichtigsten Vertreter die C16- und C18-Familien darstellen.

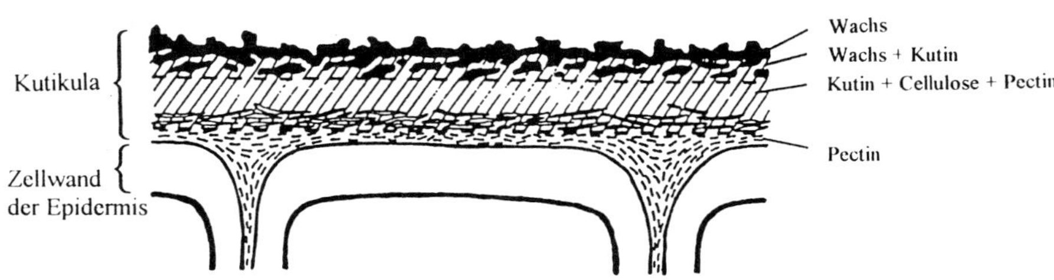

1.8 Die Strukturierung der pflanzlichen Kutikula.

2. Beeinflussung metabolischer Vorgänge

Nach der Beschreibung wichtiger apoplastischer Strukturen sollen symplastische Kompartimente näher betrachtet werden. Mikroorganismen wie Viroide, Viren, Mykoplasmen, Bakterien und Pilze können grundsätzlich in alle metabolischen Vorgänge eingreifen. Ähnliches gilt auch für abiotische Krankmacher, das heißt Substanzen, die aus der Luft oder aus dem Boden aufgenommen und dann in die verschiedenen Teile der Pflanze transportiert werden. Hier sind vor allem Chemikalien aus dem Grundwasser beziehungsweise aus dem Boden angesprochen, wobei besonders Metallionen zu erwähnen sind (Aluminium, Zink, Chrom, Cadmium, Quecksilber, Blei). Eine besondere Rolle spielt auch die Strahlung (radioaktive Strahlung, UV-Strahlung im energiereichen UVB- und UVC-Bereich) und Spurengase wie zum Beispiel SO_2, NO_2, Ozon und Peroxide. Im folgenden sollen Stellen in zellulären Kompartimenten vorgestellt werden, die für einen bestimmten Schädigungstyp prädestiniert sind. Besonders anzusprechen sind hier Nucleinsäuren, zelluläre Membranen, intermediäre Metabolismen, photosynthetische Aktivitäten im Chloroplasten, respiratorische Aktivitäten der Mitochondrien und letztendlich Transportvorgänge von einem Synthesekompartiment hin zu einem Speicher- oder Verbrauchskompartiment.

2.1 Schädigung von Nucleinsäuren

Nucleinsäuren (DNA, RNA) können durch ionisierende Strahlung, durch Antibiotika oder durch starke Oxidationsmittel verändert werden. Dabei treten Modifikationen in der Basenstruktur oder im Zuckeranteil der Nucleinsäure auf. Durch diese Veränderungen werden Transkription und/oder Translation der DNA und RNA verhindert oder beeinträchtigt. Es entstehen veränderte Proteine, welche wiederum Symptom- oder Leistungsveränderungen nach sich ziehen. Damit wird also in das folgende Fließschema eingegriffen:

DNA → Transkription → mRNA → Translation → Protein → Merkmal

Zahlreiche Antibiotika, die von Pilzen oder Bakterien synthetisiert werden, beeinflussen metabolische Vorgänge, indem sie sich in die DNA- oder RNA-Spirale einlagern und damit die Ablesung oder Übersetzung stören. Beispiele hierfür sind Karzinostatika, die in der Chemotherapie eingesetzt werden.

Bei der Bekämpfung von Viruserkrankungen benutzt man häufig veränderte Basen oder Zucker, um durch ihren enzymkatalysierten Einbau in die RNA eine funktionsuntüchtige oder funktionslose RNA zu erhalten, die es dem Virus unmöglich macht, sich weiter zu vermehren. Solche Verbindungen, wie Cordycepin oder Azaguanin werden in der Medizin eingesetzt. In der Phytomedizin ist der Einsatz dieser Substanzen aus verschiedenen Gründen (zum Beispiel Resistenzbildung) verboten.

Neben diesen Störungen im Nucleinsäurestoffwechsel gibt es auch Inhibitoren der Proteinsynthese, wie Streptomycin (gebildet von Streptomyces-Arten), welche die Initiation der Proteinsynthese hemmen. Substanzen, die die Elongation der Proteine beeinflussen, wie Tetracycline, sind ebenfalls experimentell oder therapeutisch im Einsatz.

Starke Oxidantien, zum Beispiel Ozon oder Übergangsmetall-Sauerstoff-Komplexe wie Ferryl- oder Perferrylkomplexe, fragmentieren Nucleinsäuren, wobei die verschiedenartigsten Bruchstücke identifiziert werden können (zum Beispiel Malondialdehyd). Ist der Schaden an der Nucleinsäure nur geringfügig, können verschiedenartigste Reparaturenzyme die DNA durch Herausschneiden von geschädigten Basen (Bausteinen) und Einfügen neusynthetisierter Bausteine wieder funktionsfähig machen.

Endonucleasen, Exonucleasen, Polymerasen und Ligasen katalysieren diese Reparaturen an der Erbsubstanz. Geschehen diese Reparaturen nicht effizient oder nicht schnell genug, so kommt es zu dauerhaften Schäden.

2.2 Störung des Phytohormonhaushalts

Zu den klassischen Pflanzenhormonen zählen heute mindestens sieben Verbindungsklassen: Auxine, Gibberelline, Cytokinine, Abscisinsäure und Xanthoxin, Ethylen und Jasmonsäure. Zahlreiche Phytopathogene (Perthophyten) können unter anderem über abgegebene Toxine (Kapitel F) in den Hormonhaushalt der Höheren Pflanzen eingreifen. Diese Eingriffe in den Hormonstatus betreffen

- erhöhte oder erniedrigte Synthese durch den Wirt oder durch das Pathogen,
- erhöhte oder erniedrigte Abbaureaktionen durch den Wirt oder das Pathogen,

- Kompartimentierung, Bindung oder Freisetzung gebundener Hormonmoleküle,
- Konjugation, chemische Modifikation oder Dekonjugation und
- Veränderung in der Transportform der Hormone und ihrer Transportmechanismen.

Auf diese Prozesse wird bei der Besprechung der einzelnen Pathogenklassen näher eingegangen.

Im folgenden werden die erwähnten Pflanzenhormone beschrieben. Dabei soll auf ihre Biosynthese, ihren Metabolismus und die Mechanismen ihrer Funktion und Symptomauslösung nur kurz eingegangen werden.

Das klassische Konzept der Tierphysiologie charakterisiert ein Hormon als eine Substanz, die in einer speziellen Drüse synthetisiert wird und von dort im Blut oder in der Lymphe zu einem anderen Körperteil transportiert wird. Dort beeinflußt es in extrem niedrigen Konzentrationen (oft genügen wenige Moleküle für die Initiation physiologischer Änderungen) einen spezifischen physiologischen Prozeß. Bei Pflanzen hingegen kann nicht immer zwischen Bildungs- und Wirkort unterschieden werden. Tierhormone wirken außerdem relativ spezifisch, wohingegen Pflanzenhormone, abhängig vom Organ oder Gewebe und seinem physiologischen Zustand, ein breites Spektrum von Antworten hervorrufen können. Häufig interagieren mehrere Hormone, so daß letztendlich nicht die absolute Konzentration der einzelnen Stoffe, sondern ihre relativen Mengenverhältnisse entwicklungsbestimmend sind.

2.2.1 Auxine

Die am längsten bekannten Pflanzenhormone sind die Auxine, die schon 1880 in Versuchen mit Kanariengras (*Phalaris canariensis*) beschrieben wurden. Dabei entdeckte Darwin den sogenannten Phototropismus, wonach sich Coleoptilenspitzen von Hafer auf einen unilateralen Lichtreiz hin in Richtung des Lichtes beugen.

1928 beschrieb Went eine Methode (Biotest) zur Quantifizierung des Beugungsprinzips von dekapitierten Coleoptilen. Dabei legt man Coleoptilenspitzen auf einen Agarblock auf und läßt "das Wirkprinzip" in den Agar eindiffundieren. Schließlich schneidet man den Agarblock in kleine Würfel, verwirft die Coleoptilenspitzen und mißt den Beugungswinkel nach Aufsetzen des Agarblocks auf den Coleoptilenstumpf.

Auf dieser Basis ist im Vergleich mit synthetischer Indolessigsäure eine Quantifizierung dieses Hormons möglich. Die Biosynthese des Auxins

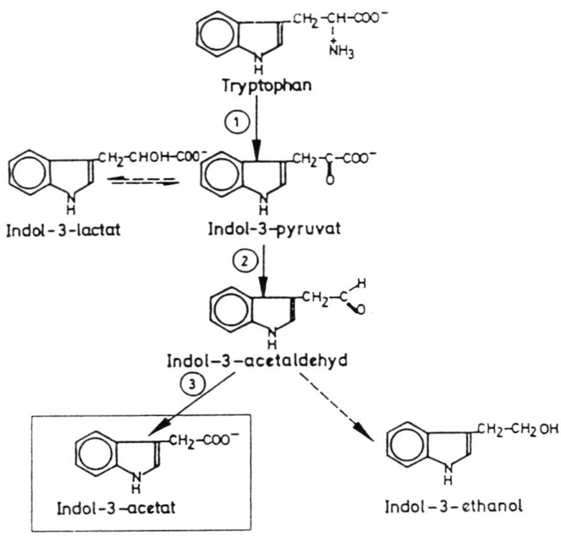

2.1 Biosynthese der Indolessigsäure. (1: Transaminase; 2: α-Oxo-säuren-Decarboxylase; 3: Aldehyd-Dehydrogenase). (Modifiziert nach: Ziegler, H. (1991) In: Sitte, P.; Ziegler, H. (Hrsg.) *Lehrbuch der Botanik.* Gustav Fischer Verlag, Stuttgart, S. 386.)

(Indolessigsäure) erfolgt aus der Aminosäure Tryptophan (Abb. 2.1) entweder über Indolpyruvat oder über das entsprechende Imin aus dem Tryptamin. In Höheren Pflanzen liegt ein Teil der Indolessigsäure konjugiert, das heißt entweder an Inosit oder Aspartat gebunden oder als Glykosid vor.

Metabolisch wird die Indolessigsäure vermutlich über eine Peroxidase zum Methylenoxindol oxidiert, das im Gegensatz zur Indolessigsäure ein Wachstumsinhibitor ist (Abb. 2.2).

Der oxidative Abbau der Indolessigsäure kann durch verschiedene phenolische Derivate beeinflußt werden, wobei in der Regel Monophenole die Reaktion stimulieren und Diphenole hemmen. Man schreibt dieser Steuerung der Indolessigsäureoxidation durch verschiedene phenolische Derivate regulatorische Funktion zu. Ganz sicherlich können auch Mikroorganismen diesen Schritt beeinflussen. Auch Spurengase in der Luft, wie Peroxyacetylnitrat (PAN), können die Indolessigsäure oxidieren, wobei aus dem Wachstumsstimulator Indolessigsäure ebenfalls Wachstumsinhibitoren entstehen können. So erklärt man sich auch *stunting*-Phänomene (Wachstumseinschränkungen) durch den Einfluß von sogenannten 'Photooxidantien', zum Beispiel Ozon.

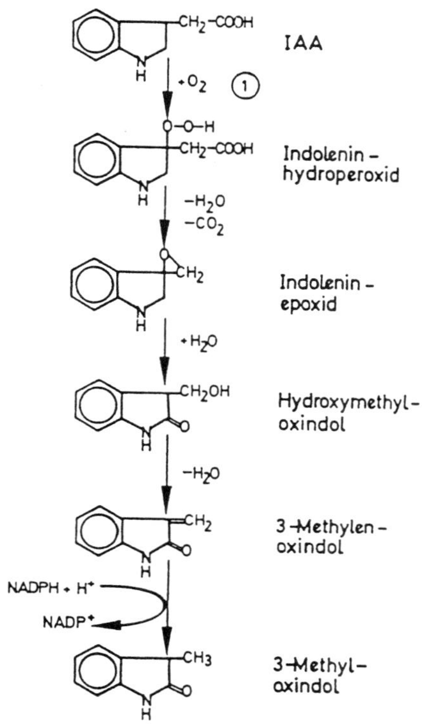

2.2 Oxidativer Abbau der Indolessigsäure. (1: IAA-Oxidase). (Modifiziert nach: Ziegler, H. (1991) In: Sitte, P.; Ziegler, H. (Hrsg.) *Lehrbuch der Botanik.* Gustav Fischer Verlag, Stuttgart, S. 386.)

Biochemisch scheinen Auxine grundsätzlich unterschiedliche Wirkungsmechanismen zu haben:

- die Wirkung auf die Zellstreckung als schnelle Reaktion innerhalb weniger Minuten,
- die Genaktivierung und
- die Neusynthese von Zellwandmaterial, das einen längeren Zeitraum beansprucht.

Beim ersten Prozeß scheint eine membranständige ATPase aktiviert zu werden, die Protonen in den apoplastischen Raum sezerniert. Die Ansäuerung der Zellwand führt zur Labilisierung von H^+-Brücken, wodurch der Zellturgor die Wand in Richtung der Längsachse dehnen und damit das Zellvolumen vergrößern kann. Sekundär wird durch Glucansynthasen (UDP-β-1,4-Glucanglucosyltransferase), die nach der Indolessigsäureapplikation gebildet werden, über Neusynthese von nötig gewordenem Zellwandmaterial die Zellstreckung unterstützt.

Veränderungen im Auxinpegel wurden für zahlreiche pilzliche, bakterielle und virale Erkrankungen und Wechselwirkungen beschrieben. Einige der bestbekannten sollen hier kurz erwähnt werden. Pflanzentumoren, wie sie zum Beispiel durch *Agrobacterium tumefaciens* (Abschnitt 9.6.1) hervorgerufen werden, zeichnen sich dadurch aus, daß die Hormonbalance im Tumorgewebe im Vergleich zu Normalgewebe verschoben wurde. Flüssigzellkulturen von *Agrobacterium tumefaciens* produzieren indolessigsäureähnliche Wachstumsstimulatoren, zu denen unter anderem Indol-Acetonitril und andere Indolderivate gehören. Die genetische Information für diese Auxine liegt auf einem Plasmid des Bakteriums. Durch Integration der Plasmid-DNA in das Genom der Pflanze kommt es zur unkontrollierten Expression der Plasmidgene und damit zur Überproduktion von Auxinen. In ähnlicher Weise verschiebt auch der Erreger der Oliven- und Oleandertumorkrankheit (*Pseudomonas savastanoi*) den Auxinmetabolismus. Es gibt Hinweise darauf, daß das Pathogen mit der Kompartimentierung von Indolderivaten im Wirt zu tun hat. Man vermutet, daß über das Enzym Glucosinolase ein Indolderivat, das Glucobrassicin, hydrolysiert wird, wobei auxinaktive Substanzen wie das 3-Indol-Acetonitril und schließlich auch Indolessigsäure entstehen.

Wurzelknöllchen in Leguminosen werden durch verschiedene *Rhizobium*-Stämme induziert. Die erhöhten Mengen an Auxin, die man in diesen Knöllchen mißt, werden vermutlich vom Wirt als Antwort auf eine Veränderung seines Metabolismus durch den Symbionten synthetisiert. Für die Pathogene *Puccinia graminis* und *Peronospora tabacina* wurde gezeigt, daß sie in den oxidativen Auxinmetabolismus eingreifen, indem sie das Verhältnis hemmender und stimulierender Phenole durch Substitutionen am Ring oder Methylierungen von Hydroxylgruppen verändern und dadurch die oxidative Abbaugeschwindigkeit beeinflussen.

2.2.2 Gibberelline

Gibberelline besitzen ein Gibbangerüst, das sich aus Acetyl-Coenzym A über Mevalonsäure, Isopentenylpyrophosphat, Farnesylpyrophosphat, Copalylpyrophosphat und Kauren aufgebaut wird.

Bei einigen pflanzlichen Mutanten ist diese Biosynthese gestört; es handelt sich dabei um genetische Zwerge, die durch Behandlung mit Gibberellinsäure zu einem normalen Größenwachstum gebracht werden können. Bis

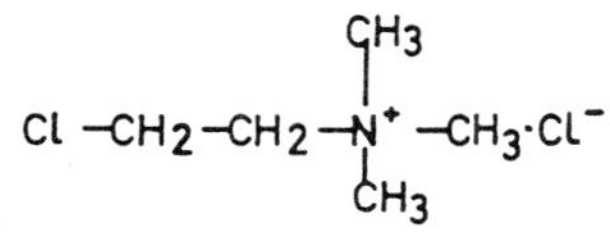

CCC

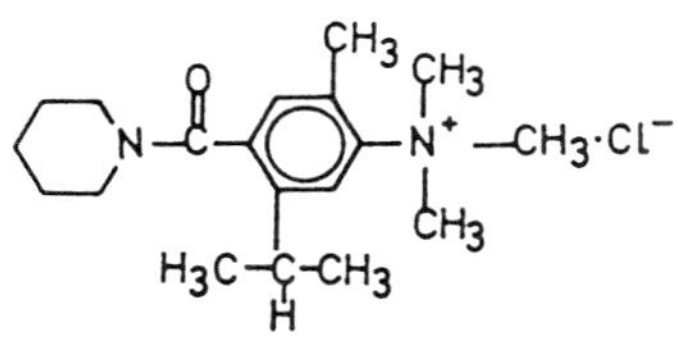

Amo - 1618

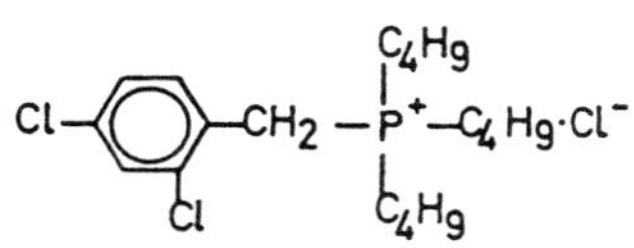

Phosphon D

2.3 Hemmstoffe der Gibberellinbiosynthese. (Modifiziert nach: Ziegler, H. (1991) In: Sitte, P.; Ziegler, H. (Hrsg.) *Lehrbuch der Botanik*. Gustav Fischer Verlag, Stuttgart, S. 390.)

heute sind etwa 80 bis 90 verschiedene Gibberelline identifiziert und biochemisch und physiologisch beschrieben. Ein Teil dieser Strukturen ist biologisch nicht aktiv und kann durch Umwandlung zum Beispiel beim Übergang vom Kurztag in den Langtag in aktive Formen umgewandelt werden (Blühen und "Schossen" im Hochsommer) (unten).

Hemmstoffe der Gibberellinsäurebiosynthese (Abb. 2.3) bewirken eine Wachstumsreduktion. Diesen Effekt macht man sich bei der Halmverkürzung von Getreide zunutze, wobei synthetische Hemmstoffe wie Cycozel (Chlorcholinchlorid, CCC), Amo-1618 oder Phosphon D eingesetzt werden. Mit dieser Maßnahme wird erreicht, daß weniger Photosyntheseenergie für das Wachstum der Sproßachse und mehr zum Aufbau des Korns verwendet wird. Weiterhin wird dadurch auch die Halmbrüchigkeit des Getreides verringert.

Gibberelline werden durch eine große Anzahl von Mikroorganismen synthetisiert, von denen sicherlich der Pilz *Gibberella fujikuroi* am bekanntesten ist. Auch andere Pilze, wie *Puccinia punctiformis*, bewirken morphologische Veränderungen im Wirt über die Synthese von Gibberellinen.

Als physiologische Anworten auf Gibberellinzusatz sind vor allem die Freisetzung von Glucanasen aus der Aleuronschicht und ihre Sekretion in

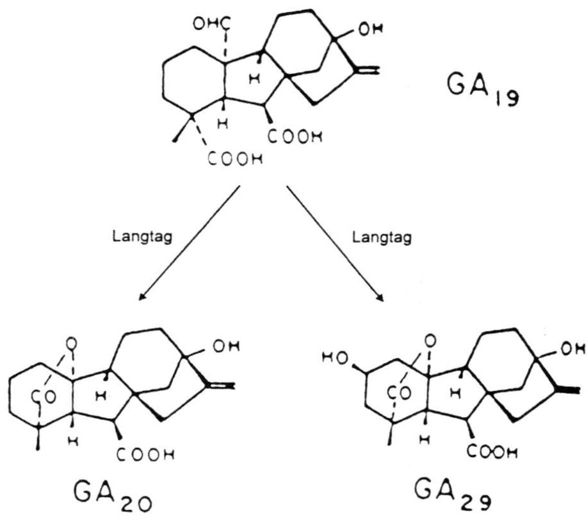

2.4 Umwandlung eines inaktiven in ein aktives Gibberellin unter Langtagbedingungen.

das Endosperm keimender Getreidekörner beschrieben worden. Abscisinsäure wirkt einigen dieser Effekte entgegen. Neben der Induktion der α-Amylase, verschiedener Proteasen und der schon erwähnten Glucanasen wird auch der Einbau von Cholin in Lipidmaterial zellulärer Membranen im endoplasmatischen Reticulum durch Gibberelline stimuliert. Langtagbedingungen bewirken eine fünffache Abnahme an GA19, während GA20 und GA29 erhöht werden. Dies soll die Ursache für das Schossen bestimmter Pflanzen, zum Beispiel von Rosettenpflanzen wie Spinat oder Zuckerrübe sein. Das Schossen und Blühen von Spinat beim Übergang vom Kurztag in den Langtag ist also einer Umwandlung eines inaktiven Gibberellins in aktive Gibberelline zuzuschreiben (Abb. 2.4).

2.2.3 Cytokinine

Cytokinine sind *N*-6-substituierte Derivate des Adenins (Abb. 2.5). Es gibt künstliche und natürliche Vertreter dieser Gruppe. Zu den natürlichen Cytokininen gehört das 1964 von Leshem in Maiskeimlingen gefundene Zeatin sowie das Zeatinribosid und das Isopentenyladenosin. Künstliche Cytokinine sind das *N*-6-Furfuryl-adenin und das *N*-6-Benzyladenin.

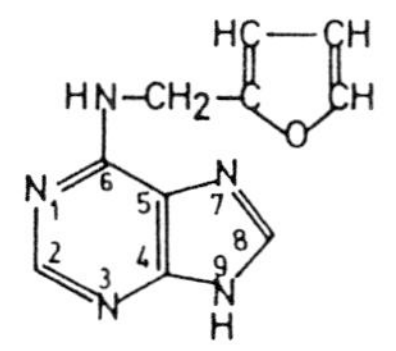

Kinetin

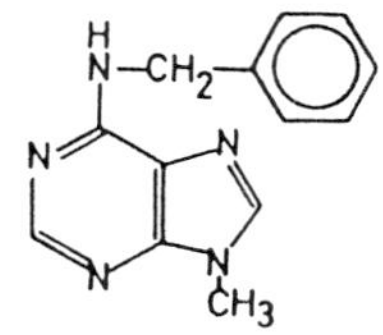

6-Benzylamino-9-methylpurin

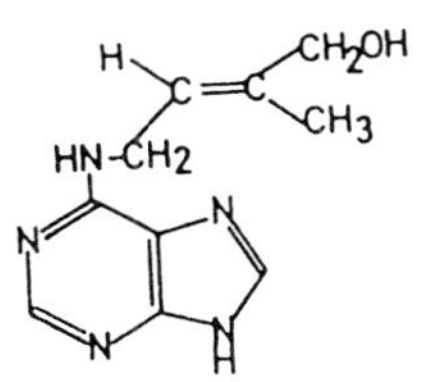

Zeatin

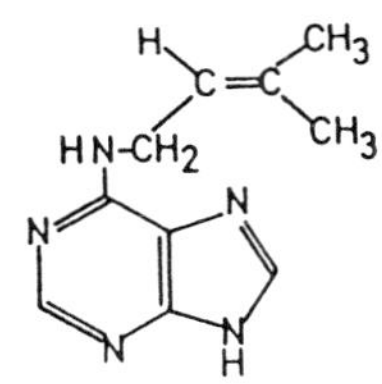

N^6-(Δ^2-isopentenylamino)purin
IPA, 2iP

2.5 Einige Vertreter der Cytokinine.

Von Bedeutung für die Aktivität scheint zu sein, daß am Aminostickstoff des Adenins ein Kohlenstoffgerüst mit einer "planaren" Seitenkette substituiert ist. Cytokinine sind Zellteilungs- und Gewebewachstumshormone. Als "Juvenilhormone" der Pflanzen verhindern sie die Seneszenz von grünen Blättern. Man kann diese Eigenschaft als Biotest verwenden.

Ähnlich wie für Indolessigsäure scheint es für Cytokinine verschiedene Wirkungsmechanismen zu geben: zum einen über die direkte Steuerung von Enzymreaktionen, über eine kooperative photodynamische Reaktion mit dem Blaulichtrezeptor (Riboflavin), wobei eine Veränderung von Membranfunktionen denkbar ist, zum anderen über eine Genaktivierung. Cytokinine findet man auch in der Anticodonschleife von tRNAs, wo sie den "sekundären" genetischen Code stabilisieren könnten. Dieser sekundäre genetische Code hilft, eine spezifische Aminosäure durch die Aminoacyl-tRNA-Synthetase zu erkennen und unter ATP-Verbrauch mit dem Adenosylmonophosphatrest zu verknüpfen.

In gesunden Pflanzen werden Cytokinine im wesentlichen in den Wurzelspitzen gebildet und über das Xylem mit dem Wasserstrom in der Pflanze verteilt. Wie Auxine und Gibberelline werden auch Cytokinine an bestimmte Membranrezeptoren oder, wie schon erwähnt, an spezifitätsdeterminierende Positionen der tRNA gebunden. Mit ihrer seneszenzverzögernden Eigenschaft scheinen die Cytokinine Gegenspieler der

Abscisinsäure zu sein. Bereiche seneszenter Blätter, die Cytokinine angereichert enthalten, sind häufig Stellen mit pilzlichen Infektionen. Diese werden durch die Cytokininkonzentrierung in sogenannten *metabolic sinks* umgewandelt, die den Chlorophyllabbau verzögern und Zucker und Aminosäuren anreichern. Pfirsichgewebe, das mit *Taphrina deformans* infiziert war, enthielt neben den bekannten Cyto-kininen auch neue, im gesunden Gewebe nicht vorhandene, Cytokinine. In der sogenannten *fasciation disease* bei Erbsen ("Hexenbesen"-artige Austriebe an Achselknospen), die durch *Corynebacterium fascians* hervorgerufen wird, führt man den Verlust der Apikaldominanz und die Entwicklung von Lateralknospen auf eine induzierte Cytokininaktivität zurück. Für die Resistenz von Tabak gegenüber Tabakmosaikvirus TMV wird ebenfalls eine Cytokininwirkung postuliert, da in systemisch resistenten Linien die lokale Konzentration von Cytokininen erhöht ist (Abschnitt 5.7.6). Auch werden lokale Läsionen durch *N*-Furfuryladenin, einem synthetischen Cytokinin, nach exogener Applikation unterdrückt. Hohe Konzentrationen von Cytokininen sind vermutlich auch bei der Hemmung der Entwicklung des Ringspotvirus in *Nicotiana glutinosa* beteiligt.

Während der Mechanismus der Induktion der Zellteilung durch Cytokinine noch weitgehend unbekannt ist, gibt es über die Induktion der Retardierung von Seneszenzsymptomen einige Anhaltspunkte für mögliche Mechanismen. Beim sogenannten Greensland-Phänomen (Ahornblätter nach Pilzbefall) kurz vor dem Eintritt der Seneszenz vermutet man eine Wirkung der Cytokinine als Antioxidans oder als Eisenchelator, wobei bestimmte reaktive Sauerstoffspezies inaktiviert werden. Diese reaktiven Sauerstoffspezies, über die an anderer Stelle noch berichtet wird, scheinen Membrankomponenten, Pigmente und DNA abzubauen und dadurch die Seneszenz einzuleiten (Abschnitt 3.6).

2.2.4 Abscisinsäure und Xanthoxin

Sowohl Abscisinsäure als auch Xanthoxin gehören zu den "hemmenden" Pflanzenhormonen. Beide Substanzen sind Terpenoide, die aus Acetyl-CoA über Mevalonsäure gebildet werden. Anscheinend gibt es zwei unterschiedliche Wege, um Abscisinsäure zu synthetisieren (Abb. 2.b):

1. direkt aus der Mevalonsäure und
2. indirekt über das Carotinoid Violaxanthin via Xanthoxin.

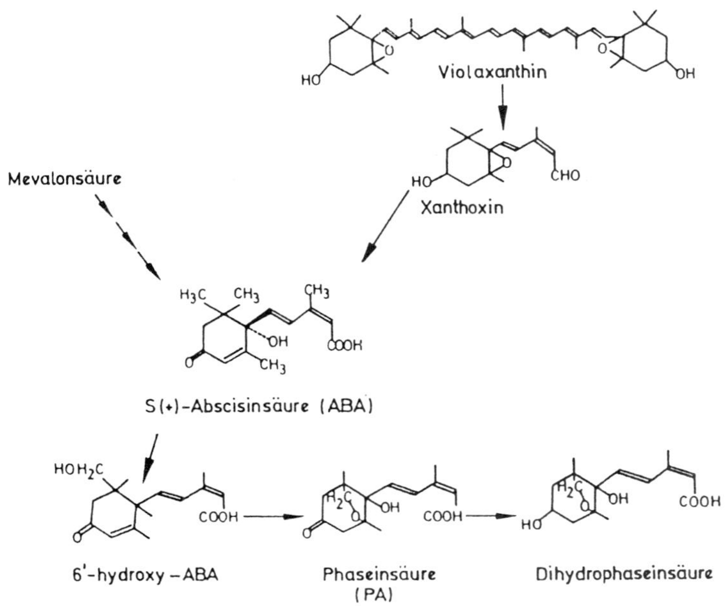

2.6 Bildung und Abbau von Abscisinsäure in der Zelle; die Synthese über Violaxanthin und Xanthoxin spielt eine Nebenrolle. (Modifiziert nach: Ziegler, H. (1991) In: Sitte, P.; Ziegler, H. (Hrsg.) *Lehrbuch der Botanik.* Gustav Fischer Verlag, Stuttgart, S. 394.)

Die direkte Synthese bezieht also die Mevalonsäure, das Farnesylpyrophosphat und das Dihydrofarnesol ein, während der Weg über die Carotinoide den Carotinvorläufer Phytoen benötigt. Die Synthese der Abscisinsäure ist streng reguliert. Voll turgeszente Blätter enthalten zwischen 10 und 20 μg Abscisinsäure/kg Frischgewicht, welkende Blätter dagegen 400-500 μg/kg Frischgewicht. Der Mechanismus der Synthese scheint so zu verlaufen, daß der beim Welkevorgang auftretende Wasserverlust dazu führt, daß die Abscisinsäuresynthese sowohl *de novo* induziert wird als auch aus dem vorgeformten Glucoseester (Abscisyl-β-D-glucopyranosid als Speicherform) freigesetzt wird.

Die Abscisinsäure bewirkt über einen komplizierten Mechanismus (wobei Kaliumionen eine Rolle spielen) den Verschluß der Stomata, welcher schließlich auf den Erhalt der Turgeszenz abzielt. Die Synthese und die Speicherung von Abscisinsäure sowie Xanthoxin erfolgen in den Plastiden.
Wachstumseinschränkungen (*stunting*) von Pflanzen sind oft verbunden mit einer Infektion, wobei diese wiederum mit einer erhöhten Konzentration dieser Wachstumsinhibitoren korreliert. Infiziert man Tabak mit

Pseudomonas solanacearum, so produziert anscheinend der Wirt (und nicht der Parasit) die Abscisinsäure.

In einigen Fällen korrelieren erhöhte Abscisinsäurepegel mit Veränderungen der Indolessigsäurekonzentration. Sehr signifikant ist die Korrelation zwischen der Abscisinsäureerhöhung und der Ethylenproduktion. Dies gilt besonders für Welkeerkrankungen. Dabei kann man beobachten, daß sowohl erhöhte Ethylenkonzentrationen Abscisinsäure induzieren als auch umgekehrt. Abscisinsäure reagiert auch antagonistisch zu Gibberellinen, Cytokininen und, wie bereits erwähnt, Auxinen. Solche Verschiebungen in der Konzentration dieser Wachstumshormone findet man ebenfalls in Gurkenhypokotylen, die mit dem Gurkenmosaikvirus (CMV) infiziert sind. Im Falle der Vermehrung des Tabakmosaikvirus (TMV) in seinem Wirt wurde beobachtet, daß die Zahl der virusinduzierten Lokalläsionen und damit die Virusmultiplikation durch solche Verschiebungen im Hormonhaushalt begünstigt wurden. Man nimmt an, daß die Abscisinsäure die Ausbildung eines antiviralen Faktors unterdrückt und damit die Vermehrung und Verbreitung des Virus im Wirt begünstigt.

2.2.5 Ethylen

Das gasförmige Phytohormon Ethylen ($CH_2 = CH_2$) induziert eine Serie von Antworten in Höheren Pflanzen. Dazu gehören Keimung, Wurzelbildung, Fruchtreifung, Blüte, Wachstumseinschränkung und Seneszenz. In Zusammenhang mit der Induktion der Abscisinsäure sind hier auch Blattverluste und Abscission von Organen betroffen. Ethylen wird auch als Streßhormon bezeichnet, weil unabhängig davon, welcher mechanische, abiotische oder biotische "Stressor" eine Pflanze beeinflußt, bei der Entwicklung von Symptomen (Nekrosen, Vergilbungen, Fruchtreifung) fast immer ein Ausbruch der Ethylenbildung zu messen ist. Zu den erwähnten Streßfaktoren gehören Verwundung, Temperaturänderungen, Wasserverluste, Überflutung, Strahlung und extreme Lichtqualitäten, Änderungen im Schwerefeld und Einfluß von Chemikalien oder Biochemikalien (unten). Man nimmt an, daß Ethylen an einer ganzen Reihe von Vorgängen beteiligt ist, die sowohl Wundheilung als auch resistenzinduzierende Eigenschaften auslösen.

Ethylen wurde bereits 1910 von dem russischen Pflanzenphysiologen Neljubov als eine Komponente in der Laborluft beschrieben, welche Erbsenkeimlinge zu einem anormalen Wachstum veranlaßte.

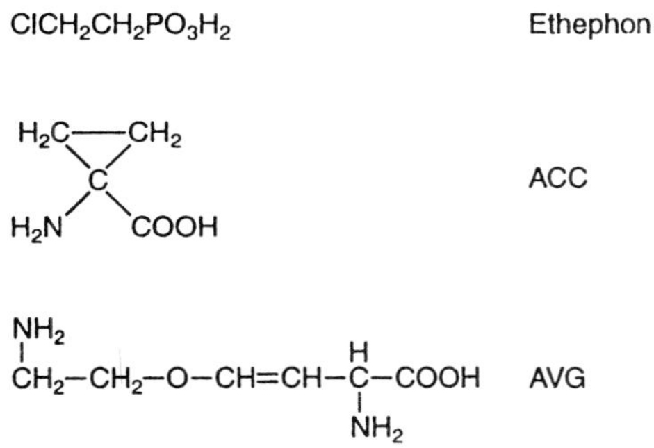

2.7 Formeln für ACC, Ethephon und AVG.

Chemisch kann man Ethylen aus verschiedenartigsten Verbindungen, wie zum Beispiel Pentan-2-on, Methionin oder aus Ethrel (2-Chlorethylphosphorsäure, Ethephon; Abb. 2.7) darstellen. Das Ethrel ist ein bekannter Phytoeffektor, der Wachstums- und Leistungsveränderungen in Höheren Pflanzen über die Freisetzung des Pflanzenhormons Ethylen bewirkt. Der direkte natürliche Ethylenvorläufer ist die 1-Amino-cyclopropan-1-Carbonsäure (ACC).
Die verschiedenartigsten Effekte, die Ethylen hervorrufen kann, werden durch CO_2 als Antagonist seiner Wirkung oder durch Silbernitrat ($AgNO_3$) verhindert. Heute kennt man auch organische Antagonisten (Derivate der 1-Aminocyclopropan-1-Carbonsäure wie das Aminoethoxyvinylglycin AVG, Abb. 2.7), welche als potente Phytoeffektoren dienen können.

Ethylen kann grundsätzlich aus zwei verschiedenen Klassen biologischer Grundstoffe synthetisiert werden:

1. Die Hauptmenge wird aus der Schwefelaminosäure Methionin gebildet (Abb. 2.8).
2. Geringe Mengen entstehen aus der α-Linolensäure durch peroxidative Vorgänge in der Anwesenheit von Kupferionen.

Beim Hauptbiosyntheseweg wird Methionin in einem Dreistufenprozeß in Ethylen umgewandelt: In der ersten Stufe wird Methionin mit Hilfe der Methioninadenosyltransferase und ATP zum SAM (*S*-Adenosylmethionin) umgewandelt. Das *S*-Adenosylmethionin bindet an Pyridoxalphosphat (Vitamin B6) und bildet mit diesem eine Schiffsche Base. Diese kann zerfallen, wobei ACC (1-Amino-cyclopropan-1-Carbonsäure) entsteht. Dieser Schritt, der durch ein zweites Enzym (ACC-Synthase) katalysiert

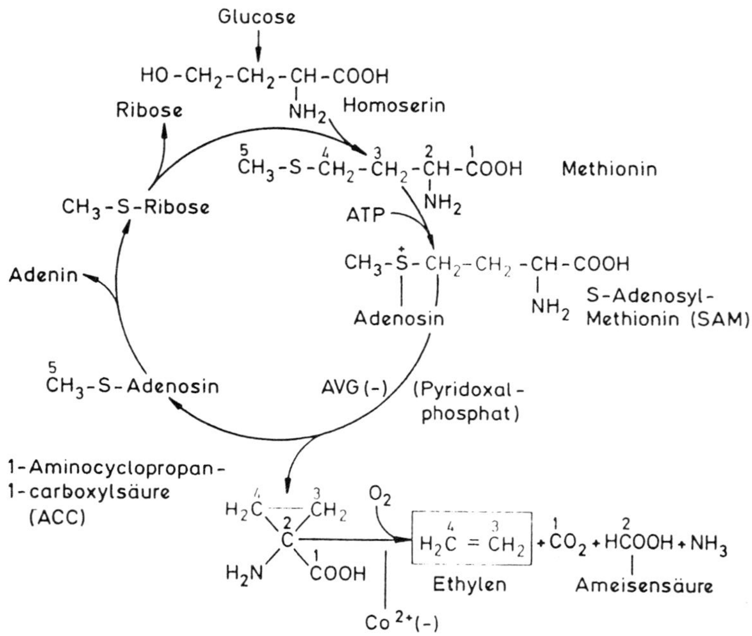

2.8 Die Biosynthese des Ethylens und der amphibole Methioninstoffwechsel.

wird, ist durch den Antagonisten AVG (Abb. 2.7) hemmbar, was man sich zur Aufklärung der Biosynthese nutzbar gemacht hat. In einem dritten Enzymschritt wird sauerstoffabhängig die Aminocyclopropan-1-Carbonsäure zu Ethylen und weiteren Produkten umgewandelt. Bei diesem Umwandlungsprozeß enstehen unter anderem auch Cyanid und CO_2. Der Schwefel wird in einem Kreisprozeß in Homoserin eingebaut, wobei über Homocystein und anschließende Methylierung wieder Methionin entsteht.

Wie schon erwähnt, tritt Ethylen bei Pflanzen auf, die einem gewissen Streß unterliegen, oder bei vielen klimakterischen Früchten (zum Beispiel Apfel, Banane, Tomate, Avocado) während des Reifungsprozesses. Zu den Streßfaktoren gehört mechanische Beeinflussung wie etwa Insektenbefall. Verwundet man pflanzliches Gewebe mechanisch, so wird bis zu einem gewissen Verwundungsgrad die Ethylensynthese stimuliert. Dabei findet man aber noch ein zweites Gas, das Ethan. Es stammt aus der α-Linolensäure, einer dreifach ungesättigten Fettsäure. Je höher der Verwundungsgrad der Pflanze, desto stärker ist die Ethanbildung, wobei die Ethylensynthese bei etwa 50% verwundeter Blattoberfläche wieder abzunehmen beginnt. Dieser Effekt wird so gedeutet, daß Ethylen in der gestörten, aber noch intakten Blattregion synthetisiert wird, während Ethan als ein Indikator totaler Dekompartimentierung unter oxidativer Zerstörung lipidreicher Membranen angesehen wird (Abschnitt 5.7.7).

Behandelt man Bohnen (*Phaseolus vulgaris*) mit dem Erreger des Bohnenrostes (*Uromyces phaseoli*), können sortenabhängig verschiedene Antworten beobachtet werden. Die anfällige Sorte "Pinto" entwickelt beim Eindringen der Pilzhyphen durch die Stomata geringe Mengen Ethylen. Dieser Effekt ist etwa zehn bis 14 Stunden nach Inokulation sichtbar. Die früh hypersensitiv reagierende Sorte 814 bildet während der Penetration des Pathogens in den Wirt relativ viel Ethylen. 60 bis 65 Stunden nach Inokulation zeigen sich auf der Oberfläche hypersensitive Flecken, die sich auf wenige Zellen rund um die stomatären Bereiche beschränken. Die spät hypersensitiv reagierende Sorte 765 entwickelt beim Eindringen kaum Ethylen. Nach 60 Stunden bilden sich aber auf den Blattoberflächen großflächige Nekrosen, die von einer massiven Ethylenbildung begleitet sind. Aus diesen Befunden wird deutlich, daß es grundsätzlich wohl zwei Ethylenantworten gibt:

1. eine Ethylenantwort sehr früh in der Infektionsphase, welche in Zusammenhang mit der Ausbildung von Resistenz gesehen werden kann, und
2. eine späte Ethylenbildungsphase, welche die massive Nekrotisierung von Blattgewebe begleitet.

Die erste Phase scheint mit der Induktion einer Reihe von Resistenzmechanismen verbunden zu sein. Die Ethylenbildung kann dabei in einigen Fällen meßbare Resistenzen hervorrufen: Induzierte Resistenz nach Ethylenbehandlung wurde zum Beispiel in Tomatenpflanzen beobachtet, die gegen *Verticillium albo-atrum* immun wurden.

Die Mechanismen der Resistenz können jedoch sehr verschiedenartig sein. Es kann sich hierbei um die Induktion von PR-Proteinen im Wirt handeln, was sicherlich für den Fall der Tomate oder der Kartoffel zutrifft. Nach der Infektion von *Vigna sinensis* mit CMV mißt man einen Anstieg von Fettsäureradikalen und die Bildung von thiobarbitursäuresensitivem Material, das indikativ für die oxidative Abspaltung von Malondialdehyd aus ungesättigten Fettsäuren (Peroxidation) ist. Gleichzeitig finden eine Abnahme ungesättigter Fettsäuren und eine Erhöhung der Ethylenbildung statt. Diese Effekte laufen parallel zu der Bildung nekrotischer Läsionen. Der resistenzinduzierende Effekt des Ethylens kann aber auch rein "zufällig" sein, wie an bestimmten Beispielen gezeigt wurde. In Sojakotyledonen, die mit pilzlichen Elicitoren (Abschnitt 19.1) aus *Phytophthora megasperma* var. *sojae* behandelt wurden, stellte sich heraus, daß die Bildung der Phytoalexine (Glyceolline; Abschnitt 17.5.1) unabhängig von der Ethylenbildung verlief. Auch konnte der Ethylenvorläufer ACC beziehungsweise der Inhibitor seiner Bildung (AVG; Abb. 2.7) den Phytoalexinsyntheseprozeß nicht beeinflussen. Es mag außerdem indirekte Effekte geben, wie am Beispiel von Mandarin-Orangen und der Besiedelung durch das Pathogen *Colletotrichum gloeosporioides* gezeigt wurde. *Colletotrichum* löst in Mandarin-Orangen die sogenannte Athracnose aus. Ethylenbehandelte Mandarin-Orangen sind etwas resistenter gegen dieses Pathogen. Reife Früchte bilden sehr viel weniger Ethylen als Früchte während der Reifung. Sie zeigen auch eine sehr beschränkte Durchdringbarkeit für das Pathogen, was vermutlich auf eine Lignifizierung der Flavedoschicht hindeutet. Es müssen also nicht immer direkte Abwehrmechanismen stattfinden, sondern es kann "indirekt" auch die Penetration der Pathogene in den Wirt betreffen. Auf der anderen Seite zeigte sich in letzter Zeit, daß zahlreiche Pilzsporen erst dann keimen, wenn sie mit Ethylen behandelt wurden. Da zahlreiche Wirte Ethylen während der Seneszenzphase emittieren, könnte eine Altersschwäche oder ein Resistenzverlust im Alter diesen Mechanismus der Sporenkeimung begünstigen. Noch ein anderer Weg bietet sich zur Diskussion an: Da Ethylen ein bekannter Induktor zellwandständiger Peroxidasen ist, haben diese zellwandständigen Peroxidasen möglicherweise etwas mit der Resistenz der Wirte zu tun. Es wurde gezeigt, daß zellwandständige Peroxidasen (es gibt vier bis fünf verschiedene Isoenzyme) auf Kosten von NADH in der Anwesenheit von Manganionen und Monophenolen (die es in der Zellwand gibt, da sie zur Ligninsynthese benötigt werden) Wasserstoffperoxid produzieren, welches damit als "Antibiotikum" wirksam werden könnte.

2.2.6 Jasmonsäure

Jasmonsäure beziehungsweise ihr Methylester (Methyljasmonat) wurde erst vor wenigen Jahren als ein neues Pflanzenhormon erkannt. Die Jasmonsäure entsteht über eine Lipoxigenasereaktion nach verschiedenen Umwandlungsschritten aus der dreifach ungesättigten Fettsäure Linolensäure. Linolensäure kann nur in freier Form durch die Lipoxigenase sauerstoffabhängig peroxidiert und in nachfolgenden Schritten durch β-Oxidation und β-Reduktion in Jasmonsäure überführt werden (Abb. 2.9).

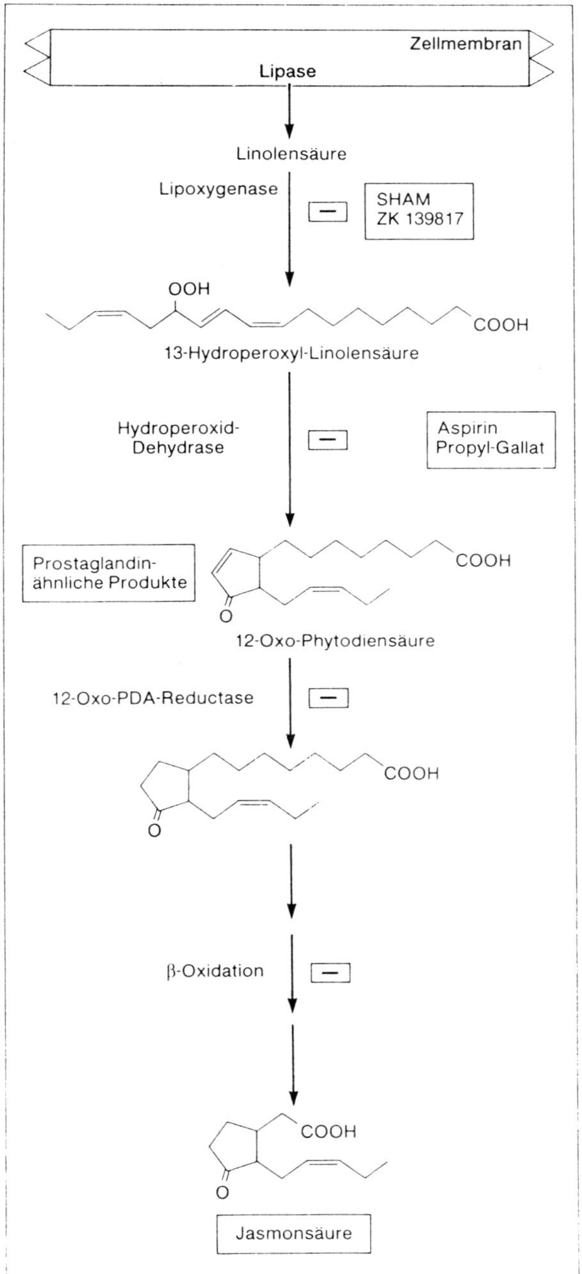

2.9 Die Biosynthese der Jasmonsäure. (Modifiziert nach: Hock, B. (1995) In: Hock, B.; Elstner, E. F. (Hrsg.) *Schadwirkungen auf Pflanzen.* Spektrum Akademischer Verlag, Heidelberg, S. 36.)

Jasmonsäure entsteht als Antwort auf Verwundung und bei der Abwehrreaktion gegen Pathogene. In dieser Eigenschaft, aber auch nach ihrer Herkunft, ist Jasmonsäure mit den tierischen Prostaglandinen zu vergleichen. Jasmonsäure spielt eine wichtige Rolle im Signaltransfer bei der normalen pflanzlichen Entwicklung, aber auch bei der Mobilisierung von Reserven, wenn sich reproduktive Strukturen wie Samen oder Früchte in der Pflanze entwickeln. Dies betrifft vor allem die Mobilisierung von angelegten Stickstoffspeichern (VSP = vegetative Speicherproteine), wobei exportierende und importierende Organe oder Organteile unterschieden werden können. Exportierende und alternde Blätter verlieren Protein, Chlorophyll und Stärke, und die Photosynthese nimmt graduell damit ab; bei jungen, sich noch entwickelnden Blättern und anderen Organen ist es umgekehrt. Diese Veränderung von einem *sink* in eine *source* wird von einer veränderten Genexpression begleitet. Hier handelt es sich tatsächlich um die Umsteuerung von anabolischen in katabolische Prozesse (unten). Gut untersucht sind der Import und der Export in verschiedenen Teilen des Kormus bei der Sojabohne.

Obwohl dieser Prozeß noch nichts mit einer Pathogenese zu tun hat, deutet sich hier sehr schön an, wie je nach Bedarf in einer Pflanze ein importierendes Organ in ein synthetisierendes und exportierendes Organ übergeht, das heißt, junge Blätter und sich entwickelnde Samenanlagen sind Importeure, ausgewachsene Blätter bis zu ihrer Seneszenz Exporteure. Die Umsteuerung von einem Importeur in einen Exporteur und umgekehrt wird durch Jasmonsäure eingeleitet. In Tabelle 2.1 sind verschiedene Pflanzenproteine und ihre Gene, die durch Jasmonsäure dirigiert werden, aufgelistet.

Tabelle 2.1: Jasmonsäureinduzierte Proteine

Protein	Pflanze	andere Induktoren
Proteinase Inhibitor I und II	Tomate	ABA, Verwundung
Proteinase Inhibitor II	Kartoffel	ABA, Sucrose
Trypsin Inhibitor	Alfalfa	Verwundung
Lipoxygenase	Sojabohne, Erbse	Verwundung, Trockenheit
Thionin	Gerste	
PAL	Sojabohne	Oligosaccharide
Chalkonsynthase	Sojabohne	Verwundung
Vegetatives Speicherprotein alpha und beta	Sojabohne	Verwundung, Trockenheit, lösliche Zucker

Jasmonsäure wird auch von einigen Pilzen während ihrer Entwicklung synthetisiert, sie kann jedoch wie auch andere Oxidationsprodukte der Lipoxigenase, zumindest in einigen Wachstumsphasen von Pilzen, als antifungales Agens dienen.

Durch Verwundung (zum Beispiel Insektenfraß oder -stiche) wird die Menge an Jasmonsäure erhöht. Jasmonsäure induziert in der Tomate die Bildung von Proteaseinhibitoren, von denen man annimmt, daß sie gegen tierische Schädlinge der Pflanze gerichtet sind. Wenn Proteaseinhibitoren von Insekten eingesaugt werden, können die aufgenommenen Proteine nicht mehr schnell genug abgebaut werden. Dadurch kommt es zu einem bakteriellen Abbau dieser Proteine im Pathogen und damit zu massiven Stoffwechselstörungen, die im Sinne einer Abschreckung verstanden werden können.

2.3 Störungen in der Regulation des intermediären Metabolismus

2.3.1 Die Organisation des intermediären Metabolismus

Im folgenden soll kurz auf grundsätzliche Eigenschaften des intermediären Metabolismus eingegangen werden, um die Störanfälligkeit bestimmter Reaktionen und die Möglichkeit der Regulation sowie der "Reparatur" oder "Korrektur" der einzelnen Stoffwechselwege zu diskutieren. Der intermediäre Stoffwechsel wird grundsätzlich in folgende Reaktionssequenzen eingeteilt (Abb. 2.10):

- katabole Reaktionen (Abbau),
- anabole Reaktionen (Aufbau),
- amphibole Reaktionen (Verteilung, Vermittlung) und
- anaplerotische Reaktionen (Auffüllen, Unterstützung).

Es gibt Speicher, die Kohlenhydrate enthalten (A), Speicher, die Fette enthalten (B), Speicher, die Säuren, kleine Moleküle und Speichersubstanzen enthalten (die nicht sofort benötigt werden wie konjugierte Hormone und konjugierte Chinone) (C), und schließlich Speicher, die Proteine beinhalten (D). Der Zu- und Austritt aus diesen Speichern ist streng reguliert (siehe unten). Der Abbau dieser Speichersubstanzen ist darüber hinaus hormonell

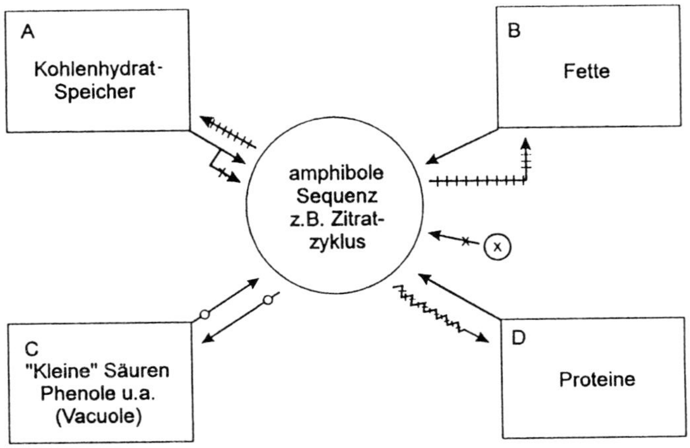

2.10 Grundsätzliche Typen von Stoffwechselreaktionen (einfache Pfeile: katabole Wege; Pfeile mit Querstrichen: anabole Wege; Pfeile mit Kreiselement: Permaeasen, Membrantranslokatoren; Pfeil mit Kreuz: anaplerotische Sequenzen; „Zick-Zack"-Pfeil: komplexer Syntheseweg).

geregelt, wobei äußere Anstöße, wie das Lichtregime, die Temperatur, die Wasserzufuhr, oder auch pathologische Situationen den Angriff auf diese Speicher dominieren. Katabole Reaktionen, also abbauende Sequenzen, sind zum Beispiel der Abbau von Speicherkohlenhydraten (Stärke, Saccharose) bis zur Brenztraubensäure über den sogenannten glykolytischen Reaktionsweg. Der Abbau der Fettspeicher erfolgt über die Hydrolyse von Neutralfetten (Triglyceriden), wobei Glycerin und freie Fettsäuren entstehen. Das Glycerin wird in den Kohlenhydratstoffwechsel eingeführt, die Fettsäuren werden über die β-Oxidation zu Acetyl-Coenzym A abgebaut. Der Abbau der Proteine erfolgt nach Mobilisierung der Speicher durch Proteasen, falls diese nicht durch Antiproteasen blockiert (gehemmt) sind. Die Entleerung des Speichers C, der kleine Säuren und Vorräte aller Art enthält, ist im wesentlichen durch die Permeabilität des Tonoplasten dominiert, wenn es sich bei dem Speicher um die Vakuole handelt.

Ein Charakteristikum des intermediären Stoffwechsels ist, daß katabole und anabole Reaktionswege selten identisch sind, das heißt, es handelt sich nicht einfach um eine Umkehrung der enzymkatalysierten, chemischen Reaktion. Dies gilt insbesondere für den Aufbau der Fette und den Aufbau der Proteine. Zahlreiche Reaktionen in diesen Stoffwechselwegen sind irreversibel: Ein hydrolytisches Enzym kann nicht einfach zwei Moleküle wieder zusammenbauen, wenn dieser Zusammenbau eine sehr stark energieabhängige Reaktion darstellt. Die Energie, die in den Reservesubstanzen vorhanden ist, wird häufig in Form von ATP gespeichert. Dies muß nicht immer der Fall sein. Beim Abbau der Proteine werden zum Beispiel die Aminosäuren proteolytisch voneinander getrennt, wobei die Bindungsenergie, die beim Aufbau jeweils ein GTP kostet, beim Abbau verlorengeht.

Soll nun Fett in Kohlenhydrat oder Protein in Energie umgewandelt werden, so sind sogenannten amphibole Reaktionswege vonnöten. Hierbei handelt es sich um Verteiler, in die von den verschiedenen Speichern oder Stoffwechselwegen Substanzen einfließen, die dann umgebaut werden und an anderer Stelle wieder zur Verfügung stehen (entspricht einem Kreisel im Straßenverkehr!). Solche amphibole Reaktionen sind beispielsweise der Zitronensäurezyklus, der reduktive und der oxidative Pentosephosphatzyklus, der Harnstoffzyklus und der Methionin-Homocystein-Cystathionin-Zyklus, um nur einige wichtige zu nennen. Unter bestimmten Bedingungen kann so ein Kreisverkehr zum Erliegen kommen. Stellen wir uns vor, daß aus dem amphibolen Stoffwechselweg ständig Ketosäuren zur Aminosäurebiosynthese abgezogen werden, so kann es problematisch werden, Acetyl-Coenzym A aus dem Kohlenhydratabbau oder aus dem Fettabbau an Oxalacetat zu binden und so die Zitronensäure zu synthetisieren. Wenn das Oxalacetat oder das α-Ketoglutarat etwa für die Aminosäurebiosynthese abgezogen werden, fehlen Rezeptormoleküle beziehungsweise Bindeglieder im Zitronensäurezyklus. Um dieser oder analogen Situationen zu begegnen, gibt es sogenannte anaplerotische, das heißt auffüllende Reaktionen, die über einen anderen Mechanismus solche Akzeptoren in den amphibolen Weg einschleusen. Ein solcher Mechanismus ist zum Beispiel die Umwandlung von Phosphoenolpyruvat in Oxalacetat über die PEP-Carboxylase.

Der Zitronensäurezyklus stellt den Schlüssel zur aeroben Energiegewinnung (ATP) und zu den wichtigsten Synthesen dar (Abb. 2.11).
Kompartimentierung, Enzymkatalyse und die ausgewogene Balance zwischen den erwähnten Stoffwechsellagen garantieren aber noch keinen reibungslosen Ablauf des intermediären Metabolismus. An vielen Stellen müssen Stoffwechselprozesse induziert und reguliert, das heißt rückkoppelnd beschleunigt oder verlangsamt werden. Da diese regulatorischen Prozesse äußerst sensibel sind, ist es sehr gut vorstellbar, daß gerade diese Regelprozesse unter pathologischen Bedingungen negativ beeinflußt oder gestört sind.

Eine äußere Einwirkung beziehungsweise eine endogene Rhythmik oder der Einfluß von Licht, Temperatur, Wasser, chemischen Stoffen und Phytoeffektoren wird über ein Erkennungsprinzip (Rezeptorsystem) in ein Reizprodukt verwandelt. Wir werden uns noch intensiv mit solchen Rezeptorsystemen in biologischen Membranen zu beschäftigen haben. Das Reiz-

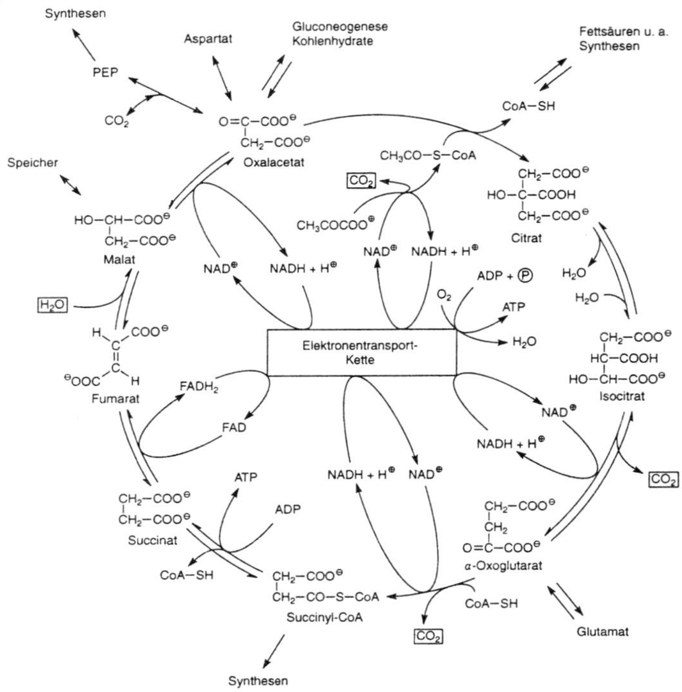

2.11 Der Zitronensäurezyklus als wichtigster amphiboler Reaktionszyklus (zentraler Verteiler).

produkt kann ein Hormon oder ein anderes Botenmolekül sein (*second messenger*) und direkt im Genom zur Stillegung eines Repressors führen, wobei messenger-RNA (mRNA) gebildet wird. In den besagten Fällen kann auch eine Reaktion direkt beeinflußt werden, indem der *second messenger* direkt in eine Enzymkatalyse eingreift; oder es kann ein Hormon direkt an einem Stoffwechselprozeß als Cofaktor oder als Katalysator beteiligt sein. Diese Enzymreaktion kann wiederum Produkte hervorbringen, die in den Stoffwechsel eingreifen. Auf der anderen Seite kann so ein Enzym der limitierende Schritt beim Angriff auf einen Speicher und dessen Entleerung sein. Die Regulation metabolischer Prozesse nach erfolgter Induktion kann über drei Möglichkeiten geschehen:

1. Regulation der Menge des Enzyms,
2. Regulation der Enzymaktivität und
3. Regulation durch Kompartimentierung.

2.3.2 Die Regulation der Enzymmenge

Über Transkription und Translation entsteht eine Proteinvorstufe, die zu einer Enzymvorstufe führen kann. Durch Angliederung oder Abspaltung von Teilen des Proteins kann ein "Vorenzym" entstehen (Monomeres). Dieses Enzym kann modifiziert oder "latent" in Membranen eingelagert werden (zum Beispiel Phenoloxidasen). Es kann sich zu Oligomeren zusammenlagern, wobei sowohl Monomere als auch Oligomere aktiv sein können. Die Ablesung eines Gens und die Übersetzung in eine Proteinantwort führen also nur in den seltensten Fällen direkt zu einem aktiven Enzym. Erst die aktiven Enzyme wandeln ein Substrat durch Bindung an das Enzym in ein Produkt um.

2.3.3 Die Regulation der Enzymaktivität

Veränderungen von Enzymaktivitäten können über sogenannte Feedback-Hemmung oder -Stimulierung von allosterischen Enzymen oder auch über die Konzentration bestimmter Coenzyme oder Cofaktoren erfolgen (Abb. 2.12). Hierbei kann es sich um ein thermodynamisches Problem handeln, wenn die Cofaktoren oder Coenzyme NADH, NADPH oder ATP sind oder rein kinetische Prozesse betreffen, wobei die Cofaktoren zum Beispiel Zwischen- oder Endprodukte oder ionische Aktivatoren (Magnesium oder Calciumionen) darstellen können. Klassische Beispiele für allosterisch regulierte Enzyme sind die Phosphofructokinase im glykolytischen Abbauweg und die Glutaminsynthetase als Schlüsselenzym der Stickstoffspeicherung in Höheren Pflanzen.

Die Phosphofructokinase katalysiert den Einbau einer Phosphatgruppe in Fructose-6-Phosphat zum Fructose-1,6-Bisphosphat. Dieser Schritt benötigt 1 ATP, das heißt 7,5-8 kcal/Mol (etwa 30-35 kJ/Mol). Das Enzym wird durch ATP und Zitronensäure gehemmt und durch Adenosinmonophosphat stimuliert. Durch diese Regulation soll verhindert werden, daß ATP für einen energiebereitstellenden Prozeß aufgewendet wird, wenn genügend Citrat vorhanden ist, um im Zitronensäurezyklus unter NADH-Generierung oxidiert zu werden, beziehungsweise genügend ATP schon vorhanden ist und damit nicht noch mehr synthetisiert werden muß. Auf der anderen Seite bewirkt eine Blockierung dieses Enzyms, daß ein Substratstau vor dieser Katalyse stattfindet. Durch den Substratstau ist es möglich, daß zum Beispiel angestautes Glucose-6-Phosphat über den oxidativen Pentosephosphatzyklus abgebaut wird, wobei alle möglichen zu verschiedenen Synthe-

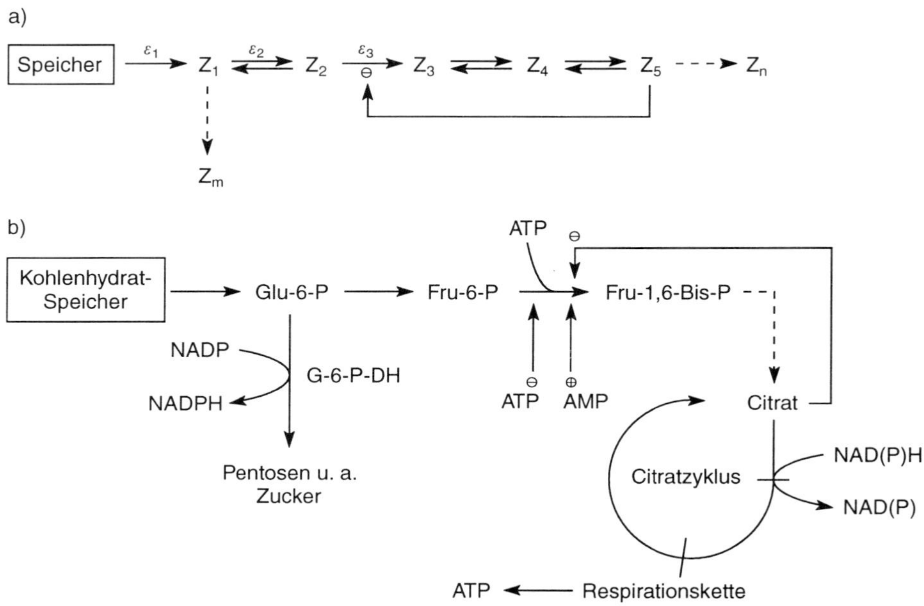

2.12 Regulation von Enzymaktivitäten: a) Allosterische Regulation von Enzymaktivitäten durch Feedback-Hemmung b) Bedeutung von *energy charge* beziehungsweise *reduction charge* für die Richtung der Stoffflüsse. (a) Das Produkt Z_5 hemmt (mit steigenden Konzentrationen!) das Enzym E_3 und verschiebt damit die Produktbildung von Z_n nach Z_m. (b) Bei hohem Angebot von ATP und NADP wird durch allosterische Hemmung (-) der Phosphofructokinase die Synthese von Pentosen und anderen Zuckern über Glucose-6-Phosphat Dehydrogenase (G-6-P-DH) favorisiert. Bei "Energiemangel" (AMP) wird die Glykolyse in Richtung Respiration verschoben.

sen benötigten Zucker (Triosen, Tetrosen, Pentosen, Heptulose) synthetisiert werden. Außerdem entsteht bei diesem oxidativen Pentosephosphatzyklus NADPH, das für zahlreiche Synthesen benötigt wird. Hingegen ist das Schlüsselenzym des oxidativen Pentosephosphatzyklus, die Glucose-6-Phosphatdehydrogenase, nicht aktiv, wenn ihr Cosubstrat beziehungsweise ihr Coenzym NADP nicht in ausreichender Menge zur Verfügung steht. Dies ist beispielsweise in ruhenden Samen der Fall, wo ein Großteil des NADP reduziert als NADPH vorliegt. Deshalb muß zur Induktion der Samenkeimung zuerst NADPH oxidiert werden, um dann den Pentosephosphatzyklus "anzukurbeln".

An diesen einfachen Beispielen sehen wir, daß neben Metaboliten des intermediären Stoffwechsels Cofaktoren wie ADP, ATP, AMP, NAD, NADH, NADP und NADPH in einem ganz gewissen stöchiometrischen Verhältnis benötigt werden, um den Stoffwechsel reibungslos am Laufen zu halten ("Homöostase"). Es ist bekannt und auch sehr gut vorstellbar, daß durch

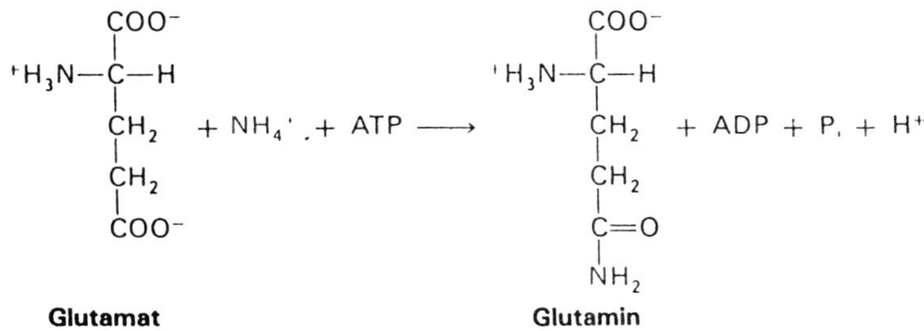

2.13 Die Katalyse der Glutaminsynthetase.

Infektionen mit Viren, Bakterien oder Pilzen an verschiedensten Stellen Blockaden errichtet werden, etwa wenn die Vermehrung des Virus durch den hohen Nucleinsäureumsatz ATP aus dem Verkehr zieht und dadurch die Rückregulation der Phosphofructokinase abgeschwächt ist. Die Wirtszelle wird deshalb vermehrt Citrat über den Zitronensäurezyklus oxidieren, um wieder ATP bereitzustellen. Unter diesen Bedingungen wird also der Substratfluß von den Kohlenhydratspeichern in die amphibole Sequenz relativ schnell ablaufen. Der Einstrom von Glucose in den oxidativen Pentosephosphat-zyklus ist dann letztlich nur abhängig von der Verfügbarkeit von $NADP^+$. Der Pentosephosphatzyklus seinerseits liefert sowohl die Bausteine für zahlreiche Biosynthesen als auch die reduktive Energie für die Durchführung derselben. Die Balance zwischen energieliefernden Reaktionen, das heißt der Fluß der glykolytischen Reaktionen zum amphibolischen Tricarbonsäurezyklus und dem Pentosephosphatzyklus unterliegt einer ausgewogenen Kontrolle von Feedback-Mechanismen, allosterischen Enzymen und dem Angebot von Cofaktoren und Coenzymen. Nur wenn alle diese Reaktionen im Lot sind, kann die "Baustelle" der Wirtszelle reibungslos funktionieren. Bauplan, Baumaterial und Energie werden durch diese Balance der Metabolismen bereitgestellt. Biotrophe Pathogene achten strengstens darauf, daß diese Balance möglichst wenig gestört wird. Nekrotrophe haben es hier weniger schwer – sie wollen die Balance möglichst schnell und nachhaltig stören, damit sie ohne große Probleme an ihr Substrat kommen.

Als nächstes soll auf die Regulation der Glutaminsynthetase eingegangen werden. Synthetasen heißen Enzyme, die mit Hilfe von ATP ihre Substrate umsetzen. Die Glutaminsynthetase katalysiert die Anlagerung von NH_4^+ an Glutamat, wobei Glutamin entsteht, und ist somit ein Schlüsselenzym des pflanzlichen Stickstoffmetabolismus (Abb. 2.13).

Das Enzym liegt in zwei Formen vor: in einer schnell katalysierenden – wenig regulierbaren – Form und einer langsam katalysierenden – sehr gut regulierbaren – Form. Die schnell reagierende Form ist ein Enzym mit zwölf Tyrosinresten, die durch Phosphorylierung in die entsprechenden Adenosylmonophosphorylderivate übergeführt werden. Eine Reihe von Effektoren, wie Glutamin (als Substrat), UTP oder α-Ketoglutarsäure, greifen in die Regulation ein, wobei die Phosphorylierung durch Glutamin stimuliert, durch UTP und α-Ketoglutarsäure aber blockiert wird. Die Dephosphorylierungsreaktionen, die zwölf Adenosinmonophosphate wieder abspalten, werden von Glutamin gehemmt, von UTP und α-Ketoglutarsäure aber stimuliert. Die Glutaminsynthetase ist, wie alle Synthetasen und Kinasen, ein magnesiumabhängiges Enzym. Sie wird durch ATP nach Bindung ihres Substrates (Glutaminsäure) in ein entsprechendes Phosphoglutaminsäureenzym übergeführt, wobei ADP frei wird. Das Glutaminsäurephosphoenzym bindet nun das zweite Substrat (NH_4^+), wobei anorganisches Phosphat freigesetzt und eine Aminogruppe an die Carboxylgruppe des Kohlenstoffatoms 4 angehängt wird. Stehen hier entweder die Regulatoren nicht zur Verfügung oder herrscht ATP-Mangel, so ist automatisch der Aminostickstoffhaushalt der Wirtszelle beeinflußt. Verschiedene Bakterientoxine können an diesem Enzym angreifen, wie das Tabtoxin oder 2-Serintabtoxin. Beide Toxine induzieren in Tabakpflanzen lichtabhängige Chlorosen und anschließend die Nekrotisierung der chlorotischen Stellen. Die entsprechenden Symptome werden unter dem Begriff *wild fire disease* zusammengefaßt. Der Mechanismus, nach dem durch Hemmung der Glutaminsynthetase solche Effekte erzielt werden, wird an anderer Stelle besprochen (Abschnitt 21.1).

2.3.4 Die Bedeutung von Kompartimentierung und Transportmechanismen

Zelluläre Kompartimente sind Reaktions- und Funktionsorte, die mehr oder weniger hermetisch und streng reguliert voneinander abgeriegelt sind. Der Durchgang von einem Kompartiment in das andere ist für manche Moleküle grundsätzlich möglich ("freie Diffusion"), für andere nicht. Für solche gibt es Permeasen, das heißt Enzyme, die energieabhängig oder -unabhängig durch bestimmte Erkennungsstrukturen gesteuert, einen Übergang erlauben.

Wie man sich das Funktionieren einer Permease "mechanisch" vorstellen kann, ist schematisch in Abbildung 2.14 gezeigt.

Die zelluläre Kompartimentierung bringt sehr viele Vorteile mit sich, die an einem kurzen Beispiel erläutert werden sollen. Nehmen wir drei verschiede-

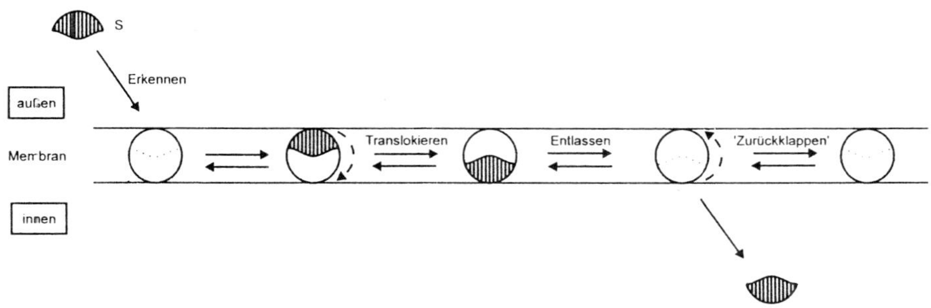

2.14 Modell zur Funktion von Permeasen. (S: Substrat)

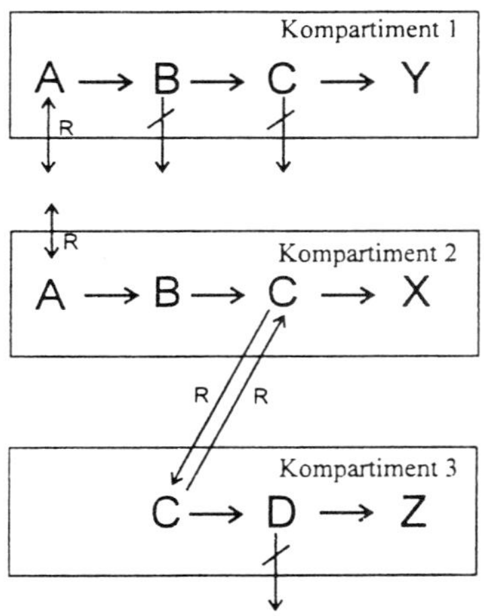

2.15 Prinzipien und Funktion der zellulären Kompartimentierung. (R= regulierter Durchtritt).

ne Kompartimente an: Im ersten Kompartiment wird aus einer Substanz A über B und C ein Produkt Y gebildet. In einem Zwischenkompartiment wird von A über B und C ein Produkt X gebildet; im dritten Kompartiment wird C in D umgewandelt und die Substanz Z gebildet. Das erste Kompartiment ist impermeabel für B und C, das dritte Kompartiment ist impermeabel für D. Der Durchtritt von C von Kompartiment zwei in drei und umgekehrt ist reguliert, der Durchtritt der Substanz A in Kompartiment eins ebenfalls. Diese Kompartimentierung erlaubt es nun, Y, X und Z ohne gegenseitige Beeinflussung zu synthetisieren. Ohne diese Kompartimentierung würden X, Y und D um C konkurrieren, und die einzelnen Reaktionen wären nur von thermodynamischen oder kinetischen Reaktionsgrößen bestimmt.

Übertritte von Substanzen von einem Kompartiment in das andere können durch freie Diffusion, durch erleichterte Diffusion (katalysiert durch sogenannte Permeasen), über Translokatoren und über den aktiven Transport (ATP-abhängig) erfolgen. Es gibt zahlreiche Kompartimente, in denen sehr ähnliche Stoffwechselwege ablaufen, obgleich diese unterschiedlich reguliert sein können (oben).

ATP-abhängige Transportsysteme sind besonders dort gefragt, wo sehr schnell Gleichgewichte eingestellt oder Ungleichgewichte (Beladung gegen einen Konzentrationsgradienten) erzeugt werden sollen. Ionentranslokationen (K^+-, Ca^{2+}-, Mg^{2+}-, H^+-ATPasen) erfolgen häufig über solche Prozesse. Da diese ATPasen integrale Bestandteile von subzellulären Membranen (Plasmalemma, Tonoplast, Organellmembranen) sind und im katalytischen Zentren oxidationsempfindliche Sulfhydrylgruppen (R–SH) besitzen, sind sie besonders sensibel gegenüber Störungen im Membransystem.

Zelluläre Dekompartimentierungen oder Störungen von Membransystemen machen sich deshalb bemerkbar durch:

1. Austritt von Ionen oder anderen kleinen Molekülen,
2. elektrische Potentialänderungen,
3. Lipidperoxidationen (Bildung von Malondialdehyd beziehungsweise Ethan),
4. Verlust essentieller SH-Gruppen,
5. Austritt von Enzymen des intermediären Metabolismus,
6. letztendlich Verfärbungen durch Oxidation vakuolärer Phenole, und
7. Verlust vitaler Funktionen (*energy charge*, *reduction charge*).

3. Pflanzen unter "Streß": Pathologische Sauerstoff-aktivierungen als symptom-auslösende Prozesse

Pflanzliche Streßauslöser kann man in sieben Gruppen einordnen:

1. energiereiche Strahlung (Röntgen, Gamma, UV, Radioaktivität),
2. sichtbares Licht (zu hohe und zu niedrige Intensitäten),
3. biologische Faktoren (Konkurrenz, Blüte, Fruchtreife, Infektionen, Parasiten),
4. mechanische Faktoren (Druck, Verbiß, Feuer, Wind),
5. chemische Faktoren (pH, Salze, Schwermetalle, Xenobiotika, Luftverunreinigungen),
6. Hydratur (Dürre, Überflutung) sowie
7. Temperatur (Kälte, Hitze).

Alle diese Bereiche können sich natürlich überlagern. Insgesamt führen sie zu Veränderungen im zellulären Redoxstatus der Pflanzen oder zu oxidativen Umsteuerungen. Dabei treten immer mehr oder weniger charakteristische Sauerstoffaktivierungsreaktionen auf (Brunold, C.; Rüegsegger, A.; Brändle, R. (Hrsg.) *Streß bei Pflanzen.* Bern, Stuttgart, Wien (UTB) 1996).

3.1 Die universelle Bedeutung des Sauerstoffs

Der Sauerstoff entstand vor etwa 3,5 Milliarden Jahren durch photosynthetisierende Organismen. Die "Erfindung" des Photosystems II, das heißt die Wasserspaltung unter Sauerstofffreisetzung, wurde damals für die Vorläufer der heute noch existierenden Cyanobakterien von vitaler Bedeutung, da in den Urmeeren die reduzierten Verbindungen (zum Beispiel H_2S, NH_3, Hydroxylamin) als Elektronendonatoren für die photosynthetische NADP-Reduktion zur Neige gingen und weitgehend zu NO_3^- und SO_4^- oxidiert vorlagen. Durch aufeinanderfolgende Mutationsschritte wurden aus den "parallelen" und miteinander gekoppelt ablaufenden, zyklischen, ATP-produzierenden Photosystemen zwei kooperativ in Serie arbeitende Photosysteme, von denen das vermutlich phylogenetisch "jüngere", das Photosystem II, nicht eine reduzierte Schwefel- oder Stickstoffverbindung, sondern nach Veränderung seines Redoxpotentials in den stark positiven Bereich (+ 830 mV) das Wasser als "Elektronendonator zum Nulltarif" verwenden konnte. Dies erwies sich als ein so vorteilhafter Schritt in der Phylogenie, daß es zum erstenmal in der Erdgeschichte zur Bildung von Lagerstätten aus organischem Material kommen konnte (Graphitlagerstätten als geologisch älteste Kohlenstofformationen).

3.2 Der aktivierte Sauerstoff

Molekularer (atmosphärischer) Sauerstoff besitzt zwei ungepaarte Elektronen und befindet sich dadurch im unreaktiven Triplettgrundzustand, für den Reaktionen mit Molekülen oder Atomen im Singulettgrundzustand spinverboten sind (Hundsche Regel, Pauli-Prinzip). Dieser Zustand wird durch physikalische oder chemische Sauerstoffaktivierung aufgehoben oder umgangen. Durch diese Aktivierungsreaktionen entstehen reaktive "Übergangszustände" (*reactive oxygen species*), die zum Teil sehr reaktiv sind. Dies hat Konsequenzen: Die entstandenen Sauerstoffspezies müssen unter strenger metabolischer Kontrolle stehen, das heißt, der aerobe Metabolismus mußte im Laufe der Phylogenie ein antioxidatives Schutzsystem aufbauen. Alle intrazellulären Kompartimente aerober Zellen produzieren und entgiften aktivierte Sauerstoffspezies und -radikale. Viele pflanzliche und natürlich auch tierische Erkrankungen beruhen letztlich auf der Bildung reaktiver Sauerstoffspezies.

3.2.1 Formen des aktivierten Sauerstoffs und grundsätzliche Mechanismen ihrer Entstehung

Zu den aktivierten Sauerstoffspezies gehören:

- der Singulettsauerstoff ($^1O_2$),
- das Superoxidanion ($O_2\cdot^-$) und seine korrespondierende Säure,
- das Hydroperoxylradikal (HOO·, pK = 4.8),
- das stabile Wasserstoffperoxid (H_2O_2),
- das äußerst reaktive OH-Radikal (OH·)
- sekundär entstehende organische Peroxide (ROOH),

– Alkoxylradikale (RO·) und
– Peroxylradikale (ROO·).

Die Sauerstoffaktivierungsreaktionenen umfassen prinzipiell:

– Autoxidationen kleiner Moleküle; dazu gehören unter anderem Sulfhydrylverbindungen wie Cystein oder Homocystein, Endiole wie Ascorbat oder diverse Zucker sowie o-Diphenole (zum Beispiel Kaffesäuren, DOPA). Die meisten dieser Reaktionen sind (bei physiologischem pH) übergangsmetall- (Fe,Cu,Mn)-katalysiert.
– Photooxidationen: Zahlreiche zelluläre Farbstoffe wie Chlorophyll, Phaeophytin und verwandte Hämatoporphyrinderivate, Riboflavin, komplexe Inhaltsstoffe oder Toxine wie Hypericin oder Cercosporin katalysieren unterschiedliche photodynamische Reaktionen, die abhängig von ihrer chemischen "Umgebung" Kettenreaktionen auslösen, wobei verschiedene Aktivierungsstadien, insbesondere aber $^1O_2$, eine herausragende Rolle spielen.
– Konstitutive und induzierbare Oxidoreduktasen und Elektronentransportsysteme und Redoxkoppelungen: Mitochondrien, Chloroplasten, Mikrosomen und plasmatische Membranen enthalten Elektronentransportsysteme (NAD(P)H-Oxidasen), die reaktive Sauerstoffspezies erzeugen; daneben gibt es eine Reihe von Enzymen (mit den EC Nummern 1. in erster und 3. in dritter Position), die Superoxid und Wasserstoffperoxid produzieren. Zahlreiche Monooxygenasen (P_{450}-Systeme) sind durch potentielle Substrate induzierbar und zeigen "Überschußreaktionen" nach erfolgter Induktion. Diese und viele andere Enzyme und Elektronentransportketten koppeln aus mangelnder Spezifität ihrer reduzierenden Komponenten mit autoxidablen Giften (Herbizide), Drogen oder Toxinen (Chinone, Nitro- und Quatverbindungen, Übergangsmetallchelate), wobei alle bekannten reduzierten Sauerstoffspezies entstehen können.
– Durch intrazellulären Kompartimentverlust kommt es zur Kombination von Substraten und Enzymen (Hydrolasen, Lipasen, Lipoxigenasen, Phenoloxidasen, Peroxidasen), die in der intakten Zelle keinen Kontakt miteinander haben. Dies führt zu oxidationsbedingten Kettenreaktionen und in der Nachfolge zu Nekrotisierungen und zum Absterben von Zellen und ganzen Gewebsbereichen.

3.2.2 Mechanismen der Sauerstoffaktivierung

Wie schon erwähnt, liegt der Sauerstoff in der Atmosphäre in einer unreaktiven Form vor. Er kann physikalisch oder chemisch aktiviert werden. Hier unterscheidet man prinzipiell photodynamische (lichtabhängige) und reduktive Mechanismen:

Lichtreaktionen und ihre Konsequenzen

Die Sauerstoffaktivierung durch photodynamische Reakionen erfolgt über photoaktivierte Pigmente; P repräsentiert hier ein Pigment in seinem Grundzustand und P* seine aktivierte ("angeregte") Form:

I) P + Licht $\rightarrow$ P* (angeregtes Pigment)

$P^* + O_2 \rightarrow {}^1O_2 + P$ (Exciton-Transfer unter Bildung von Singulettsauerstoff, oder formal: zwei ungepaarte Elektronen ergeben ein (labiles) Elektronenpaar, nach: $\cdot O = O\cdot + P^* \rightarrow O = O: + P$)

Reaktionssequenz I) ist eine photodynamische Reaktion, klassifiziert als photodynamische Reaktion Typ II.

Singulettsauerstoff unterliegt im Gegensatz zum atmosphärischen Sauerstoff nicht mehr der Spinregel, da er gepaarte Elektronen im Singulettzustand besitzt und sehr schnell mit den meisten organischen Molekülen, vor allem aber mit Doppelbindungen unter Bildung von Hydroperoxiden, reagiert:

II) $RH + {}^1O_2 \rightarrow ROOH$

Singulettsauerstoff geht spontan wieder in seine energieärmere Form, den Triplettsauerstoff, über. Bei diesem Übergang wird die gespeicherte Energie in Form von Licht wieder frei. Man unterscheidet zwei Typen von Reaktionen, die sich durch ihre Emissionsspektren unterscheiden:

1. ${}^1O_2 \rightarrow {}^3O_2 + h \times v$ (lambda = 1270 nm; Monomolemission)
2. ${}^1O_2 + {}^1O_2 \rightarrow 2\,{}^3O_2 + h \times v$ (lambda = 670 + 705 nm; Dimolemission).

Neben diesen Reaktionen sind es noch aktivierte Triplettübergangszustände in bestimmten Aldehyden, die aus der Fettsäureperoxidation stammen (unten) und verantwortlich dafür sind, daß alle lebenden Zellen und Gewebe bei unterschiedlich starken Streßeinflüssen sehr geringe Mengen an Licht emittieren. Diese Effekte nennt man Chemi- oder Biolumineszenz.

Hydroperoxide (ROOH) können durch bestimmte Elektronendonatoren (E^-) reduziert werden, wobei vor allem Metallionen wie Fe^{2+} oder Cu^+, Semichinone oder "Redoxin"-Anteile von Proteincofaktoren wie Häm- und Nonhämproteine oder Isoalloxazine als Elektronendonatoren dienen und Alkoxyl-(RO· -)Radikale bilden:

III) $E + ROOH \rightarrow E + RO\cdot + OH^-$

Diese RO·-Radikale können weiterreagieren und andere Moleküle kooxidieren, wobei sie zum Beispiel Carotinoide bleichen oder Kettenreaktionen einleiten:

IV) $RO\cdot + RH \rightarrow R\cdot + ROH$

Das organische Radikal R· ist in der Lage, atmosphärischen Sauerstoff (als Biradikal) zu addieren, wobei Peroxylradikale, ROO·, entstehen:

V) $R\cdot + O_2 \rightarrow ROO\cdot$

ROO· kann auch wieder Kettenreaktionen einleiten, ganz in Analogie zu den Alkoxylradikalen (Reaktion IV):

VI) $ROO\cdot + RH \rightarrow ROOH + R\cdot$

Beim reduktiven Abbau (Reaktion III) von Hydroperoxiden entstehen Aldehyde in einem physikalisch aktivierten Triplettzustand. Beim Übergang in die entsprechenden energieärmeren Singlettgrundzustände geben diese diversen Fettsäurebruchstücke geringe Mengen an Licht, mit Emissionsspektren zwischen 400 und 700 nm, ab.

Photodynamische Reaktionen, die keinen Exciton-Tranfer (das heißt physikalischen Transfer von Anregungsenergie via P^* und $^1O_2$), jedoch eine Ladungstrennung im angeregten Pigment durchlaufen, wovon sich die letztendlich reagierenden Spezies ableiten, nennt man photodynamische Reaktion Typ I:

VII) $P + \text{Licht} \rightarrow P^*$

$P^* \rightarrow {}_+P^-$ (Ladungstrennung)

${}_+P^- + O_2 \rightarrow {}_+P + O_2{\cdot}^-$ (Superoxidbildung)

${}_+P$ kann ein photooxidiertes (gebleichtes) Pigment darstellen, kann aber auch ein Agens für verschiedene "Cooxidationen" sein. Viele Bleichungsreaktionen (Wäsche, Lebensmittel, Bilder), aber auch pflanzliche Vergilbungsreaktionen nach Infektionen (Viren) laufen nach diesem Muster ab.

Reduktive Sauerstoffaktivierung

In der Gegenwart von Reduktanten (E_1^-) ausreichender Affinität für Sauerstoff und einem ausreichenden Redoxpotential (unter −160mV), kann aus atmosphärischem Sauerstoff Superoxid entstehen:

VIII) $E_1^- + O_2 \rightarrow E_1 + O_2{\cdot}^-$ (Superoxidbildung)

$E1^-$ kann auch ein aquatisiertes Elektron aus der Wasserspaltung durch radioaktive oder ionisierende Strahlung darstellen.

Superoxid dismutiert bei neutralem pH in wäßrigen Medien mit einer Rate von $k = 2 \times 10^5$ ($L \times M^{-1}sec^{-1}$), wobei Wasserstoffperoxid entsteht:

IX) $O_2{\cdot}^- + O_2{\cdot}^- + 2\,H^+ \rightarrow H_2O_2 + O_2$

Diese Reaktion wird durch die Superoxiddismutasen 10000fach beschleunigt.

In Analogie zu Reaktion III kann Wasserstoffperoxid monovalent reduziert werden, wobei die schon erwähnten Elektronendonatoren (E^-) das extrem reaktive Hydroxylradikal $OH\cdot$ bilden:

X) $H_2O_2 + E^- \rightarrow E + OH^- + OH\cdot$

$OH\cdot$ hat ein stark positives Redoxpotential (nahe +2V) und eine Lebensdauer von weniger als einer Mikrosekunde. Es reagiert deshalb in der unmittelbaren Nähe seines Entstehungsortes und oxidiert spontan seine Nachbarmoleküle. Man spricht hier von einem *site-specific oxidative damage*. Das

OH· ist das Hauptziel antioxidativer Kapazitäten kleiner Moleküle (Phenole, Flavonoide). Die sogenannte Haber-Weiss-Reaktion mag die Schlüsselreaktion für zahlreiche toxische Prozesse (zum Beispiel Asbesttoxizität) sein. Sie umfaßt die Reduktion von Eisen^{III+}-Chelat) und die anschließende Reduktion von Wasserstoffperoxid durch das Eisen^{II+}-Chelat:

$O_2·^- + Fe^{III+}(Chelat) \rightarrow O_2 + Fe^{II+}(Chelat)$

$H_2O_2 + Fe^{II+}(Chelat) \rightarrow OH^- + OH· + Fe^{III+}(Chelat)$

Summe:

$O_2·^- + H_2O_2 \rightarrow O_2 + OH^- + OH·$

3.3 Bioenergetik

Läßt man Hefe in einem Glucosemedium unter Luftabschluß gären, so mißt man in der Hauptwachstumsphase der Hefe eine geradlinige Zuckerabnahme. Führt man nun durch Belüftung aerobe Bedingungen herbei, wächst die Hefe etwas schneller, der Glucoseverbrauch verlangsamt sich aber. Dieser schon von Louis Pasteur beschriebene Effekt (Pasteur-Effekt) ist im wesentlichen auf die allosterische Hemmung der Phosphofructokinase (im glykolytischen Zuckerabbauweg) durch ATP und/oder Citrat zurückzuführen (Abschnitt 2.3.3). Die Gärung "erwirtschaftet" pro Mol Glucose neben Ethanol (oder bei Milchsäuregärern: Lactat) zwei Mol ATP; unter aeroben Bedingungen entstehen jedoch über den Zitronensäurezyklus und die angekoppelte Atmungskette neben CO_2 und H_2O je nach Berechnungsmodus 36 bis 38 ATP – also circa 19mal soviel als bei der Gärung! Der Pasteur-Effekt stellt also eine sehr ökonomische Maßnahme dar.

Die zelluläre Atmung besteht aus zwei Teilen: dem Zitronensäurezyklus, bei dem kurzkettige Di- und Tricarbonsäuren oxidiert werden und NAD reduziert wird und, der respiratorischen Elektronentransportkette in der inneren Mitochondrienmembran. Dieses Elektronentransportsystem (Abb. 3.1) besteht unter anderem aus Flavoproteinen mit Nonhämeisen (FP-NHI), Ubichinon (Q) und Cytochromen (Cyt). Die Elektronendonatoren (Succinat, NADH) werden durch FP-NHI oxidiert, und die Elektronen werden letztlich über die eisen- und kupferhaltige Cytochromoxidase in einem Vierelektronenschritt auf Sauerstoff übertragen, wobei keine reaktiven Über-

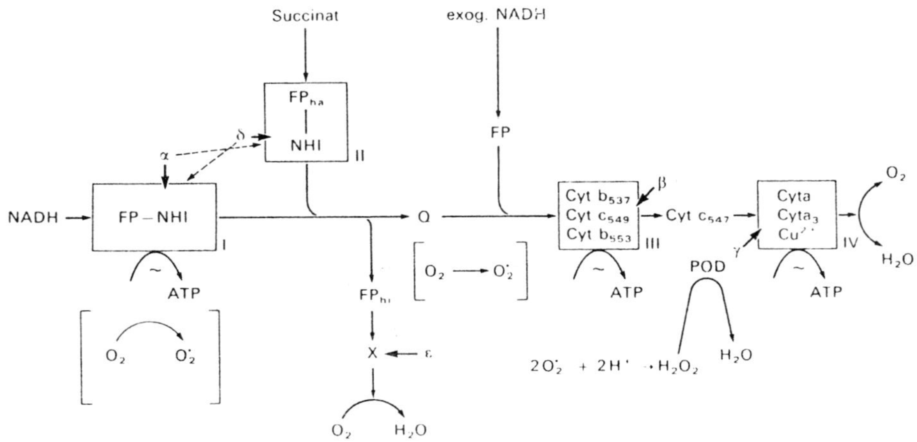

3.1 Die Sauerstoffaktivierung in den Mitochondrien. (Q: Ubichinonpool; FP: Flavoproteine; Cyt: Cytochrome; NHI: "non Häm-Eisen"; POD: Peroxidase; ~ : Stellen der Energiekonservierung; X: alternative Respirationskette; $\alpha,\beta,\gamma,\delta,\varepsilon$: Ansatz von Hemmstoffen).

gangsstufen (Superoxid, Peroxid, OH-Radikal) entstehen. Bei der Elektronenübertragung in der Membran bildet sich simultan ein Protonengradient über die Membran hinweg, der über eine spezielle ATPase zur ATP-Bildung (ATP in Abb. 3.1) aus ADP und anorganischem Phosphat verwendet werden kann.

Mitochondrien erzeugen kontinuierlich an mindestens zwei Stellen (FP-NIH, Q-Cytb) geringe Mengen (im mikromolaren Bereich) an Superoxid, welches unter "Normalbedingungen" aber unproblematisch ist (unten). Unter bestimmten Bedingungen (Anwesenheit bestimmter Toxine oder Antibiotika, Temperaturerhöhung auf über 40°C) ist dieses "Elektronenleck" verstärkt, und die Mitochondrien werden zu Radikalbildnern. Ubichinon selbst ist aber ein guter Radikalscavenger, endogene Manganosuper-oxiddismutase entsorgt $O_2\cdot^-$, und die c-Peroxidase (POD in Abb. 3.1) baut das durch die Superoxiddismutation anfallende Wasserstoffperoxid ab.

Es muß also schon viel "zusammenkommen", damit die mitochondriale Sauerstoffaktivierung zum Problem wird (hohe Temperatur, Dürre, Vergiftungen). Unter Dürrebedingungen scheint in machen Pflanzen oder Organen der mitochondriale Elektronentransport nach dem Komplex I limitiert oder unterbrochen zu sein, was einen Einelektronenübergang vom FAD-NHI-UQ-Komplex auf den Sauerstoff und damit Superoxidbildung zur Folge hat.

3.4 Oxidative Synthesen, Abbauwege und Entgiftungsreaktionen

Tiere und Pflanzen benötigen für den intermediären Metabolismus Oxidasen und Oxigenasen. Sowohl zahlreiche Biosynthesen als auch Abbauprozesse sind abhängig von Oxidationsschritten, bei denen entweder a) Wasserstoffatome aus einem Molekül entfernt werden (Oxidasen) oder b) ein (Monooxigenasen) oder zwei Sauerstoffatome (Dioxigenasen) in ein Molekül eingebaut werden. Für die Pflanzen sei nur die Vielfalt der Flavonoide und Phenolderivate (Phytoalexine, Lignin) angeführt, bei deren Synthese diverse Hydroxylierungsreaktionen beteiligt sind. Bei diesen Hydroxylierungen arbeiten in Tieren wie in Pflanzen häufig Monooxigenasen (Cytochrom P_{450}) und Phenoloxidasen "in Serie", wobei die erste Hydroxylgruppe immer durch das P_{450}-System in einen Aromaten eingeführt wird. Dieses in die mikrosomalen Membranen eingebettete Elektronentransportsystem reduziert auf Kosten von NADH oder NADPH über Flavinkatalyse (fp), Cytochrom b (cyt.b_5) oder Nonhämeisen (NHI) den Hämeisencofaktor P_{450}, der seinerseits reduktiv Sauerstoff bindet und auf bestimmte Substrate (zum Beispiel Aromaten) überträgt. Dieses Hämeisenprotein erhielt seine Bezeichnung durch die Eigenschaft, nach (lichtreversibler) CO-Bindung eine charakteristische Absorptionsbande bei 450 nm zu entwickeln.

Mikroorganismen (zum Beispiel *Pseudomonas oleovorans*) können mit Hilfe eines analogen Systems Alkane hydroxylieren und so etwa Erdöl abbauen (sogenannte omega-Hydroxylierungen).

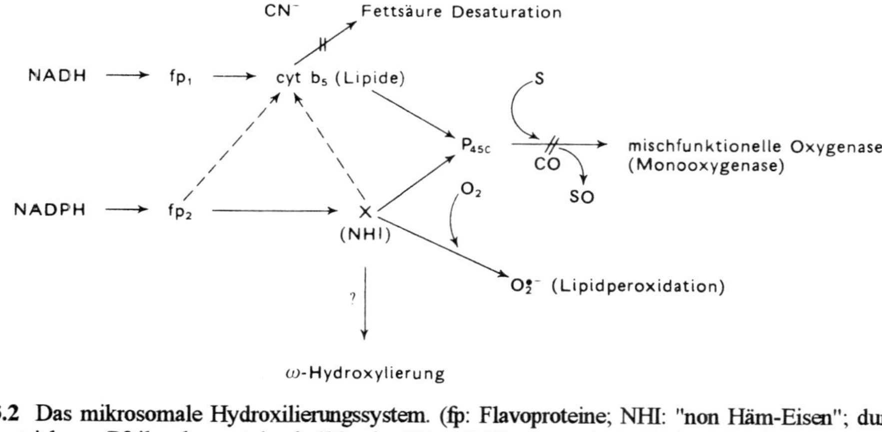

3.2 Das mikrosomale Hydroxilierungssystem. (fp: Flavoproteine; NHI: "non Häm-Eisen"; durchgestrichener Pfeil: gehemmt durch CN⁻ oder CO (CO-Hemmung ist im Licht reversibel)).

Die Entsorgung schwerlöslicher und für Menschen und Tiere zum Teil toxischer Verbindungen (zum Beispiel polyzyklische Aromaten wie Benzpyren) läuft ebenfalls über das P_{450}-System. In Pflanzen ist das P_{450}-System vor allem an der Synthese von Streßmetaboliten (Phytoalexine, Abschnitt 17.5) beteiligt.

3.5 Sauerstoffaktivierung in den Chloroplasten

Pflanzliche Vergilbungsreaktionen beruhen nicht auf einem simplen, enzymkatalysierten Abbau des Chlorophylls, sondern auf komlexen Kooxidationsreaktionen innerhalb des Thylakoidsystems der Chloroplasten. Als Ursachen beziehungsweise einleitende Vorgänge gelten Mangelerscheinungen (Mg-, K-, Mn-, Fe-Mängel), Infektionen (Viren, Bakterien, Pilze), Rauchgas-(SO_2-) oder Photooxidantieneinwirkung (Ozon, Peroxyacetylnitrat = PAN), anhaltendes UV- oder Starklicht, Herbizideinwirkungen, Dürre, anhaltende Überflutung und natürliche Seneszenz (Ende der Vegetationsperiode), Langtag-Kurztag-Übergänge. Alle diese Einflüsse kann man auch unter dem Oberbegriff "pflanzliche Streßreaktionen" (oben) zusammenfassen. Unter diesen Bedingungen beobachtet man lichtabhängige Sauerstoffaktivierungen, wie sie bereits beschrieben wurden (Abschnitt 3.2.2). Unter "Standardbedingungen" ist allen diesen Streßbedingungen gemeinsam, daß Reaktionen eingeleitet werden, die letztlich auf die Photosysteme rückreflektieren. Dies bedeutet, daß alle den Transport- oder den intermediären Metabolismus limitierenden Vorgänge (oben) zu photodynamischen oder reduktiven Sauerstoffaktivierungen führen.

Der Übergang vom "normalen" zum Streßmetabolismus ist durch das Umschalten von der weitgehend heterolytischen Biochemie (Übertragung von Elektronenpaaren) zur homolytischen Biochemie (Einelektronenübertragungen unter Radikalbildung) charakterisiert:

Normalbedingungen:
vorwiegend $R\text{-}R + X \rightarrow R^{-} + R X^{+}$

Streß:
vermehrt $R\text{-}R + Y \rightarrow R\cdot + R Y\cdot$

Der Übergang von Normalbedingungen zu "Streß" kann daher vielfach mit Hilfe der Elektronenspinresonanztechnik (ESR) verfolgt werden.

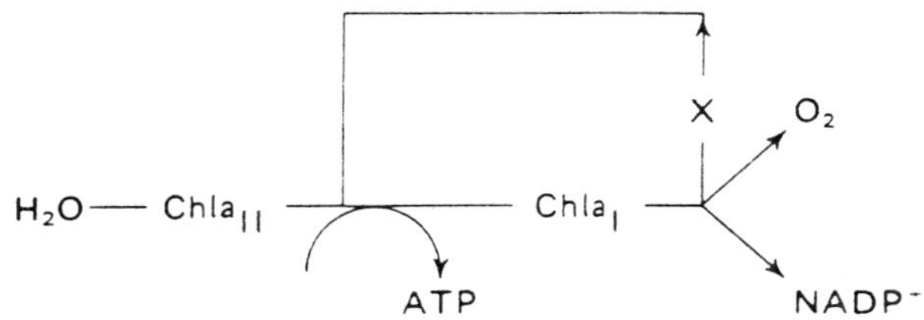

3.3 Photosynthetische Sauerstoffreduktion anstelle von NADP- Reduktion. (Chla I: Photosystem I; Chla II: Photosystem II; X: zyklischer Elektronentransport).

Die Bildung reaktiver Sauerstoffspezies im Chloroplasten wird dann eingeleitet, wenn die Synthese oder der Verbrauch von NADPH und/oder ATP gestört ist. So findet zum Beispiel eine vermehrte NADPH-Reoxidation dann statt, wenn der Abtransport oder der Metabolismus von primären oder sekundären Stoffwechselprodukten gestört ist. Steht nicht mehr genug $NADP^+$ als Elektronenakzeptor zur Verfügung, wird der photosynthetische Elektronentransport auf Sauerstoff umgeleitet und somit die Bildung von Superoxidanionen induziert (Abb. 3.3). Diese Situationen lassen sich im Experiment gut mit isolierten Chloroplasten simulieren.

Das Umschwenken von $NADP^+$ auf Sauerstoff als terminalem Elektronenakzeptor erfolgt, wenn etwa. 80% des zu Verfügung stehenden $NADP^+$ reduziert vorliegen.

Die Entsorgung des entstehenden Superoxids erfolgt *in vivo* über lösliche und thylakoidgebundene SOD. H_2O_2 wird über den Ascorbat-(Asc-)Glutathion-(GSH)-Weg abgebaut, katalysiert durch die Enzyme Ascorbatperoxidase (Asc.POD) und Glutathionreduktase (GR):

$H_2O_2 \rightarrow$ (Asc-POD) $\rightarrow$ Ascorbat-GSH $\rightarrow$ (GR) $\rightarrow$ NADPH

Über den Asc-GSH-Weg (Beck-Halliwell-Asada-Zyklus) wird in den Chloroplasten NADPH-abhängig Wasserstoffperoxid entsorgt, wobei gleichzeitig durch NADPH-Oxidation der Elektronendruck und damit die Sauerstoffaktivierung in den Photosystemen gemildert werden. Dies mag auch erklären, warum in den Chloroplasten keine Katalase vorliegt.

Die reduktive Sauerstoffaktivierung über die reduzierende Seite von Photosystem I oder über dort ankoppelnde Redoxcofaktoren (Paraquat, diverse Chinone und Pilztoxine wie Dihydrofusarubin oder Marticin) hat die kontinuierliche und massive Bildung von Superoxid und Wasserstoffperoxid zur Folge. Aus Wasserstoffperoxid kann durch Einelektronenübertragung über das reduzierte Ferredoxin auch das sehr reaktive OH-Radikal entstehen (analog Reaktion X).

3.6 Streßbedingte Regelmechanismen

Die oben beschriebenen Reaktionen können als Modelle für eine streßbedingte Sauerstoffaktivierung angesehen werden. Wie schon angedeutet, schlagen sich beinahe alle beliebigen negativen Einflüsse auf grüne Pflanzen als Limitierung des photosynthetischen Elektronentransports nieder, wobei physikalisch angeregte Pigmente entstehen ($^*PS$). Diese wiederum geben ihre Anregungsenergie auf Sauerstoff ab, wobei der angeregte Singulettzustand entsteht, der seinerseits ungesättigte Fettsäuren in der Thylakoidmembran (α-Linolensäure, Lin) oxidiert (oben). Die entstehenden Hydroperoxide beziehungsweise ihre Abbauprodukte (Alkoxyl- oder Peroxylradikale) cooxidieren Pigmente und führen so zu Vergilbungserscheinungen. Man kann somit primäre und sekundäre Reaktionen unterscheiden:

Primäre Reaktionen:

$$P + h \times v \rightarrow {}^*P$$

$${}^*P + O_2 \rightarrow P + {}^1O_2$$

$${}^1O_2 + \text{Lin} \rightarrow \text{LinOOH (Linolensäurehydroperoxid)}$$

Sekundäre Reaktionen:

$$\text{LinOOH} \rightarrow \text{Ethan + andere Produkte (zum Beispiel Aldehyde)}$$

$$\text{LinOOH + Pigment} \rightarrow \text{gebleichtes Pigment + Fettsäurebruchstücke}$$

Bevor diese drastischen Effekte in den Thylakoiden einsetzen, geschehen in diesen Kompartimenten Veränderungen, die man als "Schadensvermeidung" (*avoidance*) beziehungsweise Erhöhung der Toleranz gegenüber dem Stressor bezeichnet. Da die Schadensauslösung über die mangelnde Verarbeitung des Elektronendrucks bei starkem Lichteinfluß auftritt, ist es sinnvoll, diesen Druck zu vermindern. Dies wird unter anderem durch die Prozesse der sogenannten Photoinhibition erreicht, und zwar dadurch, daß der optische Querschnitt im Photosystem II (PSII) vermindert und im Photosystem I

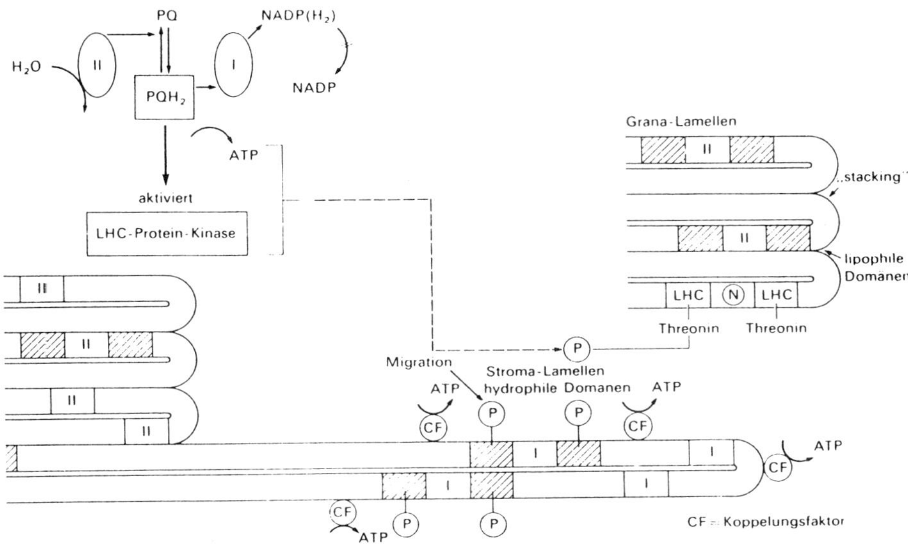

3.4 Umstrukturierung der Photosysteme durch Phosphorylierung des Lichtsammelkomplexes. (CF: Koppelungsfaktor).

(PSI) erweitert wird. Der Mechanismus dieser Querschnittsverchiebung ist in den letzten Jahren intensiv untersucht worden: Man nimmt an, daß eine Proteinkinase im Lichtsammelkomplex (*light harvesting complex*, LHC) durch reduziertes Plastochinon (PQH_2) aktiviert wird. Diese phosphoryliert das LHC im lipophilen Bereich von PSII-Grana, welches daraufhin in den hydrophilen Bereich der Stromathylakoide "auswandert", sich damit im PSI-Bereich ansiedelt und den optischen Querschnitt für die zyklische Photophosphorylierung erweitert (Abb. 3.4).

Die lichtabhängige Sauerstoffaktivierung unter Bildung von Singulettsauerstoff führt zu einer Oxidation von Aminosäuren im D2-(Q_B, 32kD)-Protein, wobei vor allem Histidin und Methioninreste betroffen zu sein scheinen. Diese Oxidationen führen zu einer Erkennungsreaktion durch bestimmte Proteasen, die das D2-Protein abbauen. Dies bewirkt eine Verlangsamung des Elektronentransfers durch das PSII, ein Prozeß der als Photoinhibition bezeichnet wird. Durch kontinuierliche Neusysnthese dieses Proteins auf Kosten des nunmehr verstärkt durch die zyklische Photophosphorylierung synthetisierten ATP wird eine Verwertung der überschüssigen Energie erzielt, die parallel zur Aufoxidation des überschüssigen NADPH durch den Wasserstoffperoxid/Ascorbat-Peroxidase/Glutathionreduktase-

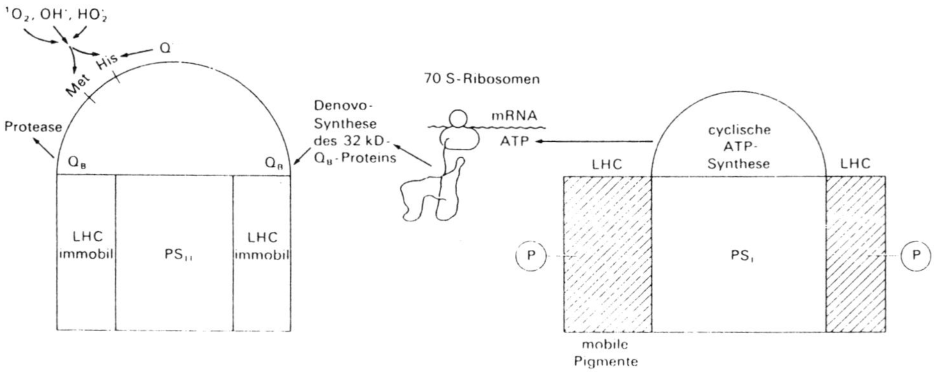

3.5 Kontinuierliche Synthese und Abbau des Q_B-Proteins von Photosystem II.

Zyklus (oben) abläuft und als *energy idling* die Desintegration der Photosysteme durch Peroxidanhäufung vermeidet (Abb. 3.5).

Die Abfolge von Geschehnissen vor und nach einer hypothetischen Streßschwelle (wenn es eine solche in Pflanzen überhaupt gibt) läßt sich bei anhaltendem Streßeinfluß nach den sehr zahlreichen einschlägigen Berichten wie folgt auflisten:

I normaler Metabolismus: ausgewogenes Gleichgewicht zwischen anabolen, katabolen und amphibolen Stoffwechselwegen,
II erweiterter Metabolismus: zusätzliche anaplerotische Sequenzen und "sekundäre" Stoffwechselwege (Aromatensynthesen),
III veränderter Metabolismus: Vermeidungs- und Toleranzwege werden geöffnet,
IV eingeschränkter Metabolismus: Photoinhibition, Umsteuerung des Hormonhaushalts, alternative Respiration (Abb. 3.1) und so weiter.
V Verlust vitaler Funktionen: im wesentlichen werden nur noch Reparaturstoffwechselwege beschritten,
VI Zell und Gewebetod.

Ein physiologischer Einschnitt ergibt sich zwischen den metabolischen Bereichen III und IV. In dieser Region verändern sich bei anhaltender Streßeinwirkung die meisten Regelparameter, da durch Photoinhibition und zusätzliche Sauerstoffaktivierungen in den Chloroplasten, Mitochondrien und Mikrosomen zahlreiche Entgiftungsfunktionen eingeschaltet und antioxidative Funktionen mobilisiert werden.

Tabelle 3.1: Stufen der pflanzlichen "Streßkaskade"

Stufe	Metabolismus	Regulation	Bereich	Morphologie, Symptome
I	**normal** ↕	alle Reserven verfügbar; "feedback"-kontrolliert	intermediärer Metabolismus: Normalleistung anabol - katabol - amphibol	unauffällig
II	**erweitert** ↕ *voll reversibel*	Öffnung sekundärer Routen	Limitierungen und zusätzliche anaplerotische Sequenzen	unauffällig
III	**verändert** ↕ *voll reversibel, jedoch mit einigen bleibenden Effekten* ↕	"avoidance"- und "tolerance"-Reaktionen: Detoxifizierungen; C1-Metabolismus; ACC, Ethen; PAL, POD, P450; Antioxidantien erhöht	alternative Respiration; Photorespiration; "Mehler"-Reaktion; Photoinhibition	eingeschränktes Wachstum; Epinastien
IV	**eingeschränkt** ↓↑ *nur noch partiell reversibel* ↓	Fluoreszenz; Plastoglobuli; Antioxidantien erniedrigt; Aldehyde (z.B. Malondialdehyd)	Radikalbildung; ESR-Signale verstärkt	Mangelsymptome; Bleichungen; Seneszenz
V	**Verlust vitaler Funktionen** *irreversibel* ↓	Lipofuscine; Membranabbau; Ethanolbildung; Photooxidationen	stark eingeschränkter Metabolismus	Bräunungen; Mikronekrosen; Abscissionen
VI	**Zell- und Gewebetod**	Wundreaktionen; chemische Kondensationen; Melaninbildung	photodynamische Reaktionen	Nekrosen; sekundäre Infektionen

In Tabelle 3.1 sind charakteristische metabolische Funktionen, Regulationsbreiten, metabolische Bereiche und morphologische Charakteristika dieser einzelnen Streßstufen zusammengefaßt.

3.7 Mechanismen der Sauerstoffdetoxifizierung

Aktivierter Sauerstoff ist toxisch. Deshalb hat die Natur (beziehungsweise der Mensch) zahlreiche Systeme zur Entgiftung problematischer Sauerstoffspezies entwikelt: Es gibt

- Die enzymatische Komponente, bestehend aus Superoxiddismutasen, Katalase, Peroxidasen, Glutathiontransferasen, Epoxidhydrolasen und DT-Diaphorase.
- Kleine Moleküle die als *quencher* (zum Beispiel für $^1O_2$) oder als Radikalfänger (*scavenger*, zum Beispiel für OH·) dienen, wie die bekannten Verbindungen Ascorbinsäure, Tocopherole, Carotinoide, Phenole, Flavonoide, Cumarine, zahlreiche *N*-Heterozyklen. Hier gibt es Reaktionen, bei denen diese Schutzstoffe gewissermaßen in einer Art "Hackordnung" reagieren und wieder regeneriert werden können; andere wieder reagieren nach dem Kamikaze-Prinzip wobei sie unter Selbstzerstörung in den Radikalkettenprozeß eingreifen.
- Übergangsmetallchelatoren, die metallkatalysierte Reaktionen inhibieren, wie die sogenannte Haber-Weiss-Reaktion, unterbinden dadurch vielfach die letztlich schädigende oxidative Schlüsselreaktion. Substanzen, wie zum Beispiel der Eisenkomplexbildner Desferrioxamin (Desferal^R), Salicylate oder Penicillamin als Kupferkomplexbildner sind in dieser Funktion bekannt geworden.
- Reduktive Entsorgungswege, die vor allem über das Glutathion und die Ascorbinsäure über ihre entsprechenden Reduktasen an NAD(P)H als letztendlichen Elektronendonator koppeln und dadurch Superoxid, Wasserstoffperoxid und organische Peroxide entsorgen, sind von herausragender Bedeutung im Tier- wie im Pflanzenreich; für Pflanzen ist vor allem der NADPH- und glutathionabhängige Beck-Halliwell-Asada-Zyklus von Bedeutung.
- Reparaturmechanismen, die peroxidierte Fettsäuren aus Membranen und defekte Nucleinsäuren aus DNA und RNA "herausschneiden" und durch intakte Moleküle ersetzen. Oxidativ modifizierte Proteine werden von speziellen Proteasen "erkannt", abgebaut und *de novo* synthetisiert. Dies gilt auch für die sogenannten Photoinhibition in den Chloroplasten (oben).
- Vermeidung von Einelektronenübertragungen. Dies geschieht im wesentlichen durch die gute Koppelung (Affinität) innerhalb einzelner Cofaktoren von Elektronentransportketten.

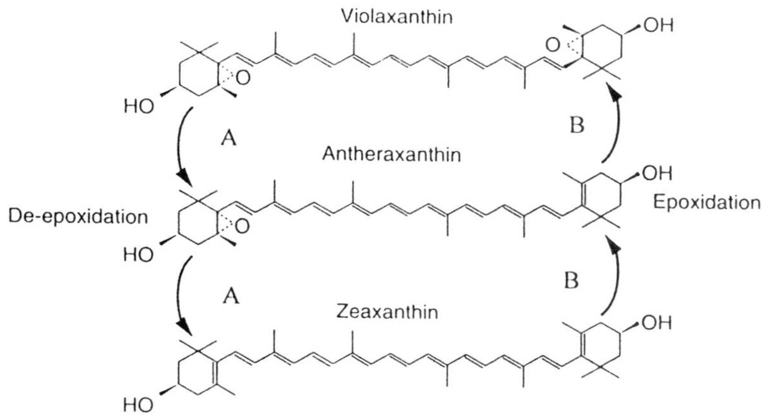

3.6 Der Xanthophyllzyklus. (A: Starklicht; B: Schwachlicht).

- Hemmung oder Inaktivierung von sauerstoffaktivierenden Prozessen. Von dieser Möglichkeit wird in der Medizin massiv Gebrauch gemacht, beispielsweise bei der Hemmung von Enzymen wie der Xanthinoxidase durch Allopurinol (Gicht) oder der Cyclooxigenase durch *non steroidal antiinflammatory drugs* (NSAIDs wie Indometazin, Aspirin und andere), die bei Schmerzen oder Entzündungen verwendet werden.
- Der Xanthophyllzyklus (Abb. 3.6): Schon oben wurde betont, daß verschiedenartige "Stressoren" recht einheitliche biochemische Antworten in der Pflanze auslösen können. Das gilt nicht nur für die komplexen Prozesse der Photoinhibition, sondern auch für das "Blitzableitersystem" in den Chloroplasten, dem Xanthophyllzyklus. Seit den bahnbrechenden Arbeiten von Yamamoto und Hager (vor jetzt fast 20 Jahren) ist bekannt, daß sich die Konzentrationsverhältnisse bestimmter Carotinoide lichtabhängig ändern. Dies betrifft vor allem den Übergang von Violaxanthin (VX) über Antheraxanthin (AX) zum Zeaxanthin (ZX) (Deepoxidierung) und wieder zurück (Epoxidierung).

Der Verlust der Epoxidgruppen beim Übergang von VX zu ZX ist mit dem "Gewinn" von zwei (von 9 auf 11) konjugierten Doppelbindungen gekoppelt. Dieser Sauerstoffverlust unter gleichzeitiger Desaturation findet bei saurem pH (Protoneneinstrom im Starklicht in den Thylakoidinnenraum) mit Ascorbinsäure als Reduktionsmittel statt.

Der niedrige pH-Wert erleichtert auch die Bildung von Chlorophylldimeren, was wiederum die Energiedissipation, das heißt den Übergang von Energie von einem angeregten Chlorophyllmolekül (CHL*) auf ein anderes im Grundzustand (CHL^o) erleichtert. Dieser Übergang wird anscheinend

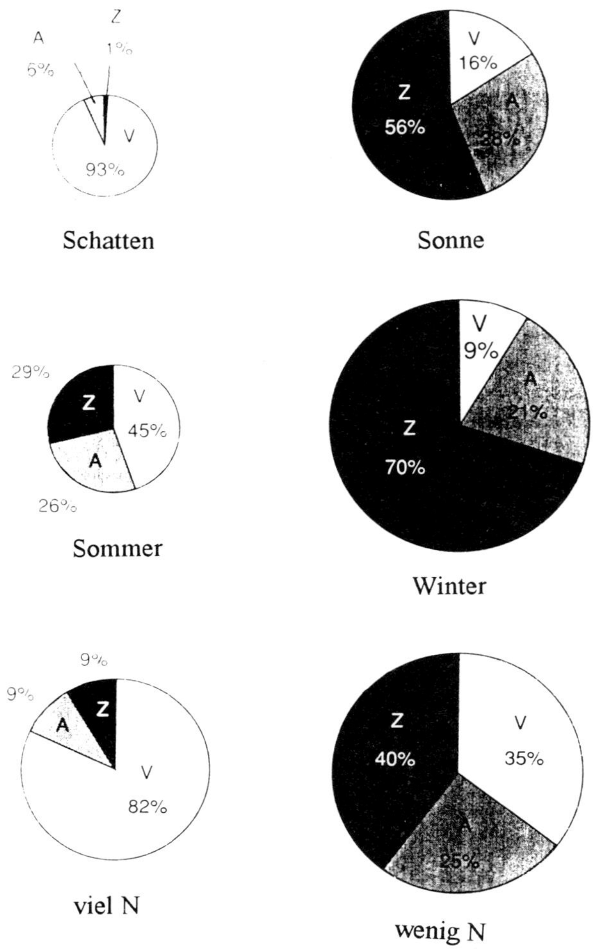

3.7 Erhöhung der "Blitzableiterpigmente" unter Streßbedingungen. (oben: *Vinca minor*, Mitte: *Pseudotsuga menziesii*; unten: *Spinacia oleracea*). (Modifiziert nach: Demming-Adams und Adams III (1996) *Trends in Plant Sciences*, Bd. 1, S. 21.)

durch Zeaxanthin katalysiert, wobei die Anregungsenergie als Wärme frei wird:

$$CHL^* + CHL^{\circ} \rightarrow \text{Zeaxanthin}, H^+ \rightarrow 2CHL^{\circ} + h \times v \text{ (Wärme)}$$

Die epoxidierten Moleküle (VX, AX) können aus thermodynamischen Gründen diese Energieübertragung nicht katalysieren; der Gewinn von zwei

Doppelbindungen und die sauren Bedingungen schaffen jedoch die thermodynamischen Grundlagen für diese Abstrahlung überschüssiger Energie.

Vergleicht man Nadeln von Douglastannen (*Pseudotsuga menziesii*) im Sommer und im Winter, Immergrünblätter (*Vinca minor*) im Stark- und im Schwachlicht oder Spinatblätter (*Spinacia oleracea)* aus Kulturen mit hohem und niedrigem Stickstoffangebot, so erkennt man, daß Winter, Starklicht oder Stickstoffmangel als Stressoren zu einer generellen Erhöhung aller drei Carotinoide (VX, AX, ZX) führen, wobei die relativen Anteile von ZX beachtlich erhöht sind (Abb. 3.7).

Dieser Xanthophyllzyklus muß also in enger Kooperation mit dem Prozeß der Photoinhibition und der Peroxidentgiftung durch das Ascorbat-Glutathionsystem gesehen werden.

B Viroide, Viren und Mykoplasmen

Bereits im letzten Drittel des vorigen Jahrhunderts wurde der Nachweis erbracht, daß die Tabakmosaikkrankheit auf einem infektiösen Prinzip beruht. Wenig später wurde durch Ultrafiltration gezeigt, daß dieses "infektiöse Prinzip" von Bakterien abgetrennt werden kann. Um die Jahrhundertwende gelang die Übertragung der Verzweigungskrankheit am Reis durch Zikaden, und in den zwanziger Jahren wurde die Grüne Pfirsichblattlaus *Mycus persicae* als Überträger des Blattrollvirus der Kartoffel identifiziert. Erst 1935 gelangen die Isolierung des Tabakmosaikvirus und der Nachweis, daß es Eiweißcharakter besitzt. Fast zur gleichen Zeit wurde Nucleinsäure im Viruspartikel nachgewiesen. Etwas später konnte dieses Virus elektronenmikroskopisch dargestellt werden, und 1956 wurde der Nachweis erbracht, daß freie RNA aus dem Tabakmosaikvirus die Infektion bewerkstelligen kann.

4. Viroide

Relativ spät, nämlich erst 1967, wurden Viroide von Diner als Erreger der Kartoffelspindelknollenkrankheit beschrieben. Viroide sind die einfachsten Pflanzenpathogene. Sie bestehen aus ringförmigen RNA-Molekülen, besitzen keine Hülle und codieren auch für keinerlei Proteine. Der Entdecker der Viroide, Diner, vermutet, daß Viroide "entwichene" Introns sein könnten. Als Introns werden Bereiche der RNA bezeichnet, die für kein bestimmtes funktionales Protein kodieren. Tatsächlich sind bestimmte Bereiche der RNA-Sequenz im Viroid der Kartoffelspindelknollenkrankheit einer Klasse von Introns täuschend ähnlich, die bestimmte ribosomale RNA von Zellkernen, messenger-RNA von Mitochondrien und transfer-RNA von Chloroplasten Höherer Pflanzen codieren. Auch ein Intron des Ciliaten Tetrahymena gehört dieser Klasse an. Viroide besitzen eine Sequenz aus 16 Basen, die diesen Introns entspricht und dort konserviert ist. Das aus 359 Nucleotiden

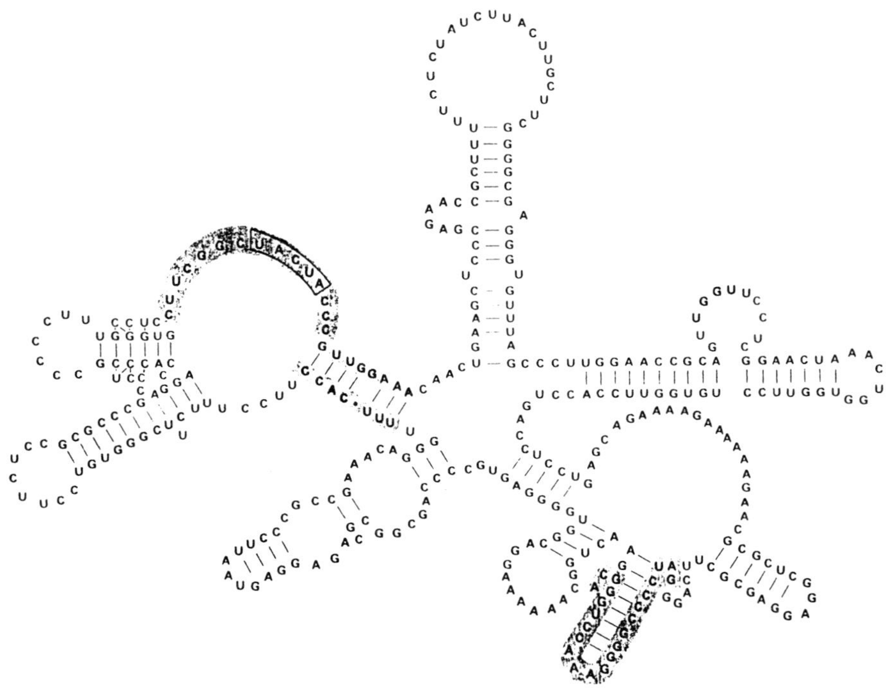

4.1 Das *potato spindle tuber viroid*, ein 359 Nucleotide langes, ringförmiges RNA-Molekül (A: Adenosin; U: Uridin; C: Cytidin; G: Guanidin; U-A und C-G: gepaarte, helikale Bereiche. Dunkel unterlegte Bereiche repräsentieren intronähnliche Nucleotidsequenzen). (Modifiziert nach: Dinter-Gottlieb, G. (1986) In: *Proc. Natl. Acad. Sci.*,Bd. 83, S. 6251.)

bestehende ringförmige RNA-Molekül des *potato spindle tuber viroids* (Erreger der Kartoffelspindelknollenkrankheit) ist in Abbildung 4.1 dargestellt.

Noch ist nicht sicher, ob diese intronähnliche Struktur der Viroide für ihre Infektiosität verantwortlich ist. Ein weiteres Beispiel für ein Viroid ist das Kadangviroid, das im Südostasiatischen Raum schon 30 bis 40 Millionen Kokospalmen zerstört hat.

Viroidinfektionen sind lediglich auf die Pflanzengruppe der Angiospermen konzentriert. Heute kennt man 20 bis 30 Viroidarten, die Wachstumsdepressionen und Mißbildungen hervorrufen. Die Symptombilder gleichen weitgehend den Symptomen, die auch durch Viruserkrankungen ausgelöst werden können. Viroidgenome entsprechen nur etwa einem Zehntel des Genoms kleinerer Viren und scheinen diese Symptomausprägung zu bewirken, ohne über die Codierung bestimmter eigener Proteine zu verfügen. Das Kadangviroid hat zum Beispiel 246 Nucleotide, das Citrus-Exocortis-Viroid

371 Nucleotide. In der nachfolgenden Tabelle 4.1 sind einige Symptome aufgelistet, die durch bestimmte Viroide in ihren Wirtspflanzen hervorgerufen werden können.

Tabelle 4.1: Heute bekannte Viroidgruppen, ihre Wirtspflanzen und durch sie verursachte Symptome

Gruppe	Viroidname	Wirtspflanze	typische Symptome
I	Potato spindle tuber viroid (PSIV)	*Solanum tuberosum*	anomales Wachstum
	Tomato planta macho viroid (TPMV)	*Lycopersicon esculentum*	Stauchung
	Tomato apical stunt viroid (TASV)	*Lycopersicon esculentum*	Epinastie
	Chrysanthemum stunt viroid (CSV)	*Chrysanthemum sp.*	Blattdeformation
	Citrus exocortis viroid (CPV)	*Citrus medica*	Nekrosen
II	Hop stunt viroid	*Humulus lupulus*	Stauchung
	Cucumber pale fruit viroid (CPFV)	*Cucumis sativus*	Verfärbung
III	Avocado sunblotch viroid (ASBV)	*Persea americana*	Variegation
IV	Coconut cadang cadang viroid (CCCV)	*Cocos nucifera*	Vergilbung
V	Chrysanthemum chlorotic mottle viroid (CCMV)	*Chrysanthemum sp.*	Vergilbung
VI	Burdock stunt viroid (BSV)	*Arctium lappa*	Stauchung

5. Viren

Im europäischen Raum kennt man etwa 1200 pflanzliche Virosen. Viren (vom lateinischen *virus* "Gift") zeichnen sich durch folgende Merkmale aus:

1. Sie sind im Gegensatz zu den ebenfalls sehr kleinen Mykoplasmen nicht empfindlich gegenüber Antibiotika, wie zum Beispiel Tetracyclinen.
2. Sie sind in ihren Ausmaßen nicht viel größer als 300 nm.
3. Sie besitzen nur einen Typ von Nucleinsäure, entweder RNA oder DNA, wohingegen echte Lebewesen stets beide Typen von Nucleinsäuren haben.
4. Sie haben keinen eigenen Stoffwechsel.

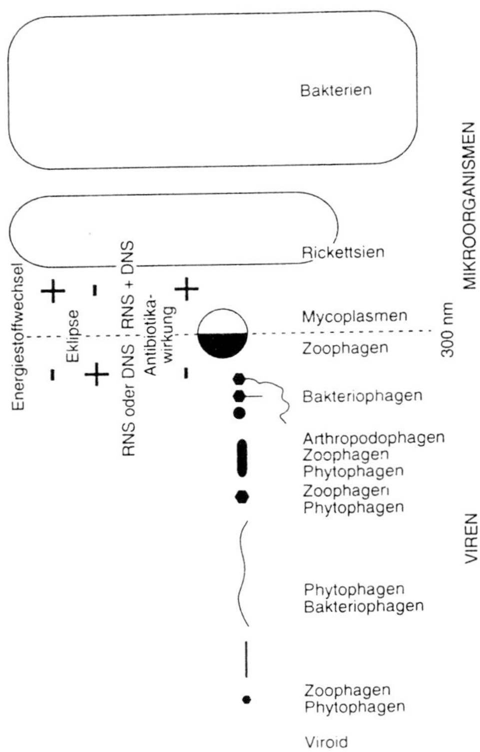

5.1 Relative Größenverhältnisse und Abgrenzung der Viren von niederen Mikroorganismen. (Modifiziert nach: Hoffmann G. M. et al. (1994) *Lehrbuch der Phytomedizin.* 3. Aufl., Blackwell Wissenschaftsverlag, Berlin.)

Ein wesentliches Merkmal der Viren ist somit die Eigenschaft, sich nur in lebenden Wirtszellen vermehren zu können, da ihre Nucleinsäure für keine Proteine codiert, die einen eigenen Stoffwechsel ermöglichen. Somit sind sie sowohl auf den Energiehaushalt des Wirtes als auch auf dessen proteinsynthetisierendes Werkzeug angewiesen. Die Abgrenzung zwischen Bakterien und Viren ist in der Abbildung 5.1 dargestellt.

1991 erschien eine Klassifikation, die 73 Familien von Viren mit 2430 "Arten" umfaßt. Von diesen 2430 Virusarten können ungefähr 1000 Arten Pflanzen befallen. Viren sind als pflanzliche Schaderreger für etwa 15% der Ertragsverluste verantwortlich und stehen damit bei den biotischen Schadauslösern mit an der Spitze.

Folgende morphologische Bezeichnungen gelten in der Virologie: Unter "Virion" versteht man das komplette Viruspartikel. Als "Capsid" bezeichnet man den Proteinmantel des Virions, der die Nucleinsäure umhüllt. "Capsomere" sind Untereinheiten des Capsids und damit weitere morphologische Charakteristika seines Aufbaus. Als "Envelope" oder "Peplos" bezeichnet man eine zusätzliche Hülle um die RNA oder DNA.

5.1 Morphologische Einteilung

Morphologisch werden Viren in drei große Gruppen eingeteilt:

1. stäbchen- und fadenförmige Partikel,
2. polyederförmige Partikel, auch als isometrische Viren bezeichnet, und
3. bazillenförmige Partikel, die "Rhabdoviren" genannt werden.

Stäbchen- und fadenförmige Viren besitzen eine spiralige Struktur, die als "Helixsymmetrie" bezeichnet wird. Diese Helixsymmetrie betrifft sowohl die Proteineinheiten des Capsids, also die Capsomere, als auch die Nucleinsäure, die als spiraliger Strang zwischen die Capsomeren eingebettet ist. Das bekannteste stäbchenförmige Partikel unter den Viren ist das Tabakmosaikvirus (TMV). TMV besitzt eine Länge von ungefähr 300 nm und einen Durchmesser von 18 nm, wobei das gesamte Teilchengewicht etwa 4×10^7 Dalton ausmacht. Etwa 5%, also circa 2×10^6, sind der einsträngigen RNA zuzuordnen. Diese besteht aus etwa 6000 Nucleotiden. Die 2130 identischen Capsomeren enthalten 158 Aminosäuren pro Polypeptidkette. Das Gesamtgewicht der Polypeptidkette beträgt 17,5 kD. Morphologische Details dieses Partikels sind in Abbildung 5.2 dargestellt.

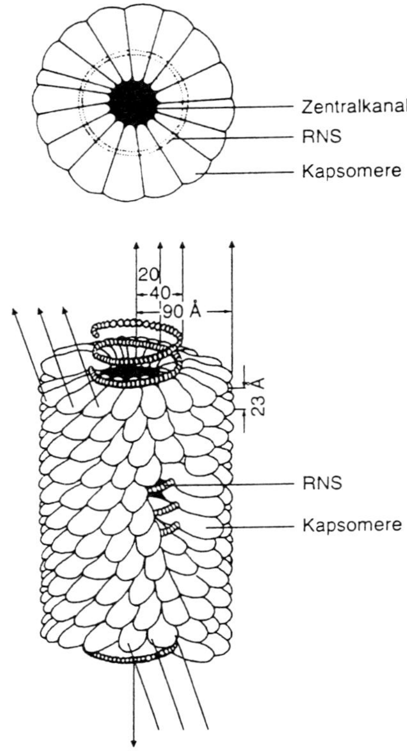

5.2 Ausschnitt eines TMV-Partikels. (Modifiziert nach: Hoffmann, G. M. et al. (1994) *Lehrbuch der Phytomedizin.* 3. Aufl., Blackwell Wissenschaftsverlag, Berlin.)

Isometrische Viren besitzen Ikosaedersymmetrie und sind somit polyederförmige Partikel (Abb. 5.3), wobei Hexamere aus sechs (Abb. 5.3 I-hell) und Pentamere aus fünf chemisch differenzierbaren Untereinheiten (Abb. 5.3 I-dunkel) am Aufbau beteiligt sind. Der Aufbau gehorcht Gesetzmäßigkeiten, die aus der Kristallographie (Abb. 5.3 II) bekannt sind. Die Anordnung der chemischen Untereinheiten folgt nicht der ursprünglich strengen mathematischen Beschreibung, sondern einer Quasi-Äquivalenz, wobei abweichende Formen zum Grundtyp erlaubt sind. Viele Viren, die dieser Formenklasse gehören und Pflanzen befallen, besitzen 32 Capsomere.

Das Wasserrübengelbmosaikvirus (*turnip yellow mosaic virus*) hat einen Partikeldurchmesser von 29 nm. Es existieren zwei Partikeltypen, mit und ohne RNA, von $5{,}4 \times 10^6$ und entsprechend $3{,}5 \times 10^6$ Dalton. Das Capsid besteht aus 32 Capsomeren, wobei 20 Hexamere und zwölf Pentamere zu

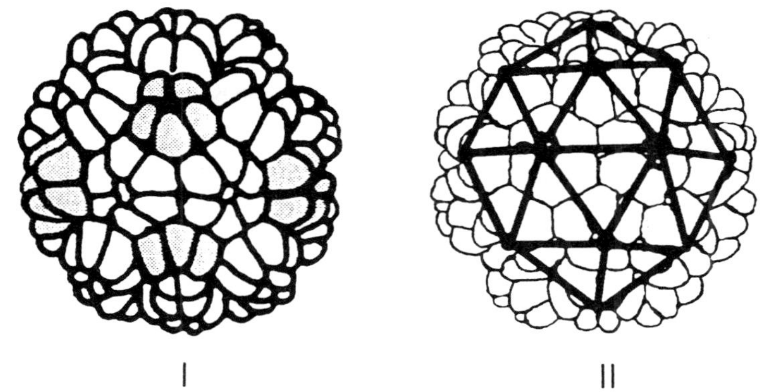

5.3 Schematischer Aufbau des *turnip yellow mosaic virus*. (Modifiziert nach: Hoffmann, G. M. et al. (1994) *Lehrbuch der Phytomedizin*. 3. Aufl., Blackwell Wissenschaftsverlag, Berlin.)

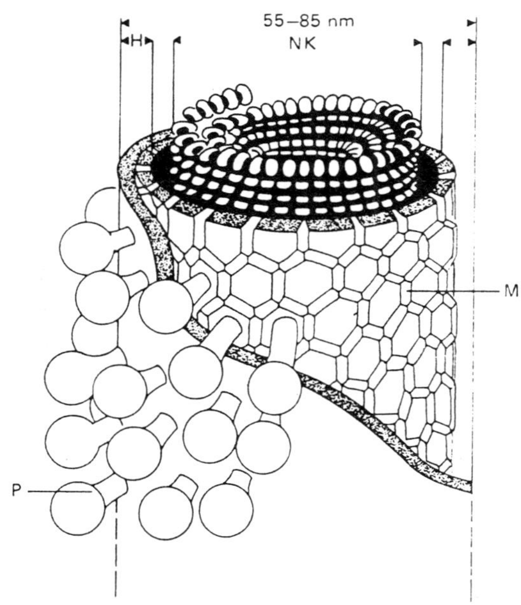

5.4 Ausschnitt aus einem Rhabdovirusmodell. (Modifiziert nach: Hoffmann, G. M. et al. (1985) *Lehrbuch der Phytomedizin*. 2. Aufl., Verlag Paul Arey, Berlin, Hamburg.)

den insgesamt 180 Untereinheiten beitragen. Der Gewichtsanteil der RNA mit einem Molekulargewicht von 2×10^6 Dalton beträgt 35%.

Rhabdoviren sind, wie oben schon angedeutet, komplex aufgebaut und haben eine annähernd bazillenförmige Gestalt (Abb. 5.4). Sie bestehen aus einem Peplos (H = Hülle oder Außenmantel), der aus einer doppelten Lipidschicht mit Matrixproteinen aufgebaut ist. Dieser Peplos und die entsprechenden Peplomere (= P in der Abbildung) umschließen das Nucleocapsid (NK). Die einzelsträngige RNA mit einem Gewichtsanteil von 1% und einem Molekulargewicht von 4×10^6 Dalton ist in das Nucleocapsid im Zentralkanal eingebettet. Der Proteinmantel besteht also aus einem Matrixprotein (= M in der Abbildung) mit einem Molekulargewicht von 30 kD, das zuweilen aus zwei verschiedenen Proteinen bestehen kann. Die Peplomere sind 5-12 nm im Durchmesser und bestehen aus einem Glucoprotein mit einem Molekulargewicht von 60-80 kD. Sie ragen aus dem Matrixprotein durch eine Lipidschicht nach außen.

5.2 Proteinhülle und Selbstassoziation

Stäbchenförmige und isometrische Viren sind im Gegensatz zu den Rhabdoviren relativ einfach aufgebaut, wobei die Virushülle häufig aus vielen Kopien eines einzigen oder nur weniger Proteine besteht. Die Anzahl der Aminosäuren in der Hülle eines Virus übersteigt aber in jedem Fall die Zahl der Nucleotide des Gesamtgenoms. Bei TMV stehen 340000 Aminosäurereste etwa 6400 Nucleotiden der RNA gegenüber. Dieses Verhältnis bewirkt, daß die Virushülle groß genug ist, um die gesamte Nucleinsäure zu ummanteln. Bei der geringen Anzahl der für Proteine codierenden Gene auf dem Genom des Virus wäre es nicht möglich, eine komplexe, aus vielen Proteinen bestehende Hülle zu synthetisieren. Diese "Genarmut" wird dadurch umgangen, daß eine große Anzahl einer einzigen oder nur weniger Proteinuntereinheiten synthetisiert werden. Wie erwähnt, sind es beim TMV 2130 identische Proteinuntereinheiten, von denen jede 158 Aminosäuren besitzt. Es stellt sich nun die Frage, wodurch diese Proteinhülle, die aus so vielen identischen Einheiten besteht, ihre Stabilität erreicht. Chemisch gesehen besteht diese Stabilität aus einer optimalen Anzahl von Bindungen unter repetitivem Gebrauch gleichartiger Kontakte zwischen diesen Proteinuntereinheiten. Diese chemischen Eigenschaften bewirken die symmetrische Struktur. Zwei Formen der Proteinhülle sind besonders hervorzuheben: die zylindrische Hülle mit helikaler Symmetrie und die sphärische Hülle mit ikosaedrischer Symmetrie, wie sie in den beiden erwähnten Virustypen, den Stäbchen und den Polyedern verifiziert sind.

Basierend auf den genialen architektonischen Vorstellungen von Backminster-Fuller haben Kaspar und Klug Regeln für die Struktur kugelförmiger Viren vorgeschlagen.

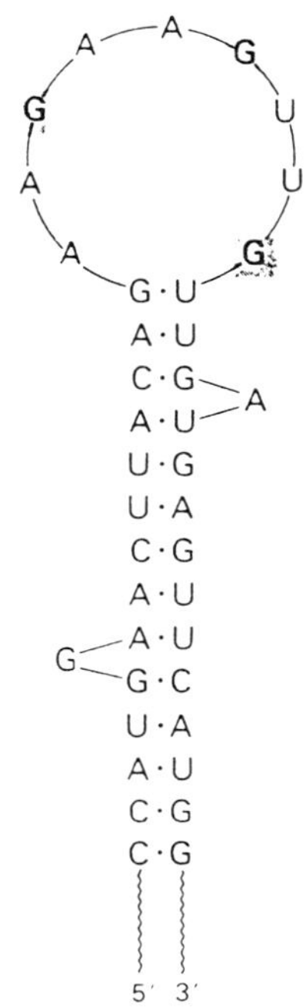

5.5a Die "Selbstassoziation" von Viren: Initiationsregion der TMV-RNA. (An der Schleife der "Haarnadelstrukturen" mit ihren repetitiven Guanosinresten (G) bindet die erste Proteinscheibe.)

Manche Viren, wie das TMV, besitzen eine schier unglaubliche Eigenschaft. Sie können sich selbst assoziieren (Abb. 5.5a). Wie schon erwähnt, ist die RNA im TMV-Partikel tief in den Proteinmantel eingebettet und so einer Ribonuclease von außen nicht zugänglich. Aus Röntgenstrukturanalysen, aber auch aus Berechnungen, läßt sich ableiten, daß jede Proteinuntereinheit eine Wechselwirkung mit je drei Nucleotiden der RNA eingehen kann. Isolierte RNA des TMV ist der Ribonucleaseaktivität gegenüber exponiert, während das intakte TMV jahrelang infektiös bleibt und gegen einen Ribonucleaseangriff gefeit ist. Bereits 1955 wurde von Fraenkel-Conrad und Williams gezeigt, daß sich die Hüllenuntereinheiten und die RNA, wenn sie voneinander getrennt werden, wieder selbst assoziieren können, wobei die ursprüngliche Struktur wiederentsteht und das Partikel auch wieder seine ursprüngliche Infektiosität erreicht. Damit war das erste Beispiel für ein *self-assembly* aktiver biologischer Prinzipien bekanntgeworden. Wie hat man sich diese Selbstassoziation vorzustellen? Das einfache Modell, daß sich eine Proteinuntereinheit nach der anderen an die RNA anlagert, läßt sich schon aus zeitlichen Gründen nicht halten, denn die Ausbildung des

Gesamtpartikels würde auf diese Weise viel zu lange dauern. Außerdem wäre so die Entstehung einer helikalen Struktur schwer vorzustellen. Einfacher ist die Vorstellung, daß sich eine zweilagige Scheibe aus bereits vorgeformten 34 Untereinheiten an einen "Primer", das heißt einen Initiationspunkt der RNA anlagert. Die Erkennungsstelle in der RNA konnte durch Inkubation einer TMV-RNA mit einer solchen Proteindoppelscheibe identifiziert werden, wobei die Proteinscheibe diese Initiationsregion besetzte. Das in diesem Fall "geschützte" Fragment besteht aus 65 Nucleotiden, die sich spezifisch und solide mit der Scheibe verbinden. Es besitzt eine sogenannte Haarnadelstruktur mit einem Stiel, der Basenpaarungen aufweist, und einer Schleife. In dieser Schleife sitzt an jeder dritten Nucleotidstelle ein Guanin (G), wobei sich eine wiederholende Triettstruktur ergibt, die wiederum hervorragend zur Stöchiometrie des Virus paßt (drei Nucleotide pro Hüllenuntereinheit). Diese Sequenz bindet vermutlich die Haarnadelschleife an die erste Proteinscheibe.

Der Zusammenbau des Viruspartikels könnte weiterhin wie folgt dargestellt werden: Er beginnt mit der Einführung einer Initiationsschleife in die zentrale Höhle der zweilagigen Proteinscheibe. Die Schleife lagert sich an die erste Windung der Scheibe an. Danach erfolgt über eine Wechselwirkung zwischen RNA und Protein die Trennung von Basenpaaren des benachbarten Stiels, wobei gleichzeitig die Scheibe in ihre helikale Federringform umgewandelt wird. Damit wird die virale RNA festgesetzt und markiert somit den Beginn der Virushelix. Nach diesem Initialprozeß lagert sich eine weite-

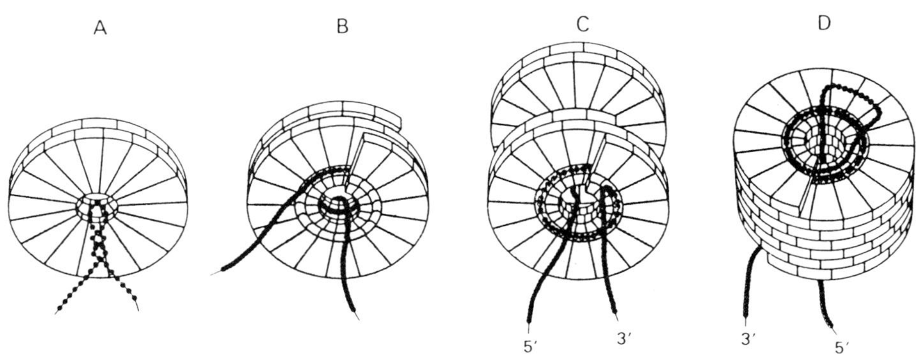

5.5b Selbstassoziation des TMV: Die Anlagerung der Ringe und Bildung des "Federrings". (Als weitere Schritte der Selbstassoziation folgen: A: Einführen der RNA in den Doppelring, B: Bildung des Federrings, C: Anlagerung weiterer Ringe und Verdrillung der RNA. D: Ein RNA-Ende interagiert mit einer neuen Proteinscheibe und wird somit durch die zentrale Höhle des Federrings gezogen.) (Modifiziert nach: Butler, P. J. G.; Klug, A. (1978) In: Stryer, L. (1990) *Biochemie.* Spektrum Akademischer Verlag, Heidelberg.)

re Scheibe an die neugebildete RNA-Schleife an, wobei die Schleife immer oben aus der Proteinscheibenkonfiguration herausragt. Nach jedem Anfügen einer weiteren Scheibe entsteht eine neue Schleife, da das Ende der RNA durch die zentrale Öffnung des Viruspartikels quasi hindurchgezogen wird.

Das Hüllprotein ikosaedrischer Viren besitzt eine große Flexibilität und ermöglicht damit einen geradezu großartigen Aufbau, der an die Struktur synthetischer Fullerene erinnert. Das *tomato bushy stunt virus* (TBSV) besteht aus einem einzigen RNA-Molekül mit 4800 Nucleotiden sowie 180 identischen Proteineinheiten mit je 41 kD. Nach mineralogischen Regeln können kaum mehr als 60 identische Untereinheiten mit exakter Symmetrie zu einer kugelförmigen Hülle zusammengefaßt werden. Einige kugelförmige Viren, zu denen auch das TBSV gehört, besitzen 180 identische Untereinheiten. Die Anzahl von 180 Untereinheiten anstatt nur 60 ist vermutlich deshalb von biologischer Bedeutung, da nur diese Anzahl von Untereinheiten eine lückenlose Verpackung der Nucleinsäure gewährleistet.

5.3 Weitere Unterteilungsmöglichkeiten zur Klassifizierung von Viren

Viren können auch nach der Art ihrer Nucleinsäure (einzel- oder doppelsträngig, RNA oder DNA) unterteilt werden. Auch das Vorhandensein einer zusätzlichen Hülle dient als Klassifizierungsmerkmal.

Von den DNA-Viren existieren nur Formen ohne Hülle. Zu diesen gehören die Geminiviren, das Caulimovirus und das Comelina-Yellow-Virus. Zu den RNA-Viren mit Hülle zählen die Rhabdo- und die Buniaviren. Die größte Gruppe der pflanzlichen Viren beinhaltet Viren mit RNA und ohne Hülle und umfaßt einen Großteil der stäbchenförmigen und isometrischen Viren (Abb. 5.6).

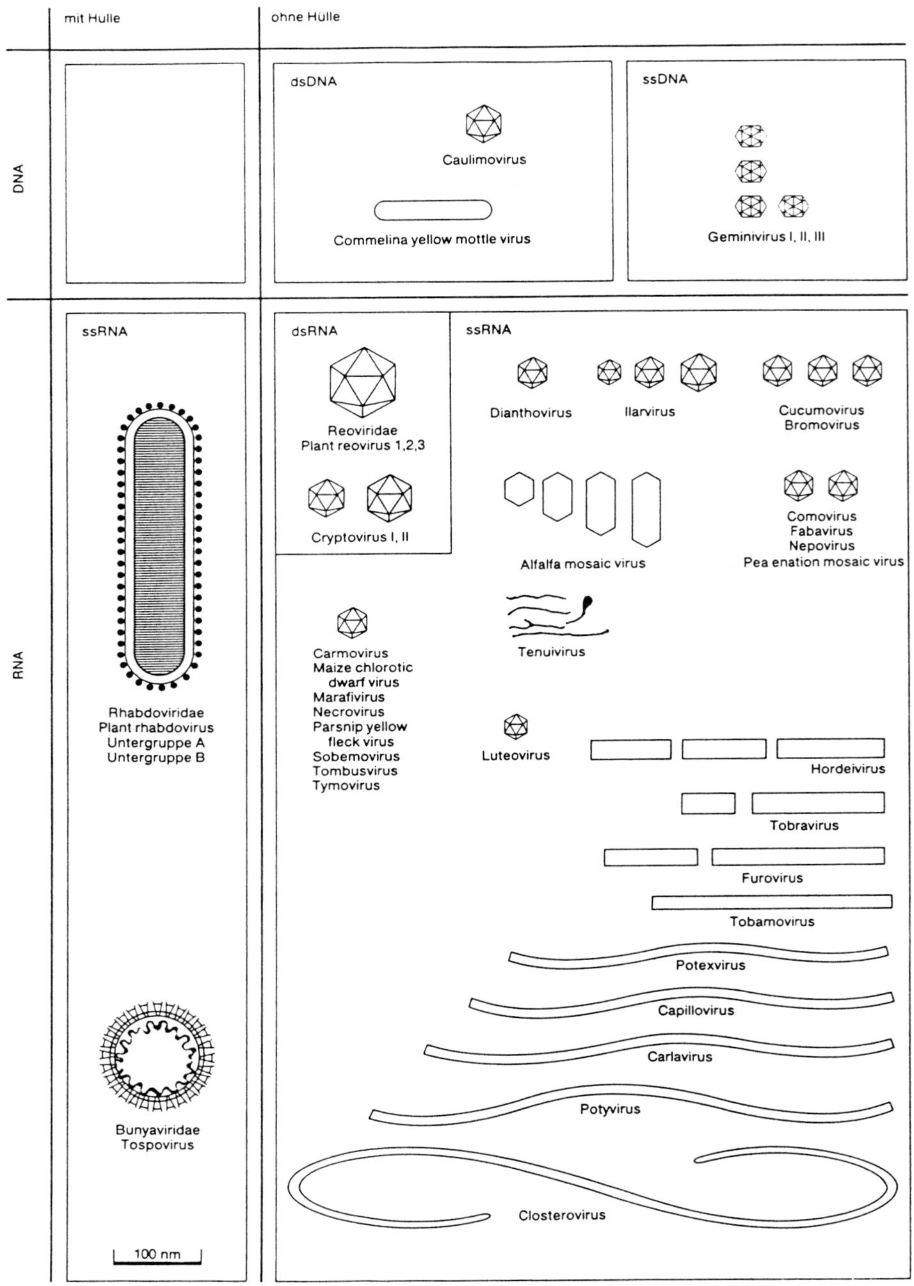

5.6 Wichtige Gruppen und Familien von Pflanzenviren. (Modifiziert nach: Francki, R. I. B. et al. (1991) In: *Arch. Virology*, Suppl. 2.)

Tabelle 5.1: Abkürzungen wichtiger Pflanzenviren

Abkürzung	*Name*	*Abkürzung*	*Name*
ALMV	alfalfa mosaic	PVS	potato virus S
BCMV	bean common mosaic	PVX	potato virus X
BCTV (CTV)	beet curly top	PVY	potato virus Y
BGMV	bean golden mosaic	PYFV	parsnip yellow fleck
BMV	brome mosaic	RCMV	red clover mottle
BMYV	beet mild yellowing	RRV	raspberry ringspot
BNYV	broccoli necrotic yellows	RTV	rice tungro
BPMV	bean pod mottle	SBMV	southern bean mosaic
BSMV	barley stripe mosaic	SCMV	sugarcane mosaic
BWYV	beet western yellows	SLRV	strawberry latent ringspot
BYDV	barley yellow dwarf	SMV	squash mosaic
BYMV	bean yellow mosaic	SoMV	soybean mosaic
BYV	beet yellows	TAMV	tomato aucuba mosaic
CaMV	cauliflower mosaic	TAV	tomato aspermy
CarMV	carnation mottle	TBRV	tomato blackring
CCMV	cowpea chlorotic mottle	TBSV	tomato bushy stunt
CGMMV	cucumber green mottle mosaic	TEV	tobacco etch
CLV	cherry leafroll	TMV	tobacco mosaic
CMV	cucumber mosaic	TNDV	tobacco necrotic dwarf
CPMV	cowpea mosaic	TNV	tobacco necrosis
CYMV	clover yellow mosaic	ToRSV	tomato ringspot
DEMV	dolichos enation mosaic (cowpea strain of tobacco mosaic)	TRosV	turnip rosette
		TRSV	tobacco ringspot
EMV	eggplant mosaic	TRV	tobacco rattle
LNYV	lettuce necrotic yellows	TSWV	tomato spotted wilt
MDMV	maize dwarf mosaic	TuMV	turnip mosaic
MRDV	maize rough dwarf	TYMV	turnip yellow mosaic
PLRV	potato leafroll	WTV	wound tumor
PMTV	potato mop top	*Satelliten*	
PRV	peanut rosette	CARNA 5	CMV-associated RNA
PSV	peanut stunt	STNV	satellite of tobacco necrosis
PVA	potato virus A	*Viroide*	
PVB	potato virus B	CPFV	cucumber pale fruit
PVM	potato virus M	PSTV	potato spindle tuber

5.4 Der Infektionsprozeß

Pflanzliche Viren sind normalerweise nicht in der Lage, in die intakte Pflanze einzudringen. Sie benötigen dazu Vektoren. Zu diesen Vektoren zählen vor allem Insekten mit stechend-saugenden Mundwerkzeugen, Nematoden und pilzliche Zoosporen. Auch Verwundungen, zu denen unter anderem gärtnerische Maßnahmen, wie zum Beispiel die Pfropfung, gehören, können das Eindringen von Viren in die Pflanze ermöglichen. An dieser Stelle soll vor allem der Eintritt von Viren durch Verwundung von Blattoberflächen besprochen werden. Versuche mit TMV und Tabak haben gezeigt, daß das Virus, wenn es in interzelluläre Räume oder das Xylem eingebracht wird, keine Infektion auslösen kann, wenn nicht zusätzlich die infiltrierten Blätter mechanisch behandelt, das heißt gerieben werden, so daß eine Verwundung oder eine Verletzung stattfindet. Auch das Aufbringen eines infektiösen Tropfens auf die Blattoberfläche bedingt keine Infektion, wenn nicht mit einer Nadel durch den infektiösen Tropfen gestochen wird. Experimentell lassen sich Infektionen mit unterschiedlichem Erfolg dadurch erreichen, daß mit einem Stofflappen, mit einer steifen Bürste, mit einer Spatel oder mit dem Finger die Oberfläche schwach beschädigt wird. Dieser leichte Verwundungseffekt kann unterstützt werden, indem man die Oberfläche mit Diatomeenerde (Zellit) oder Carborund (Silikoncarbid) einstäubt. Der Erfolg einer Infektion kann gewöhnlich an der Anzahl von Läsionen abgelesen werden, die auf einem hypersensitiven Wirt sichtbar werden. Bei manchen Experimenten ergab sich eine direkte Korrelation zwischen der Anzahl der reibenden Zellit- oder Carborund-Partikel und der erzielten Anzahl hypersensitiver Läsionen (Abb. 5.7).

Die Primärorte der Infektion sowie der Weg der Viruspartikel in das Blattgewebe sind bis heute noch nicht völlig geklärt. Eine Blattoberfläche besitzt einige Millionen typischer Zellen, zu denen vor allem die Epidermiszellen gehören. Viele Pflanzenarten besitzen auf der Blattoberfläche auch Haare (Trichome). Obgleich es Versuche mit radioaktiv markierten Viruspartikeln gibt, die zeigen, daß ein möglicher Eintrittsort durch die abgeriebenen Trichomreste erfolgen kann, ist dennoch insgesamt die Wahrscheinlichkeit, daß eine Infektion durch Trichome erfolgt, gering. Trichome stellen damit eine potentielle, aber keine grundsätzliche Möglichkeit als Eintrittsorte für Infektionen dar.

Ektodesmen sind Plasmodesmen, die durch die Epidermiszellen bis an die Oberfläche der Kutikeln nach außen reichen. Man hat experimentell versucht, die Anzahl der Ektodesmen zu vergrößern und mit dieser Vermehrung die Infektionswahrscheinlichkeit zu korrelieren. Dies ist in einigen Fällen gelungen, scheint aber grundsätzlich eher eine untergeordnete Rolle zu spielen.

Im Gegensatz zu diesen aus der Oberfläche herausragenden Zellen (Trichome) oder in die Oberfläche hineinragenden Kanäle (Ektodesmen) ist es wahrscheinlich, daß die Epidermiszellen die primären Orte der Infektion darstellen. Bei der Infektion der Epidermiszellen sind zwei grundsätzliche Prozesse, die zeitlich aufeinanderfolgen oder unmittelbar übereinanderliegen, von Bedeutung: Erstens das Setzen der Wunde und zweitens das Festsetzen des Viruspartikels in der Wunde oder in der leicht verwundeten lebenden Zelle. Vor allem bei Tabak und TMV ist gezeigt worden, daß der

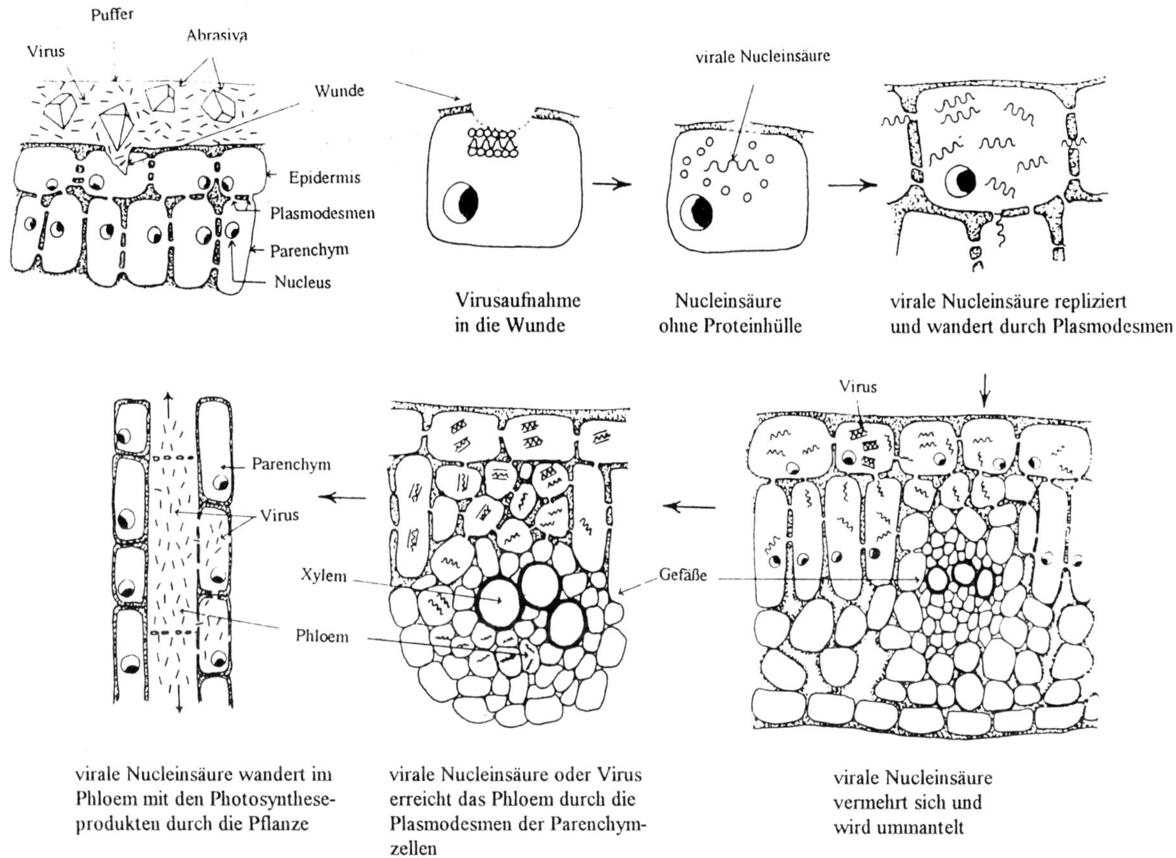

5.7 Mechanische Inokulation und frühe Stadien der systemischen Verteilung von Viren in Pflanzen. (Modifiziert nach: Agrios, G. N. (1988) *Plant Pathology*. 3. Aufl., Academic Press, San Diego.)

Effekt der Wundsetzung nur kurze Zeit anhält. Wird einige Minuten nach der mechanischen Wundsetzung infiziert, so ist der Infektionserfolg stark reduziert. Man nimmt heute an, daß eine Infektionsstelle so gestaltet sein muß, daß die pflanzliche Oberfläche bis zum Plasmalemma der Epidermiszelle geöffnet ist, wobei das Plasmalemma das Viruspartikel aufnimmt, ohne daß dabei bestimmte Rezeptoren (wie bei tierischen Zelloberflächen) vorhanden sind. Die Bereitschaft des Plasmalemmas, das Viruspartikel aufzunehmen, scheint also auf einen sehr kurzen Zeitraum nach der Exposition des Plasmalemmas an der Oberfläche begrenzt zu sein. Schon Minuten nach dieser Exposition scheint eine intensive Wundheilung einzusetzen, die es unmöglich macht, das Virus in die lebende Epidermiszelle aufzunehmen. Mit isolierten Protoplasten konnte eine Invagination beziehungsweise die Pinocytose solcher Viruspartikel in das Innere der lebenden Zelle gezeigt werden. Mit Polykationen, wie zum Beispiel dem Poly-L-Ornithin, wurde gezeigt, daß Viruspartikel eine bestimmte Ladung aufweisen und daß diese Ladung für die Adhäsion der Partikel an das Plasmalemma wichtig ist. Da man annimmt, daß die Penetration *in vivo* anders abläuft als in isolierten Protoplasten, muß auch der Vorgang der Pinocytose in Zweifel gezogen werden.

Ein weiteres Kriterium für den Infektionsprozeß ist die Partikelanzahl, die benötigt wird, um in einer Pflanze eine hypersensitive Reaktion oder eine systemische Infektion hervorzurufen. Wieder für Tabak und TMV wurde berechnet, daß für die systemische Infektion von 50% der Pflanzen ein Durchschnitt von 7,5 Partikeln/Pflanze ausreicht. Für die systemische Infektion von Chinakohl wurden etwa zehn Partikel TYMV pro Blatt errechnet. Andere Versuche, bei denen ebenfalls die Anzahl infektiöser Partikel pro Volumeneinheit Inokulum variiert wurde, deuten darauf hin, daß die Infektion einer Zelle auf einem Einzeltrefferprozeß beruht. Das bedeutet, daß ein infektiöses Partikel pro lebender Zelle genügt, um einen Infektionsprozeß auszulösen. Dies gilt offensichtlich vor allem für systemische Infektionen. Dabei traten auch Fälle auf, bei denen sich zwei verschiedene Virusarten innerhalb einer Zelle unabhängig voneinander entwickeln konnten.

Um nach mechanischer Verwundung Läsionen zu erzielen, scheint im Gegensatz zur systemischen Infektion eine große Anzahl von Partikeln im Inokulum nötig zu sein. So wird angenommen, daß zwischen 1500 und 50000 TMV-Partikel für eine Läsion auf *Nicotiana glutinosa* benötigt werden. Alles in allem gibt es gute Hinweise dafür, daß sich Viruspartikel zuerst einmal in der infizierten Epidermiszelle vermehren. Um lokale Läsionen zu erzielen, sind sowohl Virusvermehrung in der Wirtszelle als auch eine Veränderung der Wirtsphysiologie nötig. Darüber hinaus hängt der Infektionsprozeß beziehungsweise der Infektionserfolg noch von einer Reihe edaphischer Faktoren ab. Zusätzlich zu der kritischen Anzahl von infektiösen Partikeln pro Inokulum ist es außerdem von Bedeutung, welche Begleitsubstanzen im Inokulum vorhanden sind. So wurde beispielsweise gezeigt, daß sich die Anzahl der lokalen Läsionen erhöhte, wenn im Inokulum Substanzen wie Sulfit, Phosphat, Magnesiumchlorid oder Saccharose vorhanden waren. Die Interaktion dieser Substanzen mit den ebenfalls für den Infektionsprozeß bedeutsamen genetischen Faktoren im Wirt sind alles andere als klar. Der Effekt des Lichts auf den Erfolg einer Infektion scheint über die Menge der angebotenen Kohlenhydrate und die Veränderung des zellulären Turgors zu verlaufen. Die Beobachtung, daß Infektionshäufigkeit und -erfolg einem diurnalen Rhythmus unterliegen, mag darauf zurückzuführen sein, daß eine Abschattung von Pflanzen vor der Inokulation den Infektionserfolg und den Infektionsdruck erhöht. Die Bedeutung der Photosynthese bei diesem Prozeß wird daraus ersichtlich, daß die Abwesenheit von CO_2 vor dem Infektionsprozeß einen ähnlichen Effekt hatte wie das Abschatten der Pflanzen. Sehr gute Aussichten auf erfolgreiche Infektionen werden am späten Nachmittag erzielt, wenn also kurz nach dem mechanischen Infektionsprozeß eine Dunkelphase folgt.

Ebenso scheinen eine Erhöhung der Temperatur vor dem Infektionsprozeß und eine Rückkehr zu normaler Temperatur nach erfolgter Infektion die Empfänglichkeit verschiedener Spezies gegenüber dem Virus zu erhöhen. Gleichermaßen senkt eine Kältebehandlung die Empfänglichkeit gegenüber TMV-Infektion im Tabak. Man spekuliert hier, daß bei erniedrigter Temperatur oder bei Dunkelheit der Blatturgor absinkt und dadurch der mechanische Infektionsprozeß weniger erfolgreich ist. Erfolgt die Infektion bei normaler Temperatur und erhöht man nach der Infektion die Temperatur auf über 40°C, so ist die Anzahl der lokalen Läsionen auf Blättern von *Nicotiana glutinosa* nach TMV-Infektion stark reduziert. Diese Temperatureffekte sind stark abhängig von der Zeit vor oder nach der Inokulation mit den infektiösen Viren. Behandelt man infizierte Blätter mit heißem Wasser und ist diese Behandlung ungefähr sechs Stunden nach der Inokulation angesetzt, erhöht sich sowohl die Anzahl als auch der Umfang der lokalen Läsionen. Man erklärt dies damit, daß durch die erhöhte Temperatur die Abwehrmechanismen im Wirt geschwächt werden und die Virusreplikation begünstigt wird, so daß sich das Virus ungehindert in die Nachbarzellen verbreiten und dort Nekrosen auslösen kann.

Der Ernährungszustand der Pflanzen hat ebenfalls einen großen Einfluß auf den Infektionserfolg und die Virusausbreitung. Pflanzen, die unter optimalen Bedingungen gezogen wurden, sind im allgemeinen anfälliger als solche, die unter reduzierten Bedingungen gehalten wurden. Dementsprechend ist auch das Alter der Pflanzen beziehungsweise der inokulierten Blätter von großer Bedeutung. Dieser Alterseffekt ist von Pflanze zu Pflanze verschieden. Während zum Beispiel *Vigna sinensis*-Blätter, die älter als zwölf Tage sind und mit CMV infiziert werden, weniger Läsionen zeigen als junge Blätter, ist die Situation bei Tabak nach CMV-Infektion eher umgekehrt, da hier junge Blätter weniger Läsionen aufweisen als ältere Blätter.

Es wurde bereits erwähnt, daß der Turgor der infizierten Blätter von Bedeutung für den Infektionsprozeß ist. Im Gegensatz dazu wurde gezeigt, daß der Infektionsprozeß schneller verläuft, wenn nach erfolgter Infektion der Turgor durch eine Dürreperiode erniedrigt wird. So zeigen beispielsweise Bohnen nach TMV-Infektion eine erhöhte Anzahl von Läsionen, wenn drei Stunden nach Inokulation experimentell ein Wasserdefizit in den Pflanzen hervorgerufen wird. Je nach dem Stadium der Pflanze bei der Infektion kann aber auch der Fall eintreten, daß ein erhöhter Wasserstrom und dementsprechend ein gegenläufig erhöhter Saftstrom im Phloem die Ausbreitungsgeschwindigkeit der Viren erhöht.

Neben diesen eben besprochenen mehr oder weniger physikalischen Daten scheinen auch endogene Inhibitoren den Infektionsprozeß zu beeinflussen. Obgleich auf diesen Prozeß erst in einem späteren Kapitel (E) näher eingegangen wird, sollen hier schon einige Anmerkungen gemacht werden. Natürlich gibt es Verbindungen auf der Blattoberfläche oder im Inokulum, die das Virus schädigen oder inaktivieren. Dazu gehören zum Beispiel bestimmte Säuren, Alkohole oder auch Serumalbumin, das eine Aggregation der Viruspartikel bedingen kann.

Die große Vielzahl der pflanzlichen Inhibitoren scheinen Proteine zu sein. Manchmal erlauben diese Proteine zwar die Infektion des Wirtes, aus dem sie stammen, sie interferieren aber bei der Übertragung der Viren auf andere Wirte. Damit könnten sie für die Wirtsspezifität mit verantwortlich sein. Für *Phytolacca americana* wurde gezeigt, daß diese Spezies ein Protein besitzt, das die Übertragung von TMV auf andere Spezies beeinflußt. Dieser Inhibitor im Zellsaft von *Phytolacca* beeinflußt nicht nur die Übertragung von Pflanzenviren, sondern auch die Übertragung von Grippeviren in menschlichen Zellkulturen. Das Protein wurde näher charakterisiert als ein Polypeptid mit 116 Aminosäuren und einem Molekulargewicht von 13 kD. In Zellen von Eukaryoten interagiert es mit dem Elongationsfaktor der Proteinbiosynthese, welcher die Translokation der Aminoacyl-Transfer-RNA von der Akzeptorseite der Ribosomen auf die Donorseite bewirkt. Im pflanzlichen Experiment inhibiert dieses Protein die Replikation von TMV-Viren in Tabakprotoplasten. In *Anthus caryophyllus* (Nelke) findet man ein Protein mit

10 kD, das die Infektion von *Nicotiana glutinosa* durch TMV inhibiert. Auch in Paprika (*Capsicum annuum*) und in der Bohne (*Phaseolus vulgaris*) finden sich Verbindungen, die die Virusvermehrung inhibieren. Hier handelt sich aber anscheinend um niedermolekulare Verbindungen wie Flavonoide oder Polysaccharide, die die Infektion mit AMV hemmen. Auch bei *Abutilon striatum* (Schönmalve) und *Beta vulgaris* (Zuckerrübe) finden sich Polysaccharide, die die Anzahl der Läsionen auf den Blättern von *Nicotiana glutinosa* vermindern, wenn man mit TMV, TYMV und LMV infiziert, aber nicht, wenn man mit CMV infiziert. Das heißt, daß die in Frage kommenden Inhibitorsubstanzen auch virusspezifisch agieren können. Inhibitoren der Virusinfektionen in Pflanzen können nicht nur aus Pflanzen isoliert werden, sondern auch aus Insekten und Tieren. Zu diesen Verbindungen gehören sicherlich Proteasen und Nucleasen wie Trypsin und Ribonuclease.

Auch die Geschwindigkeit und der Ort des "Abwerfens" des Proteinmantels (*uncoating*) ist für den Infektions- und Verbreitungsprozeß im Wirt von Bedeutung. Dies erscheint verständlich, da das Virusgenom erst repliziert werden kann, wenn die Proteinhülle nicht mehr vorhanden ist. Aus einigen Versuchen kann abgeleitet werden, daß die virale RNA UV-empfindlich wird, sobald die Proteinhülle fehlt. So können zum Beispiel lokale Läsionen in Tabak und in Bohnen nach TMV-Infektion drastisch reduziert werden, wenn man kurz nach der Inokulation mit Virionen UV-bestrahlt. Dieser Bestrahlungseffekt ist nur innerhalb eines sehr beschränkten Zeitraums sichtbar, da zwei bis vier Stunden nach Inokulation die Virus-RNA gegenüber Inaktivierung durch UV resistent wird. Wenn man dagegen anstelle von Virionen mit viraler RNA infiziert, stellt sich innerhalb von Minuten eine Resistenz gegenüber UV-Bestrahlung ein. Es wird spekuliert, daß die Entfernung der Proteinhülle für die Interaktion viraler RNA mit Zellkomponenten von Bedeutung ist. Erst die Interaktion der freien viralen RNA mit zellulären Kompartimenten beziehungsweise Enzymen (Fixierung an Ribosomen, Anheftung von RNA-Polymerase und so weiter) bewirkt eine zumindest teilweise Resistenz gegenüber UV-Bestrahlung. Versuche zeigten, daß virale RNA, welche durch UV-Bestrahlung teilweise inaktiviert wurde, durch sichtbares Licht über den sogenannten Photoreaktivierungsprozeß wieder in ein aktives Molekül zurückverwandelt wird. Durch die exakte Verfolgung des zeitlichen Ablaufes dieser Prozesse kam man zu der Auffassung, daß 30 bis 60 Minuten nach Inokulation die virale RNA in größerem Umfang von ihrer Proteinhülle befreit ist.

5.5 Das Replikationsgeschehen

Die Art des Genoms bestimmt die Replikationsweise der Viren. Man unterscheidet sieben Phasen im Replikationszyklus der Viren (Abb. 5.8):

1. das Eindringen in die Zelle, welches passiv durch Wunden oder über Vektoren geschieht,
2. den Verlust der Proteinhülle des Virions, auch als *uncoating* bezeichnet,
3. die Bildung primärer oder früher Proteine, die Enzyme sein können,
4. die Replikation der RNA oder DNA,
5. die Bildung sekundärer oder später Proteine, die ebenfalls Enzyme sein können, aber meistens die Capsidproteine umfassen,
6. die Rekonstitution des Virions, das heißt den Zusammenbau von Proteinuntereinheiten unter Einschluß der Nucleinsäuren zum kompletten Virion und
7. das Verlassen der Wirtszelle.

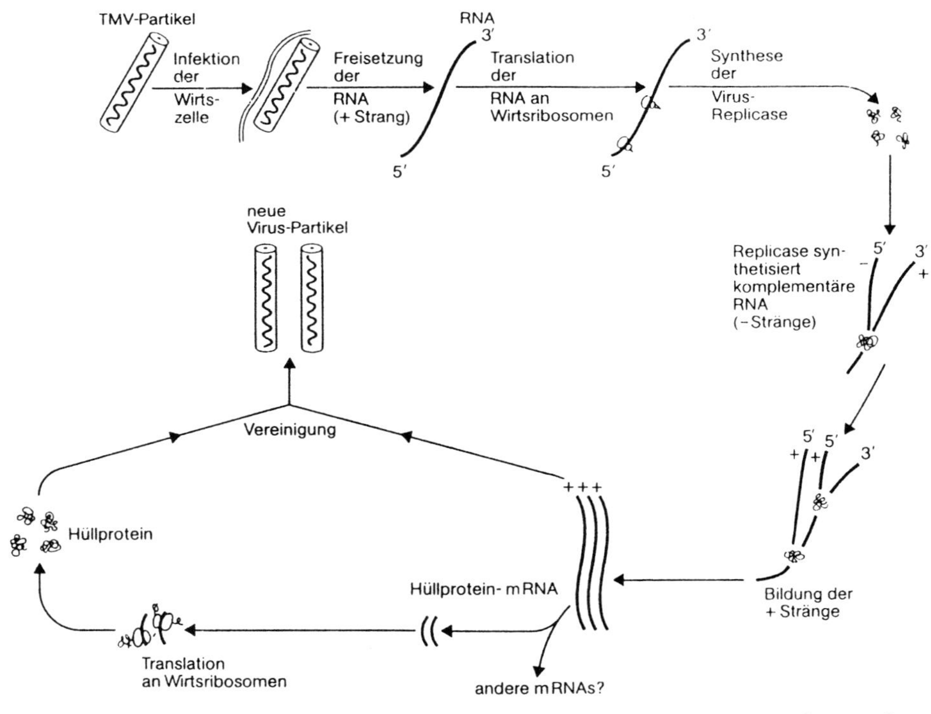

5.8 Phasen der TMV-Replikation. (Modifiziert nach: Bos (1983) *Introduction to plant virology*. Pudoc, Wageningen, aus: Hock, B. und Elstner, E. F. (Hrsg.) (1988) *Schadwirkungen auf Pflanzen*. Bibliographisches Institut, Mannheim.)

Die freigelegte virale Nucleinsäure nach dem *uncoating* in der Wirtszelle codiert für Enzyme, die für die Nucleinsäuresynthese erforderlich sind. Neben der Synthese der viralen Nucleinsäure ist für die Resynthese des kompletten Virions die Produktion von Hüllproteinen nötig. Der letzte Schritt, nämlich die Umhüllung des Nucleinsäurestranges mit den spät synthetisierten Proteinuntereinheiten mag, wie oben angedeutet, in einem spontanen Prozeß auf der Basis des *self assembly* zustandekommen.
Wie schon erwähnt, codiert das Virusgenom für nur ganz wenige Proteine. Die Anzahl der Gene bei Pflanzenviren reicht von einem bei bestimmten Satellitenviren bis zwölf bei den Reoviren. Zahlreiche Viren nutzen ihre Codierungskapazität gar nicht aus, andere erweitern sie durch sogenannte überlappende Codierungsregionen.

Dennoch hat die Virusnucleinsäure eine ganz beachtliche Länge, beim TMV zum Beispiel 3300 nm und damit mehr als das Zehnfache der Partikellänge. Im intakten Virion liegt der Nucleinsäurestrang in den meisten Fällen in spiralisierter Form vor. Es gibt jedoch auch Virustypen, deren Genom fragmentiert vorliegt, das heißt in mehrere Abschnitte untergliedert ist. Eine Ausnahme unter den Viren sind die Pflanzenviren aufgrund der Tatsache, daß sie auch Genomfragmente besitzen, die auf verschiedene Virionen unterteilt sind. Man hat solche Viren wegen der unterschiedlichen Sedimentationseigenschaften der Partikel einer Gesamtpopulation als "multikomponent" bezeichnet. Viren der Comogruppe lassen sich zum Beispiel in der analytischen Ultrazentrifuge in mehrere einzelne Komponenten auftrennen. Im Wirt ergänzen sich die Gene der einzelnen Komponenten und sind so, voneinander abhängig, wieder in der Lage, die einzelnen Partnerviren synthetisieren zu lassen.

5.6 Die Verbreitung von Viren im Wirt

5.6.1 Der Aufbau von Plasmodesmen

Seit einigen Jahren weiß man, daß zur Verbreitung von Viren in der Wirtspflanze, das heißt zur systemischen Infektion der Gesamtpflanze sogenannte Transportproteine oder auch Bewegungsproteine synthetisiert werden. Die Basis dieser Verbreitung bildet ein "makromolekularer Verkehrsfluß" durch die Plasmodesmen. Plasmodesmen sind plasmatische Verbindungsbrücken zwischen einzelnen Zellen, die während der Zellteilung vor dem Einziehen der Zellwände zwischen den Tochterzellen angelegt werden.

Sie bilden cytoplasmatische Brücken und damit ein integrales cytoplasmatisches Kontinuum, das als Symplasma bezeichnet wird. In Höheren Pflanzen gehört diesem Kontinuum auch das endoplasmatische Reticulum (ER) an, welches ebenfalls durch die Plasmodesmen hindurch wie ein weitreichendes Lagunensystem von Zelle zu Zelle miteinander in Verbindung steht. Die Plasmodesmen wurden entwickelt, um eine effiziente Koordination der zellulären Funktionen innerhalb eines Gesamtgewebes zu garantieren. Sicherlich nicht "im Sinne des Erfinders" war die Möglichkeit, daß sich über diese Brücken Viren innerhalb eines gesamten Gewebes festsetzen und verbreiten können. Schon frühe cytologische Studien machten klar, daß sich Viruspartikel fast immer innerhalb der strukturell modifizierten Plasmodesmen eines Gewebes befinden, wobei große Partikelmengen innerhalb der Plasmodesmen nachgewiesen werden konnten. So kam man zu der Annahme, daß sich Pflanzenviren grundsätzlich über die Plasmodesmen verbreiten. Die Engstelle der Plasmodesmen, der sogenannte cytoplasmatische Anulus, hat eine Weite von ungefähr 10 nm. Der Durchmesser der meisten Viruspartikel überschreitet diese Dimension bei weitem; so liegt zum Beispiel der Durchmesser der meisten isometrischen Viren zwischen 18 und 80 nm, der Durchmesser filamentöser Viren zwischen 10 und 25 nm. Daraus ergab sich die Vermutung, daß die Viren die innere Weite oder die Struktur der Plasmodesmen verändern können. Es wurde angenommen, daß die innere Struktur der Plasmodesmen entfernt werden muß, das heißt, daß das endoplasmatische Reticulum, das den Plasmodesmaraum durchzieht, abgebaut werden müßte, um den Viren einen Durchtritt zu erlauben. Heute kennt man mindestens zwei Mechanismen, nach denen die Viren durch die Plasmodesmen von Zelle zu Zelle wandern. Zum einen können während einer Virusinfektion ER-freie sekundäre Plasmodesmen gebildet werden. Die zweite Möglichkeit besteht im Virustransport über virale Nucleoproteinkomplexe.

Um diesen interzellulären Virusverkehr besser zu verstehen, ist es nötig, die Struktur der Plasmodesmen etwas genauer zu beschreiben. Plasmodesmen, die während der Zellteilung gebildet werden, bezeichnet man als primäre Plasmodesmen. Die primären Plasmodesmen unterscheiden sich von cytoplasmatischen Brücken, die die Pflanze durch eine bereits existierende Zellwand ausbilden kann. Solche Strukturen werden sekundäre Plasmodesmen genannt, da es sich dabei um postcytokinetische Vorgänge handelt. Durch computergestützte Auswertung von Gefrierschnitten konnte gezeigt werden, daß sich innerhalb des Cytoplasmas der Plasmodesmen endoplasmatisches Reticulum mit globulären Proteinen mit einem Durchmesser von 3 nm hindurchzieht. Gleichfalls befinden sich in der Anulusregion Proteine innerhalb der Plasmamembran, so daß sich hier zwei verschiedenartige Proteinkomponenten gegenüberstehen. Die Kombination von globulären Proteinen innerhalb von zwei Membranen hat zur Folge, daß der Anulus in mehrere Mikrokanäle aufgeteilt ist, die einen durchschnittlichen Durchmesser von 2,5 nm besitzen (Abb. 5.9). Die physiologische Bedeutung dieser Mikrokanäle wurde mit Hilfe von "farbengestützten" Experimenten ermittelt. Durch Mikroinjektionen von membranimpermeablen Fluoreszenzverbindungen in benachbarte Zellen konnten die Wanderungsmöglichkeiten von Molekülen studiert werden. Über die Variation der molekularen Masse dieser Indikatormoleküle gelang es, die molaren Ausschlußmassen zu ermitteln. Man fand, daß das sogenannte passive SEL (SEL = *size exclusion limit*, Größenausschlußgrenzwert) in einem Bereich zwischen 850 und 1000 Dalton liegt. Dieser Wert stimmt in etwa mit der 2,5-nm-Dimension des Querschnitts dieser Mikrokanäle überein. Damit ist klar, daß es der cytoplasmatische Anulus mit seinen globulären Proteinen im Inneren nur kleinen Molekülen, das heißt Stoffwechselmetaboliten und Hormonen, erlaubt, zwischen den benachbarten Zellen hin- und herzudiffundieren. Pflanzen haben darüber hinaus noch die Möglichkeit, die Häufigkeit der Plasmodesmen und ihre genaue Positionierung zu regulieren. Diese Möglichkeit ist vor allem dadurch gegeben, daß sie in der Lage sind, sekundäre Plasmodesmen durch bereits existierende Zellwände hindurch zu "synthetisieren". Solche neuen Brücken innerhalb benachbarter Zellen werden oft in der Gegend der Mittellamelle begonnen und erhöhen damit den physiologischen Querschnitt für interzelluläre Kommunikation. Die Bedeutung der Ausbildung sekundärer Plasmodesmen für die physiologische Funktion von Geweben wurde mit Hilfe transgener Pflanzen gezeigt, die keine sekundären Plasmodesmen mehr ausbilden konnten. Obwohl die existierenden primären Plasmodesmen normale SEL-Werte zeigten und diese auch in den transgenen Pflanzen ausdrückten, bedingte die Blockierung der Ausbildung sekundärer Plasmodesmen eine schnelle Seneszenz des gesamten Gewebes. Dieser Befund wirft ein bedeutsames Licht auf die Bedeutung ungehinderter Stofftransporte für die Erhaltung der Juvenilität und die Symptomausprägung (unter anderem Vergilbung) nach viraler Infektion.

5.6.2 Die Ausbildung sekundärer Plasmodesmen während der Virusinfektion

Wie bereits erwähnt, finden sich innerhalb der Plasmodesmen häufig Akkumulationen von Viruspartikeln. Bis vor kurzem nahm man an, daß die infizierenden Viren mit den existierenden primären Plasmodesmen interagieren und eine Veränderung der Substruktur derart vollziehen, daß eine Passage großer Viruspartikel durch die Plasmodesmen erfolgen kann. Detaillierte Studien mit Infektionen durch Como- und Caulimoviren deuteten an, daß dies wohl nicht der Fall ist. Im Gegenteil muß angenommen werden, daß die Viren die Bildung sekundärer Plasmodesmen induzieren können, in welchen keine Assoziation mit dem endoplasmatischen Reticulum der kontaktbildenden Zellen existiert. Die elegantesten Untersuchungen wurden an einem Mitglied der Comovirusgruppe, dem sogenannten *cow pea mosaic virus* (CPMV) durchgeführt. CPMV-infizierte Mesophyllzellen entwickeln lange tubuläre Strukturen, die sich aus den einfachen Plasmodesmen herausentwickeln und völlig mit Viruspartikeln angefüllt sind. Gebildet wurden diese tubulären Strukturen durch eine Ausstülpung der Plasmamembran, die mit CPMV gefüllt war. Sie wurden vermutlich durch CPMV induziert. Diese Viren besitzen die Information für ein Protein, das die Kapazität zur Bildung neuer cytoplasmatischer Brücken hat. Diese Brücken dehnen sich aus dem infizierten Plasma über die verbindenden Zellwände in die Nachbarzellen hinein aus. Immunocytologische Studien zeigten, daß ein 48-kD-Protein, das von CPMV codiert wird, in diese Protuberanzen eingelagert war. Mutationen in diesem 48-kD-Cistron blockierten die systemische Infektion, so daß angenommen werden muß, daß die Bildung dieses 48-kD-Proteins direkt an der Bildung sekundärer Infektionsplasmodesmata beteiligt ist. In ähnlicher Weise wird berichtet, daß Caulimoviren, wie das *cauliflower mosaic virus* (ein Pathogen, das Blumenkohl befällt), in ähnlicher Weise virusgefüllte plasmodesmale Strukturen ausbilden. Protoplasten aus *Brassica*, die mit dem *cauliflower mosaic virus* infiziert waren, entwickelten lange, plasmatische, membranöse Protuberanzen. Diese Befunde führen zu der Annahme, daß die Bildung einfacher sekundärer Plasmodesmen einen wichtigen Mechanismus für die Migration von Como- und Caulimoviren von Zelle zu Zelle darstellt.

5.6.3 Virustransport über virale Nucleoproteinkomplexe

Wie bereits erwähnt, scheint es einen zweiten Weg zu geben, über den Viren sich von Zelle zu Zelle und damit systemisch ausbreiten können. Experimente mit TMV, dessen Hüllprotein entweder mutiert oder entfernt war, ergaben, daß sich die TMV-RNA nach wie vor replizieren konnte und im Wirt auch von Zelle zu Zelle verbreitet wurde. Ähnliche Ergebnisse wurden auch für andere Viren erhalten, was zu der Vermutung Anlaß gibt, daß viele

Pflanzenviren tatsächlich durch die Plasmodesmen als virale Nucleoproteinkomplexe (VNUPCs) wandern können. Obwohl Details der molekularen Basis für diesen VNUPC-Verkehr durch die Plasmodesmen noch ungeklärt sind, nimmt man heute an, daß ein virales Cistron, das für ein 30-kD-TMV-Protein codiert, dieses Zell-zu-Zell-Wanderungsgeschehen dominiert. Das angesprochene 30-kD-Protein wird nicht für die Replikation benötigt, aber in seiner Abwesenheit kann das TMV nicht von einer Zelle zur anderen wandern. Dieses Protein hat die Eigenschaft, sich mit einer Zellwandfraktion zu assoziieren, und erleichtert die Verbreitung von verwandten Viren über die Zellgrenzen hinaus, obgleich sich diese verwandten Viren unter normalen Bedingungen nicht bewegen konnten. Immunologische Studien zur Lokalisation dieses Proteins ergaben, daß es an die Plasmodesmen gebunden vorliegt. Man nennt dieses Protein *TMV-movement-protein* (MP). Um zu beweisen, daß das MP direkt mit den Plasmodesmen interagiert, wurden Fluoreszenzfarbstoffe in das Mesophyll ausgewachsener Tabakblätter eingespritzt. Man stellte fest, daß in Gegenwart von TMV-MP das plasmodesmale SEL (Größenausschlußgrenzwert) von ungefähr 800 D auf einen Wert zwischen 10 kD und 17 kD anwuchs. Offensichtlich besitzt das TMV-MP die Fähigkeit, sich in die plasmodesmale Substruktur einzugliedern und diese so zu dilatieren, daß die Mikrokanäle im cytoplasmatischen Anulus ausgedehnt werden. Blätter mit dem TMV-MP-Gen wurden in Bezug auf diese Funktion im Verlauf der Blattentwicklung hin untersucht. Man stellte fest, daß eine erhöhte plasmodesmale SEL zuerst in der Blattspitze auftrat und basipetal wanderte. In sehr jungen, sich noch ausdehnenden Blättern sind die Mesophyllzellen durch primäre Plasmodesmen verbunden. In einem späteren Entwicklungszustand bildeten sich neue cytoplasmatische Brücken in der Region der Mittellamelle aus. TMV-MP wurde innerhalb dieser sekundären Plasmodesmen lokalisiert. Obwohl TMV von Zelle zu Zelle auch in Abwesenheit seines Mantelproteins wandern kann, ist dennoch eine schnelle Wanderung über große Entfernungen hinweg (*long distance movement*) nur in der Anwesenheit des 30-kD-MP und des spezifischen *coat*-Proteins möglich. Man vermutet, daß eine spezielle Region des TMV-Mantelproteins benötigt wird, um zelluläre Prozesse zu aktivieren, die das TMV-MP in die vaskulären, sekundären Plasmodesmen hineindirigieren.

Das TMV-MP-Cistron besitzt mindestens drei, möglicherweise vier, wichtige funktionelle Domänen. Eine davon scheint als plasmodesmale Lokalisationssequenz zu fungieren, während eine andere Region das MP befähigt, mit Proteinen in den Plasmodesmen zu interagieren und diese zu dilatieren, so daß die Mikrokanäle von einer normalen Apertur von 2,5 nm auf 6-7 nm erweitert werden. Zwei zusätzliche Regionen scheinen an der Ein-

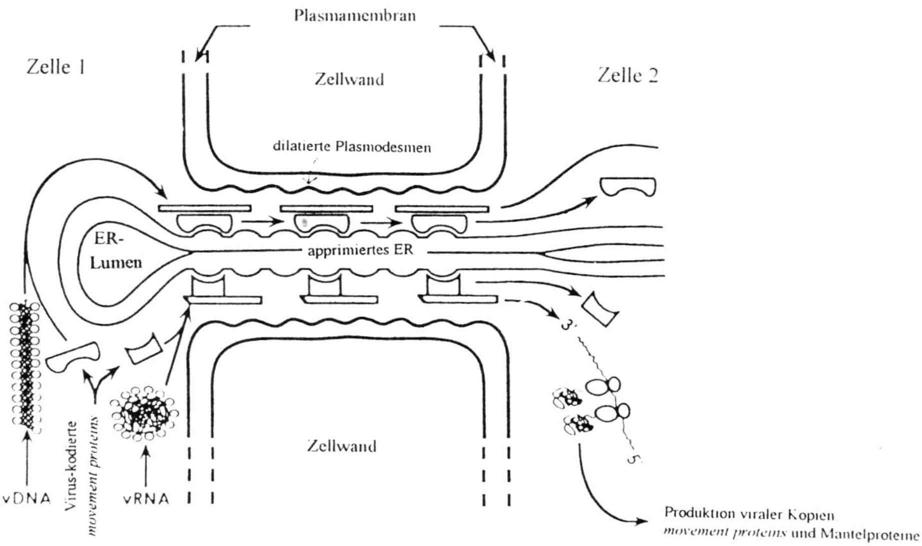

5.9 Modell des Transports von viraler DNA oder RNA über die Plasmodesmen von einer Wirtszelle zur anderen. (vRNA, vDNA: virale RNA beziehungsweise DNA; ER: endoplasmatisches Reticulum). (Modifiziert nach: Lucas, W. J. (1993) In: J. C. Schultz und I. Raskin (Hrsg.) *Plant signals in Interactions with other Organisms*. In: *Curr. Topics Pl. Physiol.*, Vol. 11, S. 79.)

zelstrangnucleotidbindung beteiligt zu sein. Vermutlich spielen die Nucleotidbindungsdomänen auf dem TMV-MP eine wichtige Rolle sowohl bei der Bindung als auch bei der Spiralisierung des RNA-Moleküls, so daß es ihm möglich wird, durch die dilatierten plasmodesmalen Mikrokanäle transportiert zu werden.

Eine letzte funktionale Domäne scheint Phosphorylierungsstellen zu enthalten, welche beim Protein*targeting* innerhalb der sekundären Plasmodesmen eine Rolle spielen. Andere Versuche wiederum deuten darauf hin, daß virale MPs selbst durch die Plasmodesmen hindurch transportiert werden können und in den Nachbarzellen auftauchen. Somit wäre neben der Bildung ER-freier sekundärer Plasmodesmen ein aktiver Transport von Viren über dilatierte Plasmodesmen eine Möglichkeit des Virustransports von Zelle zu Zelle.

Abbildung 5.9 zeigt, daß virale DNA oder RNA über sogenannte *movement*-Proteine (MP) zwischen dem dilatierten Plasmalemma und dem zusammengedrückten ("apprimierten") ER wie auf Rollenwagen von einer Zelle zur anderen "gekarrt" werden. In der Nachbarzelle angekommen, wird die DNA oder RNA von ihrem Vehikel befreit und kann die Produktion viraler Replikas aufnehmen. Dieses Modell geht davon aus, daß der Transport von DNA oder RNA über die sogenannte Mikrokanäle mit für jede Nucleinsäurespezies spezifischen Transportvektoren erfolgt.

5.7 Mechanismen der Symptomausprägung und der Schädigung der Wirtspflanze

Symptome in Wirtspflanzen nach Viren- oder Viroidbefall können von denen der Seneszenz oder generell von Streßsituationen kaum unterschieden werden. Im wesentlichen bestehen die Symptome aus Habitus- und Farbveränderungen sowie Absterbeerscheinungen. Bei den meisten Wirten ist eine großflächige oder mosaikhafte Vergilbung zusammen mit Wachstumsstörungen und Oberflächenveränderungen auf Blättern (epinastische Verkrümmungen) zu erkennen. Bei der Erbsenpflanze (*Pisum sativum)* sind Wachstumsdepressionen und Ertragsverluste durch Befall mit dem Rotscheckungsvirus (*red clover mottle virus*) zwölf Wochen nach Virusbefall manifest. Die befallene Pflanze hat kleinere Blätter, wird im Wuchs nur etwa halb so hoch, und der Ertrag fällt minimal aus. Zwergwuchs, Buschigkeit, Stauchungen der Blattachsen, verringertes Wachstum der Blattspreiten, Verkümmerung der Früchte und Farbveränderungen wie Strichelung und Scheckung gehören zu den häufigsten Erscheinungen. Einige Pflanzen reagieren mehr oder weniger lange nach Virusbefall mit nekrotischen Symptomen. Diese sind durch abgestorbene Gewebe charakterisiert, wobei durchlöcherte Blattflächen entstehen. Auffallend sind Veränderungen der Plastidenmorphologie und Störungen der Zelldifferenzierung.

Die Ausprägung der Viruserkrankung hängt von der Virulenz der Viren, der Anfälligkeit der Pflanze und von Umweltfaktoren ab. Jede Virusart besteht aus verschiedenen Stämmen, bei denen es milde und hochaggressive Virulenz gibt. Demgegenüber steht das Resistenzverhalten des Wirtes, das neben der genetischen Ausrüstung auch von seinem Ernährungszustand abhängt. Natürlich sind, wie schon erwähnt, Umweltfaktoren wie Licht, Wasserzufuhr und Temperatur von großer Bedeutung.

Die Epidemiologie der Virusverbreitung und damit die Häufigkeit von Virosen hängt von den Vermehrungsraten und den Generationsfolgen der Vektoren ab und ist damit vielen edaphischen Bedingungen ausgesetzt.

Das meiste, was für die Viren in diesem Zusammenhang gesagt werden kann, gilt auch für die Viroide. Man kennt verschiedene Grundtypen des Verhaltens von Pflanzen gegenüber Viren und Viroiden:

- Immunität: Hier unterscheidet man qualitative und quantitative Immunität. Die qualitative Immunität (= Resistenz) kann eine Überempfindlichkeitsresistenz oder eine extreme Resistenz sein. Bei der quantitativen Immunität kann zwischen Resistenz gegen Virusinfektion, Virusvermehrung und Virusausbreitung differenziert werden. Hier könnte auch von einer relativen Resistenz gesprochen werden.

- Empfänglichkeit: Dabei wird grundsätzlich zwischen Toleranz und Empfindlichkeit unterschieden. Die Toleranz wird in Symptom- und Leistungstoleranz unterteilt. Bei der Empfindlichkeit kann man zwischen schwach-, mittel- und hochempfindlich differenzieren.

Diese Unterscheidungen sind rein phänomenologischer Natur und deshalb wenig hilfreich. Man ist bemüht, an ihre Stelle biochemische beziehungsweise physiologische Daten zu stellen. Bevor auf die molekularen Mechanismen der Symptomausprägung und der Resistenzinduktion eingegangen wird, soll hier der Einfluß viraler Infektionen auf verschiedene pflanzliche Leistungen in verschiedenen zellulären Kompartimenten beschrieben werden.

5.7.1 Der Einfluß viraler Infektionen auf die Photosynthese

Nach Virusinfektion findet man generell Veränderungen in der Chloroplastenmorphologie und im Chloroplastenmetabolismus. In systemisch infiziertem Gewebe ist die Anzahl der Chloroplasten in chlorotischem Gewebe vermindert, und der Chlorophyllgehalt der Chloroplasten nimmt ab. Dies gilt zum Beispiel für MDMV, SCMV und TEV in Mais, Hirse und Tabak oder für SMV in Zucchini. Die Chloroplastenmodifikation betrifft ihre Größe, die Disorganisation der Lamellen, die Erhöhung der Menge an Membranvesikeln, die Erhöhung der Anzahl und der Größe von Plastoglobuli, die Akkumulation von Phytoferritin (einem Eisentransportprotein), cytoplasmatische Invaginationen und vor allem die Anhäufung von Stärkekörnern. Auf dieses Phänomen der Stärkeanhäufung soll später noch genauer eingegangen werden, da es für die Erklärung der sichtbaren Phänomene von großer Bedeutung ist. Die Chloroplasten von CMV-infizierten Tabakblättern sowie von BSMV-infizierten Haferblättern verändern sich, wobei neben der Abnahme des Chlorophyllgehalts vor allem Anzeichen der Desintegration der Thylakoidsysteme sichtbar werden. Bei Chinakohl, der mit TYMV infiziert ist, erhöht sich der Gehalt an Phytoferritin, und es werden eine Anzahl osmophiler Globuli in den Zellen sichtbar.

Häufig zeigen TYMV-infizierte Chinakohlpflanzen abgerundete Protoplasten mit fast kreisförmigen Invaginationen, wobei die Chloroplasten ein sichelförmiges Aussehen annehmen. Die Entwicklung dieser Symptome kann durch den Photosyntheseinhibitor DCMU unterdrückt werden, ein Phänomen, das noch nicht erklärt werden kann, obwohl die biochemische Grundlage der DCMU-induzierten Effekte klar ist.

Chlorosen korrelieren mit einer Aktivitätssteigerung der Chlorophyllase, einem Enzym, welches das Chlorophyll in Chlorophyllid und den apolaren Lipidrest Phytol spaltet. Gleichzeitig wird auch eine Reduktion des Carotinoidgehaltes gemessen. Die Erhöhung der Aktivität der Chlorophyllase, die im gesunden Chloroplasten in einer gebundenen inaktiven Form vorliegt, ist vermutlich eine Folge der mechanischen Verwundung der Thylakoidstruktur. Bei diesen Phänomenen muß jedoch berücksichtigt werden, daß Chlorophyllid und Chlorophyll identische Spektren und Absorptionskoeffizienten aufweisen, so daß der Verlust der Farbe nicht primär auf die Chlorophyllase zurückzuführen sein kann. Vielmehr muß angenommen werden, daß der Verlust des Chlorophylls auf einen Rückgang seiner Synthese oder einer Umwandlung von Chlorophyll in Phäophytin aufgrund des Verlustes von Magnesium zurückzuführen ist. In infizierten Geweben ist das Phäophytin in seiner Konzentration erhöht. In vergilbten Arealen findet man speziell auch eine Erhöhung der Xanthophyllgehalte (Abschnitt 3.7). Die photochemischen Aktivitäten sind zum Beispiel in virusinfizierten Bereichen von Zuckerrüben auf die Hälfte reduziert. Dies betrifft zu etwa 50% die sogenannte Hillreaktion (das heißt "offenkettiger" Elektronentransport) und zu etwa 40% die Photophosphorylierung. Werden TMV-infizierte Tabakpflanzen sehr gut mit Stickstoff versorgt, findet man keinen Hinweis auf eine reduzierte Hillaktivität oder Photophosphorylierung. Diese Veränderungen photosynthetischer Aktivitäten sind abhängig von der Zeit nach der Infektion und von der untersuchten Pflanzenart. Während man bei Chinakohl etwa eine Woche nach Inokulation eine erhöhte Hillaktivität und eine erhöhte zyklische Phosphorylierung mißt, läßt sich erst etwa drei Wochen nach Inokulation eine Abnahme dieser Aktivitäten feststellen. In TMV-infiziertem Tabak und SMV-infizierten Zucchini fand man weder eine Veränderung der Hillaktivität noch der Phosphorylierung.

Ähnliche Effekte gelten für die CO_2-Assimilation. In TMV-infiziertem Tabak, BYDV-infiziertem Hafer und CTV- beziehungsweise TAV-infizierten Tomaten war eine verminderte CO_2-Assimilation meßbar. In anderen Fällen, wie beispielsweise in TMV- beziehungsweise PVX-infiziertem Tabak und SMV-infizierter Zucchini, fand man keine signifikanten Unterschiede.

Auch bei der CO_2-Fixierung läßt sich in frühen Stadien eine leichte Erhöhung der CO_2-Inkorporation feststellen, während längere Zeit nach Infektion die Photosyntheserate absinkt. Es ist jedoch, wie auch in anderen Fällen (zum Beispiel Ozoneinwirkung), sehr schwer festzustellen, ob die Erniedrigung der CO_2-Fixierung direkt auf einer erniedrigten Elektronentransportrate, einer verminderten Phosphorylierung oder einer Hemmung im Calvinzyklus beruht oder ob sie vielmehr lediglich Veränderungen der stomatären Apertur reflektiert. Da bei fortschreitender Symptomausprägung nach Inokulation häufig eine Entwässerung des gesamten Pflanzenkörpers eintritt, ist eine Verminderung der CO_2-Penetration durch die Stomata wahrscheinlich.

In zahlreichen virusinfizierten Geweben findet man eine Verschiebung im photosynthetischen Metabolismus verschiedener Kohlenstoffgerüste. In TMV-infiziertem Tabak ist eine 50%ige Reduktion des Saccharosegehaltes meßbar, wobei eine Verschiebung in Richtung der Biosynthese von Aminosäuren, organischen Säuren und Glucose stattfindet. In TYMV-infiziertem Chinakohl war ein bemerkenswerter Anstieg von Aminosäuren auf Kosten von Zuckerphosphaten zusammen mit der schnellen Virusmultiplikation meßbar. TBSV- und CMV-infizierte Pflanzen zeigen eine besonders intensive CO_2-Einbaurate in die Aminosäure Glycin. In TYMV-infiziertem Chinakohl und CMV-infizierten "Kuherbsen" (*cow pea*) findet eine Erhöhung der PEP-Carboxylaseaktivität und damit auch eine Erhöhung von Malat, Citrat, Aspartat und Alanin statt. Die zuletzt erwähnten Phänomene deuten auf eine Verschiebung des Metabolismus in Richtung Purinsynthese und anaplerotischen Reaktionen hin, welche die amphibole Sequenz des Zitronensäurezyklus in Richtung Aminosäurebiosynthese unterstreicht (Abschnitt 2.3.1). Diese Verschiebung in TYMV-infiziertem Chinakohl wird unterstützt von dem Befund, daß mit der PEP-Carboxylase- auch die Aspartat-Aminotransferase-Aktivität erhöht ist.

Besonders auffällig sind Veränderungen im Stärkemetabolismus, sichtbar an der Proliferation und Vergrößerung von Stärkekörnern in den Chloroplasten, welche nekrotische Zonen umgeben oder in stark chlorotischen Geweben vorliegen. Stärke und Glykogen akkumulieren auch in RTV-infizierten Reispflanzen und in BYDV-infiziertem Hafer. Solche Akkumulationen von Stärke können auch in Geweben auftreten, die keine sichtbaren Vergilbungs- oder Nekrotisierungsphänomene aufweisen. Vermutlich handelt es sich nicht um eine erhöhte Stärkesynthese, sondern um eine reduzierte Kapazität des Stärkeverbrauchs oder des Stärketransports in virushaltigem Gewebe.

Eine Kohlenhydratakkumulation ist ein gemeinsames Kennzeichen vieler Virusinfektionen, zum Beispiel von PLRV-infizierten Kartoffeln, BYDV-infiziertem Hafer und BYV-infizierten Rüben. Auch hier vermutet man, daß die Phänomene auf einem reduzierten Transportgeschehen beruhen.

Zusammenfassend kann gesagt werden, daß der photosynthetische Metabolismus durch eine Virusinfektion zeitabhängig verändert wird, wobei eine Umsteuerung in den Aminosäure- und Purinmetabolismus feststellbar ist. Frühe Produkte der Photosynthese, wie Zuckerphosphate und Speicherstärke, verändern sich, wobei die Zuckerphosphate abnehmen und die Stärke zunimmt. Diese Veränderungen können auf einen veränderten Abtransport von Photosyntheseprodukten, veränderte Enzymaktivitäten, einer Abnahme der Chloroplasten-RNA und einer Abnahme der Anzahl der Chloroplastenribosomen zurückzuführen sei. Viele Züge des durch Virusinfektion hervorgerufenen Chloroplastenmetabolismus ähneln denen während der Seneszenz.

5.7.2 Pathologische Veränderungen von Atmungsprozessen nach Virusinfektion

Veränderungen der Respiration nach Virusinfektion sind, vergleichbar den Veränderungen im Chloroplastenmetabolismus, abhängig vom Alter der Pflanze, vom Zeitpunkt der Infektion und von Umweltbedingungen. Die Beeinflussung der Atmung in systemisch infiziertem Gewebe und in Geweben, die nekrotische Läsionen aufweisen, sind sehr unterschiedlich. Dies mag darauf zurückzuführen sein, daß vor allem in der Umgebung nekrotischer Gewebebereiche induzierte Oxidasen und Oxigenasen den Sauerstoffmetabolismus wesentlich beeinflussen.

In nichthypersensitiven Wirten findet man einen leichten Anstieg der Respirationsrate, gekennzeichnet durch erhöhten Sauerstoffverbrauch und erhöhte CO_2-Freisetzung pro Gewichtseinheit. Da sich jedoch nach Virusinfektion der Wasserstatus im infizierten Gewebe verändert, ist es sehr wichtig, ob man diese Respirationsraten auf Frischgewicht, auf Trockengewicht oder auf Blattfläche bezieht. Tomaten, die systemisch mit TMV infiziert waren, zeigten eine Stauchung der Sproßachse mit stark verkürzten Internodien. Hier wiesen virusinfizierte Gewebe eine erhöhte Respirationsrate auf, wenn diese auf das Frischgewicht bezogen wurde, sie zeigten jedoch eine reduzierte Atmungsrate, wenn sie auf die Anzahl der Internodien (entspricht in anderen Fällen der Blattfläche) bezogen wurde.

Auch der Zeitpunkt der Messung ist von großer Bedeutung. In TMV-infizierten Tabakblättern, von denen die Epidermis entfernt wurde, hing die Respirationsrate stark vom Zeitpunkt der Messung beziehungsweise vom

Zeitpunkt nach der Inokulation mit den Viren ab. Dementsprechend kann die Atmung erhöht, erniedrigt oder unverändert sein. Systemisch mit PVX infizierte Tabakblätter zeigten eine Erhöhung der Atmung, die parallel zur Symptomentwicklung lief, aber nicht zur Viruskonzentration proportional war.

Insgesamt läßt sich sagen, daß bei systemischen Infektionen die Atmungsaktivität vom Entwicklungszustand des Blattes und vom Zeitpunkt der Infektion abhängig ist.

In hypersensitiv reagierenden Wirten ist die Sache anders. Hier steigt die Atmung mit der Bildung nekrotischer Läsionen dramatisch an, wobei dieser Anstieg schon lange Zeit vor der Entwicklung der Läsionen meßbar wird. Dies wurde für TMV-inokulierte Tabakarten gezeigt. Auch hier ist die Erhöhung der Atmung mit dem Prozeß der eingeleiteten Nekrose direkt korreliert, nicht jedoch mit der Virusreplikation. Wird zum Beispiel *Nicotiana sylvestris* mit verschiedenen Stämmen von TMV infiziert, so stellt man fest, daß der U_2-Stamm, welcher Läsionen induziert, die Atmung stark erhöht, während der U_1-Stamm, der kaum Läsionen hervorruft, den Atmungsvorgang kaum oder nur unwesentlich beeinflußt. Daß die Sauerstoffaufnahme vor allem über aktivierte Polyphenoloxidasen läuft und nur unwesentlich über Mitochondrien, wurde in Fällen gezeigt, in denen die Atmungsrate anstieg, während die Mitochondrien bereits zu degenerieren begannen.

In PLV-infizierten Kartoffeln oder TMV-infiziertem Tabak fand man eine Erniedrigung der Aktivität einiger Enzyme des glykolytischen Abbauwegs und eine Entkoppelung der Phosphorylierung. In BMV-infiziertem Hafer und in CPMV-infiziertem *cow pea*-Hypocotyl konnte jedoch keine Entkoppelung gemessen werden.

Typisch für katabole Reaktionswege ist eine Verschiebung vom glykolytischen Weg zum oxidativen Pentosephosphatzyklus. Bei virusinfizierten Pflanzen deutet sich in vielen Fällen eine Verstärkung des letzteren an. Vor allem die Glucose-6-Phosphat-Dehydrogenase und die 6-Phosphogluconat-Dehydrogenase-Aktivität scheint in Fällen stark erhöht zu sein, in denen sich die stärksten Symptome ausbilden. Solche Verschiebungen wurden mit radioaktiv markierter Glucose als Glucose-$1^{14}C$ oder Glucose-$6^{14}C$ abgeschätzt. Entsteht viel $^{14}CO_2$ aus C_6-markierter Glucose, deutet dies einen starken glykolytischen Abbau an, entsteht hingegen sehr viel $^{14}CO_2$ aus dem markierten C_1-Atom der Glucose, spricht dies für eine Verstärkung des oxidativen Pentosephosphatabbauwegs, da bei diesem Weg das C1 decarboxyliert wird, wobei Pentosen entstehen (Abb. 5.10).

In systemisch reagierenden Wirten zeigt zum Beispiel *Nicotiana tabacum* bei PVX-Befall eine Verschiebung vom glykolytischen Abbauweg zum

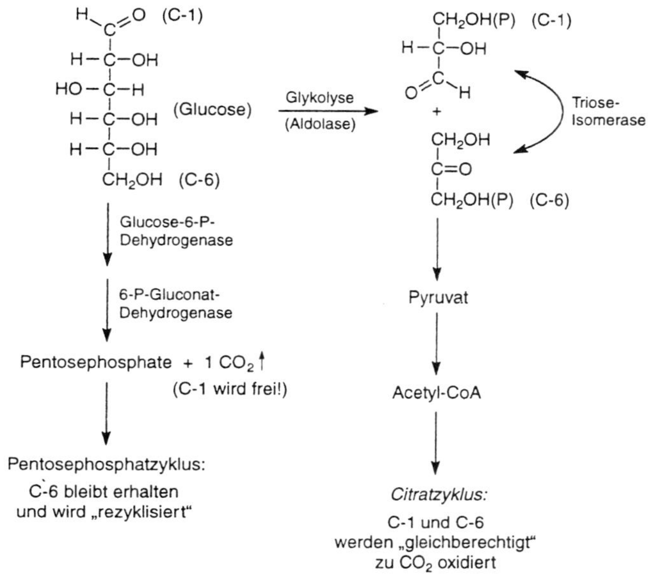

5.10 Unterscheidung verschiedener Glucoseabbauwege mit Hilfe radioaktiv markierter Glucose.

Pentosephosphatweg, während Befall mit TMV diese Veränderung nicht hervorruft. Bei hypersensitiv reagierenden Wirten zeigte sich diese Veränderung häufiger als in systemisch reagierenden Wirten. Da unter normalen Bedingungen die Flußrate des glykolytischen Weges etwa 80% und des Pentosephosphatweges etwa 20% des gesamten Glucosekatabolismus ausmacht, ist eine Verschiebung dieser metabolischen Wege in Richtung Pentosephosphat ein Hinweis auf vermehrten Verbrauch von NADPH, Pentosen oder Erythrose für die Synthese von Nucleinsäuren beziehungsweise Aromaten (Shikimi-Säureweg, Abschnitt 17.2.1).

5.7.3 Veränderungen von Zellgrenzen (Zellwände, Membranen) nach Virusinfektion

Viren codieren nicht für zellwandabbauende Enzyme und besitzen keine aktiven Mechanismen, das Plasmalemma von außen zu erreichen. Die Veränderungen des Plasmalemmas im Bereich der Plasmodesmen nach erfolgter Infektion wurden bereits ausführlich diskutiert (Abschnitt 5.6).

Zellwandmodifikationen finden sich in Wirten, die hypersensitiv reagieren. Dies mag damit zusammenhängen, daß die Wirtszelle "versucht", das Gebiet rund um die Infektionsstelle "hermetisch abzuriegeln". Dazu werden sogenannte Paramuralkörper ausgebildet. Paramuralkörper oder Plasmosome sind Aggregate, die zwischen der Zellwand und dem Plasmalemma synthetisiert werden. Sie bestehen aus Zellwandmaterial und Kallose. Kallose ist ein β-1,3-Glucan und befindet sich hauptsächlich an der Oberfläche intakter Pflanzenzellen. An Infektionsstellen wird die sonst elektronentransparente Kallose plötzlich elektronendicht, was auf einen Einbau von Lignin, Protein oder Phospholipiden hindeutet.

Zelluläre Membranen verändern sich ebenfalls nach Virusinfektion, wobei besonders hypersensitive Wirte betroffen sind. Bei diesen ist ein Verlust der Membranintegrität meßbar, was sich als Austritt von Ionen aus der Membran bemerkbar macht. Häufig treten, wie zum Beispiel nach PYFV-Infektion von *Nicotiana clevelandii*, membranöse Auswüchse auf, welche kristalline oder amorphe Einschlüsse aufweisen. Inwieweit diese Strukturen, die schon vor mehreren Jahren elektronenmikroskopisch sichtbar gemacht werden konnten, mit der Ausbreitung der Viren und der Bildung sekundärer Plasmodesmen zu tun haben, ist unklar. Membranveränderungen mit den erwähnten Einschlüssen sind jedoch charakteristisch für die Mehrzahl der viralen Infektionen Höherer Pflanzen.

5.7.4 Virusinduzierte Veränderungen im Nucleinsäuremetabolismus

Nach Virusinfektion einer Wirtszelle ändert sich deren Nucleinsäuremetabolismus drastisch. Befallene Zellen zeigen eine starke Stimulierung des Nucleinsäure- wie auch des Proteinbiosyntheseapparates, wobei die Synthese viraler Nucleinsäuren zusätzlich und auf Kosten des normalen Wirtsmetabolismus abläuft. Hier sollen nur die Auswirkungen auf den Wirtsmetabolismus aufgezeigt werden.

Wie in den schon besprochenen Fällen der Veränderung des respiratorischen und photosynthetischen Geschehens, gibt es auch auf die DNA-Synthese des Wirtes nach Virusinfektion unterschiedliche Effekte. So wurde nach CMV-Infektion in voll expandierten Tabakblättern eine Stimulierung der nucleären DNA-Synthese gefunden. Diese Stimulierung hielt einige Stunden an und begann zehn Stunden nach Inokulation wieder abzufallen. In TRSV-infizierten Bohnen war sowohl die DNA-Synthese als auch die Anzahl der DNA-synthetisierenden Zellen stark reduziert.

Die RNA-Synthese war in TMV-infizierten Tabakgeweben leicht erhöht. Bei der Synthese cytoplasmatischer rRNA (ribosomale RNA) gab es wieder zeitabhängige Schwankungen, wobei ein Tag nach Infektion die rRNA-Synthese erhöht war und sich nach der Zeit maximaler Virusakkumulation stark erniedrigte. Man vermutet, daß der Abfall der rRNA-Synthese nicht nur auf einer Kompetition zwischen normalem Wirtsmetabolismus und virusinduziertem Metabolismus beruht. Die klarsten und stärksten Antworten auf Virusinfektion zeigt die ribosomale RNA in Chloroplasten. In *Nicotiana glutinosa*, systemisch infiziert mit LNYV, erschienen sichtbare Symptome sechs Tage nach der Inokulation, wobei die 70S-Ribosomen bis zum Tag sieben stark abnahmen. Am zehnten Tag nach Inokulation waren die 70S-Ribosomen der Chloroplasten nicht mehr auffindbar. Der Verlust der 70S-Ribosomen korrelierte mit einem Verlust von 23S- und 16S-RNA, was wiederum mit einer Verhinderung der normalen Entwicklung der Blätter einherging.

In TYMV-infiziertem Chinakohl korrelierte der Verlust von Chloroplastenribosomen mit dem Vergilbungssymptom. Nach systemischer Infektion nahmen die Chloroplastenribosomen sehr schnell ab, was wiederum mit der Akkumulation von Viren korrelierte.

Fast immer findet nach Virusinokulation eine Stimulierung der Ribonucleaseaktivität statt. Kontrollexperimente belegten jedoch, daß die Wundsetzung allein zu einer signifikanten Erhöhung der Ribonucleaseaktivität führte, so daß die Erhöhung der RNAse ein reiner Artefakt sein könnte. Der Anteil der RNAse-Erhöhung, der nicht auf eine rein mechanische Verwundung durch den Inokulationsprozeß zurückzuführen ist, könnte durch die Zellschädigung durch das Virus selbst hervorgerufen werden und nicht durch die Virusmultiplikation *per se*. In systemisch mit TYMV-infiziertem Chinakohl konnte gezeigt werden, daß eine gesteigerte RNAse-Aktivität mit der Entwicklung von Symptomen und der Virusakkumulation korrelierte. Die Erhöhung der RNAse-Aktivität fand man nur in den symptomzeigenden Gewebsteilen, jedoch nicht in den Teilen, die symptomlos blieben. Die Induktion der RNAse kann somit sowohl durch lokale Wundreaktionen als auch durch systemische Virusakkumulation im Wirt erfolgen.

Was Veränderungen des Nucleotidpools anbelangt, gibt es nur wenige Berichte. Bohnen, die mit SBMV infiziert waren, hatten leicht erhöhte ATP-Werte. In CYMV-infiziertem Klee war die Konzentration von zyklischem AMP erniedrigt. Diese Veränderungen im *energy charge* mögen damit zu tun haben, daß sich die katabolen Stoffwechselprozesse nach Virusinfektion verschieben (oben), wobei ein anfänglich erhöhtes Phosphorylierungspotential den erhöhten Energieansprüchen Rechnung trägt. Auch hier muß wieder der Zeitfaktor in Betracht gezogen werden, der die Konzentrationen der angesprochenen Metaboliten gewaltig verschieben kann.

Die Proteinsynthese wird durch eine Virusinfektion sehr stark beeinflußt. Nach einer Infektion mit TMV akkumulieren große Mengen an Capsidproteinen, wobei die Bildung solcher Proteine natürlich wieder auf Kosten des Wirtes stattfindet. So zeigte sich, daß nach TMV-Infektion von Tabakblättern die Einbauraten von radioaktiv markiertem Histidin in Wirtsprotein bis zu 75% absanken. Dies bedeutet eine gewaltige Umsteuerung der Proteinsynthese von wirtsspezifischen hin zu virusinduzierten Proteinen. Der Befund, daß weniger Wirts- als Virusproteine synthetisiert werden, muß aber mit Vorbehalt aufgenommen werden, weil die Aktivität mancher Enzyme, wie zum Beispiel der Peroxidasen und der Phenylalaninammoniumlyase, stark erhöht wird, während die Aktivität von "Massen"-Enzymen, wie der Ribulosebisphosphat-Carboxylase/Oxygenase, erniedrigt ist. Hier handelt es sich sicher um ein quantitatives Problem. Die Mengen an Peroxidasen und Phenylalaninammoniumlyase sind marginal im Vergleich zu den riesigen Mengen an Ribulosebisphosphat-Carboxylase/Oxygenase, welche ein vorherrschendes Protein in allen photosynthetisch aktiven Wirtszellen darstellt. Die Syntheserate dieses Proteins, welches den wesentlichen Anteil der Chloroplastenproteine ausmacht, fällt sehr schnell nach der Inokulation und besonders zur Zeit der Symptomausprägung nach TMV- und TSWV-Infektion in Tabak ab. Da eine Untereinheit dieses sogenannten Fraktion-1-Proteins in den Chloroplasten synthetisiert wird, korreliert der Niedergang seiner Synthese mit der Abnahme der 70S-Ribosomen in den Chloroplasten. Virusinfektion führt gewöhnlich zu einer Zunahme der Konzentration an freien Aminosäuren und ihrer Amide. SoMV-infizierte Sojabohnen, MDMV- oder MRDV-infizierter Mais und CMV-infizierte *cow pea*-Pflanzen reichern freie Aminosäuren an. Ähnliches gilt für eine große Anzahl weiterer untersuchter virusinfizierter Pflanzen. In hypersensitiv reagierenden Tomaten, die mit TSWV infiziert waren oder in *cow pea*, die mit CMV-Viren infiziert war, reicherte sich die Aminosäure Pipecolinsäure an. Da die Pipecolinsäure keine proteinogene Aminosäure ist, könnte man ihre Synthese im Zusammenhang mit Resistenzvorgängen sehen. Diese Zusammenhänge sind jedoch bis heute noch unklar.

5.7.5 Der Einfluß von Virusinfektionen auf sekundäre Metaboliten

"Sekundärmetaboliten" ist ein unglücklich gewählter Ausdruck für Substanzen und Produkte, die nicht unmittelbar am intermediären Metabolismus beteiligt sind. Dazu gehört eine große Vielfalt phenolischer Verbindungen, wie zum Beispiel Flavonoide, Cumarine, Terpenoide und viele andere. Im Wirt-Pathogen-Geschehen sind Phenolderivate dominierend. Virusinfektion führt zu einer signifikanten Veränderung in den Konzentrationen zahlreicher Polyphenole, wobei sich aber nicht nur die Konzentrationen dieser Substanzen verändern, sondern auch die Aktivitäten von Enzymen, die sie umsetzen. Die Frage, ob der Phenolmetabolismus und überhaupt der Metabolismus "sekundärer" Produkte etwas mit der Lokalisation der Viren zu tun hat oder ob es sich dabei nur um begleitende oder zufällige Veränderungen handelt, ist noch nicht endgültig geklärt und sicherlich von Fall zu Fall verschieden. Dennoch korreliert die Veränderung solcher Sekundärmetaboliten häufig mit der Nekrogenese und der Virusausbreitung beziehungsweise ihrer Vermehrung und ihrer Lokalisierung.

Die stärksten Veränderungen mißt man während der Ausbildung der Hypersensitivität beziehungsweise dem Ansatz nekrotischer Veränderungen. Hier sind es vor allem die Polyphenoloxidasen, die Peroxidasen, die Phenylalaninammoniumlyase und die Zimtsäure-4-Hydroxylase, welche eine signifikante Steigerung ihrer Aktivitäten zeigen. Vor allem werden Chinone, die durch die Kombination dieser Enzymaktivitäten entstehen, in Zusammenhang mit der Nekrotisierung von befallenem Gewebe gebracht. Infiltriert man zum Beispiel *Nicotiana glutinosa* mit TMV und gleichzeitig mit Ascorbinsäure oder Glutathion, bilden sich weniger Läsionen, während die Virusreplikation kaum verändert wird. Diese Substanzen bewirken, daß Chinone vorwiegend in der reduzierten, weniger toxischen Form vorliegen.

Bei TMV-infizierten Tabakblättern zeigte sich auch, daß sich zum Beispiel die Michaelis-Konstante oder die spezifische Aktivität der Polyphenoloxidase nicht änderte, sondern daß die Menge des Enzyms anstieg. Ein Anstieg der Aktivität von Peroxidasen in der löslichen Fraktion von Extrakten virusinfizierter Blätter läßt sich in fast allen hypersensitiven Virus-Wirt-Kombinationen feststellen. Auch hier verläuft die Peroxidasestimulation eher parallel zur Entwicklung der Läsionen oder folgt ihr nach. Auch für die Peroxidase gilt, daß die Menge des Proteins verändert wird und weniger die spezifische Aktivität oder die Affinitäten zu ihren Substraten. Für die Phenylalaninammoniumlyase (PAL) können ähnliche Aussagen getroffen werden wie für die beiden vorgenannten Enzyme. Eine Stimulation der Aktivität ist wenige Stunden nach der Inokulation mit einem Virus nicht bemerkbar, sie erhöht sich jedoch kurz bevor sichtbare Läsionen an den Blättern auftreten. Parallel zur Induktion von PAL wird auch die Aktivität der Zimtsäure-4-Hydroxylase (ZAH) erhöht. Die Kaffeesäure-o-Methyltransferase (CMT) wird dagegen in TMV-infiziertem Tabak parallel zur Peroxidase zu einem Zeitpunkt erhöht, an dem die Aktivitäten von PAL und ZAH bereits wieder leicht absinken.

Nekrotische Flecken auf Blattoberflächen und ihre Umgebung zeigen fluoreszierende Eigenschaften, wenn sie mit UV-Licht bestrahlt werden. Tabakblätter, die mit TMV infiziert sind, beinhalten in hypersensitiv reagierendem Gewebe verschiedene Verbindungen, zu denen zum Beispiel Ferulylputrescin und Diferulylputrescin gehören.

Da Ferulasäure ein wichtiger Ligninvorläufer ist und Putrescin als Mitglied der Familie der Polyamine durch die in den Zellwänden gebundene Aminoxidase unter Wasserstoffperoxidbildung oxidiert wird, ließe sich auf der Basis dieser Befunde ein Mechanismus ableiten, der an der Lokalisierung der Viren beteiligt ist.

Flavonolglykoside, Kaffeyl- und Ferulylchinasäure sowie Glucoside der Zimtsäure und der Benzoesäure wurden ebenfalls zum Zeitpunkt der Läsionsbildung als neue Produkte beobachtet. Die Benzoesäure entsteht aus der

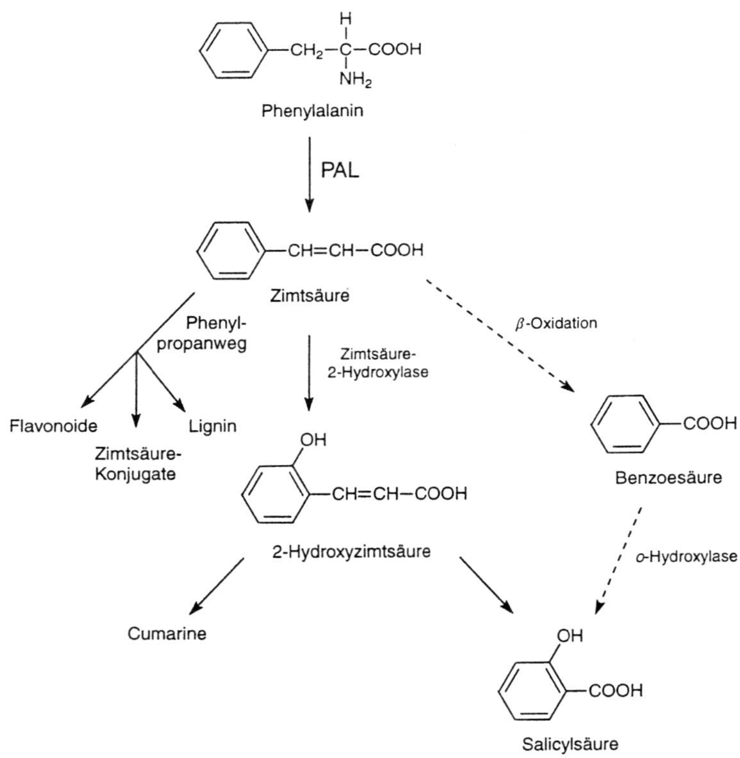

5.11 Biosynthesen von Flavonoiden, Cumarinen, Lignin und von Salicylsäure aus Phenylalanin. (Modifiziert nach: Ward et al. (1991) *Plant Cell*, Bd. 3, S. 1085.)

Zimtsäure durch Abspaltung eines Acetylrestes (β-Oxidation). Durch eine kürzlich neu beschriebene Hydroxylase wird in Orthostellung zur Carboxylgruppe eine Hydroxylgruppe eingeführt. Die Einführung dieser Hydroxylgruppe ist auf ein Enzym zurückzuführen, das auf Kosten von NADH oder NADPH Sauerstoff aktiviert.
Die entstehende Salicylsäure gehört zur Gruppe der pflanzlichen Wachstums- und Entwicklungsregulatoren und induziert unter anderem Resistenz in Tabak und Gurken gegen diverse Pathogene. Salicylsäure ist auch ein natürlicher Induktor der Thermogenese in Araceen. Die Benzoesäure-2-Hydroxylase-Aktivität war in Tabakpflanzen, die mit TMV infiziert wurden, beachtlich erhöht. Die Erhöhung dieser Aktivität verlief parallel zur Bildung von Salicylsäure in den Blättern (Abb. 5.11).

Die Induktion der Resistenz durch Salicylsäure ist alles andere als klar. Die Salicylsäure ist auf der einen Seite ein guter Komplexbildner für Kupfer, auf der anderen Seite ein sehr schneller Reaktionspartner für das freie OH-Radikal, wobei die Hydroxybenzoesäuren entstehen. Die Arbeitsgruppe um Klessig berichtete kürzlich, daß die Salicylsäure ein Hemmstoff bestimmter Katalasen sein soll. Dadurch, so vermuteten die Autoren, wird die Wasserstoffperoxidkonzentration in der Zelle erhöht. Wasserstoffperoxid ist auf der anderen Seite als Induktor der hypersensitiven Reaktion nach Pilzbefall angezeigt worden. Für tierische Gewebe weiß man, daß Wasserstoffperoxid und andere Induktoren (Cytokine) eine Reihe von Antworten auslösen. Die Rolle des Wasserstoffperoxids sieht man in der Spaltung eines heterotrimeren Auslösers (NF-Kappa-B, NF = *nuclear factor*). Das durch die oxidative Spaltung resultierende Dimere dringt in den Zellkern ein und aktiviert dort die entsprechenden Gene, die für Proteine codieren, welche als Streßantwort gemessen werden können.

In TMV-inokuliertem Tabak konnte auch die Erhöhung der Chlorogensäure, die ein gutes Substrat für Phenoloxidasen ist, und von Scopoletin, ein gutes Substrat für Peroxidasen, gemessen werden. Die Synthese fand vor, während und nach der Läsionsbildung statt. α-Aminooxyacetat als Inhibitor des Enzyms PAL reduzierte die Synthese von Chlorogensäure und Scopoletin stark. Diese Erniedrigung von Chlorogensäure und Scopoletin bewirkte eine starke Erhöhung der Läsionsgröße, womit sich eine negative Korrelation zwischen der Anhäufung von Phenolen und dem Ausmaß der Nekrose ergibt.

Bei systemischen Infektionen werden ebenfalls Peroxidase und Phenoloxidasen erhöht. Eine signifikante Erhöhung ergab sich in Tabak durch die sog. Aucuba- und Gelbstämme von TMV, während die sogenannten Grünstämme, die kaum Symptome hervorrufen, die Bildung dieser Enzyme kaum beeinflussen. Bei systemischen Infektionen in Tabak, Gurke, Bohne und *cow pea* ist die erhöhte Peroxidaseaktivität auf quantitative Veränderungen bereits existierender Isoenzyme zurückzuführen.

5.7.6 Der Einfluß von Virusinfektionen auf den Phytohormonhaushalt

Zahlreiche Symptome nach Virusinfektion legen den Verdacht nahe, daß eine Veränderung der Konzentration an Wachstumsregulatoren beziehungsweise eine Verschiebung der Balance zwischen den Pflanzenhormonen eingetreten sein könnte. Da Pflanzenhormone auf vielfältige Weise miteinander interagieren und synergistisch oder antagonistisch wirken, ist die Situation äußerst komplex (Abschnitt 2.2). Dies schlägt sich auch in den widersprüchlichen Ergebnissen nieder, die von zahlreichen Arbeitsgruppen berichtet werden. Erschwerend kommt hinzu, daß die Hormonkonzentrationen während des Wachstums und der Entwicklung stark schwanken können.

Auxine

Für Auxine gilt das oben Gesagte. Optimale Konzentrationen für Wachstum und Entwicklung variieren beträchtlich zwischen den Geweben ein und derselben Pflanze. So kann beispielsweise die Konzentration in Sproßachsen 10000fach höher sein als in Wurzeln, so daß bestimmte Auxinkonzentrationen, die ein Wachstum des Stengels bedingen, das Wachstum von Wurzeln oder Knospen hemmen können. Es gibt Berichte, wonach PVX- und PVY-infizierte Kartoffelpflanzen den Gehalt an freiem Auxin reduzieren. In Tomaten, die mit CTV infiziert waren, konnte man beobachten, daß der basipetale Auxintransport nach der Infektion stark abnahm. Dieser Effekt korrelierte mit der starken Einschränkung des Phloemtransports nach Virusinfektion. Ebenso könnte Ethylen den Auxintransport beeinflussen, da die Ethylenbildung in etiolierten *cow pea*-Hypokotylen, die mit CPMV infiziert waren, stark anstieg. Man schloß daraus, daß mit oder ohne Ethylen der stark eingeschränkte Auxintransport nach Virusinfektion für die beobachteten *stunting*-Phänomene (Wuchsstauchung) verantwortlich ist.

Widersprüchlich sind auch Versuche, bei denen nach Virusinfektion mit Pflanzenhormonen behandelt wurde. Da man feststellen konnte, daß in Blättern von *Beta vulgaris*, *Phaseolus vulgaris* und *Lycopersicon aesculentum* nach systemischer Infektion mit CTV verminderte Auxinkonzentrationen meßbar waren, wurden diese Pflanzen von "außen" mit Auxin behandelt. Zur Überraschung stellte man fest, daß die Auxinbehandlung die Krankheitssymptome sogar noch verstärkte. Man schloß daraus, daß nicht die Hormonkonzentration, sondern die Balance zwischen verschiedenen Hormonen von übergeordneter Bedeutung ist. Ähnliches gilt anscheinend auch für SBMV-infizierte Bohnenblätter, wo eine Auxinbehandlung die Blattdeformation und das *stunting* förderte. In den SBMV-behandelten Bohnenpflanzen entwickeln sich die Axiliarknospen sehr stark, was vermuten läßt, daß die Apikaldominanz, die durch Auxin kontrolliert wird, gehemmt ist. Gibt man in diesem Fall künstliche Auxine, wie 2,4-β-D-Naphthoxyessigsäure oder Parachlorophenoxyessigsäure, so wird die Entwicklung dieser Axiliarsprosse verhindert. In Tomaten fand man, daß die Symptome, die durch TAMV ausgelöst wurden, durch eine Behandlung mit Indolessigsäure vermindert wurden. Ebenso konnte die virusinduzierte frühreife Blattabszission bei *Physalis floridana* durch Indolessigsäurebehandlung aufgehoben werden. In TMV-infiziertem Tabak fand man eine substantielle Erhöhung der Indolessigsäurekonzentration in den inokulierten Blättern während der Periode der Läsionsbildung. Durch exogene Applikation von Auxinen wurde die Läsionsbildung vermindert.

Es gibt zwei weitere Möglichkeiten, wie der Auxingehalt in virusinfiziertem Gewebe verändert werden kann. Zusätzlich zu den beschriebenen Effekten auf den Auxintransport können auch Enzyme, die Auxine umsetzen, verändert sein. Dazu gehören die Indolessigsäureoxidase und Peroxidasen, die Indolessigsäure oxidativ abbauen. Man fand in TMV- und CPMV-infizierten Blättern von Tabak oder *cow pea* eine Erhöhung sowohl der Indolessigsäureoxidase als auch der Peroxidase. Die Erhöhung der Peroxidaseaktivität war in hypersensitiv reagierenden Wirten im Vergleich zu systemisch reagierenden Wirten verstärkt. Eine zweite Möglichkeit des Eingriffs in diesen Auxinoxidationsvorgang bietet das Cumarin Scopoletin, welches ein Inhibitor der Indolessigsäureoxidase *in vitro* ist. Seine Rolle *in vivo* ist jedoch unklar, da seine Konzentration in TMV-infizierten Tabakblättern zwar erhöht ist, aber die Gehalte an Auxin abgenommen haben.

Gibberelline

Virusinfizierte Pflanzen, die Wachstumseinschränkungen aufweisen, haben meistens erniedrigte Gibberellinspiegel. In CMV-infizierten Gurken oder in BYDV-infiziertem Hafer beobachtet man ein Zurückbleiben der Stammelongation, begleitet von einer Abnahme des Gibberellinsäure-(GA_3-)Gehaltes. Das *stunting* kann durch Gibberellinsäurebehandlung häufig revertiert werden, so zum Beispiel bei Tabak oder Paprika, die mit TEV infiziert sind, oder bei TAV-infizierter Tomate. TMV-infizierter, hypersensitiv reagierender Tabak zeigt bei Gibberellinsäurebehandlung verstärkte Läsionen. Die Reversion von virusinduzierten Effekten ist abhängig von der Zeit der Behandlung mit Gibberellinsäure. Versuche mit Bohnen und dem *stunting bean virus* ergaben, daß die Effekte der Virusinfektion durch Gabe von Gibberellinsäure während der Infektion revertiert werden können. Wenn Gibberellinsäure allerdings in einem späteren Stadium, also längere Zeit nach der Infektion zugesetzt wurde, blieben die Gibberellinsäureeffekte aus. Häufig beobachtet man, daß das *stunting* nicht auf verkürzte Zellen zurückzuführen ist, sondern auf einer reduzierten Zellanzahl beruht. Das weist darauf hin, daß die Virusinfektion die Mitose beeinträchtigt. GA_3 beeinflußte jedoch in gesunden oder in BYDV-infiziertem Hafer beziehungsweise in TAV-infizierten Tomaten die Zellteilungsrate nicht, in gesunden Tomaten hingegen schon. Was bereits für die Indolessigsäure gesagt wurde, gilt auch hier: Die Gibberellinsäureeffekte sind sicherlich im Zusammenhang mit anderen Hormonverschiebungen zu sehen.

Cytokinine

Über die Veränderungen von Cytokininkonzentrationen nach Virusinfektion gibt es nicht viele Berichte. Für *cow pea*-Wurzelgewebe und *Nicotiana glutinosa*, die mit TRSV infiziert waren, fand man einen Abfall der Cytokininkonzentration. Hypersensitiv reagierender Tabak, der systemisch mit TMV infiziert war, zeigte eine etwa zweifach erhöhte Cytokininkonzentration im Vergleich zu gesunden Pflanzen. Über Effekte von applizierten Cytokininen vor oder nach Infektion mit Viren haben zahlreiche Autoren berichtet. Infiziert man *Datura stramonium*, Xanthi-Tabak oder Pintobohnen mit TMV und behandelt die Pflanzen zuvor mit Kinetin, so mißt man eine Reduktion der lokalen Läsionen. *Nicotiana rustica*, der mit N^6-Benzyladenin 24 bis 72 Stunden vor TSWV-Inokulation behandelt wurde, zeigte ebenfalls weniger Läsionen. TMV-infizierte Pintobohnenblätter, die mit Kinetin, Kinetinribosid oder N^6-Benzyladenin behandelt wurden, zeigten drei Tage nach der Inokulation eine Verminderung der Läsionsanzahl. Andere Autoren behaupten dagegen, daß Pintobohnen, die mit TMV infiziert wurden, bis zu drei Stunden nach der Infektion mit Kinetin behandelt werden müssen, um noch einen Effekt zu zeigen. Durch Kinetinbehandlung vermindert sich auch die Anhäufung von infektiösen Viren im Wirt. Das wurde für Stechapfel, Tabak und Tomate gezeigt, die vor der TSWV-Infektion mit N^6-Benzyladenin behandelt wurden. Behandelt man Tabak mit Methylbenzimidazol-2-yl-carbonat (Carbendazim), einem fungitoxischen Prinzip des systemischen Fungizids Benomyl, so ist in der Tabakpflanze nicht nur die Symptomausprägung schwächer, sondern auch eine signifikante Reduktion der Virusakkumulation zu messen. Man weiß, daß Benzimidazolderivate als Nebenaktivität Cytokininwirkung besitzen.

Ähnlich wie bei den Gibberellinen und Auxinen gibt es auch für die Cytokinine widersprüchliche Berichte. So zeigen Tabakblätter, die mit N^6-Benzyladenin behandelt wurden, eine verstärkte Virusakkumulation. Diese Diskrepanzen sind sicherlich auf unterschiedliche Behandlungszeiten und unterschiedliche Konzentrationen zurückzuführen. Lösungen, die 0,1 μg/ml Kinetin enthielten, stimulierten die Virusproduktion, während 1-10 μg/ml Kinetin die Virusakkumulation reduzierten. Ähnliches wurde mit Tomatenblattscheiben gefunden. Flotierte man die mit TMV inokulierten Blattscheiben auf einer Lösung mit Kinetin in einer Größenordnung von 0,002-20 μg/ml, stellte man fest, daß bei der niedrigeren Konzentration eine erhöhte Virusakkumulation zu messen war, während bei der höheren Konzentration eine Abnahme der infektiösen Viren auftrat. Da Kinetine sowohl die RNA- als auch die Proteinbiosynthese stimulieren, fragt man sich, warum die Virussynthese nicht stimuliert wird. Aus unbekannten Gründen werden jedoch nur Wirt-RNA- und Wirt-Proteinsynthese stimuliert, nicht die des Virus.

Interessant sind Hinweise, wonach Cytokinine systemische Resistenz induzieren können. Dies wurde für Tabakpflanzen gezeigt, die mit TMV oder CMV infiziert wurden. Bei einigen der Ergebnisse liegt jedoch die Vermutung nahe, daß die Cytokininwirkung auf einer Inhibition der Nekrosebildung beruht und nicht auf einer Inhibition der Virusmultiplikation.

Ethylen

Die Ethylenabgabe von virusinfiziertem Gewebe hängt von der Schwere der Symptome ab. TMV-infizierte Tabakblätter entwickeln während der Nekrotisierung Ethylen. Dies geschieht ungefähr 36 bis 42 Stunden nach Infektion und erreicht drei bis fünf Tage nach der Infektion ein Maximum. Die Rolle des Ethylens bei der Ausbildung von Nekrosen und bei der Multiplikation der Viren ist unklar. Vielfach wird die Meinung vertreten, daß Ethylen ein Produkt der Reaktionen darstellt, welche zur Nekrose führen, jedoch nicht der Auslöser der Nekrosen ist. Behandelt man jedoch Blätter mit 2-Chloroethylphosphonsäure (Ethrel, Etephon) und sticht gleichzeitig mit einer Nadel Wunden, so bilden sich nekrotische Läsionen, ähnlich wie bei einer Virusinfektion. Deshalb glaubt man, daß Ethylen nach einer Wundsetzung die Vergrößerung der Läsionen und die Ausbreitung des nekrotischen Geschehens verursacht. In systemisch mit TMV infizierten Tabakblättern wird die Ethylenbildung nicht stimuliert. In *Tetragonia expansa*, die mit BMYV infiziert wurden, wurden jedoch die chlorotischen Läsionen von einer Ethylenbildung begleitet. Ähnlich war es bei CMV-infizierten Gurkenkeimlingen. Die Blätter wurden epinastisch, die Hypocotylelongation wurde gehemmt, und diese Vorgänge wurden jeweils von einem Ethylen-*outburst* begleitet. In nicht virusinokulierten Keimlingen bewirkte eine Ethylenbehandlung eine Epinastie der Blätter.

Die Beeinflussung der Virusreplikation durch Ethylen in systemischen Wirten ist sicherlich indirekt. Nach Ethrelbehandlung wurde eine Erhöhung der Virusakkumulation in TMV-infiziertem Tabak gemessen. Ebenso wurde in Baumwollkeimlingen, die mit TMV beimpft waren, postinfektionell die Virusakkumulation durch Ethrelbehandlung erhöht. Normalerweise vermehren sich diese Viren in Baumwollkeimlingen nur sehr schlecht. Die Mechanismen dieser Beeinflussungen sind bis heute unbekannt.

Abscisinsäure

Die meisten der wenigen Berichte über das Verhalten der Abscisinsäure nach Virusinfektion dokumentieren eine Stimulierung der ABA-Bildung. Die ABA-Konzentration erhöht sich zusammen mit den sich entwickelnden Läsionen. In systemisch infiziertem Gewebe steigt der ABA-Gehalt bis zum sechsfachen der Kontrolle an. Sowohl ABA als auch Virusinfektion hemmen die Zellteilung. Deshalb geht man davon aus, daß die Hemmung der Zellteilung durch die Viren über die stimulierte ABA-Synthese abläuft. Behandelt man Blätter von Tabak vor der Infektion mit Abscisinsäure, wird die Anzahl der erscheinenden Läsionen erhöht. In hypersensitiven Wirten findet man auch eine Stimulierung der viralen RNA-Synthese, der Virusakkumulation und der allgemein durch ABA induzierten Seneszenzphänomene.

Es gibt jedoch auch gegensätzliche Berichte, die keine Veränderung oder sogar eine Erniedrigung der ABA-Konzentration finden. Wie für die anderen Hormone gilt auch für ABA, daß sie wohl nur in Kontext im anderen Hormonveränderungen in das Stoffwechselgeschehen des Wirtes eingreift.

5.7.7 Biochemische Veränderungen während der Symptomentwicklung nach Virusinfektion

Wie schon erwähnt, lassen sich nach einer Virusinfektion grundsätzlich systemische und nekrotische Vorgänge unterscheiden. Bei nekrotischen Prozessen werden verschiedene Entwicklungsformen der virusbedingten Läsionen unterschieden. In jedem Fall hat die Einschränkung der Läsionsentwicklung etwas mit der Toleranz oder der Resistenz gegen die Virusausbreitung oder -vermehrung zu tun. Auf diesen Punkt wird an anderer Stelle eingegangen (Abschnitt 5.8).

Systemische Infektionen und chlorotische Läsionen haben als gemeinsames Charakteristikum den zeitabhängigen und mehr oder weniger stark erkennbaren Chlorophyllverlust. Auf dieses häufigste Symptom nach Virusinfektion soll im folgenden näher eingegangen werden. Ein weiteres Charakteristikum von sowohl systemischen als auch nekrotischen Infektionstypen ist die Stärkeanhäufung in infizierten Zellen. Diese kann auch erfolgen, wenn keine weiteren sichtbaren Symptome erkennbar sind. Als Beispiel für die Veränderung biochemischer Parameter infolge einer Virusinfektion soll die systemische Infektion von Zuckerrübenblättern durch BMV und BMYV (Vergilbungsviren) etwas näher besprochen werden. Eingangs sollen zunächst einmal analytische Daten vorgestellt werden, die grundsätzliche Änderungen von biochemischen Aktivitäten betreffen. Zu diesem Zweck wurden aus dem Feld beziehungsweise aus dem Versuchsgewächshaus natürlich und künstlich infizierte Zuckerrübenblätter gesammelt, die unterschiedliche Vergilbungsgrade aufwiesen. Die Symptome wurden nach diesen Vergilbungsgraden als schwach, mittel und stark eingestuft. Im Vergleich dazu wurden völlig grüne, symptomfreie und nachweislich nicht infizierte Kontrollen untersucht. Abhängig vom Vergilbungsgrad nimmt natürlich der Chlorophyllgehalt ab. In ähnlicher Weise vermindert sich auch der Proteingehalt, wobei sowohl lösliche als auch partikuläre Proteine betroffen sind. Unter partikulären Proteinen versteht man hier den Proteingehalt des Niederschlags (Pellet) nach hochtouriger Zentrifugation von Blatt- und Zellhomogenaten (Zellwände, Mitochondrien, Chloroplasten, Zellkerne, endoplasmatisches Reticulum, Ribosomen und so weiter).

Sehr interessant und charakteristisch ist auch der Gehalt freier Fettsäuren in Zuckerrübenblättern während des Vergilbungsverlaufs. Hier wird deutlich, daß besonders die ungesättigten Fettsäuren (C-18:3-Linolensäure, C-18:2-Linolsäure) sehr stark abnehmen. Auf diesen Punkt wird später noch näher eingegangen (vergleiche Abb. 5.15 und 5.16).

Ähnlich wie der Chlorophyll- und der Proteingehalt nehmen auch die Aktivitäten bestimmter löslicher Enzyme während des Vergilbungsvorganges ab. Hier sind besonders Enzyme interessant, die im oxidativen Stoffwechsel der photosynthetisierenden Zelle ("Photorespiration") eine Rolle spielen. Hierzu gehört zum Beispiel die Glycolatoxidase, ein Flavoprotein, das in den Peroxisomen lokalisiert ist und Glycolsäure unter Bildung von Wasserstoffperoxid zur Glyoxylsäure oxidiert. Dieses Enzym nimmt in seiner Aktivität während der Vergilbung sehr stark ab. In ähnlicher Weise nimmt auch die Aktivität der löslichen Kupfer-Zink-Superoxiddismutase während des Vergilbungsvorganges ab und ist in stark vergilbten Blättern kaum mehr nachweisbar.

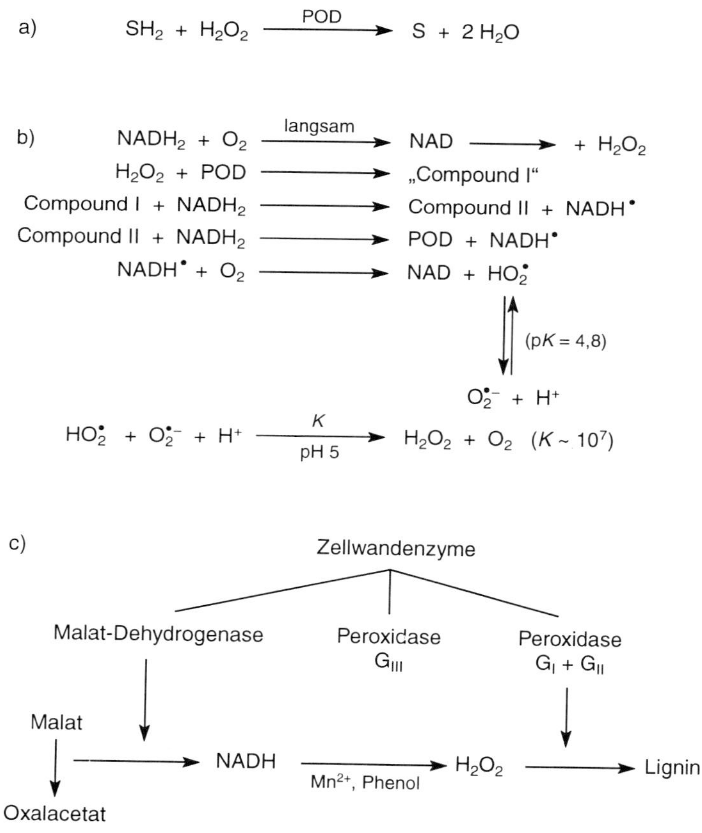

5.12 Die Peroxidasereaktion in den Peroxisomen (a), die Bildung von Wasserstoffperoxid bei der Lignifizierung in den Zellwänden (b) und die Peroxid- und Superoxidbildung mit Peroxidase und NADH (c). (POD: Peroxidase). (Modifiziert nach: a) Mäder, M. et al. (1980) In: Elstner, E. F. (1990) *Der Sauerstoff.* Bibliographisches Institut, Mannheim. b) Halliwell, B. (1978) In: Elstner, E. F. (1990) *Der Sauerstoff.* Bibliographisches Institut, Mannheim.)

Zahlreiche Enzyme kommen in der lebenden Zelle nicht nur in löslicher Form vor, sondern sind auch an bestimmte Partikel gebunden (oben). Das trifft beispielsweise für Peroxidasen zu, die sowohl löslich in den Peroxisomen als auch gebunden in den Zellwänden vorliegen. Die Funktion in den Peroxisomen dient vor allem der Wasserstoffperoxidentgiftung, während die Funktion in den Zellwänden vor allem die Bereitstellung von Wasserstoffperoxid auf Kosten von reduzierten Pyridinnucleotiden für die nachfolgende Lignifizierung betrifft (vgl. Abb. 5.12).

Peroxidasen sind induzierbare Enzyme, die bei einer großen Fülle von Streßreaktionen und nach Infektionen meßbar erhöht in den entsprechenden Geweben vorliegen. Sowohl lösliche als auch partikuläre Peroxidasen sind im Vergleich zur Kontrolle in schwach symptomtragenden Blättern stark erhöht, während ihre Aktivität in mittel und stark symptomtragenden Blättern wieder erniedrigt ist.

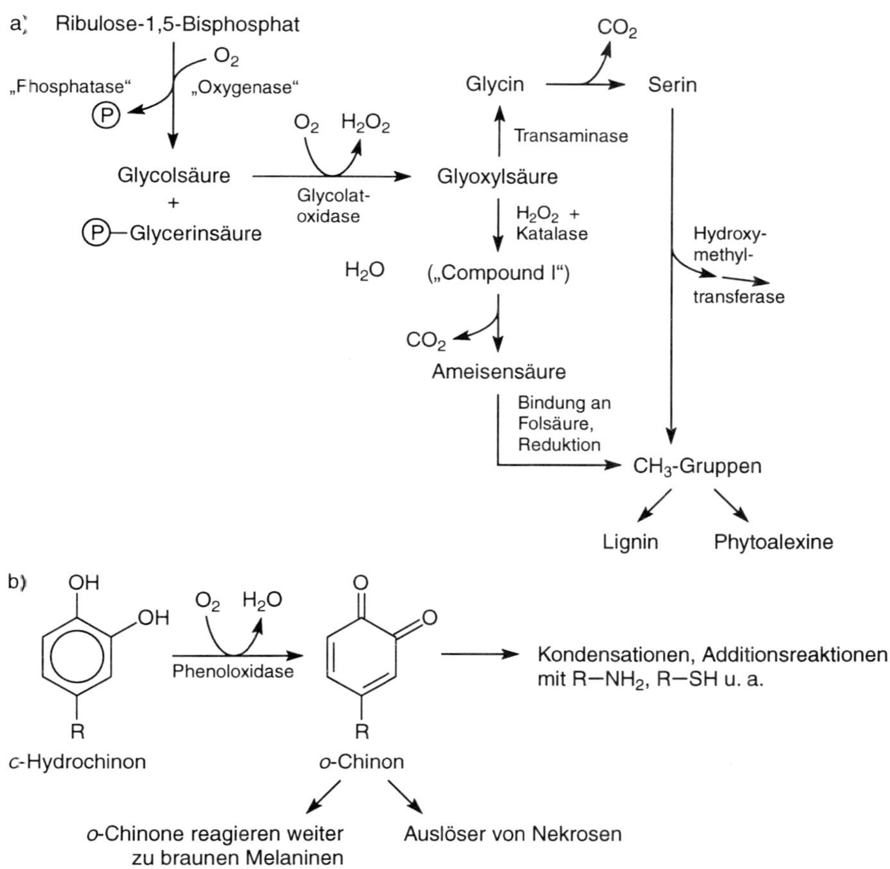

5.13 Schema der Photorespiration (a) und der Phenoloxidasereaktion (b).

Einen ähnlichen Verlauf zeigt die Katalase, wobei hier jedoch zu bemerken ist, daß die partikuläre Katalase vermutlich eine unspezifisch an Partikel gebundene Aktivität darstellt, die nicht wie die Peroxidase in der intakten Zelle als partikuläres Enzym vorliegt. Die Katalase hat im wesentlichen die Funktion, überschüssiges Wasserstoffperoxid zu binden und abzubauen, als auch als starkes Oxidans (*compound* 1) die Bildung von C1-Körpern (Methylgruppen durch Reduktion der Ameisensäure), die für die Lignifizierung benötigt werden, aus der Glyoxylsäure und aus dem gleichzeitig gebildeten Serin zu induzieren. Die Synthese von Ameisensäure und Glycin aus der Glyoxylsäure stellt somit eine wichtige anaplerotische Funktion der Peroxisomen und damit der "Photorespiration" dar (Abb. 5.13a).

Im Zusammenhang mit Peroxidasen und Katalase müssen auch Phenoloxidasen erwähnt werden. Phenoloxidasen sind Enzyme, die in der intakten Zelle an Membranen gebunden vorliegen (Chloroplastenmembranen, Mitochondrienmembranen). In zahlreichen Pflanzen sind diese Enzyme inaktiv und werden erst aktiv, wenn Membranen abgebaut werden. Dies ist sehr schön für Chloroplastenmembranen aus Spinat, Primeln und Zuckerrüben gezeigt worden. Während die lösliche Phenoloxidase in den Kontrollpflanzen kaum aktiv ist, wird ihre Aktivität in schwach- und mittelsymptomtragenden Blättern stark erhöht und fällt bei starken Symptomen wieder sehr steil ab. Die partikuläre Phenoloxidase ist in den Kontrollpflanzen nach Homogenisierung der Blätter deutlich meßbar, wobei diese Aktivität mit steigender Symptomausprägung kontinuierlich abnimmt. Phenoloxidasen und Peroxidasen wirken kooperativ beim sogenannten Lokalisierungsvorgang der Viren und allgemein bei der Abwehr gegenüber Pathogenen und der Wundheilung (o-Chinone sind toxisch; Abb. 5.13b).

Mit der Symptomausprägung der Vergilbung nach Virusinfektion nimmt die Menge der ungesättigten Fettsäuren (Linolensäure, Linolsäure) stark ab. Diese Abnahme ist auf ein Herausschneiden dieser Fettsäuren aus Membranlipiden und die Oxidation der freien Fettsäuren durch Lipoxigenasen erklärbar. Phospholipide spielen in pflanzlichen Membranen eine große Rolle. Sie bestehen im wesentlichen aus Phosphatidylcholin, Phosphatidylethanolamin und Phosphatidylinositol. Nach neueren Vorstellungen kann Linolensäure auch rein chemisch durch Sauerstoffradikale (HOO·) aus Phospholipiden abgespalten werden.

Für die Hydrolyse dieser Membranlipide, das heißt für die Spaltung der Esterbindung zwischen Glycerin und den Fettsäuren beziehungsweise den über Phosphorsäure veresterten Seitenketten an Position 3 des Glycerins (Abb. 5.14), sind Lipidacylhydrolasen verantwortlich. Verwenden diese Lipidacylhydrolasen Phospholipide als Substrat, so spricht man auch von

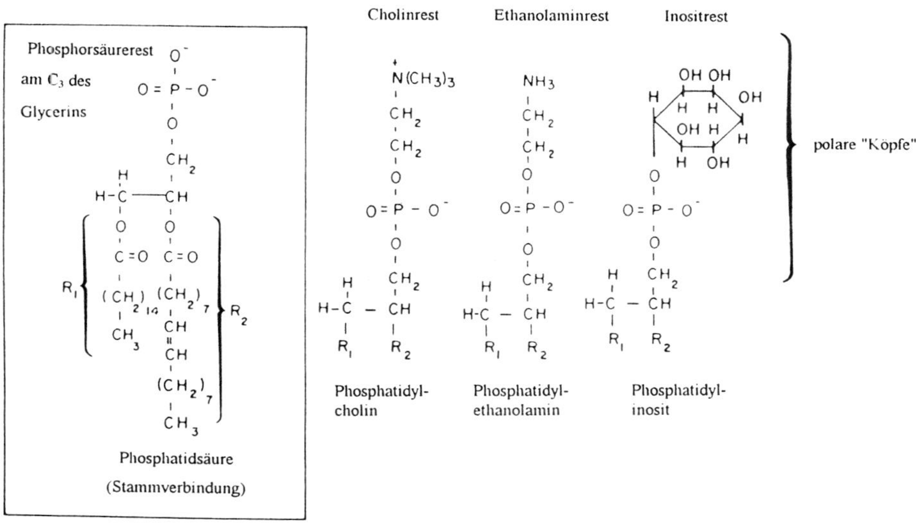

5.14 Strukturen wichtiger Membranlipide. (R_1,R_2: unpolare, langkettige Fettsäuren am C_1 und C_2 des Glycerins). (Modifiziert nach: Leshem, Y. et al. (1986) *Processes and Control of Plant Senescence.* Elsevier, Amsterdam, Oxford, New York, Tokyo.)

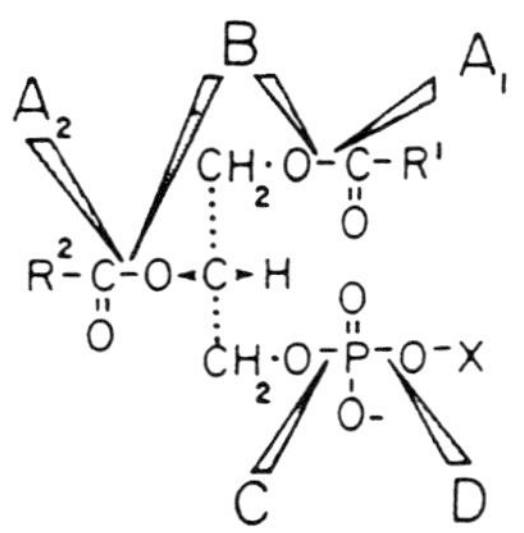

5.15 Klassifizierung und Angriffsstellen verschiedener Phospholipasen. (x: Cholin, Ethanolamin oder Inosit; die Pfeile bezeichnen die Angriffsstellen der Phospholipasen A_1, A_2, B, C und D).

Phospholipasen. Grundsätzlich unterscheidet man fünf verschiedene Phospholipasen, die in A1, A2, B, C und D unterteilt sind. Die Phospholipasen A1 und A2 hydrolysieren Fettsäuren vom Glycerinstamm an Position 1 und 2. Phospholipase B ist unspezifisch und hydrolysiert sowohl an Position 1 als auch Position 2 gebundene Fettsäuren. Die Phospholipasen C und D spalten die Substituenten an Position 3 des Glycerins vor (C) beziehungsweise nach (D) der Phosphorsäuregruppe ab. Aus diesen Enzymkatalysen gehen verschiedene Fragmente hervor (Abb. 5.15). Diese Fragmente haben

unterschiedliche Bedeutung im Signaltransfer über biologische Membranen hinweg. Auf diesen Punkt wird an anderer Stelle noch intensiver eingegangen (Abschnitt 19.2.6).
Verfolgt man nun die Aktivität der Lipidacylhydrolasen (Phospholipasen) in grünen und BMYV-infizierten Zuckerrübenblättern, so findet sich bei schwachen und mittleren Symptomträgern eine Aktivierung im Vergleich zu symptomlosen Pflanzen. Diese Aktivitäten sind in stark infizierten Blättern wieder leicht reduziert, aber dennoch gegenüber den Kontrollen erhöht.

Das Herauslösen ungesättigter Fettsäuren aus Membranlipiden hätte jedoch noch nicht zur Folge, daß diese im Verlauf der Vergilbung auch in ihrer Konzentration abnehmen. Es kann jedoch ein Abbau von ungesättigten Fettsäuren über den sogenannten Lipoxigenaseweg erfolgen. Lipoxigenasen sind eisenhaltige Enzyme, die ungesättigte Fettsäuren unter Sauerstoffverbrauch zu den entsprechenden Hydroperoxiden oxidieren:

$$\text{Fettsäure} + O_2 \rightarrow \text{Fettsäurehydroperoxid}$$

Die Aktivität der Lipoxigenasen nimmt bei der Symptomentwicklung in den Endstadien zu.

Insgesamt läßt sich also aussagen, daß mit der Abnahme des Chlorophyllgehaltes in virusinfizierten Zuckerrübenblättern bestimmte Enzymaktivitäten zu Beginn der Symptomausprägung ansteigen und dann mit dem Erreichen starker Symptome wieder abfallen. Andere wiederum zeigen nur einen Abfall der Aktivität, wieder andere erreichen erst bei starker Vergilbung ihre höchsten Aktivitäten.

Es stellt sich nun die Frage, wie die beobachteten Enzymaktivitäten mit der Ausprägung des sichtbaren Symptoms, der Vergilbung, zusammenhängen. An anderer Stelle (Abschnitt 5.7.1) wurde bereits erwähnt, daß die Chlorophyllase ein Enzym darstellt, das den Phytolteil des Chlorophylls vom Gesamtmolekül abspaltet, aber die Farbe des Moleküls nicht beeinträchtigt. Diese Chlorophyllaseaktivität ist in symptomfreien Zuckerrübenblättern und nachweislich infizierten und vergilbenden Blättern identisch.

Untersucht man dagegen den Abbau von β-Carotin, findet man einen deutlichen Unterschied zwischen Kontroll- und infizierten Blättern.
Mit dem wasserlöslichen Modellcarotinoid Crocin lassen sich nun solche carotinoidbleichenden Aktivitäten sehr schön im Experiment nachvollziehen. Man verwendet dazu solubilisierte Proteine aus der Partikelfraktion von Zuckerrübenblättern.

Die Versuche mit Crocin ergaben, daß Linolensäure die Bleichung dieses Carotinoids verstärkte. Hierbei konnten auch Ethan und Malondialdehyd als

Produkte der Linolensäureperoxidation gemessen werden. Diese Versuche zeigen, daß während der Peroxidation von Linolensäure eine Cooxidation von Carotinoiden und somit eine Bleichung dieser Pigmente nach dem in Abbildung 5.16 dargestellten Schema stattfindet.
Diese cooxidative Tätigkeit ist abhängig von der Menge der zugesetzten Linolensäure, von der Menge des katalysierenden Enzyms sowie vom Vorhandensein und der Menge des zu oxidierenden Indikators, also des Crocins.

Insgesamt ließe sich also für den Vergilbungsprozeß folgendes Fließschema erstellen:

1. Aktivierung bestimmter Enzyme, zu denen Phospholipasen, Lipoxigenasen, Phenoloxidasen und Peroxidasen gehören,
2. die Peroxidation freigesetzter Fettsäuren und die gleichzeitige Cooxidation von Carotinoiden in den Thylakoidmembranen und
3. die Chlorophyllasenunabhängige Oxidation von Chlorophyll, die nach Abbau der schützenden Carotinoide lichtabhängig und photodynamisch vonstatten geht.

Die Zusammenhänge, welche nach Virusinfektion diese Aktivierungen und Cooxidationen bewirken, sind noch nicht geklärt. Vergleicht man jedoch diesen Vergilbungsprozeß nach Virusinfektion mit den Erkenntnissen, die man aus allgemeinen Seneszenzphänomenen gewonnen hat, könnte man folgende Zusammenhänge während des Aktivierungsprozesses ableiten: Durch viruscodierte Proteinsynthese oder einen anderen Stimulus, der von der Virusinfektion oder von im Wirt als Antwort auf die Infektion synthetisierten Produkten ("endogene Elicitoren") ausgeht, werden membranständige Ionenkanäle aktiviert, die im wesentlichen das Calcium betreffen. Calcium ist im plasmatischen Raum in sehr geringer Konzentration (unter 0,1 μM) vorhanden. Durch Öffnung von Calciumkanälen wird durch Einstrom von Calcium aus seinen Speichern (endoplasmatisches Reticulum, Mitochondrien) die plasmatische Konzentration dieses Ions mindestens um den Faktor 10, vermutlich aber um den Faktor 100 bis 1000 erhöht.
Das cytoplasmatische Calcium bindet nun an Calmodulin, ein Protein, das in seiner calciumfreien Form inaktiv ist. Wenn jedoch Calcium an das Protein gebunden ist, kann Calmodulin bestimmte Enzyme aktivieren und so regulatorische Funktionen ausüben. Calmodulinantagonisten hemmen diesen Prozeß, bestimmte "Ionophore" (A-23187) oder Hydroperoxide stimulieren.

Zu den Enzymen, die durch Calcium/Calmodulin aktivierbar sind, gehört auch die Phospholipase A2, welche die an Position 2 des Glycerin veresterte

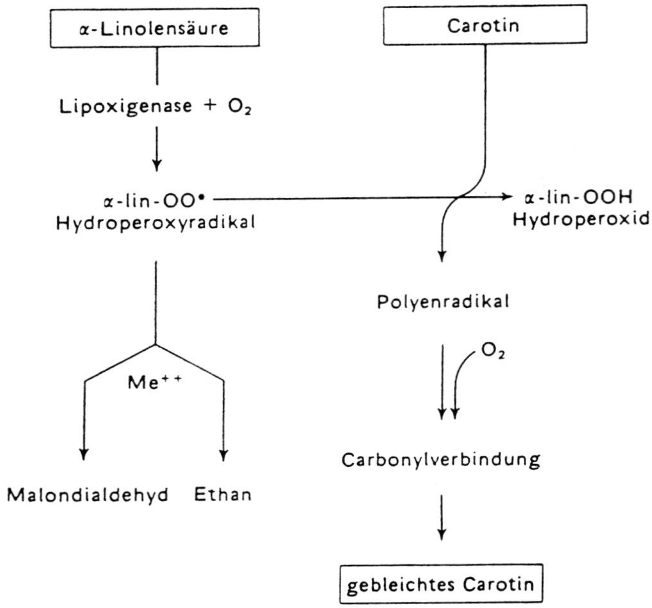
α-Linolensäure
Carotin
Lipoxigenase + O_2
α-lin-OO•
Hydroperoxyradikal
α-lin-OOH
Hydroperoxid
Polyenradikal
O_2
Me^{++}
Carbonylverbindung
Malondialdehyd
Ethan
gebleichtes Carotin

a

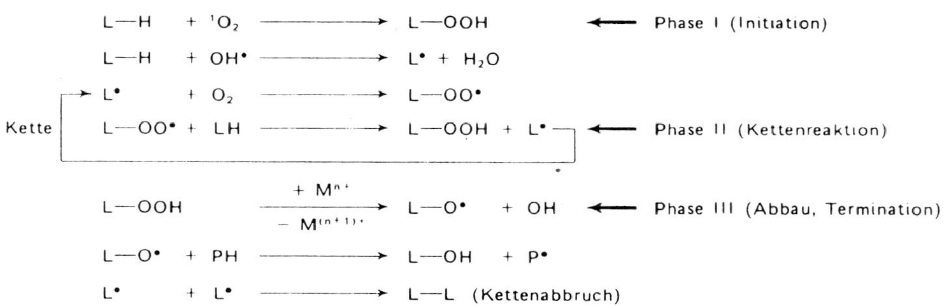
L—H + $^1O_2$ → L—OOH ← Phase I (Initiation)
L—H + OH• → L• + H_2O
L• + O_2 → L—OO•
Kette
L—OO• + LH → L—OOH + L• ← Phase II (Kettenreaktion)
L—OOH $\xrightarrow[-M^{(n+1)+}]{+M^{n+}}$ L—O• + OH ← Phase III (Abbau, Termination)
L—O• + PH → L—OH + P•
L• + L• → L—L (Kettenabbruch)

b

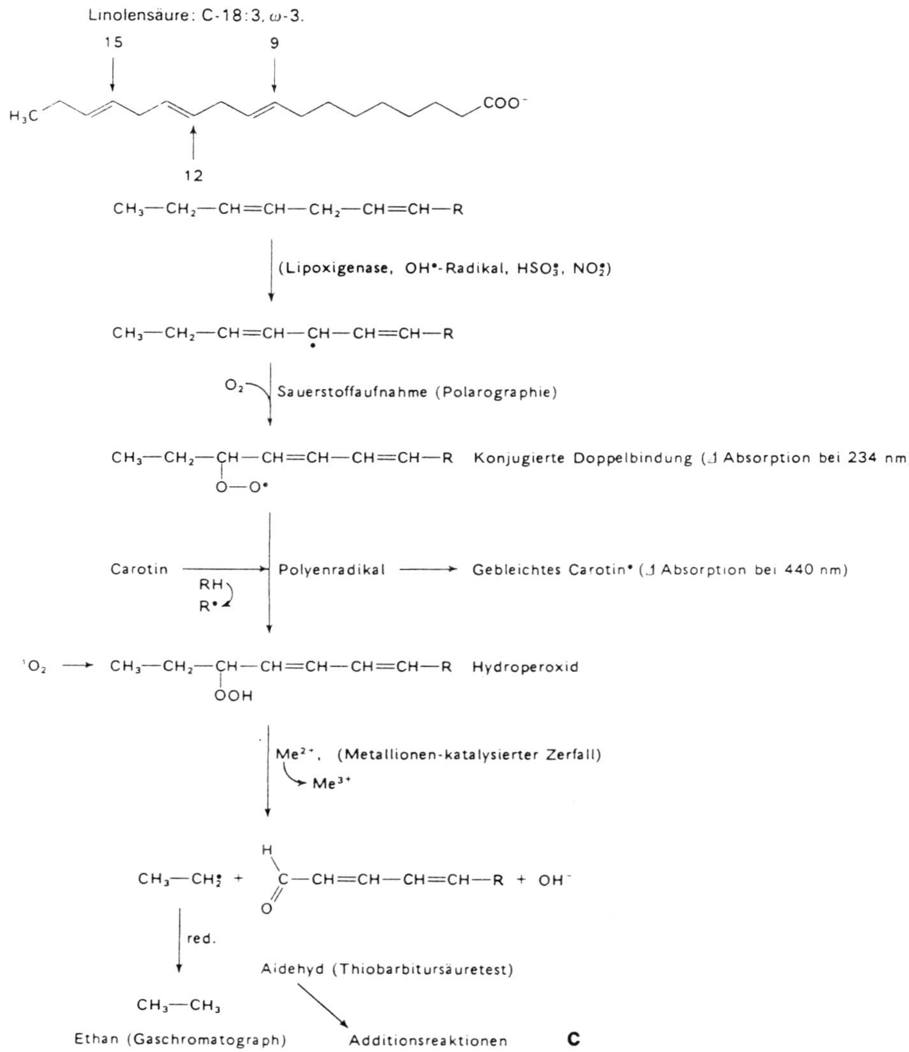

5.16 Cooxidation von Carotinoiden während der Linolensäureperoxidation. a) Übersicht, b) Phasen, c) Mechanismen und Meßgrößen. (L-H: Fettsäure, zum Beispiel α-Linolensäure; L·: Fettsäure oxidiert (Alkylradikal); L-OOH: Fettsäurehydroperoxid; L-O·: Fettsäurealkoxiradikal; M^n: Metall; PH: Pigment reduziert; P·: Pigment oxidiert ("gebleicht")).

ungesättigte Fettsäure Linolensäure aus einem Phospholipid abspaltet und so die oben beschriebenen Prozesse der Lipidperoxidation und Pigmentcooxidation auslösen kann. Man hat festgestellt, daß in pflanzlichen Zellmembranen nach Calciumaktivierung von Phospholipase A2 die Ethylensynthese stark stimuliert wird. Diese Stimulierung kann durch einen Antagoni-

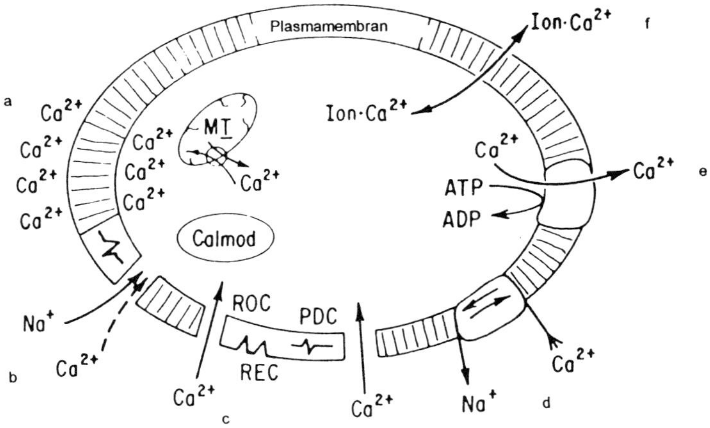

5.17 Schematische Darstellung der Regulation von Calciumströmen durch plasmatische Membranen (der Ca^{2+}-Influx kann über verschiedene Mechanismen ablaufen: a) durch Ca^{2+}-Kanäle oder freie Diffusion (letztere sehr gering) b) über den "schnellen" Na^+-Kanal (eher unbedeutend!) c) über Potential (PDC)- oder rezeptorabhängige (ROC, REC) Kanäle d) über Na^+/K^+-Ca^{2+}-Austauschkanäle e) über Ca^{2+}-ATPasen (aktiver Transport; Abschnitt 2.3.4) f) unphysiologisch durch sog. Calciumionophore wie zum Beispiel "A 23187"; Calmod: Calmodulin, ein Ca^{2+}-Bindeprotein). (Modifiziert nach: Leshem, Y. et al. (1986) *Processes and Control of Plant Senescence.* Elsevier, Amsterdam, Oxford, New York, Tokyo.)

sten dieser Aktivierung (Trifluorperazin, tfp) wieder rückgängig gemacht werden.

Solchen Steuerungsprozessen kommt bei vielen medizinischen Indikationen eine sehr hohe Bedeutung zu. Zahlreiche Calmodulin- und Calciumantagonisten finden Verwendung als antidepressive Drogen. Auch bei der Regulation des Blutdrucks und bei atherogenen Prozessen spielt Calcium eine bedeutende Rolle, wobei dem Calciumeffekt durch Calmodulininaktivatoren, zum Beispiel Trifluorperazin, gegengesteuert werden kann. Da calmodulinaktivierte Enzyme in fast allen Bereichen des intermediären und des sogenannten sekundären Stoffwechsels eine wichtige Rolle spielen, ist die Enzymregulation durch Calcium/Calmodulin einer der wichtigsten Regulationsprozesse im zellulären Geschehen.

Im Cytoplasma virusinfizierter Zuckerrübenblätter wurde eine sehr starke Anreicherung von Calcium gemessen. Dieser Befund stünde somit im Einklang mit dem Ablauf der eben beschriebenen Prozeßkette.

Zusammenfassend könnte als Fallbeispiel für eine virusinduzierte Blattvergilbung (BYV-, BMYV-infizierte Zuckerrübenblätter) folgendes Fließschema erstellt werden:

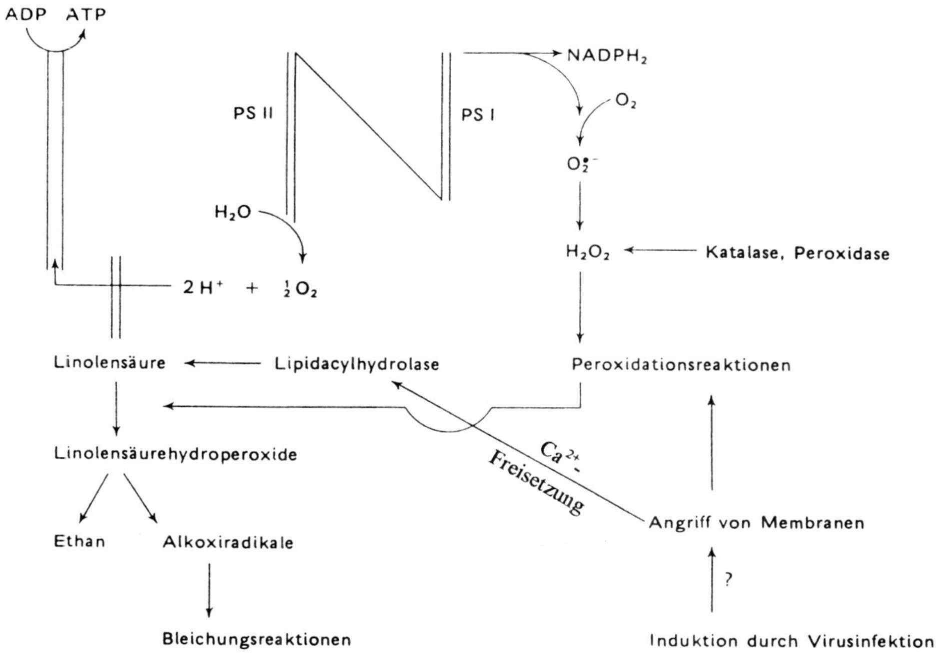

5.18 Mechanismen der virusbedingten Blattvergilbung.

Durch Virusinfektion werden Calciumkanäle in plasmatischen Membranen geöffnet und Lipidacylhydrolasen aktiviert. Zusammen mit Lipoxigenasen oxidieren diese Enzyme Linolensäure, wobei aggressive Peroxide entstehen, die die Membran weiter schädigen. Die freie Linolensäure ist außerdem ein Entkoppler der Photophosphorylierung, was zur Folge hat, daß die CO_2-Fixierung abnimmt. Da die Linolensäure ein Hauptbestandteil von Thylakoidmembranen ist, wird sie vermutlich dort freigesetzt. Durch Lipoxigenasekatalyse wird über Cooxidationen der Carotinoidpool dezimiert und damit auch das Chlorophyll sekundär gebleicht. Ein Produkt der oxidativen Violaxanthin-Abbaureaktion ist das Xanthoxin (Abschnitt 2.2.4), ein Vorläufer der Abscisinsäure, welches wie die Abscisinsäure einen Verschluß der Stomata und somit eine verminderte CO_2-Zufuhr bewirkt. Durch das Fehlen von CO_2 wird der Vergilbungsprozeß durch eingeleitete photodynamische Prozesse noch verstärkt (Abschnitt 3.5). Als gewisse Gegensteuerung gegen diese Prozesse mag die Erhöhung der Katalase- und der Peroxidaseaktivitäten wirken (Abb. 5.18).

Auf der anderen Seite ist gezeigt worden, daß kupferkatalysiert aus Linolensäure Ethylen entstehen kann. Dieses Ethylen kann nun seinerseits die Synthese der ACC-Synthase induzieren, eines Enzyms, das bei der Biosynthese von Ethylen aus Methionin eine bedeutende Rolle spielt. Somit kann Ethylen autokatalytisch seine eigene Synthese stimulieren.

Der Vergilbungsprozeß nach Virusinfektion stellt somit ein höchst komplexes Geschehen dar, welches im wesentlichen durch calciumkatalysierte Aktivierungen und Fettsäureperoxidation geprägt ist. In zweiter Linie kommen Pflanzenhormone, wie Xanthoxin, Abscisinsäure und Ethylen, ins Spiel, die den Seneszenzvorgang noch verstärken.

5.8 Resistenz gegen Virusinfektionen

In einem grundsätzlich anfälligen Wirt erwartet man nach Infektion bestimmte Symptome entweder systemischer oder lokalnekrotischer Art. Resistenz gegen virale Pathogene kann die verschiedensten Formen annehmen. In vielen Fällen ist das Viruspartikel auf die Stelle der Infektion oder auf wenige Zellen darum herum beschränkt. Es wird "lokalisiert" und ist unfähig, sich systemisch zu verbreiten. Häufig reagieren die infizierten Zellen in diesem Fall hypersensitiv, das heißt, sie nekrotisieren. Die Lokalisierung der Viruspartikel in unmittelbarer Nähe der Infektionsstelle muß jedoch nicht immer mit einer hypersensitiven Reaktion einhergehen. Nicht einmal eine Chlorose der infizierten Zellen ist ein unabdingbares Symptom. Die Abwesenheit jeglicher Symptome nach Infektion bezeichnet man mit völliger Resistenz. Gegenüber einer völligen Anfälligkeit bestehen alle nur erdenklich möglichen Übergänge, die man als niedrige Anfälligkeit, Immunität oder Toleranz bezeichnet. Sie alle sind Formen der Resistenz, wobei Immunität das Stadium bezeichnet, bei dem am wenigsten augenscheinliche Symptome notiert werden. Resistenz kann auch darauf beruhen, daß ein zeitlich vorausgegangener Infektionsprozeß zu einer sogenannten erworbenen Resistenz (*acquired resistance*, *induced resistance*) führte. Wie im Zusammenhang mit dem Infektionsprozeß schon betont, ist die Expression der Symptome von vielen Faktoren abhängig, wobei natürlich genetische Faktoren dominieren, aber Umweltfaktoren, wie Temperatur, Licht und UV-Strahlung, ebenfalls eine wesentliche Rolle spielen. Während also in einer empfänglichen Wirtsrasse die Symptomausprägung und die Virusvermehrung in vielen Fällen miteinander korrelieren, ist im Falle der Resistenz bei der hypersensitiven Reaktion die Virusvermehrung umgekehrt proportional zur Symptomexpression.

Im Falle einer Toleranz ist die Symptomausprägung häufig sehr gering, und die Virusvermehrung schreitet voran. Bei vollständiger Immunität erkennt man weder Symptomexpression noch Virusvermehrung im Wirt. Eine Übergangssituation stellt die geringe Empfänglichkeit dar, welche zwischen Immunität und Toleranz angesiedelt ist. Hier korrelieren geringe Symptomexpression und reduzierte Virusmultiplikation.

Obwohl die Lokalisierung von Viren auf den Infektionsort nicht unbedingt von einer hypersensitiven Reaktion begleitet sein muß, bedeutet die Hypersensitivität doch in vielen Fällen, daß die Viruslimitierung durch den Kollaps lebender Zellen bedingt ist. Die hypersensitive Reaktion muß jedoch kein Prärequisit für die Lokalisation beziehungsweise die Behinderung der Ausbreitung im Wirt sein. Manche Wirte lokalisieren die Viren, wobei die Infektionsstelle nur schwach chlorotisch wird oder überhaupt keine Symptome zeigt. In TMV-infizierten Gurkenkotyledonen erscheinen keine Symptome, die infizierten Zellen akkumulieren jedoch große Mengen von Stärke. Die Viren werden in Zellen, die der Stärkeakkumulation anliegen, lokalisiert und verbreiten sich von dort aus nicht. Es scheint also verschiedene Mechanismen der Viruslokalisation zu geben.

In *Nicotiana glutinosa* ist die hypersensitive Reaktion durch ein einzelnes dominantes Gen (N) determiniert. In den meisten Stämmen von *Vigna sinensis* (Kuherbse) beobachtet man eine Resistenz, die gegenüber CMV hypersensitiv ausgeprägt ist. Einige Stämme hingegen reagieren systemisch, was darauf hindeutet, daß es fließende Übergänge zwischen nekrotischer Reaktion und systemischer Infektion gibt. Der Prozeß der Nekrotisierung in Tabakblättern nach TMV-Infektion beginnt in den Palisaden- und Mesophyllzellen, in denen sich nach Inokulation Stärke anhäuft. Diese Stärkeakkumulation beobachtet man zuerst in Form kleiner Körner in den entsprechenden Chloroplasten; diese Körner nehmen jedoch nach acht bis 16 Stunden in ihrer Größe zu. Gleichzeitig bildet sich eine stark aufgeblähte opaleszente Vakuole, worauf die Zerstörung der Thylakoidlamellen folgt. 24 Stunden nach Inokulation beginnen cytoplasmatische Membranen aufzubrechen. Dies ist auch der Beginn der nekrotischen Bräunung und des Kollaps einzelner Zellen oder ganzer Gewebebereiche. Das gesamte Ausmaß der nekrotischen Läsion wird etwa 72 Stunden nach der Infektion erreicht. Im Endstadium des zellulären Kollaps steht der Verlust der osmotischen Kontrolle.

Man vermutet, daß die erhöhte Permeabilität letztendlich eine Konsequenz der stimulierten Lipoxigenaseaktivität (Abschnitt 5.7.7) ist. Der Prozeß der Nekrotisierung scheint sehr kompliziert zu sein, da in Blättern, bei denen die Epidermis entfernt wurde, die Nekrose kaum zu ihrer finalen Entwicklung kommt. Dies wird so interpretiert, daß es eine Interaktion zwischen Mesophyll- und Epidermiszellen geben muß, um schließlich die Läsionsentwicklung hervorzurufen.

Unabhängig davon, ob es sich um chlorotische oder nekrotische Phänomene handelt, scheint die lokale Läsion immer auch mit der Ausdehnung des Virusbesiedlungsgebietes zusammenzuhängen. Eine Limitation der Symptome hängt also offensichtlich von einer Restriktion der Virusbewegung ab, was vor allem die beiden möglichen Mechanismen der Ausbreitung durch primäre oder sekundäre Plasmodesmen betrifft (Abschnitt 5.6). Unter rein mechanischen Gesichtspunkten könnte man sich eine Limitierung der Virusausbreitung sowohl durch Zerstörung der Plasmodesmen und der paramuralen Körper denken als auch durch eine Deposition von Kallose, Glykoproteinen und Ligninen in der Region, in der die infizierte Zelle Kontakt zur Nachbarzelle entweder hat oder herstellt (sekundäre Plasmodesmen). Für beide Mechanismen gibt es glaubhafte Hinweise. Kallose (ein β-1,3-Glucan) scheint bei der Verhinderung der Virusausbreitung eine dominierende Rolle zu spielen, da sie sich zum einen in den Zellwänden um nekrotisierende Zellen herum stark anreichert, zum anderen in Fällen, in denen sich das Virus schnell ausbreiten kann, zu fehlen scheint. In zahlreichen Beschreibungen ist eine Korrelation zwischen der Lokalisierung der Viren auf ihren Infektionsort und dem Ausmaß der Kallosedeposition erkennbar. Diese Deposition ist nicht nur eine Frage der Menge, sondern vor allem eine Frage der Zeit. So zeigte man für Pintobohnen nach TMV-Infektion eine starke Kallosedeposition um die Infektionszone herum. Die höchste Kallosekonzentration ist in der Region zu finden, in der keine Viren mehr nachweisbar sind. Die Deposition der Kallose scheint also von einem Stimulus im nekrotischen Bereich auszugehen und die horizontale Virusausbreitung im Blatt effektiv eindämmen zu können.

In BWYV-infizierten Zuckerrüben schien eine Kallosedeposition in der Umgebung von Plasmodesmen jedoch eine Virusbewegung in die Nachbarzellen nicht einzudämmen. Diese widersprüchlichen Ergebnisse mögen, wie in vielen anderen Fällen, darauf hindeuten, daß es keine klaren "Alles-oder-nichts"-Gesetze bei der Virusverbreitung gibt. In Fällen, wo Kallose die Virusvermehrung oder -ausbreitung nicht limitiert, mögen andere Polymere, wie Glykoproteine, Lignin und Suberin, diese Funktion übernehmen. Der Einbau von tritiummarkiertem Phenylalanin in Verschlußpolymere von Tracheiden in den Gefäßbündeln, welche TMV-Läsionen in *Nicotiana glutinosa* umgeben, deutet darauf hin, daß die erfolgreiche Verhinderung der Virusausbreitung auf Lignin zurückzuführen ist. Auch Pectinsäuren und ihre unlöslichen Calciumsalze können bei solchen viruslimitierenden Reaktionen beteiligt sein. In Fällen, in denen die Synthese von Barrieresubstanzen nicht zu einer Lokalisierung der Viren führte oder die Viren in der Abwesenheit solcher Barrieren zu einem Ausbreitungsstillstand gekommen sind, wird die Neusynthese von antiviralen Faktoren postuliert. Eine *de novo*-Synthese solcher antiviraler Faktoren ist anzunehmen, da nach Applikation von Actinomycin D (einem Hemmstoff der RNA-Synthese) in bestimmten Tabaksorten nach TMV-Infektion eine vermehrte Läsionsbildung oder gesteigerte Läsionsausmaße gemessen wurden. Antivirale Faktoren können sowohl für Immunität verantwortlich als auch bei der Toleranz in beschränktem Umfang beteiligt sein. Besonders bei der erworbenen Resistenz (oben) wird die Beteiligung solcher antiviraler Faktoren angenommen.

Bereits beim Infektionsprozeß wurde erwähnt, daß sich in manchen Wirten zwei Virusarten unabhängig voneinander entwickeln können. Dies ist jedoch nicht immer der Fall. An zahlreichen Beispielen wurde dokumentiert, daß die Infektion eines Wirtes mit einem Virusstamm, der milde Symptome hervorruft, die Infektion durch einen Stamm, der starke Symptome hervorruft, unterdrücken kann. Dieses Phänomen wird als *cross protection* bezeichnet, und es gibt bereits Ansätze, dieses Prinzip kommerziell auszunutzen. *Cross protection* beobachtet man häufig zwischen nahe verwandten Linien oder Stämmen, wobei es jedoch auch Ausnahmen von dieser Regel gibt. Für zahlreiche Wirt-Parasit-Interaktionen wurde gezeigt, daß *cross protection* und erworbene Resistenz (*acquired resistance*) sehr eng miteinander verwandt sind. Es gibt Hinweise darauf, daß als Antwort auf die Primärinfektion Substanzen gebildet werden, die mit der Replikation interferieren, so daß es sich um eine Konkurrenz um die Replikationsmechanismen im Wirt handelt. Des weiteren wird angenommen, daß die Entfernung der viralen Proteinhülle gestört wird oder daß sich alle diese Mechanismen überlagern und addieren. Endgültige Antworten auf diese Fragen gibt es noch nicht. Von tierischen Zellen weiß man, daß eine Virusinfektion die Bildung von glykosylierten Proteinen, den Interferonen, induziert, welche für die Resistenz gegen Viren verantwortlich sind. Es gibt Hinweise darauf, daß bei Pflanzen ein ähnlicher Mechanismus vorliegt. Resistenzreaktionen, die die Läsionsgröße oder die Anzahl der Läsionen betreffen, können auch durch eine Reihe von anorganischen oder organischen Reagentien hervorgerufen werden. Zu diesen Substanzen gehören unter anderem Polyacrylsäure, Quecksilberchlorid, Pflanzenhormone, Aspirin oder Salicylsäure.

5.9 Biochemische Grundlagen der Viruslokalisierung und die selektive Hemmung der Virusvermehrung als Immun- oder Resistenzprinzipien

Die zum Teil ohne sichtbare nekrotische Zell- und Gewebezerstörung vor sich gehende Lokalisierung von Viren an ihrer Eintrittsstelle ist ein Prinzip effektiver Resistenz. Die Stellen der Lokalisierung müssen jedoch nicht unerkennbar klein sein, sondern können auch größere Areale umfassen und sich erst langsam (innerhalb mehrerer Stunden oder Tage) ausprägen. Als ein Gen, das für die Lokalisierung von Viren verantwortlich ist, hat man das dominante Allel N erkannt und für diverse *Nicotiana*-Arten beschrieben. Das *N*-Gen wird durch exogene Stimulatoren, also Hüllproteine oder auch Substanzen wie tRNA, Ethylen, Polyacrylsäure oder auch Aspirin oder Salicylsäure aktiviert.

Als morphologische und physiologische Veränderungen nach Virusinfektion wurde an einem Fallbeispiel schon die Aktivierung (beziehungsweise die Freisetzung aus latenten Formen) bestimmter Enzyme beschrieben (Abschnitt 5.7.7). Als Zeichen der Störung von Plasmalemma und Tonoplasten sind auch Permeabilitätsveränderungen und elektrolytische Phänomene zu messen, wobei sich Membranpotentiale vom Normalpotential von −150 bis −170 mV auf 50 bis 60 mV in der Nähe von Läsionen verändern können. Elektronspinresonanzsignale (ESR-Signale) deuten auf radikalische Prozesse in den Membranen hin, wobei besonders Prozesse der Lipidperoxidation (Abschnitt 5.7.7) eine wesentliche Rolle spielen. Durch die Störung von Membranen kommt es außerdem zum Nachlassen von Transportvorgängen, die ja zum Teil ATP-abhängig über diese Membranen erfolgen müssen (Abschnitt 2.3.4).

Die Veränderungen von Enzymaktivitäten beruhen zum Teil auch auf Veränderungen von Regulatormolekülen, wie von zyklischem AMP (cAMP). cAMP ist ein Effektor der ATP-Glucose-Pyrophosphorylase, die am Stärkemetabolismus beteiligt ist. Durch das Absinken von cAMP wird dieses Enzym empfindlich gestört und der Transport von Glucose durch Membranen beeinflußt, wobei es zu der oben schon erwähnten Stärkeanhäufung kommen kann. Diese Stärkeanhäufung hat natürlich wiederum zur Folge, daß Transportvorgänge aus dem Chloroplasten heraus rückkoppelnd beeinträchtigt werden, wobei photodynamische Reaktionen im Chloroplasten unterstützt werden (Abschnitt 3.5).

Durch die oben ebenfalls schon erwähnte Stimulierung der Ethylensynthese kommt es zu ethylenabhängigen Aktivierungen von Enzymen, die am

Phenolstoffwechsel beteiligt sind, zum Beispiel Phenylalaninammoniumlyase, Zimtsäurehydroxylase und anderen. Phenolische Körper und bestimmte Kohlenhydrate, wie Kallose und Kaliumpectat, sind Verbindungen, welche sowohl Plasmodesmen als auch die Poren von Siebplatten "verstopfen" und damit Transportvorgänge beeinflussen. Insgesamt läßt sich die Viruslokalisation wie folgt durch experimentelle Befunde und verbindende Hypothesen erklären:

Nekrotisierung und Lokalisierung der Viren sind getrennte, aber sich häufig überlappende Prozesse. Neben der Nekrotisierung einzelner Zellen scheinen zusätzlich noch chemische und mechanische Barrieren für die Unterbindung der Ausbreitung von Viren verantwortlich zu sein. Wie man wiederum aus Untersuchungen TMV-infizierter Tabakpflanzen ersehen konnte, ist die Nekrotisierung virusinfizierter Zellen nur teilweise für deren Lokalisierung verantwortlich. Viren konnten unter bestimmten Bedingungen aus nekrotisierten Läsionen ausbrechen und an anderer Stelle durch andersartige Barrieren lokalisiert werden. Morphologisch und physiologisch kann man verschiedene Typen virusbedingter Läsionen unterscheiden:

- nichtlimitierte Läsionen,
- wirtlimitierte Läsionen,
- chlorotische Läsionen,
- Ringfleckenläsionen,
- Stärkeläsionen und
- Mikroläsionen.

Daneben gibt es auch Viruslokalisierungen ohne Symptome.

5.9.1 Morphologische und physiologische Veränderungen nach Virusinfektionen

Schon wenige Stunden nach einer Virusinokulation kann man in hypersensitiv reagierenden Wirten folgende cytopathische Symptome vorfinden: Acht Stunden nach Infektion ein Anschwellen der Chloroplastenthylakoide, gefolgt von einem Anschwellen der Stärkekörper und beginnender Desintegration der Chloroplastenlamellen. Nach 40 Stunden ist nur der Zellkern noch völlig intakt, der Tonoplast ist zerstört, die Chloroplasten degeneriert, die häufig verkleinerten Mitochondrien sind vermehrt.

Die schnellste meßbare biochemische Veränderung wird durch ein Ansteigen von Elektronenspinresonanz-(ESR-)-Signalen) angezeigt. Sie sind auf ungepaarte Elektronen aktivierter Fettsäuren in Membranen (freie Radikale, R·, RO·, ROO·), die Fettsäurereaktionen wiederum auf eine enzymkatalysierte Lipoxidasereaktion zurückzuführen. Ein Zusammenhang dieser frühen biochemischen Reaktion mit den sichtbaren Symptomen ergibt sich dadurch, daß eine Behandlung mit dem Radikalfänger 2-Mercaptoethylamin die Bildung lokaler Nekrosen hemmt. Durch die fortschreitende Membrandesintegration kann es zur Freisetzung und Oxidation von ursprünglich kompartimentierten Enzymen und Substraten, zum Beispiel durch Reaktion von Phenolen mit Phenoloxidasen und Peroxidasen, kommen.

5.9.2 Hypothesen zur Viruslokalisierung

Wie bereits erwähnt, ist der nekrotische Zelltod keine ausreichende Erklärung für die Lokalisierung eingedrungener Viren. Viren findet man häufig auch außerhalb nekrotischer Bereiche. Wenn Tabakpflanzen mit ausgeprägten Lokalnekrosen auf über 30°C erwärmt werden, findet man außerhalb des nekrotischen Bereichs eine zunehmende Virusverbreitung. Ein weiterer Faktor der Viruslokalisierung ist in der Veränderung virusinfizierter Leitbahnen zu finden. In einem Abstand von etwa 1 mm von der ursprünglichen Lokalläsion entfernt sind die Poren der Siebplatten und die Plasmodesmen, die die Siebelemente miteinander verbinden, durch kalloseartige Substanzen verstopft. Näher bei der Läsion findet man eine völlige Ausfüllung der Tracheiden durch Phenolabkömmlinge. Die Okklusion von Leitungsbahnen kann man wegen augenscheinlicher Blockierung des Wassertransports für Welkesymptome verantwortlich machen. Neben diesen offensichtlichen Verstopfungen von wichtigen Transportwegen findet man eine Neusynthese anderer Verbindungen in virusinfizierten Geweben, deren Funktion noch unbestimmt ist, die man jedoch als "Barrieresubstanzen" bezeichnen könnte. Calciumpectatablagerungen an den Mittellamellen neusynthetisierter Zellwandglykoproteine spielen eine nicht aufgeklärte Rolle in der Viruslokalisierung. Phenolische Verbindungen, ausgehend von Phenylalanin, sollen über die Bildung von Diphenolen zu toxischen Chinonen führen (Abschnitt 16.2). Auch hier scheint es sich, wie schon bei den oben angeführten Substanzen, um eine allgemeine Reaktion auf den Verwundungseffekt zu handeln.

Lignifizierung und Suberinisierung an den Grenzen nekrotischer Läsionen sind ebenfalls beteiligt an der Begrenzung der Virusausbreitung. Daneben sind diese Substanzen am allgemeinen Prozeß der Wundheilung beteiligt, der auch bei Pilz- oder Bakterienbefall beobachtet werden kann. Paramurale Körper, Zellwandverdickung und Kalloseablagerung spielen bei der Blokkierung der Plasmodesmen und der Verstärkung der Zellwände eine nicht näher definierte Rolle. Besonders die Funktion membrangebundener Vesikel ("paramuraler Körper") ist unklar. Ihnen wird eine Funktion bei der Regulation oder Verteilung von Enzymen zugeschrieben, die bei der Zellwandmodifikation eine Rolle spielen.

Kalloseablagerungen werden für die Exclusion von Viruspartikeln aus den Protoplasten verantwortlich gemacht. Neben diesen, als allgemeine Wundreaktion zu umschreibenden Syntheseprozessen wird eine Vermehrung der Viren verhindert, indem man in ihren biochemischen Vermehrungsprozeß eingreift.

Auf diese Vorgänge wird im Zusammenhang mit der Induktion antiviraler Verbindungen eingegangen.

5.9.3 Enzyme und Hormone in der aktiven Abwehr gegen Virusinfektionen

Die Fähigkeit einer Wirtspflanze, in die aktive Abwehr gegen Virusinfektionen zu gehen, ist genetisch bedingt, während der normalen Lebensphase latent und nur durch eine spezifische Reizsituation während der Infektionsphase auslösbar. Zahlreiche Reaktionen, die für Virusbefall charakteristisch sind, kann man auch während der natürlichen Seneszenz, einer experimentell herbeigerufenen Seneszenz oder diversen Verwundungsprozessen beobachten. Wie schon erwähnt, ist dabei die Nekrose keine Vorbedingung für die Viruslokalisation. Aktive Abwehrmaßnahmen können auch ohne nekrotische Prozesse ablaufen.

Viele experimentelle Hinweise unterstützen ein später vorgestelltes Konzept, wonach die Lokalisierung in der Nachbarzelle des Infektionszentrums abläuft und nicht in der Zelle, in der sich das Virus vermehrt.

5.9.4 Biochemische Charakterisierung der hypersensitiven Reaktion

Die systemisch induzierte Resistenz scheint nicht virusspezifisch zu sein: Fast alle Viren, Pilze und Bakterien, die in der Lage sind, nekrotische Reaktionen in der Wirtspflanze zu verursachen, induzieren auch bis zu einem gewissen Umfang systemische Resistenz. Aus dieser Erkenntnis heraus muß man annehmen, daß Pflanzen einen generellen Abwehrmechanismus gegenüber Viren haben, der nach Auslösung einer nekrotischen Reaktion in Gang gesetzt wird. Erhöhte Enzymaktivitäten scheinen für diese Mechanismen charakteristisch zu sein: Die bekannte Synthese aromatischer Verbindungen steht zweifellos im Zusammenhang mit der Bildung von Nekrosen. Man muß annehmen, daß bestimmte Metaboliten dieser Reaktionswege Nachbarzellen zur Synthese antiviraler Substanzen anregen: Eine sukzessive Anregungskette führt schließlich zur systemischen Resistenz. Wie unten erwähnt, erhöhen sich in charakteristischer Weise die Aktivitäten zahlreicher respiratorischer Enzyme in Kooperation mit der schnellen Entwicklung lokaler Läsionen. Die rasche Entwicklung der Nekrosebildung während früher Infektionsstadien scheint abhängig zu sein von stark erhöhten Katalase- und Peroxidaseaktivitäten. Dieses Phänomen wird verständlich, wenn man eine oxidative Schädigung der Virusentwicklung während der Lokalisationsphase annimmt, jedoch einen optimalen Schutz des Wirtsgewebes voraussetzt. Die angesprochenen Veränderungen des Hormon- und Enzymhaushalts sind auf zwei unterschiedliche Auslösephänomene zurückzuführen:

1. ein allgemeines und unspezifisches Verwundungsphänomen, das zahlreiche Infektionen widerspiegelt, und
2. ein virusspezifisches Induktionsphänomen, das in bestimmten Wirten die Bildung spezifischer Abwehrproteine induzieren kann.

Im Zusammenhang mit AVS wurden bereits B-Proteine erwähnt, die zu den sogenannten *heat-shock*-Proteinen oder Streßproteinen gehören. Diese Gruppe der PR-(*pathogenesis related*-)Proteine (Abschnitt 17.6) umfaßt vier Proteine mit einem Molekulargewicht von 15 kD, die proteolyseresistent sind. Sie werden durch anionische Polymere induziert, und ihre Neusynthese korreliert mit steigender Resistenz gegen die Virusinfektion. Diese Induktion kann auch durch Salicylsäurebehandlung bewirkt werden. Die Biosynthese von Salicylsäure geht von Phenylalanin aus, das durch die Phenylalaninammoniumlyase (PAL) zu Zimtsäure umgewandelt wird (Abb. 5.11). Man nimmt an, daß die Zimtsäure über eine β-Oxidation um 2 C-Atome verkürzt wird, wobei die Benzoesäure entsteht. Kürzlich wurde ein Enzym beschrieben, welches Benzoesäure in ortho-Stellung hydroxyliert, wobei die Salicylsäure entsteht.

Auch ein sogenanntes antivirales Protein aus *poke-weed* (PAP) gehört in diese Gruppe der antiviralen Proteine. Es stellt ein Protein aus der Gruppe der ribosomeninaktivierenden Proteine dar. Aus Blättern und Samen von *Phytolacca americana* (*poke-weed*) wurden drei Formen von PAP isoliert. Sie alle bestehen aus einem einzelnen Polypeptid mit einem Molekulargewicht um 30 kD. PAP wurde bereits 1925 entdeckt und auf seine antivirale Aktivität hin untersucht. Es hemmt zahlreiche Virusinfektionen und scheint die Aktivität einer *N*-Glucosidase zu besitzen. Man nimmt an, daß die Depurinisierung und Inaktivierung von Wirtsribosomen die Ursache für die Inhibition der Virusinfektion durch PAP darstellt.

6. Mykoplasmen und mykoplasmenähnliche Organismen

Mykoplasmen und MLOs (*mycoplasm like organisms*) stehen organisationsmäßig den Bakterien näher als den Viren und sind "echte" Lebewesen mit allen dazugehörenden Charakteristika. Sie besitzen jedoch keine Zellwand, sondern eine dreischichtige Membran und haben veränderliche, das heißt pleomorphe Form. Ihre Größe variiert von 100 bis 1000 nm, einige sind bis zu 10 μm groß. Im Zellinneren findet man Nucleinsäurestrukturen, Vakuolen und auch Ribosomen. Manche Mykoplasmen bilden Kolonien. Es sind mehrere (etwa 30) Human- und Tierpathogene bekannt. Die meisten pflanzenpathogenen Arten gehören zur Gattung *Spiroplasma.* Dabei handelt es sich um bewegliche Zellformen, die spiralig aufgebaut sind und 3-25 μm lang sein können. Im Gegensatz zu Viren sind Mykoplasmen kultivierbar und lassen sich auf bestimmten Nährböden in Abhängigkeit bestimmter Zusätze (Cholesterin) vermehren. MLOs sind im Gegensatz zu Spiroplasmen auf Nährböden bis heute noch nicht kultivierbar und lassen sich nur im Phloem erkrankter Pflanzen nachweisen. Merkmale der Mykoplasmen und Spiroplasmen sind ihr eigenständiger Stoffwechsel und die Wachstumsinhibition durch Tetracycline. Penicilline, die Zellwandsynthesehemmer von Bakterien sind, inhibieren das Wachstum von Mykoplasmen hingegen nicht. Erkennbar sind Mykoplasmen an den typischen Symptomen, wobei Spiroplasmen Stauche, Verzerrungen, vermehrte Knospenaustriebe, verkleinerte Blätter, Verfärbungen und Deformationen von Früchten bewirken. Auch Vergilbungen sind häufig zu bemerken. MLOs sind verantwortlich für über 200 Krankheiten in etwa 60 Pflanzenfamilien und verursachen ebenfalls Verzwergungen, Hexenbesen, Vergilbungen und andere Verfärbungserscheinungen. Pflanzenpathogene Mykoplasmen wurden 1967 entdeckt. Zwar hat man 1926 schon die Erreger der Asternvergilbung als übertragbares Prinzip durch Zikaden in 184 Pflanzenarten erkannt, aber erst 1967 gelang der elektronenmikroskopische Nachweis von MLOs im Phloem kranker Pflanzen. 1971 wurden Spiroplasmen aus erkrankten Zitrusbäumen isoliert und kultiviert. Vor dieser Zeit wurden mykoplasmenverursachte Erkrankungen als Virosen betrachtet, vor allem die Pfropf- und Insektenübertragbarkeit führte zu dieser Verwechslung.

Als Überträger von Mykoplasmen kommen hauptsächlich Zikaden und Blattflöhe in Frage. Sie werden von diesen durch den Saugvorgang aufgenommen, vermehren sich im Darmepithel, gelangen schließlich über die Darmbarriere und die Hämolymphe in die Speicheldrüse und werden von dieser aus wieder in neue Wirte eingebracht.

Ähnlich wie bei Virosen werden bei Mykoplasmenbefall hauptsächlich Vergilbungserkrankungen und Adernvergilbungen beobachtet. Da Mykoplasmen Phloemparasiten darstellen, verstopfen sie die Siebröhren und führen so, ähnlich wie bei den Virosen schon angedeutet, zu Transportinhibitionen. Dadurch kommt es über eine gestörte Kohlenhydrattranslokation zu einer Akkumulation von Stärke in den Chloroplasten und im Sproß sowie zu einer Verarmung an Stärke in den Wurzeln. Häufig sterben daher die Wurzeln ab, und die Pflanze leidet an Wasser- und Nährsalzmangel. Ob für die Phloemschäden zusätzlich zu den Blockaden noch Toxine verantwortlich sind, ist bis heute nicht geklärt. Ein Charakteristikum zahlreicher Mykoplasmenerkrankungen sind Vergrünungen von Sprossen und Phyllodien, abnorme Verzweigungen und Etiolierungen sowie Internodienstreckungen und -stauchungen. Alle diese Symptome lassen auf ein hormonelles Ungleichgewicht schließen. In vergrünten Blüten fand man stets einen erhöhten Cytokiningehalt. Auch konnten Gibberellinsäureverschiebungen in MLO-infizierten Pflanzen erkannt werden. Hexenbesenbildungen sind auf verminderten Auxin- und erhöhten Cytokiningehalt zurückzuführen. Es ist denkbar, daß Mykoplasmen den zellulären Austausch von Phytohormonen stören oder die Oxidation von Auxin beeinflussen.

C Bakterien

7. Eigenschaften phytopathogener Bakterien

Bis heute sind etwa 200 Bakterienarten bekannt, die Pflanzenkrankheiten auslösen können. Die Tracheobakteriose in Gurken, hervorgerufen durch *Erwinia tracheiphila,* war wohl die erste Pflanzenkrankheit, die man eindeutig auf Bakterienbefall zurückführen konnte. Auch der Feuerbrand der Birne, ausgelöst durch *Erwinia amylovora,* wurde bereits im ausgehenden 19. Jahrhundert als Bakteriose erkannt. Im Gegensatz zu Viren oder Mykoplasmen besitzen Bakterien eine definierte Zellwand, die den einzelnen Organismen eine definierte Struktur verleiht. Die Bakterien wurden, so auch in Bergeys Manual (Tabelle 7.1), nach der Zellform, der Begeißelung, der sogenannten Gramfärbung, der Farbbildung auf Agar und nach physiologischen Eigenschaften (Wachstums- und Vermehrungsbedürfnisse) eingeteilt. Bakterien sind Prokaryoten, das heißt, sie besitzen keine genau definierten Zellkerne, Plastiden oder Mitochondrien. Dennoch sind die physiologischen und biochemischen Funktionen, die für diese Organelle charakteristisch sind, nicht diffus im Cytoplasma verteilt, sondern in ganz bestimmten, aus der Zellwand und der Membran "herausragenden" Strukturen angesiedelt (Abb. 7.1). Das Cytoplasma wird ähnlich wie das der Eukaryoten von Membranen durchzogen. Die charakteristischen Merkmale der RNA, das heißt, ihre Basenzusammensetzung und ihre Sequenz, werden heute anstelle von morphologischen und physiologischen Merkmalen zur Charakterisierung und Verwandtschaftsaufklärung herangezogen. Die Zellwand der Bakterien besteht aus dem sogenannten Mureingerüst, einem Glykopeptid, die ebenfalls zur Charakterisierung verwandtschaftlicher Zusammenhänge herangezogen wurde. Alle Bakterien, welche Pflanzen befallen können, sind stäbchenförmig. Eine Ausnahme bilden nur die *Streptomycae.* Häufig sind Bakterien auch begeißelt, wobei man monotriche, polytriche, peritriche, monopolare und bipolare Begeißelung unterscheidet. Diese Begeißelung wurde früher ebenfalls als taxonomisches Merkmal herangezogen.

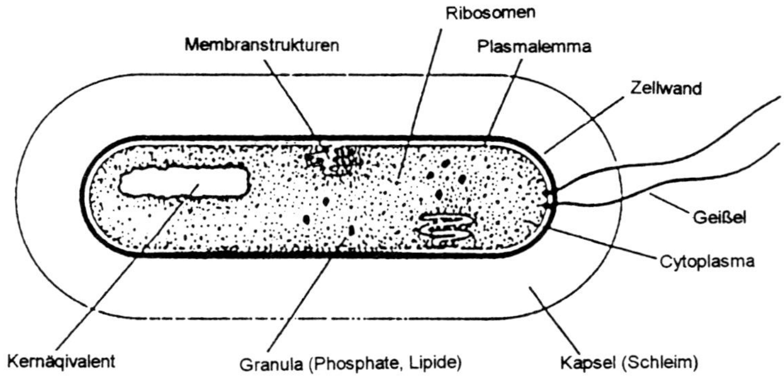

7.1 Stark schematisierter Aufbau einer Bakterienzelle.

Im Gegensatz zu anderen Bakterien bilden phytopathogene Arten keine Dauersporen. Das Überleben wird dagegen häufig von einer Schleimkapsel erleichtert. Diese Schleimkapsel besteht aus Polysacchariden und Peptiden, die relativ inert gegen Hitze, UV-Strahlen und ungünstige chemische Zusammensetzung des Mediums sind. Das Wachstum der Bakterien in Kultur oder auf einem Nährmedium, das heißt die Zelldichte, läßt sich durch eine charakteristische Kurve darstellen, wobei auf eine Anlaufphase eine exponentielle Wachstumsphase folgt, die schließlich wieder abklingt und in eine Absterbephase übergeht.

Die meisten pflanzenpathogenen Bakterien gehören zu den Gattungen *Pseudomonas*, *Xanthomonas*, *Erwinia*, *Corynebacterium*, *Agrobacterium* oder zu den "Strahlenpilzen", den Streptomyceten. Viele Pseudomonaden, Xanthomonaden, Rhizobien und Agrobakterien sind gramnegative, aerob wachsende Stäbchen oder Kokken. Enterobakterien, zu denen die Gattung *Erwinia* zählt, sind gramnegative, fakultativ anaerobe Stäbchen. Die Strahlenpilze umfassen die Actinomyceten und verwandte Organismen wie *Corynebacterium*, aber auch die Streptomyceten als wichtigste Gattung.

Die Besiedelung des Wirtes erfolgt durch Wunden und natürliche Öffnungen. Intakte und gut kutinisierte Oberflächen einer Pflanze können von Bakterien nicht aufgelöst werden. Ein Eindringen in eine gesunde Pflanze ist damit kaum möglich. So ist es nicht verwunderlich, daß Bakteriosen häufig dann beobachtet werden, wenn Pflanzen oder Pflanzenteile nach der mechanischen Ernte (Verwundung) dicht gelagert werden, wobei die Oberflächen der Pflanzen oder Pflanzenteile durch austretendes Zellwasser ein sehr günstiges Medium für die Verbreitung und Vermehrung der Bakterien bilden. Wie für die Besiedelung durch Viren gilt auch für Bakterien, daß Ver-

Tabelle 7.1: Gruppen pflanzenpathogener Bakterien (aus Bergeys Manual)

7. Gruppe:	Gram-negative aerobe Stäbchen und Kokken	
	Beispiele:	*Pseudomonas*
		Xanthomonas
		Rhizobium
		Agrobacterium
8. Gruppe:	Gram-negative fakultativ anaerobe Stäbchen	
	Beispiel:	*Erwinia*
17. Gruppe:	Actinomycetes und verwandte Organismen	
	Beispiele:	*Corynebacterium*
		Streptomyces
19. Gruppe:	Mycoplasmen, Mycoplasmen-ähnliche Organismen, Spiroplasmen	

wundungen und Beschädigungen häufig bei Pflege- und Kulturmaßnahmen, aber auch durch mechanische Einwirkungen wie Windbruch, Hagel oder Tierfraß initiiert werden. Auch nach einem Befall durch Pilze, Nematoden oder Insekten sind sekundäre Infektionen möglich und werden häufig beobachtet. Blütenbesuchende Insekten sind häufig Überträger von *Erwinia amylovora*. Durch natürliche Öffnungen, das heißt Stomata, Lenticellen oder Hydathoden, dringen zum Beispiel Xanthomonaden, Pseudomonaden oder *Erwinia* ein, durch nichtkutinisierte Stellen an Wurzeln und Wurzelhaaren oder an Narben und Nektarien können Agrobakterien, aber auch *Erwinia amylovora*, in den Wirt gelangen. Durch Wunden werden sehr häufig *Agrobacterium, Corynebacterium, Pseudomonas, Xanthomonas, Erwinia amylovora* und *Erwinia carotovora* in Höhere Pflanzen eingebracht.

Als Symptome sind an Höheren Pflanzen vor allem Weich- oder Naßfäulen, Fleckenbildungen, Welken oder Hypertrophien sowie Brände (nekrotische Verfärbungen) aufzuzählen. Bei den sogenannten Naßfäulen wird das Wirtsgewebe mit Hilfe hydrolytischer Enzyme mazeriert. Dabei wird Wasser frei und sammelt sich in den befallenen Gewebeteilen an. Naßfäulen treten häufig an Früchten, Knollen, Stengeln, Zwiebeln und Blättern auf. Wirtschaftlich sind Naßfäulen besonders bei der Schädigung von Lagerbeständen von Bedeutung.

Fleckenkrankheiten, wie Wildfeuer an Tabak, Fettfleckenkrankheit der Bohne oder Ölfleckenkrankheit der Begonie, werden sehr oft durch Toxine oder, wie schon für die Naßfäulen beschrieben, von freigesetzten Exoenzymen hervorgerufen. Häufig sind Pseudomonaden (zum Beispiel *Pseudomonas tabaci, Pseudomonas phaseolicola*) oder Xanthomonaden (zum Beispiel *Xanthomonas begoniae*) Auslöser dieser Braunfärbungen und von sogenannten Schrotschußeffekten.

Welken entstehen immer dann, wenn Bakterien die Wasserleitungsbahnen blockieren und damit die Versorgung der oberirdischen Pflanzenteile nicht mehr gewährleistet ist. Sie werden häufig von Pseudomonaden, aber auch von *Erwinia* und *Corynebacterium* hervorgerufen.

Als Brände bezeichnet man das Austrocknen von oberirdischen Pflanzenteilen, beispielsweise von Rinden oder Ästen. Auslöser von Bränden sind

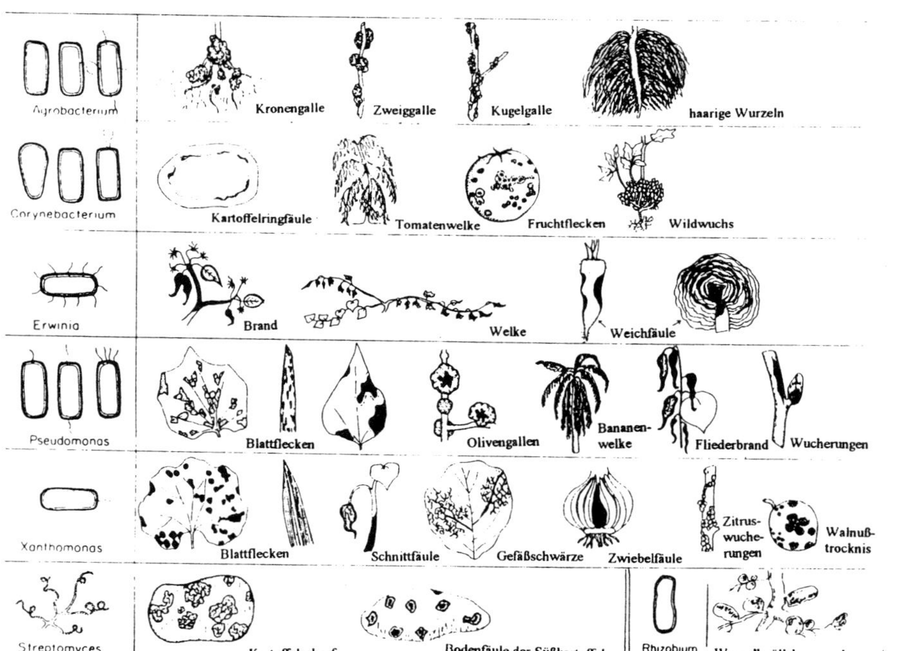

7.2 Pflanzenpathogene Bakteriengattungen und typische Krankheitssymptome. (Angelsächsische Bezeichnungen: Blight: Brand; Wilt: Welke; Fasciation: "Wildwuchs"; Rot: Fäulnis; Canker: nekrotisierende Gewebewucherungen; Scab: Schorf). (Modifiziert nach: Agrios, G. N. (1988) *Plant Pathology*. 3. Aufl., Academic Press, San Diego.)

häufig *Erwinia amylovora* und *Pseudomonas mors-prunorum*. Wachstumsanomalien und Hypertrophien, wie die Bildung von Gallen, Tumoren und Wurzelhals- oder Stengelkröpfen werden durch *Pseudomonas savastanoi, Corynebacterium fascians* und vor allem durch *Agrobacterium tumefaciens* als Erreger des Wurzelkropfes (*crown gall*) hervorgerufen (Abb. 7.2).

Die Ubertragung von Bakterien erfolgt meist passiv, mit Ausnahme von kurzen Strecken, welche begeißelte Bakterien in einem Wasserfilm aktiv durchmessen können. Die meisten phytopathogenen Bakterien bilden keine Sporen oder andere Dauerüberlebensorgane (eine Ausnahme bilden hier die *Streptomycae*). Latenzphasen werden in Samen, in ausdauernden Wirten oder Pflanzenresten im Boden verbracht. Die Verbreitung der Bakterien erfolgt im wesentlichen durch Insekten, durch Regen, Wind und Hagel, aber auch durch Vögel und durch den Menschen selbst über Pflegemaßnahmen. Im Gegensatz zu Viren, aber ähnlich wie Mykoplasmen, können Bakterien durch Antibiotika bekämpft werden. Dies ist verständlich, da Bakterien im Gegensatz zu Viren einen eigenen Stoffwechsel und die gesamte Maschinerie zur Reproduktion des genetischen Materials besitzen. Deshalb sprechen Bakterien auf alle klassischen Antibiotika an, die den Nucleinsäurestoffwechsel, die Respiration, das cytoplasmatische Gerüst oder auch den intermediären Metabolismus beeinflussen. Zusätzlich sprechen sie auf Substanzen an, welche die Zellwandsynthese blockieren (zum Beispiel Penicilline!).

8. Der Infektionsprozeß

8.1 Die Migration zum Wirt

Im Wurzelbereich kommen Bakterien passiv mit dem Wirt dadurch in Kontakt, daß die wachsende Wurzel das Bodengefüge durchdringt und deshalb Bakterien "auffindet". Dabei können sich Bakterien auch in den Mikrokapillaren des Bodens fortbewegen. Diese Fortbewegung muß nicht unbedingt zufällig sein, sondern sie kann als Antwort auf einen von der Wurzel ausgehenden chemischen Stimulus gerichtet zur Wurzel hin erfolgen. Grundsätzlich kann die Motilität, das heißt die Bewegungsfähigkeit oder Beweglichkeit der Bakterien, als eine Determinante ihrer Virulenz bezeichnet werden. So unterscheiden sich virulente und avirulente Stämme von *Erwinia amylovora* dadurch, daß virulente Stämme zehn Stunden nach Beginn des logarithmischen Wachstums voll ausgebildete Flagellen besitzen. Avirulente Bakterien haben dagegen relativ wenige und kurze Flagellen. 24 Stunden nach Beginn der Wachstumsphase hatten sich diese Unterschiede jedoch ausgeglichen – der Vorteil der virulenten Bakterien gegenüber den avirulenten hält also nur eine kurze Phase hindurch an. Sehr überzeugend ist dies bei *Pseudomonas phaseolicola* demonstriert worden. Hier wurde gezeigt, daß die Motilität der Bakterien direkt mit der Anzahl der verursachten Läsionen korrelierte.

In diesem Versuch hatten die motilen, das heißt beweglichen Stämme, eine zwölffach stärkere Läsionsbildung zur Folge als die mit bewegungsarmen oder gar bewegungslosen, paralysierten Flagellen. Die Geschwindigkeit der motilen Bakterien betrug etwa 25 μm/sec. Das bedeutet, daß der stomatäre Innenraum, mit einem durchschnittlichen Durchmesser von 50 μm, in ungefähr zwei Sekunden passiert werden kann, wenn er mit Wasser gefüllt ist. Brachte man dagegen die bewegungsarmen oder bewegungslosen Bakterien passiv in den innerstomatären Raum ein, so waren kaum Unterschiede in der Läsionsbildung sichtbar, das heißt, die Virulenz der unbeweglichen Bakterien war nicht unterschiedlich zur Virulenz der beweglichen.

Die Bewegungsrichtung wird zum Teil durch Chemotaxis bestimmt. So wird zum Beispiel *Pseudomonas lacrymans* durch Substanzen in Blatteluaten oder in Kondensaten der Guttation "angelockt", wobei diese Attraktion vermutlich auf gelöste Aminosäuren, Zucker, Nucleotide oder Vitamine zurückzuführen ist. Die Beeinflussung dieser Wanderungsrichtung wird von Extrakten aus Wirten und Nichtwirten etwa gleich gut bewerkstelligt. Guttationssäfte waren aktiver als Einzelsubstanzen aus den Gruppen der Aminosäuren, Zucker, Nucleotide oder Vitamine. Von den getesteten Zuckern zeigten sich Ribose, Arabinose und Glucose als sehr aktiv, von den Aminosäuren waren es vor allem Arginin und Methionin. Positive Chemotaxis wurde auch durch Dicarbonsäuren wie Succinat, Malonat, Malat oder Fumarat ausgelöst. *Erwinia amylovora* scheint eine einzelne Chemorezeptorstelle auf der Oberfläche zu besitzen, welche spezifisch für Aspartat und C3- und C4-Dicarbonsäuren ist.

8.2 Die Erkennung und der Kontakt

Die Erkennung des Wirtes und der erste Kontakt sind bei bakteriellen Wirt-Parasit-Interaktionen von großer Bedeutung, ähnlich wie auch bei Pilzen (Abschnitt 12). Man hat spezifische Bindungsstellen für *Agrobacterium tumefaciens* auf der Oberfläche von Bohnenblättern gefunden. Dabei scheint es eine bevorzugte Stelle für einen bestimmten Pol des Bakterienstäbchens auf der Wirtsoberfläche zu geben. Das Lectin Trifolin A, das von Kleewurzeln abgegeben wird, ist anscheinend ein Attraktant für *Rhizobium trifolii*, wobei die Affinität für einen der beiden Pole auf dem Bakterium höher ist als für den anderen Pol. Man führt das auf eine Interaktion mit Mikrofibrillen zurück. Es wurde gezeigt, daß es Stämme von *Agrobacterium radiobacter* gibt, die eine Tumorbildung verhindern. Diese Bakterien, die unfähig sind, eine Tumorbildung auszulösen, scheinen sich jedoch an spezifische Bindungsstellen im Wirt anzuheften und über die Blockierung dieser Bindungsstellen die Andockung pathogener Bakterien zu verhindern. Aus diesen Versuchen geht auch der eigenartige Befund hervor, daß anscheinend unabhängig von der Wundgröße im Wurzelbereich jede Wunde nur eine Stelle für die Andockung virulenter oder avirulenter Bakterien besitzt. Somit scheint sich bei der Besetzung dieser Stellen ein ähnlicher Vorgang abzuspielen wie bei der Befruchtung des Ovars durch zwei gleichzeitig eindringende Pollenkörner: Das zuerst eindringende Pollenkorn verhindert, daß ein zweiter Pollenschlauch zu den Samenanlagen vordringen kann. Andere Untersuchungen ergaben, daß Lipopolysaccharide (LPS) auf der bakteriellen Oberfläche für das Andocken an den Wundrezeptor verantwortlich sind.

Zahlreiche Bakterien sind fakultative Pathogene und leben epiphytisch auf pflanzlichen Oberflächen. Dazu gehören zum Beispiel *Pseudomonas-*, *Xanthomonas-* und *Erwinia*-Arten, wie *Pseudomonas syringae, Xanthomonas campestris und Erwinia rapontici*. Bestimmte Stämme von *Pseudomonas syringae* und *Erwinia herbicola* besitzen eiskristallbildende Kapazitäten und

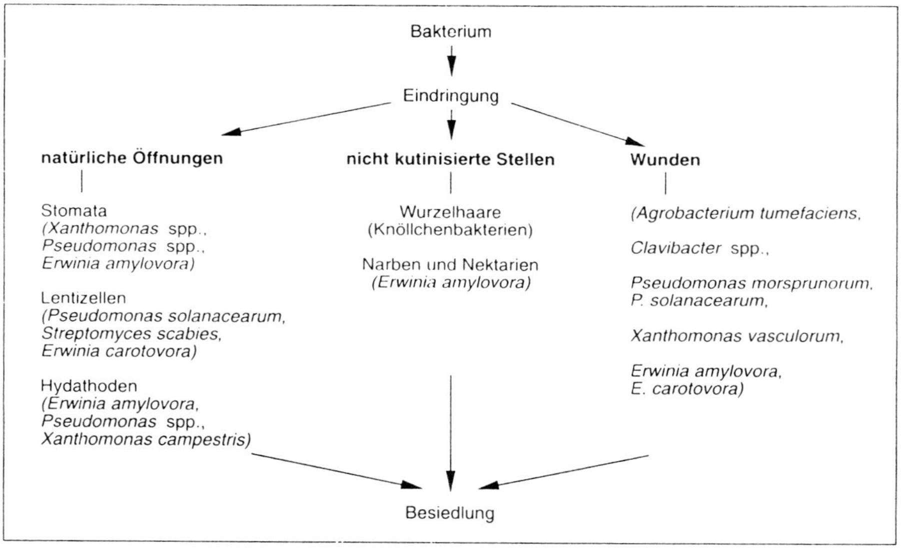

8.1 Mögliche Infektionswege bei Bakterienbefall. (Modifiziert nach: Hoffmann, G. M. et al. (1994) In: *Lehrbuch der Phytomedizin*. 3. Aufl., Blackwell Wissenschaftsverlag, Berlin.)

können durch Erniedrigung der Eiskristallbildungstemperatur den Wirt mechanisch durch Kristallbildung schädigen und so, ohne lytische Enzyme abzugeben, den Wirt als Substrat benutzen. Diese Bakterien leben symptomlos auf pflanzlichen Oberflächen, bis ihnen eine bestimmte Witterungssituation "eine Chance gibt".

Epiphytische Bakterien müssen sich jedoch auf pflanzlichen Oberflächen anheften können. Solche Anheftungsprozesse wurden für *Agrobacterium* und *Rhizobium* intensiv studiert. Dagegen ist bei Pathogenen, die sich auf der Blattoberfläche aufhalten und als Epiphyten wachsen, der Mechanismus der Anheftung bis heute noch nicht ganz klar. Viele dieser Bakterien haben auf ihren Oberflächen Strukturen entwickelt, die es ihnen erlauben, sich an einer festen Oberfläche anzuheften und stark zu binden. Solche Filamente auf den bakteriellen Oberflächen werden als Fimbrien oder Pili bezeichnet.

Wie man sich einen Anheftungsvorgang vorstellen kann, ist in Abbildung 8.2 für *Agrobacterium tumefaciens* dargestellt.

Auf pflanzlichen Oberflächen befinden sich sogenannte Vitronectinrezeptoren. Diese Rezeptormoleküle sind am Aktincytoskelett der Pflanzenzelle fixiert. *Agrobacterium tumefaciens* besitzt nun an seiner Zelloberfläche Strukturen, die an die Vitronectinrezeptoren binden können. Diese Bindung hat zur Folge, daß die Pflanzenzelle Substanzen freisetzt, welche ihrerseits

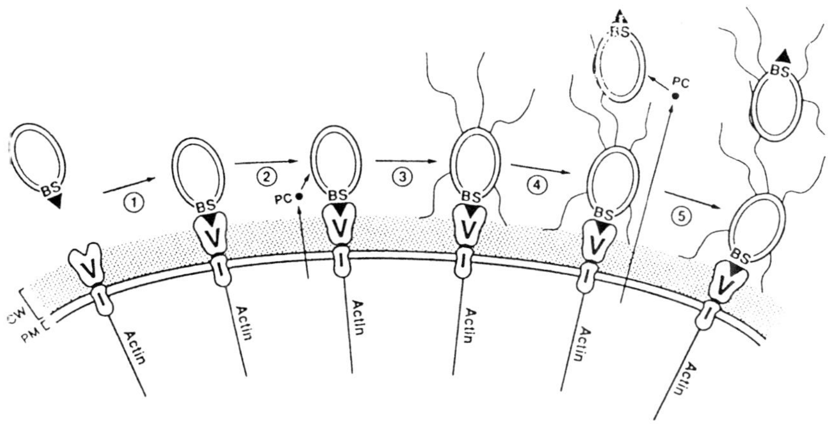

8.2 Modell für die fünf Phasen der Anheftung von *Agrobacterium tumefaciens* an Wirtszelloberflächen. (BS: Bindungsstelle am Bakterium; V: Vitronectinrezeptor; I: Integrin als Verbindungselement zu den Actinfibrillen des Cytoskeletts; PC: Wirtssubstanzen, welche die Bildung von Cellulosefibrillen im Bakterium induzieren; Z: Zellwand; PL: Plasmalemma. Die Phasen: 1) Bindung des Bakteriums; BS "erkennt" V; 2) Pflanzenzelle entläßt PC; 3) PC induziert im Bakterium die Bildung von Cellulosefibrillen; 4) Cellulosefibrillen "fangen" neue Bakterien; 5) Bakterienagglomerate verstärken Prozeß 4) und führen somit zu Bakterienaggregaten auf der Pflanzenoberfläche). (Modifiziert nach: Matthysse, A. G.; Wagner, V. T. (1994) In: Kado, C. I. und Crosa, J. H. (Hrsg.) *Molecular Mechanisms of Bacterial Virulence.* Kluwer Academic Publishers, Dordrecht, S. 79.)

in den Bakterien die Bildung von Cellulosefibrillen induzieren. Mit diesen Cellulosefibrillen verankern sich die Bakterien auf der pflanzlichen Oberfläche. Durch Wiederholung dieses Vorgangs kommt es zur Anhäufung bakterieller Aggregate und damit zur Verdichtung der bakteriellen Population als epiphytischer Belag.

Bei dem Welkepathogen *Pseudomonas solanacearum* hängt der Grad der Virulenz von der Produktion extrazellulärer Polysaccharide (EPS) ab. Die Struktur der EPS und die Regulation ihrer Produktion ist noch kaum verstanden. Mutationen im Gencluster, das für die EPS-Biosynthese verantwortlich ist, verändern auch bestimmte Lipopolysaccharide (LPS). Solche Mutationen codieren für Enzyme, die für die Synthese von Rhamnose verantwortlich sind, einem Zucker, welcher sowohl in LPS als auch in EPS vorhanden ist. EPS-Strukturen sind für Rhizobien ebenfalls bekannt, wobei hier Mutationen in diesem EPS-Lokus eine verminderte Aktivität der Bakterien in bezug auf die Induktion der Knöllchenbildung an der Wirtspflanze bewirken. Bei *Erwinia* führen entsprechende Mutationen zu einem Verlust der Virulenz; Ähnliches ist auch für *Agrobacterium* und *Haemophilus* bekannt geworden.

Pseudomonas solanacearum verursacht Welken bei über 100 Pflanzenspezies. Über die Bedeutung von EPS für die Pathogenese existieren verschiedene Theorien. Einige Befunde weisen darauf hin, daß EPS die Xylemgefäße verstopft und so den Wassertransport unterbindet. Unterstützt wird diese Theorie dadurch, daß EPS im Xylem infizierter Pflanzen und in abgeschnittenen Tomatenpflanzen eine Welke hervorrufen kann und daß mutierte Bakterienstämme, die kein EPS bilden, auch keine Virulenz zeigen.

Eine andere Hypothese besagt, daß EPS das Überleben der Bakterien im Inneren der Pflanzen sichert, indem es eine Anheftung an die Pflanzenzellwände verhindert und so die Ausbreitung der Bakterien über das Xylem ermöglicht.

Die chemische Struktur von EPS ist noch nicht gesichert, vermutlich handelt es sich um ein *N*-Acetylgalactosamin-Polymer. Andere Berichte besagen, daß auch Glucose und Rhamnose Bestandteile von EPS sind. Nach neueren Erkenntnissen sind auch der ungewöhnliche Aminozucker Bacillosamin (2,4-Diamino-2,4,6-Tridesoxyglucose) und die Galactos-aminuronsäure im EPS-Molekül enthalten, wobei die Galactosaminuronsäure für den sauren Charakter des Gesamtmoleküls verantwortlich ist.

8.3 Transzellulärer und vaskulärer Transport von Bakterien in Höheren Pflanzen

Bakterien, die durch Wunden in Höhere Pflanzen eintreten, können sowohl im Xylem als auch im Phloem transportiert werden und damit größere Strecken überbrücken. Treten Bakterien in das Xylem ein, kann der vaskuläre Saugdruck von zehn bis 20 Atmosphären, der durch die Blatttranspiration hervorgerufen wird, Bakterien aus allen Bereichen der Wurzeln und des Stengels bis in die äußersten Blattspitzen transportieren. Besonders schön ist der Transport von Bakterien am Beispiel von *Pseudomonas savastanoi, Xanthomonas pruni* oder *Erwinia amylovora* gezeigt worden. Hier wurden Blattmittelrippen von Apfelblättern durchschnitten und den Bakterien die passive Penetration erlaubt. Dabei hing der Infektionsgrad direkt proportional von der Dosis des Inokulums ab. Hier scheint es sich um einen kombinierten Xylem-Phloem-Transport bei der Verbreitung zu handeln. In anderen Fällen, wie zum Beispiel bei *Corynebacterium michiganens* konnte gezeigt werden, daß eine Verbreitung nach Inokulation mit Hilfe eines Skalpells anfänglich nur über das Xylemsystem erfolgte. Nach fünf Tagen Inokulation hatte sich die Infektion 13 mm über und 32 mm unterhalb der inokulierten Petiole angesiedelt. Dabei hatten sich die Bakterien nicht nur im

Xylem, sondern auch in den Zellwänden des benachbarten Parenchyms ein-ge-nistet. Für *A. tumefaciens* wurde eine Bewegungsgeschwindigkeit von 1,5 cm/Stunde festgestellt. Der Langstreckentransport von *A. tumefaciens* fand dabei fast ausschließlich in den Xylemgefäßen statt, der im unteren Pflanzenbereich hauptsächlich durch den Wurzeldruck bewerkstelligt wurde.

Bakterien bewirken einen Teil ihrer Pathogenität im Xylem. Für Kohl wurde gezeigt, daß sich *Xanthomonas campestris* in beiden Richtungen sowohl aufwärts als auch abwärts der Inokulationsstelle ausbreitete. Dabei bewirkten die Bakterien eine zunehmende Plasmolyse der anliegenden Xylem-Parenchymzellen. Diese Aktivität ist vermutlich auf Pectatlyasen und Cellulasen zurückzuführen. Für zahlreiche Beispiele (*P. caryophylli, P. solanacearum*) gilt, daß sich bald nach der Inokulation benachbarte Xylem-Parenchymzellen mit Bakterien füllten, die sich dort vermehrten. Die Bakterien schienen aus dem Xylem passiv in die umgebenden Zellen auszuwandern, wobei 24 Stunden nach der Inokulation die Xylemgefäße frei von Bakterien waren und die benachbarten Zellen dichte Bakterienkulturen aufwiesen. Von diesen Xylemnachbarzellen aus stellte man Ausstülpungen in das Xylem hinein fest, wobei es somit sekundär zu einer Wiedereinwanderung der Bakterien (*P. solanacearum*) in die Xylemgefäße kam. Die Ausstülpungen in das Xylem von den benachbarten Parenchymzellen nennt man Thyllen.

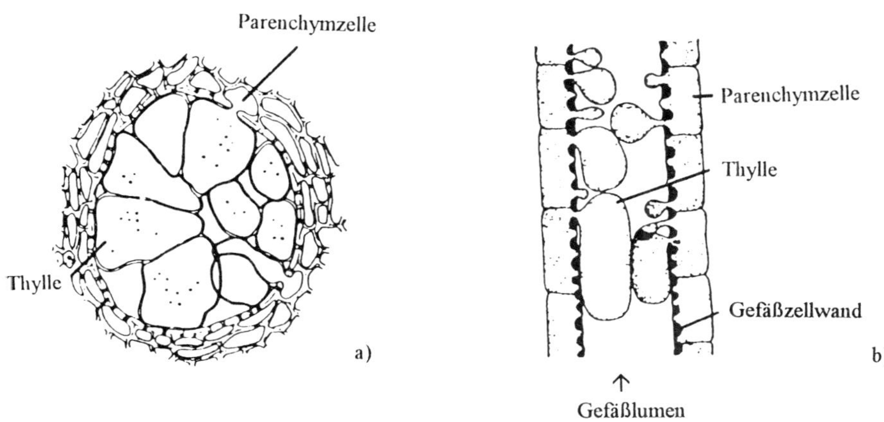

8.3 Thyllenbildung: Thyllen blockieren den Xylemtransport. (a) Thyllenbildung in Robinia; Querschnitt durch die Xylemregion; b) Vitis vinifera: Längsschnitt). (Modifiziert nach: Wallis, F. M.; Truter, S. J. (1978) In: Goodman, R. N.; Király, Z.; Wood, K. R. (1986) *The Biochemistry and Physiology of Plant Disease*. University of Missouri Press, Columbia.)

In einigen Fällen fand man eine Korrelation zwischen Welkesymptomen und dem Kollaps der Thyllen sowie zwischen der Freisetzung von Bakterien und der Bildung von Schleim innerhalb der Xylemgefäße. Somit kann die Verstopfung der Gefäße durch Bakterien als Aktivität ihrer zellwandmazerierenden Enzyme und der Abgabe von Schleimen innerhalb der geplatzten Thyllen im Gefäß erklärt werden. Manifeste Thyllenbildungen sind also wesentliche Verursacher der Welkeerkrankungen, die ihrerseits auf einen eingeschränkten Wassertransport zurückzuführen sind. *Erwinia amylovora*, die ebenfalls eine Okklusion der Gefäße und damit auch Welkesymptome verursacht, synthetisiert verschiedene hochmolekulare Polysaccharide, die man als Amylovorine bezeichnet. Für diese dextranähnlichen Polysaccharide wurden Molekulargewichte zwischen 20000 und 100 Millionen angegeben.

Für xylembürtige Erkrankungen kann man zusammenfassend sagen, daß Bakterien die Xylemgefäße durch Wunden besiedeln. Da die Wasserwanderungsgeschwindigkeit in den Xylemgefäßen bei bis zu 80 cm/min liegen kann, ist eine schnelle Ausbreitung in den meisten Fällen gewährleistet.

Phloeminfektionen durch Bakterien sind weitaus seltener. Trotzdem kann auch das Phloem besiedelt werden, wenn bestimmte Wunden Pforten öffnen. Sehr viel häufiger wurde über Phloeminfektion durch mykoplasmenähnliche Organismen (MLOs) berichtet. MLOs können dank ihrer sehr plastischen Zellmembranen unterschiedlichen osmotischen Drücken widerstehen: Sie passen sich dem jeweiligen osmotischen Wert im Phloem durch Streckung oder Kontraktion in ihrer Konformation an. MLOs werden durch Vektoren in das Phloem eingebracht, wobei es sich bei diesen Vektoren sehr häufig um Heuschrecken handelt.

Ähnliches gilt für rikettsienähnliche Organismen (RLOs), die für das Austrocknen und Verwelken von Blättern und Früchten verantwortlich sein können. RLOs können sowohl Xylem als auch Phloem besiedeln. Mikroskopische Studien zur Blockade von Transportgefäßen haben gezeigt, daß eine Okklusion der Gefäße eindeutig zu Welkesymptomen führt. Ungeklärt ist bis jetzt aber noch immer die Frage, ob es eine direkte Verstopfung der Gefäße ist, die zu einer Blockade des Wasserstroms und damit zur Welke führt, oder ob eine Penetration von Bakterien oder anderer Organismen (MLOs, RLOs) dadurch eine Embolie der Gefäße bewirkt, daß Luft Zutritt bekommt und somit der obligatorische kontinuierliche Wasserstrom abreißt.

8.4 Signaltransfer zwischen Wirt und pathogenem Bakterium

8.4.1 Die Bedeutung von nod-Faktoren bei der Induktion von Wurzelknöllchen an Leguminosen

Untersuchungen zu den Signalketten bei der Interaktion zwischen Pflanzen und anderen Organismen, wie Pilzen und Bakterien, haben in den letzten Jahren einen gewaltigen Aufschwung erlebt. Besonders die Interaktionen zwischen den Gattungen *Rhizobium, Bradyrhizobium* und *Azorhizobium* mit Leguminosenwurzeln sind intensiv untersucht worden. Aus diesen Untersuchungen ging hervor, daß die Wirtsspezifität der einzelnen Gattungen auf einer Induktion sogenannter nod-Gene beruht. Diese Induktion wird durch die Abgabe bestimmter Flavonoide aus dem Wirt hervorgerufen. In *Azorhizobium caulinodans* wurden drei chromosomale nod-Loci identifiziert, wobei die Induktion dieser Loci wiederum die Gegenwart bestimmter Wirtsexsudate benötigt. So beruht die Interaktion zwischen *Azorhizobium* und der tropischen Leguminose *Sesbania* auf der Induktion bestimmter nod-Gene durch Sesbaniaexsudate, wobei ein 7,4'-Dihydroxyflavanon (Liquiritigenin) der potenteste Induktor ist. Neben dem Liquiritigenin gibt es nur eine sehr beschränkte Anzahl anderer, verwandter Moleküle, wie Naringenin oder Isoliquiritigenin, die gute Induktoren dieser nod-Gene sind. Die induzierten nod-Faktoren sind für zahlreiche Leistungen des Wirtes verantwortlich, zum Beispiel für die Bildung und Deformation von Haarwurzeln, für die Aktivierung und die Expression bestimmter Moduline (Pflanzenproteine, die spezifisch in den Knöllchen ausgebildet werden) und außerdem für die Bildung von Präinfektionsstrukturen des Knöllchenmeristems. Nod-Faktoren haben eine gemeinsame Grundstruktur aus drei bis fünf β-1,4-N-Acetylglucosaminresten, wobei die N-Acetylgruppe am nichtreduzierenden Ende durch eine Acylkette ersetzt ist. Diese Verbindungen sind biologisch dahingehend aktiv, daß sie beispielsweise in den Wurzeln von *Sesbania*-Pflänzchen in Konzentrationen von 10^{-6} und 10^{-9} molar die *de novo*-Bildung zahlreicher Haarwurzeln und Lateralwurzeln induzieren, wobei die Stellen der Wurzelhaarbildung aufgrund von Zellteilungsaktivitäten stark anschwellen.

8.4.2 Die Bedeutung von Cytokininen bei der *fasciation disease*

Eine andere Wirt-Bakterium-Interaktion wurde für *Rhodococcus fascians* beschrieben. Dieses Bakterium kann eine Reihe von dikotylen Pflanzen infizieren und induziert den Verlust der apikalen Dominanz, die Bildung von Blattgallen und das Auftreten multipler mißgebildeter Seitentriebe an jedem Internodium der Pflanze. Hier spricht man von der sogenannten *fasciations disease* (Abschnitt 2.2.3). Als Standardtestsystem für dieses Bakterium gilt die Hemmung des Wachstums von Keimlingen von *Nicotiana tabacum*. Werden monokotyle Pflanzen wie Liliaceen infiziert, bilden sich blumenkohlartige Strukturen in deren Knollen aus. Ähnliche Phänomene kann man durch die Applikation hoher Cytokininkonzentrationen erzielen. In *Rhodococcus fascians* ist offensichtlich ein lineares Plasmid (pFi) mit für die Auslösung der *fasciations disease* verantwortlich. Bestimmte Regionen auf dieser Plasmid-DNA (FAS-Locus) bedingen die Bildung von Cytokininen und sind maßgeblich an dem *fasciations*-Prozeß beteiligt. Solche Operonsequenzen wurden auch für *Agrobacterium*- und *Pseudomonas*-Spezies beschrieben. Sie haben eine etwa 20- bis 26%ige Aminosäurehomologie mit den *R. fascians*-Genprodukten.

Außerdem konnte festgestellt werden, daß es zwischen dem Wirt und dem Bakterium einen Signaltransfer gibt, der auf frühen und späten Signalen des Wirtes beruht. Frühe Signale des Wirtes werden anscheinend durch den Kontakt mit dem Bakterium verstärkt. Späte Signale induzieren im Bakterium die Bildung sogenannter IPT-Produkte, wie sie auch für *Agrobacterium*- und *Pseudomonas*-Spezies beschrieben wurden. Diese IPT-Produkte scheinen im Wirt höhere Konzentrationen an Isopentenyladenin (einem Cytokinin) zu induzieren, worauf sich im Wirt Wachstumsanomalien oder auch Tumoren bilden.

8.4.3 Die Rolle des Eisens in der bakteriellen Virulenz

Die Konkurrenz um Eisen spielt nicht nur bei menschlichen und tierischen Bakteriosen eine wichtige Rolle, sondern auch in pflanzlichen Systemen. Daher entwickelten Bakterien eisenkomplexierende Moleküle, die sogenannten Siderophore. Bei *Erwinia chrysanthemi* Typ 3937, einem Weichfäuleerreger bei verschiedenen Pflanzen, wurde die Rolle von Eisen bei der Pathogenese näher untersucht. Dieses Bakterium bildet ein Siderophor, das Chrysobactin (CBR), das eine hohe Affinität für Eisen besitzt, und kann damit effektiv mit der Pflanze um verfügbares Eisen konkurrieren. Bei

Chrysobactin handelt es sich chemisch um ein Siderophor vom Katechol-Typ, wobei ein Dipeptid aus D-Lysin und L-Serin an die Katecholgruppe gebunden ist. Das Molekül wird im Bakterium synthetisiert und ins Medium entlassen, dort belädt es sich mit Eisen und wird als Eisenkomplex wieder in die Bakterienzelle aufgenommen.

Eisen induziert auch die Expression von Genen, die für verschiedene Pectatlyasen codieren. Die Bedeutung dieser Enzyme für die bakterielle Virulenz ist an anderer Stelle beschrieben (Abschnitt 8.5.1). *Erwinia chrysanthemi* besitzt fünf verschiedene Pectatlyasen, deren Aktivität zu unterschiedlichen Spaltprodukten führt, von denen einige auch Elicitoraktivität aufweisen. Die Expression dieser Enzyme muß streng reguliert werden, da sie den Verlauf einer Infektion und somit auch die Virulenz stark beeinflussen können. Bei drei der fünf Pectatlyasen hat Eisen eine regulatorische Funktion auf die Transkription (*pel*-Gene), wobei eine erniedrigte Eisenkonzentration eine vermehrte Expression dieser Enzyme induziert.

Neben den Katechol-Siderophoren, zu denen das Chrysobactin gehört, gibt es auch noch Hydroxamat-Siderophore. Ein Beispiel hierfür sind die Proferrioxamine, die von *Erwinia amylovora* gebildet werden. Chemisch handelt es sich dabei um Bernsteinsäure, die mit verschiedenen Hydroxyaminosäuren verknüpft ist. Meist sind die Proferrioxamine zyklische Verbindungen. Sie können wie Chrysobactin Eisen sehr stark komplexieren, so daß auch *Erwinia amylovora* erfolgreich mit der befallenen Pflanze um das vorhandene Eisen konkurrieren kann. Die Eisenkomplexe verschiedener Proferrioxamine werden Ferroxamine, ihre eisenfreien Formen Desferri-Ferrioxamine, Desferrioxamine oder Desferoxamine genannt.

Aus den wenigen angeführten Beispielen geht bereits deutlich hervor, daß das Angebot von Eisen im Medium die bakterielle Virulenz steuern kann, wobei dieser Steuerungsmechanismus in pflanzlichen Systemen eng mit der Synthese von zellwandlytischen Enzymen (Pectinlyasen) verknüpft ist, die ihrerseits die Wirtsabwehr über Elicitorwirkung (Abschnitt 19.1) sowohl aktivieren als auch über Mazerationseffekte schwächen können.

8.4.4 Die Induktion von Verteidigungsstrategien im Wirt

Aus Wirt-Parasit-Interaktionen können auch Verteidigungsstrategien im Wirt selbst hervorgehen. Dieses Phänomen wurde besonders nach pilzlichen Infektionen untersucht (Kapitel E). Ähnlich wie schon für Viren beschrieben, können Bakterien hypersensitive Reaktionen in Wirten auslösen. Für *Pseudomonas corrugata*, einem bakteriellen Pathogen von Tomaten, wurde gezeigt, daß es hypersensitive Reaktionen induzieren kann. So führt eine Infektion mit *P. corrugata* in einer bestimmten weißen Kleesorte (Ladino) zur Bildung des Phytoalexins Medicarpin sowie zur vorübergehenden Bildung reaktiver Sauerstoffspezies, wie Wasserstoffperoxid und Superoxid (Abschnitt 3.2). Weiterhin wird ein Kaliumefflux und eine hypersensitive Nekrose in infiziertem Tabakgewebe (Havanna 44) induziert. Der Ausfluß von Ionen scheint auf eine Lipidperoxidation in Wirtsmembranen zurückzugehen, welche durch Hydroxylradikale (Abschnitt 3.2) ausgelöst werden kann. Die Induktion eines sogenannten *oxidative burst* (das heißt der schnellen Bildung reaktiver Sauerstoffspezies) nach Kontakt mit dem Pathogen scheint für die Auslösung einer hypersensitiven Reaktion essentiell zu sein (Abschnitt 19.2.3).

Aus *P. corrugata* konnten zwei Peptide (HR1 und HR2) isoliert werden, welche vier Verteidigungsreaktionen hervorrufen, nämlich Phytoalexinbildung, hypersensitive Nekrosen, Kalium-Protonen-Austausch und transiente Sauerstoffaufnahme (*oxidative burst*). Elicitoren aus dem Bakterium enthalten bis jetzt noch nicht identifizierte Kohlenhydrate und Phosphat, welche kooperativ mit den beiden Peptiden die erwähnte Reaktion auslösen. Die beiden Peptide enthalten jeweils 14 Aminosäurereste und fluoreszierende Chromatophore. Aus diesen Befunden geht wiederum hervor, daß die Interaktion zwischen Wirt und Pathogen äußerst komplex sein kann und daß selten oder nie eine einzelne Komponente für die Auslösung von Resistenz oder hypersensitiver Reaktion verantwortlich ist.

8.5 Bakterieller Angriff auf die Zellwände im Wirtsgewebe

Bakterien sind nicht fähig, physikalische Kräfte zu entwickeln, um aktiv in einen Wirt einzudringen. Natürlich können viele Bakterien mit Hilfe von Geißeln in einem Wasserfilm auf pflanzlichen Oberflächen "schwimmen". Ob sie bei dieser Bewegung immer chemotaktischen Reizen folgen, ist unsicher. Bei der Besiedelung eines Wirtes müssen sie sich deshalb vollständig auf ihre metabolischen Fähigkeiten verlassen, das heißt, sie müssen Enzyme freisetzen, die ihnen ihr Substrat erschließen. Diese Enzyme müssen in ausreichender Menge und in aktiver Form vorliegen, was wiederum bedeutet, daß eine große Anzahl von Bakterien vorhanden sein muß, um entsprechend hohe Enzymkonzentrationen zu erreichen. Daraus folgt schließlich, daß die Umgebung, in die sie "hineingetragen" werden, ein ausreichend schnelles Wachstum und eine ausreichend schnelle Entwicklung ermöglichen muß. Auf der Oberfläche des Wirtes, auf der sie "landen", muß also ausreichend Substrat vorhanden sein, das es den Bakterien erlaubt, Aktivitäten zu entwickeln, die eine weitere Besiedelung unterstützen.

Wie sieht nun diese Oberfläche aus? Blätter, Stengel und andere oberirdische Teile von Pflanzen sind meist von einer "abweisenden" Kutin- oder Suberinschicht überzogen. Es gibt keine Hinweise darauf, daß Bakterien diese Schicht mit Hilfe spezifischer oder unspezifischer Enzyme auflösen können.

Anders sieht es im Wurzelsystem aus. Hier wurde gezeigt, daß *Pseudomonas solanacearum* Wurzeln besiedeln kann, ohne daß Wunden vorhanden wären. Wenn das Bodenwasser, welches die Wurzeln umgibt, etwa 3×10^8 Zellen pro ml beinhaltet, wenn der Populationsdruck also genügend hoch ist, so können Wurzeln an den Stellen, an denen Sekundärwurzeln ansetzen, besiedelt werden.

Bei Blättern stellen besonders die substomatären Vesikel und der Interzellularraum Eintrittspforten für eine bakterielle Besiedelung dar. Hier sind es kleinräumige Unterbrechungen der zellulären Auflagen, an denen Bakterien ihr lytisches Werk beginnen.

Viele Hinweise deuten darauf hin, daß Bakterien Pectine abbauen können, das heißt, der Auflösungsprozeß beginnt an der Mittellamelle des zellulären Netzwerks im Wirt. Startpunkte sind, wie gesagt, natürliche Öffnungen oder Wunden, wobei zu den natürlichen Öffnungen Stomata, Hydathoden, Lenticellen, Nektarien oder Stellen, an denen Sekundärwurzeln entspringen, gehören. Chemisch sind Pectine Polygalacturonsäuren, wobei die Carboxylgruppen zum Teil methyliert sind.

Interessant ist nun, in welcher Reihenfolge die Mittellamellen des Wirtes aufgelöst werden: Beginnt der Prozeß bei der Depolymerisation der langkettigen Zellwandbestandteile, oder werden diese langkettigen Zellwandbestandteile erst so modifiziert, daß eine Depolymerisation beginnen kann? Es stellt sich also die Frage, ob direkt eine Depoly-merisierung mit anschließender Demethylierung erfolgt oder ob erst Seitengruppen des Hochpolymers abgespalten werden und danach depolymerisiert wird. Erschwerend für die Untersuchungen kommt hinzu, daß im extrazellulären Raum Substanzen, wie Polyphenole, vorhanden sind, welche pectinabbauende Enzyme hemmen. Diese Substanzen können zu den Schutzsubstanzen des Wirtes gegen bakteriellen Befall gerechnet werden.

Um die Fragen nach dem Mechanismus und der Bedeutung des Pectinabbaus zu klären, wurden zahlreiche *in vitro*-Experimente angestellt. Bei der Besprechung solcher Versuche muß man sich aber darüber im klaren sein, daß die Mazerationsaktivität *in vitro* nicht unbedingt parallel zur Pathogenität dieser Mikroorganismen verlaufen muß. Dies wurde zum Beispiel für *Erwinia aroidae, Erwinia carotovora* und *Xanthomonas carotae* gezeigt: Alle diese Stämme hatten *in vitro* starke Mazerationsfähigkeiten, wenn ihnen entsprechende Substrate angeboten wurden. Diese Aktivitäten korrelierten aber nicht oder nur schlecht mit der Aggressivität dieser Stämme *in vivo*. Häufig hängt die schwächere parasitische Aktivität *in vivo* mit einer geringeren Multiplikationsrate zusammen. Eine verminderte Aggressivität kann auch mit einer erniedrigten Enzymabscheidung oder mit einem ungünstigen pH-Wert korrelieren, wobei grundsätzlich davon ausgegangen werden kann, daß vor allem eine niedrige Enzymabscheidung der limitierende Faktor für die Virulenz ist. Außerdem korreliert die Virulenz *in vivo* auch mit dem Wassergehalt, wie beispielsweise für Kartoffelknollen gezeigt wurde. Das Einweichen von Kartoffelknollen oder eine Vakuuminfiltration mit Wasser begünstigt den Infektionsprozeß sehr stark. Wasserinfiltration könnte auf verschiedenen Wegen die Pathogenität unterstützen: Das Auffüllen der Interzellularräume mit Wasser mag durch das Verdrängen von Sauerstoff die Wundreaktion und die Abwehrreaktion des Wirtes gegenüber den Pathogenen schwächen. Auf der anderen Seite können durch Wasserinfiltration phenolische Substanzen, die in den Interzellularräumen angehäuft sind, verdünnt und dadurch Abwehrreaktionen oder Hemmeffekte auf Pectinasen (unten) vermindert werden. Weiterhin mag ein kontinuierlicher Wasserfilm auf der Oberfläche der Zellen die Mobilität von beweglichen Mikroorganismen begünstigen. Der Luftabschluß durch das Eindringen von Wasser mag außerdem bestimmte "sekundäre" Inhibitoren ausschließen, die durch Oxidation phenolischer Vorläufer gebildet werden.

Insgesamt scheinen fünf grundlegende Prozesse die Pathogenese von Bakterien zu dominieren:

1. die Wachstumsrate des Bakteriums,
2. die Geschwindigkeit, mit der das Bakterium mazerierende Enzyme abgibt,
3. die Bildung von Säuren, die die Enzymaktivität regulieren,
4. die Wundreaktion im Wirt, das heißt, die Abwehrkapazität der Pflanze, und
5. die Umgebungstemperatur während der Nachinokulationsphase.

8.5.1 Zellwandauflösende Enzyme

Zellwände und Mittellamellen im Wirt werden vermutlich durch ein Enzymgemisch aufgelöst, was eine Mazerierung des Wirtsgewebes zur Folge hat. Aus *in vitro*-Experimenten wurden folgende Erkenntnisse gewonnen:

Eine schnelle Reduktion der Viskosität von 0,5%igen hochmethylierten Pectinlösungen deutet eine hohe Aktivität von depolymerisierenden Enzymen an. Wenn man *Erwinia aroidea* auf solch einem Medium wachsen ließ, so sank die Viskosität innerhalb einer Minute auf etwa 1/4 des Ausgangswertes ab. Dieses von *Erwinia aroidea* abgegebene Enzym beziehungsweise Enzymkombination war aber nicht fähig, die Reduktionskraft der Lösung zu erhöhen. Das bedeutet also, daß die Kettenspaltung nicht von einem Ende her Stück für Stück Monomere mit reduzierenden Aldehydgruppen entließ, sondern daß die langkettigen Polymere irgendwo in der Mitte gespalten wurden, so daß nur wenige reduzierende Aldehydgruppen frei wurden. Die entsprechende Enzymaktivität konnte damit als eine Endopolymethylgalacturonase angesprochen werden, von der es mehrere Enzyme oder Isoenzyme geben mag. Ähnliche Ergebnisse erhielt man auch mit *Erwinia carotovora*, wo trotz starker Abnahme der Viskosität keine Erhöhung der Reduktionsfähigkeit im Medium gemessen wurde.

Die Galacturonsäuren liegen im Pectin vorwiegend als Methylester vor. Eine Demethylierung dieser Galacturonate wurde erst nach langzeitiger Inkubation von *Erwinia carotovora* mit entsprechenden Substraten gemessen: In den ersten 24 Stunden fand kaum eine Abspaltung von Methylgruppen statt, obwohl sich die Bakterienpopulation 7000fach vermehrte. In der zweiten 24-Stunden-Epoche wurden 66% der Methylgruppen freigesetzt, nach 72 Stunden waren 94% des Substrates hydrolysiert. Aus diesem Versuch kann geschlossen werden, daß die Abnahme der Viskosität durch Endopolygalacturonasen nicht unbedingt mit der Demethylierung, das heißt der Esterspaltung im Substrat korreliert. Exopolymerasen, also Enzyme, die die langkettigen Pectine von einem Ende her Stück für Stück hydrolysieren, wurden nicht entdeckt.

Neben der Galacturonase können auch Pectat- beziehungsweise Pectinlyasen die glykosidischen Bindungen im Pectin spalten.

Pectinlyasen sind für einige Bakterien konstitutiv, während sie bei anderen induzierbar sind. *Pseudomonas marginalis* enthält eine konstitutive Pectinlyase, bei *Erwinia*-Arten müssen diese Enzyme erst induziert werden, zum Beispiel durch Pectin im Medium. Stark mazerierende Stämme produzieren 100 bis 1000 mal mehr Enzyme als Saprophyten oder andere Pflanzenpathogene. Diese Enzymaktivitäten sind beispielsweise in Kartoffel, Zwiebel, Karotte oder Salat von exogenen Enzymregulatoren abhängig. Einige dieser

Regulatoren stimulieren die Aktivität, während andere sie stark unterdrükken. Ob diese Regulatoren der Enzymproduktion auch *in vivo* operativ sind, ist aber noch nicht klar. In *Erwinia carotovora* ist die Enzymaktivität durch zyklisches AMP (Abschnitt 19.2.6) reguliert, welches ein Effektor des Katabolitaktivatorproteins (CAP) ist. Dieses kann dann die Transkription mancher Gene aktivieren. Zyklisches AMP scheint damit als Induktor der Pectinlyase die Pathogenität von *Erwinia carotovora* zu kontrollieren.

Die Summe der pectolytischen Enzyme wurde auch als *spreading factor* oder Ausbreitungsfaktor für die Besiedelung von Wirtsgeweben durch Bakterien genannt. Bei diesen pectinabbauenden Enzymen gibt es wichtige Untergruppen, nämlich solche, die Methylgruppen der Polymere abspalten, und andere, die die langen Polymerketten hydrolysieren und zu kleinen Untereinheiten umformen. Bei allen handelt es sich um Hydrolasen, das heißt, sie bewirken durch Wassereinbau eine Depolymerisation. Zu dieser Enzymgruppe gehören auch Glucosidasen, Cellulasen, Chitinasen, Chitosanasen, Lipasen und Proteasen.

Hier soll kurz das Prinzip dieser hydrolytisch wirkenden Enzyme angedeutet werden, um zu zeigen, daß auch der Abbau anderer Hochpolymere (Cellulose, Chitin, Fettsäuregerüste, Proteine) auf dem Wassereinbau in größere Molekülgruppen beruht (Tab. 8.1, Abb. 8.4).

Für *Erwinia carotovora*, *Pseudomonas chrysanthemi* und *Pseudomonas marginalis* wurde gezeigt, daß zellwandabbauende Enzyme die wichtigsten Virulenzfaktoren sind. Mazerationstests stellen damit eine wichtige Methode dar, mit der die Virulenz von Bakterienstämmen bestimmt werden kann; sie können aber auch zur Untersuchung pflanzlicher Resistenz herangezogen werden. Dabei benutzt man Gewebescheiben, die mit definierten Gewichten belastet werden. Werden nun solche Gewebestücke mit sterilen Kulturfiltraten bestimmter virulenter Isolate behandelt, so ist die Zeit, bis diese Pflanzenscheiben unter dem Gewicht "brechen", ein Maß für die Aktivität entsprechender Enzyme. Experimente zeigten, daß so eine Gewebescheibe nach 32 Minuten auseinanderbrach, wenn sie mit einem Filtrat virulenter Isolate von *Erwinia carotovora* inkubiert wurde. Schwach virulente Mutanten benötigten 74 Minuten, bis es zum Bruch unter Gewichtsbelastung kam.

Virulente Stämme konnten nach zwei Minuten 30% und nach 20 Minuten 45% der Viskosität von Pectinlösungen vermindern. Schwach virulente Stämme konnten in denselben Zeitspannen nur 10 beziehungsweise 23% der Viskosität vermindern. Aus *Erwinia chrysanthemi* wurden verschiedene Pectinlyasen isoliert und charakterisiert. Sie alle wurden durch Calciumionen aktiviert, hatten ein pH-Optimum zwischen 8,2 und 9,8 und Molekulargewichte zwischen 30 und 36 kD. Obwohl aus diesem Organismus sowohl

Tabelle 8.1: Hydrolasen

3. Hydrolasen
(Die Zahl 3 beschreibt die Stellung nach der int. Enzymnomenklatur)

3.1 Angriff auf Esterbindungen
3.1.1 Carboxylester-Hydrolasen
3.1.2 Thiolester-Hydrolasen
3.1.3 Phosphorsäuremonoester-Hydrolasen
3.1.4 Phosphorsäurediester-Hydrolasen
3.1.5 Triphosphorsäuremonoester-Hydrolasen
3.1.6 Schwefelsäureester-Hydrolasen

3.2 Angriff auf glykosidische Bindungen
3.2.1 Glycosid-Hydrolasen
3.2.2 Hydrolyse von N-Glycosiden
3.2.3 Hydrolyse von S-Glycosiden

3.3 Angriff auf Ether
3.3.1 Thioether-Hydrolasen

3.4 Angriff auf Peptidbindungen (Peptidhydrolasen)
3.4.1 a-Aminoacyl-Peptidhydrolasen
3.4.2 Peptidyl-Aminohydrolasen
3.4.3 Dipeptid-Hydrolasen
3.4.4 Peptidyl-Peptid-Hydrolasen

3.5 Angriff auf Nicht-Peptid C-N-Bindungen
3.5.1 in linearen Amiden
3.5.2 in zyklischen Amiden
3.5.3 in linearen Amidinen
3.5.4 in zyklischen Amidinen
3.5.5 in Cyaniden
3.5.6 in anderen Verbindungen

3.6 Angriff auf Anhydride
3.6.1 in Phosphorylanhydriden

3.7 Spaltung kovalenter C-C-Bindungen
3.7.1 in Ketoverbindungen

3.8 Angriff auf Halide
3.8.1 in C-Haliden
3.8.2 in P-Haliden

3.9 Angriff auf P-N-Bindungen

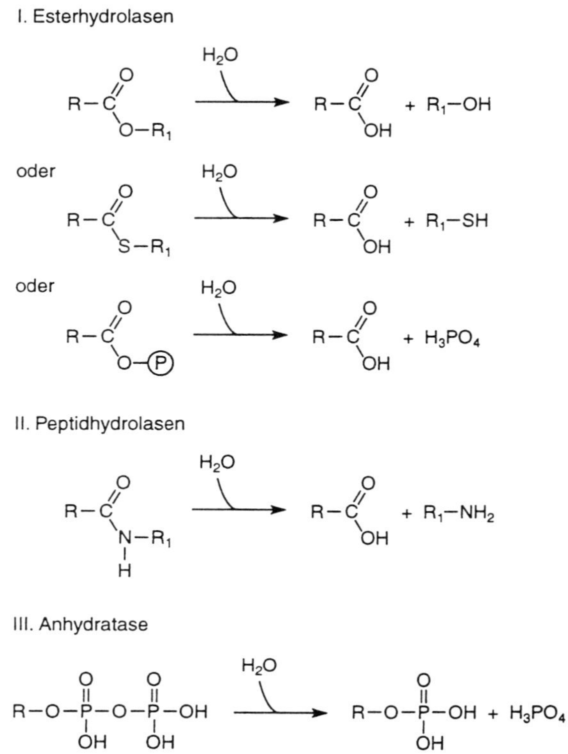

8.4 Prinzip der katalytischen Wirkung von Hydrolasen.

Exo- als auch Endoenzyme isoliert wurden, konnten starke Mazerationseffekte nur von solchen Enzymen erzielt werden, welche die α-1,4-Bindungen innerhalb des Pectinmoleküls spalteten.

Um lebende Pflanzenzellen zu lysieren, ist es nicht nur nötig, über den Abbau der Mittellamelle das Gewebe zu mazerieren, sondern auch den mechanischen Schutz des Protoplasten durch die schützenden Zellwände zu schwächen. Diese Zellwände bestehen aus Cellulose und Hemicellulose, wobei sich die Hemicellulose aus Xyloglucanen, Glucuronoarabinoxylanen und Arabinogalactanen zusammensetzt (Abschnitt 1.1.2).

Nach dem Abbau der Mittellamelle muß der zweite Schritt zum Abbau der Zellwand die Hemicellulosen betreffen, damit die Cellulasen Zugang zum Hauptstützgerüst der Zellwände, nämlich der Cellulose, bekommen. Die meisten bakteriellen Cellulasen sind konstitutiv, wie das zum Beispiel für *Pseudomonas solanacearum* gezeigt wurde. Dieses Bakterium enthält eine Endo-1,4-β-D-Glucanase, aber keine β-Glucosidase-Aktivität. Es scheint also, daß *P. solanacearum* Cellobiose, das heißt β-D-1,4-Diglucose, nicht spalten kann. Damit kann dieser Mikroorganismus auch die Glucose, die aus dem Celluloseabbau stammt, nicht als Nährstoff ausnutzen. Die Cellulaseaktivität dieses Bakteriums scheint nur eine enzymatische Penetrationshilfe darzustellen, wobei die entstehenden Hydrolyseprodukte nicht als Energiequelle zu dienen brauchen.

Für *Erwinia carotovora* wird angenommen, daß Cellulose- und Pectinabbau wesentliche Komponenten der Virulenz darstellen und daß beide Enzymaktivitäten, also Pectinase und Cellulase, im Pathogenitätsprozeß eng verbunden sind. Bei *Achromobacter* und *Pseudomonas phaseolicula* wurde nachgewiesen, daß die Pathogenität auch auf einer Beteiligung von Xylanasen und anderen Hemicellulasen beruhte. Auch bei *Xanthomonas alfalfae* wurden drei xylanabbauende Enzyme beschrieben, die eine kausale Rolle bei der Pathogenese einzunehmen scheinen.

Wie schon kurz angedeutet, spielt der Methylierungsgrad der Polygalacturonsäure eine wesentliche Rolle beim Infektionsprozeß, das heißt, die Enzymkombination, die vom Pathogen nach außen ins Gewebe abgeschieden wird, spielt eine große Rolle für die Geschwindigkeit, mit der das Gewebe mazeriert wird. Das Zusammenwirken von Demethylasen, Exogalacturonasen und Endogalacturonasen ist also von vorrangiger Bedeutung. Die sogenannte Katabolitrepression der Enzyme, also die Inhibierung ihrer Aktivität durch bestimmte Endprodukte ihrer Katalyse ist ebenfalls ein gewichtiger Faktor für den Erfolg der Besiedelung. Nicht nur die Aktivität vorhandener Enzyme, sondern auch die Geschwindigkeit ihrer Synthese im Pathogen wird reguliert. So ist es beispielsweise wichtig, welche Energiequelle (Glucose und andere Zucker) für die Bakterien zur Verfügung steht. Die Anwesenheit von Glucose ist für die pectolytische Aktivität von *Erwinia carotovora* von Bedeutung.

Auch sog. *second messenger* sind beteiligt am Induktionsvorgang der hydrolytischen Enzyme. Zyklisches AMP, das aus ATP entsteht, scheint die Induktion von Lyasen als eine Konsequenz der Pathogenität in *E. carotovora* zu induzieren. Diese eben angeführten Eigenschaften wurden meistens von *in vitro*-Versuchen abgeleitet. *In vivo* scheinen sich sehr ähnliche Vorgänge abzuspielen. Auch hier stellen die zellwandabbauenden Enzyme offensichtlich die bedeutendsten Virulenzfaktoren dar: Der Verlust der Virulenz wird begleitet von einer Verminderung der Aktivität der Polygalacturonase, der Pectatlyase und der Pectinesteraseaktivitäten.

Versuche deuten auch darauf hin, daß Glucose allein ein Katabolitrepressor der Polygalacturonaseinduktion in *Erwinia carotovora* ist. Die Anwesenheit von Pectin beschleunigt die Bildung von Galacturon-säuremolekülen sehr stark. Ultrastrukturuntersuchungen ergaben, daß tatsächlich der Abbau der Mittellamelle *in vivo* eine ganz bedeutende Rolle bei der Besiedelung der Wirte durch Bakterien spielt. Aus *Erwinia chrysantemi* verschiedener Isolate wurden zwei bis vier Lyasen beschrieben. Alle wurden durch Calcium und ein pH-Optimum zwischen 8,2 und 9,8 favorisiert und hatten Molekulargewichte zwischen 30 und 36 kD. Beide *E. chrysantemi*-Isolate produzierten Exo- und Endoenzyme. Nur die, welche eine 1,4-α-Bindung im Pectin spalten konnten, führten letztendlich zur Gewebemazerierung.

Die Auflösung des Wirtsgewebes ist also ein Stufenprozeß. Nach der Auflösung der Mittellamelle, also der Hydrolyse von Pectinen und Hemicellulosen, werden die aus Cellulose bestehenden Mikrofibrillen in den Zellwänden der Wirte exponiert. Untersucht man zum Beispiel gesundes Gewebe von Tomatenstielen und Gewebe, das mit *P. solanacearum* infiziert wurde, so zeigt die Analyse, daß die aus Cellulose entstammenden Glucoseeinheiten von 1500 Glucosemolekülen pro Molekül existierender Holocellulose in gesunden, auf 990 Molekülen Anhydroglucose in infiziertem Gewebe abgesunken ist. Unter Anhydroglucose versteht man die Zellobiose, welche als zwei Glucosemolekülen, die mit einer 1,4-β-Verbindung verknüpft sind, darstellt. *P. solanacearum* besitzt aber keine β-Glucosidase, kann somit also die Zellobiose nicht abbauen. Der Abbau durch die Cellulase ist demnach nicht für die Energiegewinnung der Pathogene heranzuziehen. Blumenkohlgewebe, das durch *Xanthomonas campestris* oder *Xanthomonas citri* befallen wird, zeigt ebenfalls einen starken Celluloseabbau während der Gewebeschädigung.

Als nächster Schritt auf die Auflösung der Zellwände würde der Angriff auf plasmatische Membranen folgen. Wiederum für *E. carotovora* wurde eine starke Induktion von proteolytischen Enzymen für stark virulente Stämme nachgewiesen. Ähnliches wurde für *Pseudomonas tomato* gezeigt. Kooperativ zu den allgemein proteolytisch wirkenden Enzymen scheinen Phosphatidasen zu wirken (= Phospholipasen; Abschnitt 5.7.7), wobei die für unterschiedliche Aktivitäten dieser angesprochenen Enzyme jede für sich allein den Zelltod hervorrufen kann: Sowohl Protease allein als auch Phosphatidase C töten Gurkenprotoplasten.

Zusammenfassend kann gesagt werden, daß bei der Mazeration von Wirtsgewebe pectinabbauende Enzyme eine dominante Rolle spielen, aber es gibt viele Beweise dafür, daß Cellulasen und Hemicellulasen den Mazerationsprozeß beziehungsweise die Lyse von Wirtszellen stark unterstützen.

8.5.2 Plasmolyse

Die Hauptnahrungsquelle für pathogene Bakterien besteht nicht aus den Bestandteilen der pflanzlichen Zellwände, sondern aus dem Inhalt des Protoplasten. Der Zellinhalt steht dem Pathogen jedoch erst dann zur Verfügung, wenn das Plasmalemma zugänglich beziehungsweise aufgelöst ist. Dem Abbau der Zellwand muß also eine Plasmolyse folgen. Diese kann passiv (Platzen des Protoplasten) oder aktiv durch Proteolyse beziehungsweise Lipolyse erfolgen. Für eine aktive Plasmolyse benötigt das Pathogen also Proteasen, Lipasen und noch andere Enzyme, wesentliche strukturerhaltende Bestandteile des Plasmalemmas angreifen. Virulente Stämme von *Erwinia carotovora* lösen im Vergleich zu schwachvirulenten Stämmen ungefähr viermal soviel Gelatine auf und zweieinhalbmal soviel Milchprotein. Ähnliche Befunde ergaben sich auch für *Pseudomonas tomato*. Eine erhöhte Virulenz könnte also auch mit einer erhöhten proteolytischen Aktivität korrelieren. Ähnliches mag für Lipasen oder Phosphatidasen zutreffen.

Wie werden nun eigentlich die Zellen getötet, nachdem das Zellgewebe durch lytische Enzyme mazeriert wurde? In einem normalen Gewebe wird das Plasmalemma durch seine Zellwandbestandteile vor lytischen Enzymen geschützt, das heißt, Proteasen und Lipasen können nicht an ihre Substrate herantreten, wohingegen nackte Protoplasten durch diese Enzyme sehr schnell aufgelöst werden.

Unabhängig davon, ob Proteasen und Lipasen oder Phosphatidasen direkt am Auflösungsprozeß des Plasmalemmas beteiligt sind, kann man davon ausgehen, daß nach der Auflösung des Zellverbandes durch Pectolyse und Cellulaseaktivität die mechanische Stützung des Protoplasten verlorengeht, so daß er aufgrund von mechanischem und osmotischem Streß beinahe von selbst aufbricht und seinen Zellinhalt freisetzt.

9. Mechanismen der Symptomausprägung und der Schädigung der Wirtspflanze

9.1 Bakterielle Infektionen und Photosynthese: die Basis für Chlorosen

Effekte bakterieller Infektionen auf pflanzliche Leistungen werden meist durch Toxine bewirkt. So sind zum Beispüiel Blattflecken, die durch Xanthomonaden und Pseudomonaden hervorgerufen werden, auf solche toxischen Metaboliten der Pathogene zurückzuführen. In einigen Fällen, bei denen Chlorosen durch Kinetin (ein Cytokinin) revertiert werden können, geht man von einem Effekt auf die Ribonucleinsäure und/oder die Proteinsynthese aus. *Pseudomonas glycinea* und *Pseudomonas tabaci* produzieren Toxine, die entweder das Chlorophyll zerstören oder seine Synthese unterdrücken. So enthalten *P. glycinea*-infizierte Kotyledonen von Sojabohnen 35% weniger Chorophyll als nichtinfizierte Keimblätter. Betrachtet man die Konzentration des Chlorophyllvorläufers δ-Aminolaevulinsäure (ALA), finden sich von dieser Substanz in den infizierten Pflanzen signifikant geringere Konzentrationen. Deshalb glaubt man an einen hemmenden Effekt des Pseudomonadentoxins auf die ALA-Synthetase. Damit wäre diese Chlorose eher durch eine Inhibierung der Chlorophyllsynthese als durch einen beschleunigten Abbau des Pigments zu erklären. Bei *Pseudomonas tabaci* mag die Situation anders liegen, da hier der Schaden auf eine erhöhte Konzentration an Ammoniumionen im Wirt zurückzuführen ist. Auf diesen Zusammenhang wird später näher eingegangen (Abschnitt 21.1).

Häufig stehen die Chlorosen in einem direkten Zusammenhang mit Welkesymptomen. So können die Welkeerscheinungen an *P. solanacearum*-infizierten Bananen vermutlich auf einen Verschluß der Wasserleitungsbahnen und den dadurch bedingten Turgorverlust in den Geleitzellen der Stomata zurückgeführt werden.

Chlorosen gehen beinahe in allen Fällen mit charakteristischen Veränderungen der Chloroplasten im Wirt einher. Ähnlich wie bei viralen Infektionen (Abschnitt 5.7.1) findet man nach Bakterienbefall Schwellungen der Thylakoide sowie eine Zunahme der Häufigkeit und Größe lipidhaltiger

Plastoglobuli. Diese Symptome sind den Alterungssymptomen in seneszierenden Blättern sehr ähnlich. Physiologisch korrelieren diese morphologischen Veränderungen mit einer Reduktion der Photosyntheserate. Wie schon erwähnt, kann ein Teil dieser Chloroplastenveränderungen und Chlorosen durch Cytokininzusätze revertiert werden. Dies trifft beispielsweise für Infektionen durch *P. tabaci* und *P. phaseolicola* zu. Weiterhin findet sich eine reduzierte Anzahl von Ribosomen sowohl in Chloroplasten als auch im Cytoplasma. Die morphologisch sichtbaren Chloroplastenveränderungen sind aber auch biochemisch nachzuvollziehen. Im Thylakoid scheinen sich die Eigenschaften bestimmter Proteine derart zu verändern, daß sie weniger Phosphatide (vor allem Lecithin) binden. So fand man nach *Erwinia amylovora*-Infektion eine reduzierte Kapazität der Chloroplastenproteine, sich mit solubilisierten Thylakoidlipiden zu reassoziieren.

Zusammenfassend läßt sich feststellen, daß die physiologischen und biochemischen Veränderungen nach bakterieller Infektion Effekten sehr ähneln, die nach viralen Infektionen oder nach länger anhaltenden Streßperioden vorzufinden sind.

9.2 Pathologische Respirationseffekte nach bakteriellen Infektionen

Werden Tabakblätter mit *Pseudomonas tabaci*, *P. pisi* oder *P. fluorescens* infiziert, so ist eine gesteigerte Atmung meßbar. Hemmversuche mit Antimycin A, das nur die Respirationskette in Mitochondrien Höherer Pflanzen, aber nicht die der Bakterien inhibiert, machten klar, daß die potenzierte Sauerstoffaufnahme allein vom Wirt herstammt. Veränderungen in der Sauerstoffaufnahme können schon 20 Sekunden nach der Kontaktaufnahme zwischen bakteriellen und pflanzlichen Zellen auftreten.

Neben diesen Veränderungen, die direkt die Mitochondrien betreffen, gibt es sicherlich noch Effekte, die am Plasmalemma der Wirtszelle ablaufen. So ist in Membranen von Baumwollkotyledonen, die mit *Xanthomonas malvacearum* inokuliert wurden, eine sehr rasche Membrandepolarisierung zu beobachten. Man nimmt an, daß dieser Effekt auf einer Entkoppelung der Protonenpumpe von dem Energienachschub (ATP) der Mitochondrien beruht.

Nach bakteriellen Infektionen wird, wie schon für Viren und an anderer Stelle für Pilze beschrieben, die Endoxidase der Mitochondrien durch andere Oxidasen ersetzt. Zu den neu dazukommenden Oxidasen gehören vor allem die Ascorbinsäureoxidase und die Polyphenoloxidasen. Darüber hinaus werden die Katalaseaktivität, die Peroxidaseaktivität und die Aktivität des Pentosephosphat-Zyklus sehr stark erhöht.

Für Peroxidasen (Abb. 5.12a) und Katalasen wird allgemein formuliert, daß sie Wasserstoffperoxid, das im intermediären Metabolismus entstehen kann, entgiften. Dies muß jedoch nicht immer so sein: Sowohl Katalase als auch Peroxidase können prooxidative Effekte auslösen. Die allgemeine Formulierung der katalytischen Aktivitäten von Katalase und Peroxidase drückt nur einen Teil ihrer wirklichen Aktivität aus. Tatsächlich entstehen aus Katalase und Peroxidase in der Reaktion mit Wasserstoffperoxid relativ starke Oxidantien, die man als Komplex 1 oder *compound one* bezeichnet. Bei Katalase führt erst das Hinzutreten eines weiteren Wasserstoffperoxidmoleküls zu dessen Abbau. Peroxidase reagiert als *compound one* mit sehr unterschiedlichen Substraten, wobei diese oxidiert und zum Teil zerstört werden. In Anwesenheit bestimmter Substrate, wie Halide (Chlorid, Jodid, Fluorid, Bromid), Rhodanid (SCN^-) und vor allem Phenole, entstehen Radikale am Substrat und in Interaktion mit diesen wieder organische Radikale. Es wurde gezeigt, daß Peroxidase eine wesentliche Rolle bei der Resistenz der Sojabohne gegenüber bakteriellen Infektionen spielt. Die Interaktion mit organischen Molekülen, wie der Ascorbinsäure und der Dehydroascorbinsäure, führt zu bakteriziden Substanzen (Tab. 9.1), deren detaillierte chemische Strukturen und Aktivitäten jedoch noch unbekannt sind.

Die erhöhte Atmungsaktivität in Wirten nach bakterieller Infektion mag also darin begründet sein, daß Sauerstoffaktivierungsprozesse im Plasmalemma, das heißt eine aktive Sauerstoffreduktion (Abschnitt 3.2.2), die Bildung von Wasserstoffperoxid induzieren, welches in einer nachfolgenden komplexen katalase- oder peroxidasekatalysierten Reaktion zu dem eigentlich bakteriziden System führt. Das angeführte halid- und ascorbinsäureabhängige anti-

Tabelle 9.1: Der Einfluß von Meerrettich-POD in Kombination mit Ascorbinsäure oder Dehydroascorbinsäure auf das Überleben von *Xanthomonas phaseoli* var. *sojense* (HRP: Meerrettich-Peroxidase).
(Modifiziert nach: Urs, N. V. R. R. und Dunleavy, J. M. (1974) *Phytopathology*. Bd. 64, S. 542.)

Verbindungen	Überlebensrate (%)
Citratpuffer (CP)	100
CP + 20 µM Ascorbat	100
CP + 20 µM Dehydroascorbat	100
CP + H_2O_2 + KI + HRP	0,09
CP + H_2O_2 + KI + HRP + Ascorbat	0,001
CP + H_2O_2 + KI + HRP + Dehydroascorbat	0,000

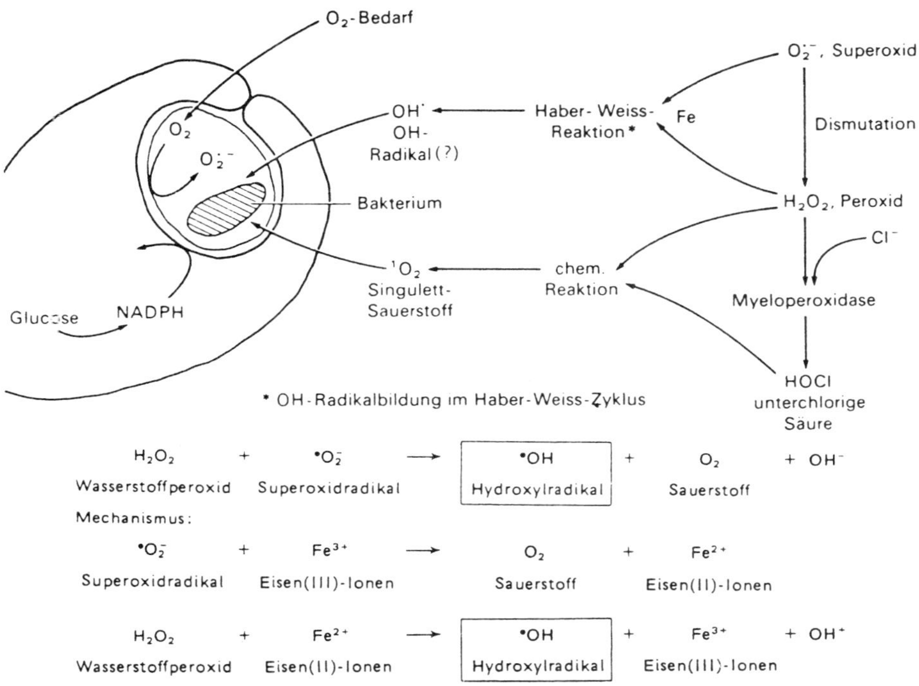

9.1 Das bakterizide System aktivierter Leukozyten. (Aus: Elstner, E. F. (1990) *Der Sauerstoff.* Bibliographisches Institut, Mannheim.)

bakterielle System ist sehr ähnlich dem Myeloperoxidasesystem aktivierter Leukozyten in unspezifischen tierischen Immunantworten (Abb. 9.1).

9.3 Nucleinsäure- und Aminosäuremetabolismus in bakteriell infiziertem Wirtsgewebe

Die Veränderungen im Nucleinsäure- und Aminosäuremetabolismus sind besonders in *Agrobacterium tumefaciens*-infiziertem Tumorgewebe, der sogenannten *crown gall disease*, untersucht worden. Es zeigte sich, daß das Tumorgewebe den gleichen, nicht proteingebundenen Stickstoffgehalt wie normales Gewebe besaß, daß die Tumoren aber dreimal mehr Protein in ihrem Gewebe hatten. Wasserlösliche Proteine waren im Tumorgewebe sogar sechsfach angereichert. Tumorgewebe weist also offensichtlich eine höhere Proteinsyntheserate auf als das umliegende Wirtsgewebe. Diese

Steigerung der Proteinsynthese geht auf einen 30 bis 50prozentigen Anstieg der DNA-Pegel 48 Stunden nach Inokulation zurück. Das tumorinduzierende Prinzip (TIP) (Abschnitt 9.6.1) stimuliert auch die autonome Bildung von Indolessigsäure, Myoinosit, Glutamin, Asparagin und bestimmter Vorläufer von Nucleoproteinen und Nucleosiden. Es wird angenommen, daß *A. tumefaciens*-DNA direkt in das Genom des Wirtszellkerns integriert wird. Die Umsteuerung des Wirtsmetabolismus beziehungsweise der Morphogenese im Wirt ist also über eine DNA- und RNA-Mobilisierung zu verstehen. Dabei werden Enzyme induziert, die den Hormonhaushalt umstrukturieren. Die Gallenbildung durch *Pseudomonas savastanoi* in Oliven- und Oleanderstämmen wird über die Induktion der Tryptophanmonooxygenase und der Indolacetamidhydrolase erreicht, wobei Indolessigsäure über den Indolacetamidweg aus Tryptophan synthetisiert wird (Abschnitt 9.6.1).

Auch die Aminosäurebiosynthese des Wirtes wird umgesteuert: *A. tumefaciens*-Isolate synthetisieren Enzyme (zum Beispiel Octopin-, Nopalinsynthetase), die die Bildung von Opinen katalysieren. Bei diesen Opinen handelt es sich um eine Familie von Aminosäuren (zum Beispiel Octopin, Nopalin, Agropin, Agrocinopin), die nur von dem infizierenden Bakterium verstoffwechselt werden können, die der Wirt selbst aber nicht für sich verwerten kann. Die Aminosäurebiosynthese wird von *A. tumefaciens* also so umgesteuert, daß Verbindungen entstehen, die nur dem Pathogen als Stickstoffspeicher zur Verfügung stehen. Dieser Vorgang wird als genetischer Parasitismus bezeichnet und stellt eine stark abgewandelte Form des Gesamtkomplexes Parasitismus dar.

9.4 Die Wirkung bakterieller Toxine auf den Aminosäuremetabolismus

Pseudomonas tabaci produziert mit Hilfe des sogenannten *wild fire*-Toxins chlorotische Flecken ("Halos") in infizierten Blättern. Auch wird der Abbau von Proteinen im infizierten Gewebe induziert. Neben dem Proteinabbau bewirkt eine Infektion auch eine erhöhte Ribonucleaseaktivität und damit den Abbau von RNA. In anderen, durch Bakterieninfektion induzierten chlorotischen Erkrankungen scheint eine Akkumulation von Ornithin und Histidin zu erfolgen. Diese beiden Aminosäuren werden als freie Säuren in gesundem Gewebe nicht vorgefunden. Solche Verschiebungen innerhalb des Aminosäuremusters werden zum Beispiel durch *Pseudomonas phaseolicola* induziert. Sie waren nicht nur in chlorotischen Blättern, sondern auch in noch nicht symptomtragenden infizierten Blättern meßbar, wenn auch in

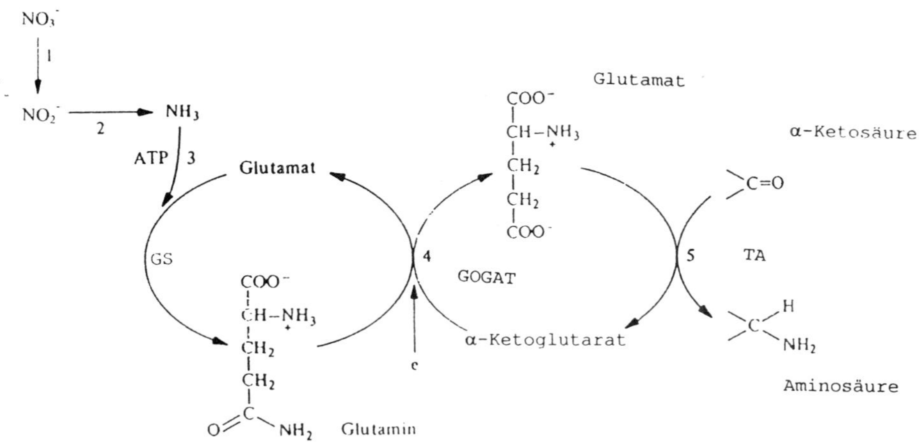

9.2 Der Glutamin-Glutamat-Zyklus: der Einbau von NH_3 in α-Ketosäuren unter Synthese von Aminosäuren. (1: Nitratreduktase; 2: Nitritreduktase; 3: Glutaminsynthetase (GS); 4: Glutamin-Oxoglutarat-Aminotransferase (GOGAT); 5: Transaminase (TA)).

abgeschwächter Form. Die Ornithinanhäufung ist die Folge einer Hemmung im Ornithinzyklus durch bakterielle Toxine. Das Enzym, das die Umwandlung von Ornithin in Citrullin katalysiert (Ornithin-Carbamoyl-Transferase), wird durch toxinhaltige Präparate aus *P. phaseolicola* gehemmt. Ein Eingriff in den Aminosäuremetabolismus stellt damit auch einen starken Eingriff in den Stickstoffstoffwechsel des Wirtes insgesamt dar. Tabakblätter, die mit *P. tabaci* infiziert sind, akkumulieren Tabtoxin, welches für die Anhäufung von Ammoniak verantwortlich ist. Dieses Ammonium häuft sich in Chloroplasten an, wo es die sehr schnelle Desintegration der Chloroplastenstruktur bewirkt. Wie in Teil F näher ausgeführt wird, ist eine Hemmung der Glutaminsynthetase für diese Effekte verantwortlich (Abschnitt 21.1).

Freigesetztes Ammonium wird im normalen Gewebe durch die Glutaminsynthetase verwertet, indem Glutamat zu Glutamin umgewandelt wird.
Auch in *Xanthomonas malvacearum*-infizierter Baumwolle, in *Erwinia amylovora*-infizierten Apfelschößlingen oder in *Pseudomonas coronafaciens*-infiziertem Getreide sind ähnliche Effekte festzustellen: Vor einer Schädigung zellulärer Membranen des Wirtes scheint sich Ammoniak anzureichern (Abb. 9.3, vgl. auch Abb. 5.16).

C Bakterien

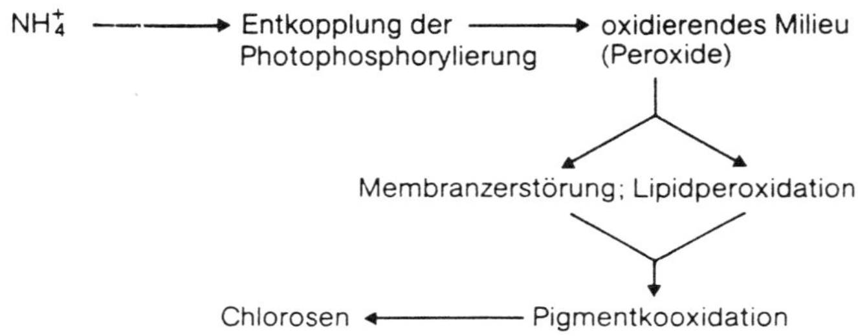

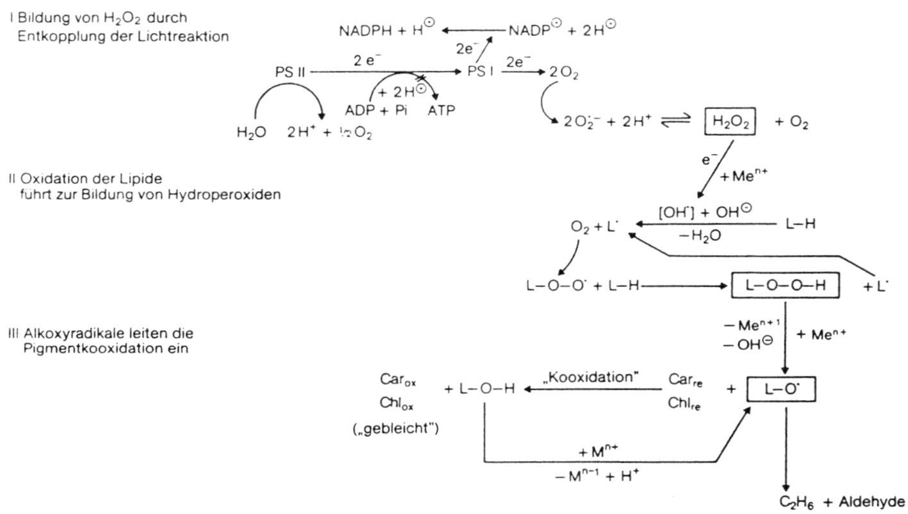

9.3 Mechanismus der Chlorotisierung durch Entkoppler. (Car_{ox}, Chl_{ox}: oxidierte Pigmente (Bleichung); M^{n+}: Übergangsmetall-(Fe, Cu)-Katalyse).

9.5 Bakterielle Veränderungen des Sekundärstoffwechsels

Die großen pflanzlichen Substanzgruppen der Phenolderivate und Terpenoide, aber auch der Steroide, werden sehr häufig als sekundäre Metaboliten eingestuft. Ihre wahre Bedeutung für den pflanzlichen und zellulären Metabolismus wurde in der gesamten Tragweite erst in den letzten Jahrzehnten erkannt. Ein Großteil der angesprochenen Substanzgruppen stammen vom Acetat-Malonat-, Shikimat- oder dem Acetat-Mevalonatweg ab, wobei der Shikimatweg eine besondere Rolle einnimmt, da wichtige aromatische Aminosäuren, wie Tyrosin, Phenylalanin oder Tryptophan, mit ihren Abkömmlingen, diesem Weg entstammen (Abschnitt 17.2.1). Auch die Pflanzenhormone Indolessigsäure und die große Zahl der Gibberelline, die über den Acetat-Mevalonatweg entstehen, gehören zu diesen Familien von

Metaboliten. Die Umsteuerung dieser Stoffwechselwege, zum Beispiel durch *Pseudomonas solanacearum*, führt zu einer starken Akkumulation von Indolessigsäure und somit zu einem geänderten Wachstumsverhalten der befallenen Gewebe. Auch findet man einen erhöhten Gehalt von Scopoletin, einem wichtigen und potenten Inhibitor der Indolessigsäureoxidase, in *P. solanacearum*-infiziertem Tabakgewebe.

Die Steuerung der Neusynthese von Indolessigsäure und die Hemmung ihres Abbauwegs über die Indolessigsäureoxidase führen somit in Kombination zur Anhäufung von Indolessigsäure in infiziertem Gewebe.

Dem Shikimatweg entstammen auch die großen Substanzklassen der Flavonoide und ihrer Zuckerkonjugate. Die Anreicherung solcher Substanzen in *Erwinia amylovora*-infizierten Apfelgeweben konnte mit der Virulenz der entsprechenden Pathogene oder mit der Resistenz der korrespondierenden Wirte korreliert werden. Zum Teil handelt es sich hier um sogenannte vorgeformte Abwehrstoffe des Wirtes, die in einem eigenen Kapitel angesprochen werden (Abschnitt 16).

Die Induktion oder Aktivierung von Enzymen, die solche Substanzgruppen als Substrat benutzen oder bei denen sie als Aktivatoren, Inaktivatoren oder Modulatoren der Enzymaktivität dienen, ist heute ein intensiv bearbeitetes Forschungsobjekt. Besonders die Gruppe der Peroxidasen und Phenoloxidasen fallen in diesen Bereich.

In die Gruppe dieser Stoffwechselprodukte gehören auch die sogenannten Phytoalexine. Ihnen ist ein eigenes Kapitel gewidmet (Abschnitt 17.5). Nicht nur pilzliche Schaderreger, sondern auch Bakterien, wie *Pseudomonas glycinea* oder *Pseudomonas lacrimans*, können in Bohnen oder Sojabohnen Glyceollin oder Isoflavonoide, wie Cumestrol und Daidzein, induzieren. Das Pterocarpan Phaseollin wird in Sojabohnen durch inkompatible Bakterien induziert. Dabei ist die Induktion nicht, wie bei einigen pilzlichen Infektionen, auf einen Wundreiz zurückzuführen. Samen, die frostbehandelt wurden, produzierten nämlich keine erfaßbaren Mengen der Phytoalexine, während die Kolonisierung durch Mikroorganismen eine aktive Synthese bewirkte. Dies wurde für verschiedene *Pseudomonas*-Stämme, wie *P. glycinea, P. tabaci* und *P. syringae*, gezeigt. Eine Infektion von Sojabohnen durch *P. glycinea* führt zur Neusynthese dieser Phytoalexine vom Pterocarpantyp.

Anscheinend genügt die Menge an Phenylalanin im Wirtsgewebe, um die Pterocarpane zu synthetisieren, denn Inhibitoren des Enzyms Phenylalaninammoniumlyase (PAL) waren unwirksam auf die Glyceollinsynthese nach *Pseudomonas*-Infektion.

Sekundäre Metaboliten sind sowohl bei der Resistenzausbildung als auch bei der Nekrotisierung und allgemein der hypersensitiven Reaktion von pflanzlichem Gewebe gegenüber Bakterienbefall beteiligt. So wird zum Beispiel die Synthese von Suberin nach Bakterieninfektion in manchen Geweben stimuliert. Suberin ist ein Sekundärmetabolit und enthält sowohl aliphatische als auch aromatische Komponenten (Abschnitt 17.3). Ein wichtiger aromatischer Bestandteil von Suberin ist die Ferulasäure. Die Suberinisierung stellt einen integralen Faktor von Wundheilungsprozessen dar und dient auch als Barriere gegen das Eindringen von Mikroorganismen. Die Hemmung der Suberinbildung in Kartoffelscheiben durch Cycloheximid (ein Antibiotikum) hatte zur Folge, daß bakterielle Pectatlyasen (Abschnitt 8.5.1) das Gewebe leichter mazerieren konnten. Dieser Befund unterstreicht die mögliche Bedeutung der Suberinbildung nach bakterieller Infektion.

Die komplexen Vorgänge bei der hypersensitiven Reaktion und der dabei sichtbaren Nekrotisierung werden an anderer Stelle noch genauer angesprochen (Abschnitt 14). Auch hier spielen zum Beispiel die Chlorogensäure, das Tomatin, das Amygdalin und das Gossypol als Substanzen aus der erwähnten Gruppe eine besondere Rolle. Hydrolytische Modifikation oder oxidative Aktivierung dieser Verbindungen kann zu Radikalen oder Toxinen führen, die wiederum für die Zerstörung membranständiger Moleküle, wie ungesättigter Fettsäuren und bestimmter Proteine, verantwortlich sind. Die Folge des Angriffs auf diese Moleküle ist ein Leckschlagen des Plasmalemmas, was zu einem Austritt von Elektrolyten führt. Dies ist ein deutliches Anzeichen für den beginnenden Zelltod (Abschnitt 14).

9.6 Veränderungen des Phytohormonhaushaltes durch bakterielle Infektionen

Wie in diversen Abschnitten bereits angesprochen, verändert sich die Hormonzusammensetzung in allen infizierten Geweben. Dies gilt für Viren, Bakterien und Pilze.

9.6.1 Erhöhung des Auxingehaltes in infizierten Geweben

Im Zusammenhang mit der Tumorbildung durch *Agrobacterium tumefaciens* oder *Pseudomonas savastanoi* wurden der veränderte Auxingehalt und dessen Auswirkungen auf das Wirtsgewebe bereits angedeutet (Abschnitt 2.2.1). Dabei ist der erhöhte Auxingehalt sowohl durch eine verstärkte Synthese als auch durch einen verhinderten Abbau durch Hemmung der Indolessigsäureoxidase zurückzuführen (Abb. 2.2).

Die erhöhten Indolessigsäurekonzentrationen in infiziertem Gewebe gehen zum Teil auf eine verstärkte Bildung im Wirt zurück, zum Teil aber auch auf eine Synthese durch das Bakterium selbst. Bakterien benutzen hierzu einen anderen Biosyntheseweg als Pflanzen (Abschnitt 2.2.1). Mit Hilfe radioaktiver Markierung konnte gezeigt werden, daß zum Beispiel *Pseudomonas solanacearum* Tryptophan über die Anthranilsäure zu Indolessigsäure umwandelt.
Seitenkette des Tryptophans abgespalten und Alanin freigesetzt.

Im Falle einer Infektion mit *Pseudomonas savastanoi* oder *Pseudomonas solanacearum* ist die Indolessigsäureoxidase in erkranktem Gewebe im Vergleich zu nichtinfiziertem Gewebe auf rein Drittel reduziert, was auch zur Erhöhung der Indolessigsäure-Konzentration beiträgt.

Bei vielen Welkekrankheiten reichert sich Indolessigsäure an. Diese, als Hyperauxie bezeichnete Situation beeinflußt die Pathogenese über mindestens vier unterschiedliche Mechanismen:

1. Indolessigsäure erhöht die Zellwandplastizität oder erhält sie aufrecht,
2. Indolessigsäure hemmt die Lignifizierungsreaktion,
3. Indolessigsäure erhöht die Transpirationsrate, und
4. Indolessigsäure fördert die Anreicherung bestimmter Aminosäuren, wie Tryptophan.

Wie allerdings diese vier Faktoren dazu beitragen, um die typischen Pathogenitätssymptome zu bewirken, ist nicht bekannt. Solche typischen Symptome, die durch Auxinverschiebungen entstehen, sind zum Beispiel die berühmte *crown gall disease*, hervorgerufen durch *A. tumefaciens,* oder die Olivenknotenerkrankungen, hervorgerufen durch *Pseudomonas savastanoi.* Hier führt die Hyperauxie zur Vergrößerung der Zellen im Tumor und zu einer Wachstumsstimulation, wobei Indolessigsäure und Cytokinine kooperativ zu wirken scheinen.

Bei einer *A. tumefaciens*-Infektion wird die erhöhte Indolessigsäuresynthese durch ein *tumor inducing principle* (TIP) eingeführt, das auf dem sogenannten TI-Plasmid lokalisiert ist. Dieses TI-Plasmidteil, das für die Auxinsynthese codiert, wird in die Wirts-DNA eingebaut. Daneben scheinen aber auch Wundreaktionen an der Tumorbildung beteiligt zu sein, wobei die Wundreaktionen eine Konditionierung bewirken, wie die Synthese von Bindungsstellen für Bakterien oder bestimmte Substanzen aus dem bakteriellen Metabolismus.

9.6.2 Der Einfluß von Cytokininen auf die Pathogenese

Es wurde schon erwähnt, daß Cytokinine und Auxine kooperativ bei der Zell- und Gewebevergrößerung wirken. Daneben können Kinetin und andere Cytokinine die Proteinabbaureaktion und Chlorosen verhindern oder verzögern. Proteinabbau und Chlorosen werden durch Toxine, wie zum Beispiel das *Pseudomonas tabaci*-Toxin (Abschnitt 21.1), ausgelöst. Behandelt man nun Blätter, die mit diesem Toxin inkubiert werden, mit 10^{-5} M Kinetin, entwickeln sich die typischen Chlorosesymptome nicht. Ebenso wird eine normale Proteinsynthese wiederhergestellt.

Corynebacterium fascians-infizierte Erbsen zeigen Wachstumsstörungen, beispielsweise die Bildung einer großen Anzahl von Seitenknospen an einem Internodium unter gleichzeitiger Einstellung des Längenwachstums. Da diese Effekte typische Cytokinineffekte sind, vermutete man, daß *C. fascians* die beobachteten Symptome über ein Cytokinin hervorruft. Tatsächlich zeigten Bakterienzellen und Chloroformextrakte der Bakterien Cytokininaktivität in den gängigen Cytokininbiotests. Die erwähnte Aktivität wurde als eine Komponente der tRNA-Fraktion der Bakterien identifiziert und als γ-(γ-Dimethylallylamino-)Purin ausgewiesen. Diese Substanz ist nur ein Cytokinin von mehreren, die von *C. fascians* produziert werden. Bei Wachstumsveränderungen, wie der Bildung von Hexenbesen, ist also davon auszugehen, daß Cytokinine eine bedeutende Rolle bei dieser Symptomausprägung spielen.

9.6.3 Ethyleneffekte

Schon vor vielen Jahren wurde vermutet, daß die vorzeitige Reifung von Bananen nach *Pseudomonas solanacearum*-Infektion auf hohe interne Ethylenpegel zurückzuführen sind. Dabei stellte man fest, daß die Bakterien selbst, und nicht nur der Wirt, nach Infektion Ethylen synthetisieren können. Später zeigte sich, daß auch andere Bakterien, wie zum Beispiel weitere Pseudomonaden, Xanthomonaden und *Erwinia*-Arten, *in vitro* beträchtliche Mengen an Ethylen abgeben. Die damaligen *in vitro*-Experimente, die mit 4-Methylmercapto-2-Oxobuttersäure (KMB), einem Transaminierungsprodukt von Methionin, durchgeführt wurden, beruhten noch auf der Vorstellung, daß diese Substanz der eigentliche Vorläufer des biologisch wirksamen Ethylens ist. Heute weiß man, daß KMB nicht der eigentliche Vorläufer des Ethylens in Höheren Pflanzen ist (Abschnitt 2.2.5).

Andere Untersuchungen ergaben, daß auch die pectolytischen Aktivitäten von *Erwinia carotovora* oder *Xanthomonas campestris* eine Ethylenproduktion auslösen können. Heute weiß man mit großer Sicher-heit, daß eben gerade der Angriff auf Zellwände zu einer Induktion der Ethylensynthese führt. Dabei wird vermutlich die ACC-Synthase, ein Schlüsselenzym des Ethylenbiosyntheseweges, induziert. Der Angriff auf die Zellwände ist einer der vielen unspezifischen Stressoren, die zur Ethylensynthese führen. Die ACC-Synthase kann durch eine Vielzahl von Faktoren induziert werden.

Die Effekte des Ethylens sind vielfältig. Einer der Haupteffekte ist die Induktion von Seneszenz und Abscission. Daneben werden auch hydrolytische Enzyme und Enzyme des sogenannten sekundären Metabolismus (PAL, Zimtsäure-4-Hydroxylase und andere) induziert. Die Induktion von zellwandabbauenden Enzymen, wie der Cellulase, sind sicherlich dafür verantwortlich, daß pflanzliches Gewebe zunehmend für Pathogene zugänglich wird, wobei Schwächeparasiten profitieren.

Die Wirkung des Ethylens ist in direkter Korrelation mit der Abscisinsäurewirkung zu sehen (unten).

9.6.4 Die Wirkung der Abscisinsäure

Abscisinsäure kann sich in infizierten Pflanzen bis zu 40fach anreichern. Dieser Effekt tritt häufig im Zusammenhang mit Welkeerkrankungen auf. *Pseudomonas solanacearum*-infizierte Tabakpflanzen zeigen vielfach erhöhte Abscisinsäurewerte. Da Abscisinsäure auch die Ehtylensynthese induziert und umgekehrt (oben) und die Abscisinsäure wiederum für zahlreiche Seneszenzsymptome verantwortlich ist, erkennt man eine direkte Kooperation dieser beiden so unterschiedlichen Pflanzenhormone. Über die Umsteuerung der Synthese von wachstumsfördernden Gibberellinen in die Synthese der aus dem gleichen Metabolismus stammenden Abscisinsäure durch Langtagbedingungen wurde bereits berichtet (Abschnitt 2.2.2). Inwieweit bakterielle Infektionen auf diese Umsteuerung Einfluß nehmen, ist nicht bekannt.

10. Die Resistenz gegenüber bakteriellen Infektionen

Resistenz gegenüber bakteriellen Infektionen ist vor allem durch die Oberfläche der Wirte gegeben und somit in den Gesamtkomplex der sogenannten horizontalen Resistenz einzuordnen. Dazu gehört, daß das Wasser auf der Oberfläche von Wirten schnell abtropft, so daß trotz Verwundung Bakterien nicht mit dem Wasserstrom in die Wunden eingespült werden können. Auch die Struktur der Kutikula über den Stomata ist von übergeordneter Bedeutung, wie an Zitrusarten eindeutig gezeigt werden konnte (Abschnitt 15). Die Ausbreitungsgeschwindigkeit von Bakterien im Wirt ist natürlich von der Wasserflußgeschwindigkeit im Xylem abhängig. Für Zuckerrohr und *Corynebacterium* wurde gezeigt, daß die resistentere Art eine Wasserflußgeschwindigkeit von 1,8 ml/min aufweist, eine empfindliche Varietät hingegen eine Geschwindigkeit von 16,8 ml/min. Die resistenten Klone mit einer niedrigen Wasserflußgeschwindigkeit hatten eine stärkere Verzweigung der großen Xylemgefäße an den Internodien. Die Morphologie des Gefäßsystems ist also ganz sicherlich ein determinierender Faktor für die Ausbreitungsgeschwindigkeit von Bakterien im Wirt.

Postinfektionell ist die Entwicklung von Thyllen (Abb. 8.3) ganz sicherlich ein determinierender Faktor für Empfänglichkeit oder Resistenz gegenüber bakteriellen Infektionen. Dies wurde an Wein und Tomaten für zahlreiche Pathogene festgestellt. In einigen Fällen zeigte sich, daß sich Thyllen immer dann entwickeln, wenn sich Xylemgefäße mit Luft füllen. Thyllen wären damit in diesen Fällen ein Ergebnis der Unterbrechung des Wasserstroms. Dazu kommt, daß Pathogene bei Luftzutritt ihre Virulenz verändern: Für *Erwinia carotovora* und *Erwinia atroseptica* in Kartoffelknollen wurde gezeigt, daß die Sauerstofflimitierung durch einen Wasserfilm die *Erwinia*-Kulturen besonders virulent machte.

Die Sauerstoffzufuhr hat auch einen profunden Effekt auf die Wundperidermbildung und damit der Verhinderung der Mazerationsgeschwindigkeit durch *Erwinia*. Man führt das auf die Sauerstoffabhängigkeit der Suberinbildung zurück.

Auch ligninähnliches Material, das nach Infektion neu synthetisiert wird (Abschnitt 17.2), bildet ein Schutzschild gegen zellwandabbauende Bakterien. Die Bildung von Wasserstoffperoxid nach Infektionsinduktion, wie sie an anderer Stelle detailliert beschrieben wird (Abschnitt 19.2.3), führt zur Kreuzvernetzung von Arabinoxylanketten der Hemicellulose über Ferulsasäurereste. Dies ist sicher eine weitere Komponente der Resistenz gegenüber der Ausbreitung von Bakterien.

Eine ganz wichtige Rolle bei der Resistenz spielen sowohl präformierte als auch neu synthetisierte Verbindungen. Diese werden im Zusammenhang mit pilzlichen Infektionen in Kapitel E ausführlich dargestellt. Da sowohl Induktionsreaktionen als auch die Antworten im Wirt bei Bakterien- und Pilzinfektionen sehr ähnlich sind, verzichten wir hier auf eine detaillierte Darstellung der Einzelreaktionen.

Neben der Synthese von toxischen Substanzen, die Bakterien entweder abtöten oder zumindest lokalisieren, gibt es eine andere "Stillegung" von Bakterien durch ihren Einschluß in Pflanzenschleime oder Agglutination. Auch Fibrillen von Pflanzenzellen können inkompatible Bakterien wie *Pseudomonas pisi* auf der Oberfläche immobilisieren, wie das für Tabak-Kalli gezeigt wurde. Solche Immobilisierungen können in Xylemgefäßen stattfinden, wobei nicht nur gummiartige Substanzen und Thyllen für diesen Immobilisierungsprozeß verantwortlich sind, sondern spezifische Glykoproteine. Diese scheinen durch Granula aus benachbarten Zellen in die Gefäße abgeschieden zu werden. Die Abscheidung dieser Granula ist anscheinend erst auf einen Stimulus der Bakterien hin möglich. Agglutinine, die für diesen Prozeß verantwortlich sind, wurden zum Beispiel aus Kernen, Stielen oder auch Blattgewebe von Äpfeln angereichert. Virulente Formen von Pathogenen scheinen weniger empfindlich gegenüber einer Agglutination zu sein als avirulente. Darüber hinaus können die Agglutinationsaktivitäten durch extrazelluläre Polysaccharide (EPS) der Pathogene neutralisiert werden. Ein Apfelagglutinin, das Malin genannt wird, hat ein Molekulargewicht von 12600 und ist sehr ähnlich den Thioninen, denen man antibiotische Aktivität nachgesagt hat.

D Pilze

11. Allgemeine Charakteristika von Pilzen

Pilze sind heterotroph lebende, vielzellige Eukaryoten, die früher zum Pflanzenreich gerechnet wurden (allen Pilzen fehlen aber Plastiden). Das Pilzreich ist sehr heterogen: Man schätzt, daß es ungefähr 150000 Pilzarten gibt.

Charakteristisch für die meisten Pilze sind ihre fädigen Vegetationsorgane, die Hyphen, welche sich durch komplexe Verzweigungsmuster zum Myzel

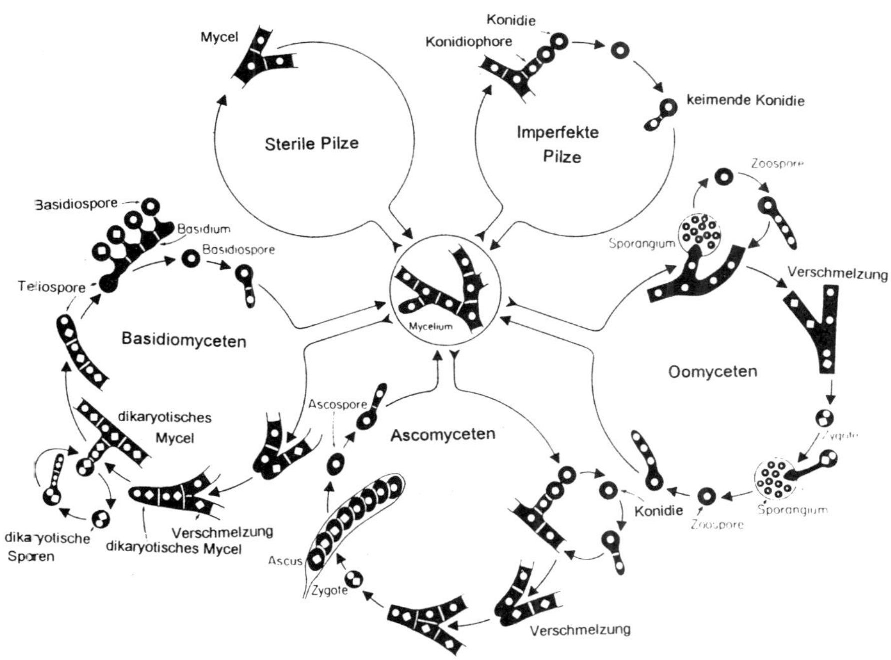

11.1 Generalisiertes Schema der Lebenszyklen der Hauptgruppen pflanzenpathogener Pilze. (Modifiziert nach: Agrios, G. N. (1988) *Plant Pathology*. 3. Aufl., Academic Press, San Diego.)

ausdifferenzieren. Bausteine der Pilzzellwände sind Chitin (mit *N*-Acetylglucosamin als monomeren Bausteinen), Cellulose (bei den Oomyceten) und Mannan (Mannose als β-1,4- oder β-1,6-verknüpfte Monomere). Zur vegetativen Fortpflanzung werden verschiedenste Sporentypen entwikkelt, die sexuelle Fortpflanzung zeigt ebenfalls eine enorme Variationsbreite (Abb. 11.1). Zahlreiche Pflanzenparasiten gehören zu den *Fungi imperfecti*, die keine Sexualzyklen aufweisen.

Zu den wichtigsten Pflanzenschädlingen gehören Vertreter der Niederen Pilze, wie Myxomycota oder Eumycota, als auch der Höheren Pilze, wozu zum Beispiel die Ascomycotina und zahlreiche Deuteromycotina (*Fungi imperfecti*) zählen.

12. Der Infektionsvorgang

Ein Befall setzt das Zusammentreffen von Erreger und Wirt voraus. Für das Zusammentreffen beider ist die Keimübertragung von entscheidender Bedeutung. Hierbei unterscheidet man verschiedene Möglichkeiten:

1. *Autonome Ausbreitung (*aktives Wachstum von Zoosporen im Boden zum Beispiel *Rhizoctonia solani*): Im Boden breitet sich die Mehrzahl der Pilze durch aktives Wachstum nur langsam aus, manche, wie *Plasmodiophora brassicae* (Kohlhernie an Kohl, Raps und anderen Kreuzblütlern), überhaupt nicht. In diesen Fällen sind Pilze darauf angewiesen, daß Wurzeln anfälliger Pflanzen durch Wachstum in ihre Nähe gelangen. In erheblichem Umfang werden Bodenpilze auch durch die Tätigkeit des Menschen, beispielsweise durch Bodenbearbeitung, durch Transport des Saat- und Pflanzgutes sowie durch Bewässerung, verbreitet.
2. *Anemochorie* (Übertragung durch den Wind): Sie stellt die wichtigste Form der Übertragung von Pilzen dar. Als Beispiel sind hier die Brand-, Rost- und Mehltaupilze sowie *Venturia inaequalis* (Erreger des Apfelschorfs) anzuführen.
3. *Hydrochorie* (Übertragung durch Wasser, vor allem Beregnungswasser): Hydrochorie spielt zum Beispiel bei der Übertragung von *Pythium*- oder von *Phytophthora*-Pilzen eine große Rolle.
4. *Zoochorie* (Übertragung durch Tiere): So werden die Sporen von *Ceratocystis ulmi* (Ulmensterben) durch den Ulmensplintkäfer und die Sporen von *Claviceps purpurea* (Erreger der Mutterkornkrankheit an Roggen) durch mehrere Insekten übertragen.
5. *Anthropochorie* (Übertragung von Sporen durch den Menschen, zum Beispiel bei der Verfrachtung von Pflanzen und Pflanzenteilen): Diese Art der Übertragung spielt etwa bei *Phytophthora infestans* (Erreger der Kraut- und Knollenfäule der Kartoffel), *Plasmopara viticola* (Falscher Mehltau an Wein, Rebenperonospora), *Uncinula necator* (Echter Mehltau an Wein) und *Ceratocystis ulmi* eine wichtige Rolle.

Das Zusammentreffen von Erreger und Wirt, also die letzte Phase der Übertragung, wird als Inokulation bezeichnet. Die Erreger oder Infektionspartikel (Vermehrungseinheiten) ergeben das Inokulum. Bei Pilzen kann das Inokulum aus Konidien, Dauersporen, Sklerotien, Zoosporen, Myzel oder Hyphensträngen bestehen. Die Menge der Vermehrungseinheiten wird als

Inokulumdichte bezeichnet. Die Inokulumdichte ist ein quantitativer Begriff, der nichts über die Qualität des Inokulums aussagt. Steigt die Inokulumdichte an, so steigt in der Regel die Infektionshäufigkeit proportional und verringert sich bei weiterem Anstieg. Sie kann aber auch überproportional zunehmen.

12.1 Die Phasen der Besiedelung

Die eigentliche Besiedelung der Wirtspflanze durch das Pathogen kann in mehrere Abschnitte untergliedert werden (Abb. 12.1).

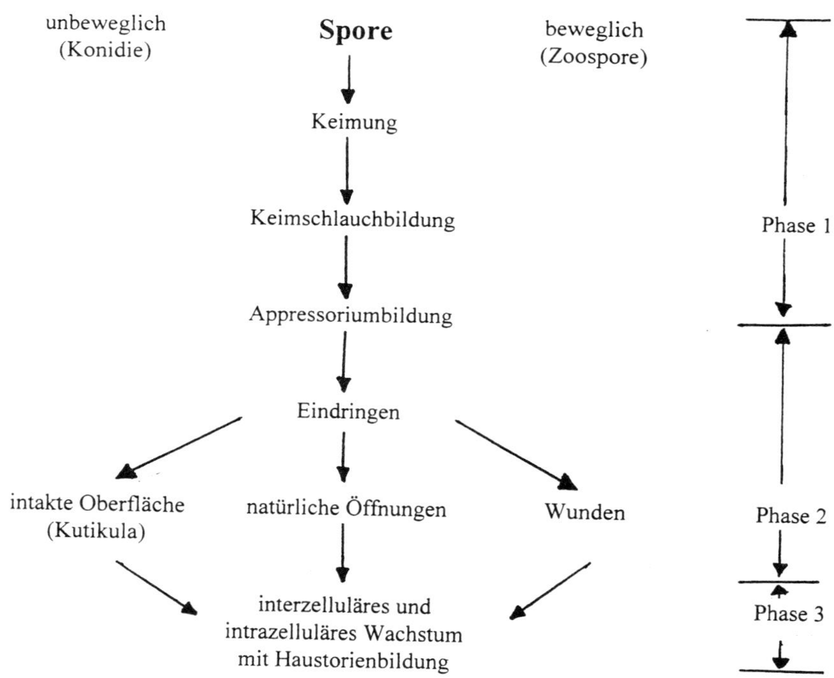

12.1 Infektionswege bei Pilzbefall (Phase 1: Anheftung der Spore an die Pflanzenoberfläche, Sporenkeimung und Bildung des Keimschlauches; Phase 2: Ausbildung des Appressoriums und Eindringen mit Hilfe der Penetrationshyphe; Phase 3: Ausdifferenzierung der Infektionshyphe; intra- und interzelluläres Wachstum mit Haustorienbildung). (Modifiziert nach: Hoffmann, G. M. et al. (1994) In: *Lehrbuch der Phytomedizin.* 3. Aufl., Blackwell Wissenschaftsverlag, Berlin.)

12.2 Äußere Bedingungen für die Sporenkeimung

Die Sporenkeimung ist ein komplexer Vorgang, der oft von exogenen Einflüssen abhängt. Viele Sporen oder Dauerorgane, wie Sklerotien, sind nach ihrer Bildung sofort keimfähig, andere benötigen eine Reifezeit. Manche Sporen, zum Beispiel die Dauersporen von *Synchytrium endobioticum* (Erreger des Kartoffelkrebses), überwintern im Boden und sind über mehrere Jahre hinweg lebensfähig. Die äußeren Bedingungen, vor allem Feuchtigkeit, Temperatur, pH-Wert auf Oberflächen oder im Boden und Lichtverhältnisse, müssen den Ansprüchen genügen, die Keimung und erfolgreiche Penetration stellen. Sie können außerordentlich unterschiedlich sein. Für die Mehrzahl der Pilze ist hohe Luftfeuchtigkeit eine unerläßliche Voraussetzung für die Sporenkeimung. Die Keimrate fällt meist stark ab, wenn die relative Luftfeuchte unter 95% absinkt. So benötigen Falsche Mehltaupilze immer flüssiges Wasser für die indirekte Keimung (Entlassung von Zoosporen aus den Sporangien). Die Eindringrate von *Cercospora beticola* (Blattfleckenkrankheit an Rübe) wird beispielsweise deutlich erhöht, wenn die Blattnässe durch Trockenperioden unterbrochen ist. Manche Sporen keimen nur, wenn das Keimungsmedium bestimmte Nährstoffe enthält. Somit können die Phyllosphäre und die Rhizosphäre das Keimungsverhalten stark beeinflussen.

12.3 Oberflächensignale

Sowohl bei der Sporenkeimung als auch bei der Ausdifferenzierung von Appressorien spielen oft Signale auf der Pflanzenoberfläche eine wichtige Rolle. Einige dieser Signale wurden von Kollatokudy und Mitarbeitern übersichtlich vorgestellt (*Proceedings of the National Academy of Sciences USA* 92, 1995).

12.3.1 Die Topographie der Pflanzenoberfläche

An *Uromyces appendiculatus*, einem über die Stomata eindringenden Rostpilz der Bohne, wurden Untersuchungen zur Bedeutung von Oberflächenstrukturen für die Ausdifferenzierung von Appressorien gemacht. Hierzu wurden verschieden hohe "Grate" aus Polystyren auf eine Silikonoberfläche aufgebracht. Die Bildung von Appressorien wurde nur dann optimal induziert, wenn die Erhöhungen 0,5 µm betrugen. Eine solche Struktur simuliert das Vorhandensein von Spaltöffnungen, so daß der Pilz genau an der richtigen Stelle ein Appressorium ausbildet. Es handelt sich hierbei um einen thigmotropischen Reiz, das heißt, es wird durch Berührungssignale eine gerichtete Bewegung ausgelöst.

12.3.2 Oberflächenwachse

Colletotrichum gloeosporioides ist der Erreger der Brennfleckenkrankheit zum Beispiel an Avocado. Daran konnte gezeigt werden, daß sowohl die Sporenkeimung als auch die Appressorienbildung dieses Pilzes durch Wachse auf der Oberfläche der Avocadofrucht induziert wurden (Podilo et al., *Plant Physiology* 103, 1993). Dieses Signal war in zweierlei Hinsicht spezifisch: Wachse anderer Pflanzen, die keine Wirte für *C. gloeosporioides* waren, induzierten die beschriebenen Effekte bei diesem Pilz nicht. Auch induzierte Avocadowachs die Sporenkeimung und die Appressorienbildung nur bei *C. gloeosporioides*; bei anderen, nichtpathogenen *Colletotrichum*-Arten fand keine Induktion statt. Als aktivste Komponenten des Avocadowachses zeigten sich langkettige Alkohole mit 24 oder mehr C-Atomen.

12.3.3 Ethylen

Viele Pilze infizieren eine Frucht erst dann, wenn diese reif ist. Daher wäre Ethylen, das "Reifungshormon" vieler Pflanzen, ein ideales Signal für diese Pilze, um den geeigneten Infektionstermin anzuzeigen.

Die Bedeutung von Ethylen als Infektionssignal für Pilze wurde an zwei *Colletotrichum*-Arten (*C. gloeosporioides*, *C. musae*) genauer untersucht, welche nur klimakterische Früchte (dalso Früchte, die während ihrer Reifung eine erhöhte Atmungsaktivität und eine vermehrte Ethylenbildung aufweisen) infizieren. Bereits in sehr geringen Konzentrationen ($\leq 1\ \mu l / l = 1$ ppm) induzierte Ethylen bei diesen Pilzen sowohl die Sporenkeimung als auch die Ausdifferenzierung von Appressorien und die Verzweigung von Hyphen mit anschließender multipler Appressorienbildung. Diese Vorgänge wurden dagegen in *Colletotrichum*-Arten, die auch nichtklimakterische Früchte (keine Ethylenbildung) infizieren, durch Ethylen nicht ausgelöst.

Weitere Versuche erbrachten den Nachweis, daß Ethylen bei den untersuchten *Colletotrichum*-Arten tatsächlich als Signal für die Ausdifferenzierung von Infektionsstrukturen dient. So konnte *C. gloeosporioides* nach

Begasung mit exogenem Ethylen Orangen (nichtklimakterische Früchte) infizieren, was zuvor nicht möglich war. Tomaten (klimakterische Früchte) werden normalerweise von *C. gloeosporioides* infiziert. Dagegen zeigen transgene Tomatenpflanzen, denen die Fähigkeit zur Ethylenbiosynthese fehlt, Resistenz gegenüber dem Pathogen. Die resistente Pflanze wurde allerdings wieder anfällig gegenüber *C. gloeosporioides*, wenn Ethylen exogen zugeführt wurde; in diesem Fall wurden wieder Infektionsstrukturen vom Pathogen ausgebildet.

12.4 Das Eindringen in die Pflanze

Pilze können sich entweder über natürliche Öffnungen, wie Stomata und Lenticellen, sowie durch Wunden oder über intakte Oberflächen (Kutikula und Zellwand) Zugang zur Wirtspflanze verschaffen.

12.4.1 Eindringen über natürliche Öffnungen

Stomata

Der Eindringvorgang über Stomata soll am Beispiel der Infektionsstrukturen des Pilzes *Uromyces viciae-fabae* verdeutlicht werden (Abb. 12.2).

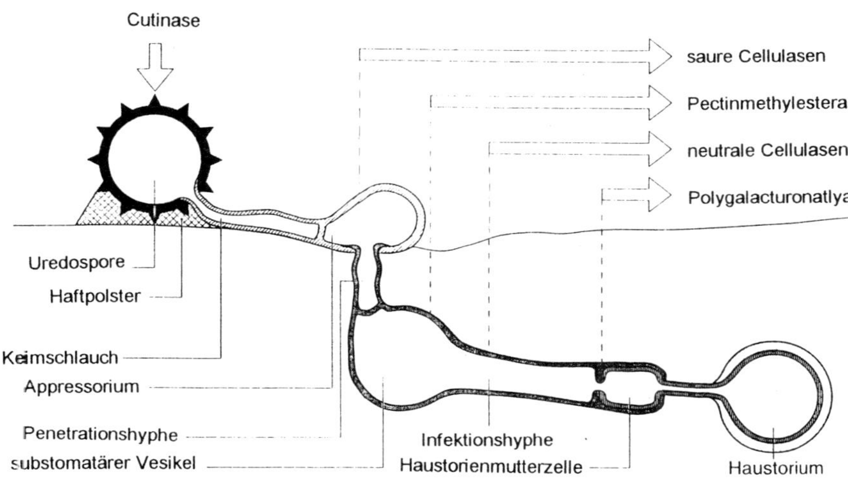

12.2 Eindringen von *Uromyces viciae-fabae* in ein Blatt der Saubohne. (Modifiziert nach: Mendgen, K.; Deising, H. (1993) In: *New Phytol.*, Bd. 124, S. 193.)

Die Uredosporen bleiben auf den Blättern der Saubohne liegen und bilden den Keimschlauch aus. Dieser wächst über eine Spaltöffnung und nimmt die äußere Kante der Spaltöffnungsstruktur wahr. Nach diesem thigmotropischen Reiz kommt es zur Bildung des Appressoriums und anschließend zur Differenzierung der Penetrationshyphe, die die Spaltöffnung von außen nach innen durchwächst. Anschließend bildet letztere das substomatäre Vesikel, das in die Infektionshyphe übergeht. Nach dem Kontakt mit einer Mesophyllzelle bildet sich die Haustorienmutterzelle aus, welche die Mesophyllzelle vorsichtig durchbricht. Anschließend wird im Inneren das Haustorium ausdifferenziert (Abschnitt 12.5).

Durch die Stomata dringen neben dem erwähnten Beispiel auch die Keimschläuche von *Plasmopara viticola*-(Falscher Mehltau an Reben) und *Puccinia*-Arten (Schwarzrost an Getreide) in der Uredoform in ihre Wirte ein.

Lenticellen

Im sekundären Abschlußgewebe (Kork) können Pathogene über die Lenticellen (Korkporen) in den Wirt eindringen. Lenticellen findet man an verkorkten Sproßoberflächen (Zweigen und Stamm). Auch die Korkhaut der Kartoffelknolle ist mit zahlreichen Lenticellen besetzt.

Bei der Bildung des sekundären Abschlußgewebes gliedert das Korkkambium (Phellogen) nach innen eine dünne, oft chloroplastenhaltige Schicht parenchymatischer Zellen, das Phelloderm, ab. Nach außen wird wesentlich massiver das Korkgewebe (Phellem) gebildet. Durch die Einlagerung von Suberin in die Zellwände verkorken die Zellen, was als Transpirationsschutz dient. Im Bereich der Lenticelle gliedert das Korkkambium keine dicht zusammenhängenden Zellen, sondern unter Auflösung der Mittellamellen (Mazeration) abgerundete, nur lose zusammengelagerte Korkzellen ab, zwischen denen eine Diffusion von Wasserdampf, Sauerstoff und CO_2 erfolgen kann. Durch Lenticellen dringen zum Beispiel *Pezicula malicorticis* (Bitterfäule an Apfel), *Streptomyces scabies* (Kartoffelschorf) oder auch das Bakterium *Erwinia carotovora* (Schwarzbeinigkeit und Knollennaßfäule an Kartoffel) in das Wirtsgewebe ein.

Hydathoden

Den als Luftspalten fungierenden Stomata sind die bei manchen Pflanzen ausgebildeten Wasserspalten oder Hydathoden homolog, die der Abscheidung von flüssigem Wasser dienen (Guttation). Hydathoden sind meistens ständig offene Poren am Blattrand und haben Verbindung zum Xylem. Sie sind jedoch nur selten Eintrittsstellen für Pilze.

12.4.2 Direktes Eindringen über intakte Oberflächen

Viele Pilze dringen durch intaktes Abschlußgewebe in den Wirt ein.

Mechanisches Eindringen

Bei Vertretern der *Plasmodiophoraceen* (*Plasmodiophora, Polymyxa*) hat sich das mechanische Eindringen in die Wirtszelle (Wurzelhaare) zu einem hochspezialisierten Vorgang entwickelt (Abb. 12.3).
Zu Beginn der Penetration enzystiert sich die Zoospore an Wurzelhaaren und verbleibt dort für einige Stunden. Während dieser Zeit bildet sich ein komplizierter Eindringungsapparat aus. Er besteht aus einem Stachel, der in einem Rohr eingebettet ist. Kurz vor der Penetration dehnt sich die Vakuole in der Zyste aus und bildet ein Adhäsorium (knollenförmige Ausstülpung), das die Zoospore *fest* auf dem Wurzelhaar haften läßt. Während der Penetration wird der Stachel durch die Kutikula und die Zellwand hindurchgestoßen und bricht unterhalb der Zellwand ab. Durch die Bruchstelle schiebt sich ein schlanker Schlauch, an dessen Ende der Protoplast des Parasiten in

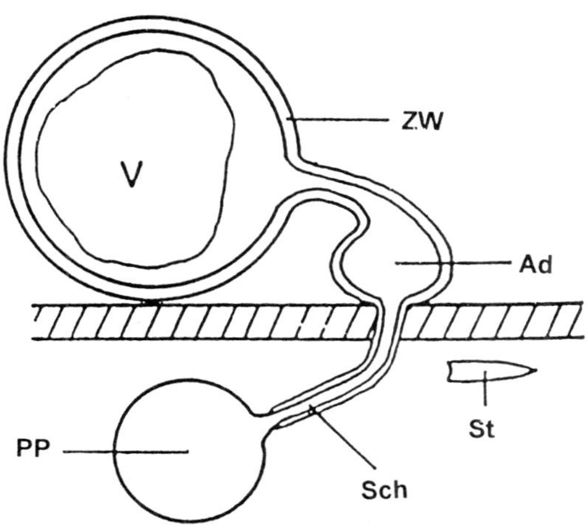

12.3 Mechanisches Durchstoßen der Zellwand bei Plasmodiophoraceen. (ZW: Zellwand; Ad: Adhäsorium; PP: Protoplast; Sch: Schlauch; St: Stachel).

die Wirtszelle entlassen wird. Die Penetration ist innerhalb weniger Sekunden abgeschlossen. Die Anheftung von Pilzstrukturen ist so fest, daß Drükke im Appressorium von 8 MPa gemessen werden – die höchsten osmotischen Drücke, die in biologischen Systemen meßbar sind. Dies ist auf die Synthese spezieller "Hydrophobine" an den Anheftungsstellen zurückzuführen (folgender Abschnitt).

Die Bildung von kutikula- und zellwandauflösenden Enzymen

Vermutlich sind beim Eindringen von Pilzen durch intakte Oberflächenstrukturen (Kutikula, Zellwände) und beim weiteren Wachstum im Inneren der Pflanze (interzellulär + Haustorienbildung und intrazellulär) neben mechanischen auch chemische Aktivitäten von Bedeutung. Als ein Beispiel soll hier der Eindringvorgang von *Colletotrichum lindemuthianum* dargestellt werden (Abb. 12.4).

Die Konidie bildet auf der Blattoberfläche einen Keimschlauch aus, an dessen Ende sich ein Appressorium mit einer stark melanisierten Zellwand ausdifferenziert. Am Grund des Appressoriums entsteht die Penetrationshyphe, die Kutikula und Zellwand durchdringt. Sie entläßt ein Infektionsvesikel in die Epidermiszelle, von dem aus die Primärhyphe gebildet wird.

Bereits das Anheften der Pilzspore oder des Keimschlauches auf der Wirtsoberfläche ist ein wichtiges präinfektionelles Ereignis, das über eine erfolgreiche Besiedelung entscheidet. So scheiden beispielsweise Sporen und Keimschläuche vieler Pilze schleimartige Substanzen aus, in die sie auf der Pflanzenoberfläche eingebettet sind. Man bezeichnet sie deshalb auch als Haftpolster (*adhesion pad*) (Abb. 12.2). Dieser Schleim setzt sich haupt-

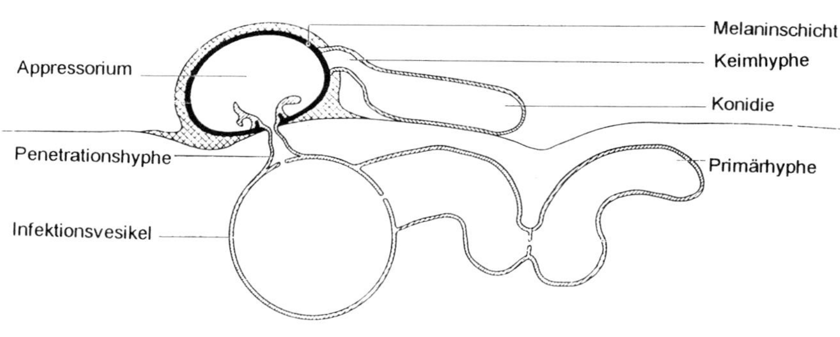

12.4 Eindringen von *Colletotrichum lindemuthianum*. (Modifiziert nach: Mendgen, K.; Deising, H. (1993) In: *New Phytol.*, Bd. 124, S. 193.)

sächlich aus Polysacchariden, Proteinen und Glykoproteinen zusammen. Genauere Untersuchungen bei *Colletotrichum graminicola* zeigten, daß der Schleim unspezifische Esterasen enthielt, von denen einige Kutinaseaktivität zeigten. Kutinasen lösen die Esterbindung im Kutin und könnten somit die Pflanzenoberfläche verändern und eine Oberfläche mit möglicherweise verbesserten Hafteigenschaften schaffen. So wurde gezeigt, daß hochkonzentriertes, extrazelluläres Material von *Erysiphe graminis* die Oberfläche von Gerstenblättern dort auflöste, wo es auf die Kutikula aufgebracht wurde. Dieser Extrakt enthielt neben unspezifischer Esterase- auch Kutinaseaktivität. Neuere Arbeiten ergaben, daß Esterasen und Kutinasen auch im Schleim von Haftpolstern der Uredosporen von *Uromyces viciae-fabae* enthalten waren (Abb. 12.2). Die gereinigten Esterasen und Kutinasen gewährleisteten das Anheften autoklavierter Sporen auf der Kutikula von *Vicia fabae*-Blättern. Außerdem konnte das Anhaften der Sporen durch den spezifischen Serinesterasehemmstoff, Diisopropylfluorophosphat (DIPF), unterdrückt werden. Aus diesen Ergebnissen wird geschlossen, daß den Esterasen und Kutinasen beim Anhaften von Sporen auf Pflanzenoberflächen eine besondere Bedeutung zukommen könnte. Beim Anheften an die Pflanzenoberfläche können jedoch auch noch andere Komponenten von Bedeutung sein: So wird den Hydrophobinen hier eine wichtige Rolle zugesprochen (Wessels, *Trends in Plant Science* 1, 1996). Hydrophobine sind kleine, hydrophobe Proteine, die acht konservierte Cysteinreste im Molekül besitzen und von verschiedenen Pilzen abgeschieden werden. Sie haben die Fähigkeit, sich zu amphipathischen Proteinfilmen zusammenzulagern und könnten an der Anheftung von Hyphen an pflanzliche Oberflächen beteiligt sein.

Beim eigentlichen Penetrationsvorgang spielen chemische und enzymatische Mechanismen ebenfalls eine wichtige Rolle. Hier scheint wiederum den Kutinasen eine entscheidende Bedeutung zuzukommen. So bilden zum Beispiel keimende Konidien von *Fusarium solani* f.sp. *pisi* geringe Mengen an Kutinasen. Nach dem Kontakt mit der Kutikula reichten diese Mengen aus, Esterbindungen im Kutin zu lösen. Die freigesetzten Kutinfragmente induzierten dann die Neusynthese weiterer Kutinasen in der Pilzhyphe. Es wurde gezeigt, daß Kutinmonomere, zusammen mit einem Proteinfaktor von ungefähr 100 kD, notwendig waren, um das Kutinasegen zu aktivieren. Das Einbringen des Kutinasegens aus *Fusarium solani* in das Genom des Wundpathogens *Mycosphaerella* sp. der Papayafrucht befähigte den Ascomyceten, die Frucht durch die intakte Kutikula zu infizieren. Weiterhin fand man eine enge Korrelation zwischen der Kutinaseproduktion verschiedener Stämme von *Fusarium solani* f.sp. *pisi* und ihrer Virulenz. All diese Ergebnisse deuten darauf hin, daß Kutinasen zumindest bei *Fusarium* einen Virulenzfaktor darstellen.

Nachdem die Kutikula durchdrungen ist, stellt die Zellwand die nächste Barriere für das weitere Eindringen dar. Beim Eindringen und während des interzellulären Wachstums des biotrophen Rostpilzes *Uromyces viciae-fabae* in seinem Wirt korreliert die Bildung zellwandabbauender Enzyme mit der Ausdifferenzierung verschiedener Infektionsstrukturen.

Die Infektionsversuche wurden auf einer künstlichen Membran vorgenommen, die die pflanzliche Oberfläche simulierte. So korrelierte beispielsweise die Bildung der Appressorien sieben Stunden nach Infektion mit dem Anstieg einer Gruppe saurer Cellulasen (pI = 3,5, 4,0, 4,5 und 6,0) (Abb. 12.2). Diese Enzyminduktion bleibt auch bis in die letzten Stadien der Ausbildung von Infektionsstrukturen, wie der Ausdifferenzierung der Penetrations- und Infektionshyphe sowie der Haustorienmutterzelle, bestehen. Da die Penetration des Rostpilzes durch die geöffneten Spalten erfolgt, ist die Bedeutung dieser Cellulasen zumindest zu diesem frühen Zeitpunkt der Infektion noch unklar. Weiterhin kommt es parallel zur Ausbildung des substomatären Vesikels zu einer starken Akkumulation von Pectinmethylesterasen (PME) (Abb. 12.2). Bei der Ausdifferenzierung der Haustorienmutterzelle bildet der Pilz Polygalacturonatlyase. Der enzymatische Pectinabbau ist in Abbildung 12.5 zusammengefaßt.

Während der Bildung der Infektionshyphe steigt die Aktivität neutraler Cellulasen dramatisch an und bleibt bis zur Ausdifferenzierung der Haustorienmutterzellen auf hohem Niveau (Abb. 12.2). Interessanterweise sind beide Enzyme, die Cellulasen und die Pectinmethylesterasen, nicht substratinduzierbar, sondern ausschließlich entwicklungsbedingt (abhängig von der Ausbildung der einzelnen Infektionsstrukturen) kontrolliert. Nach 14 Stunden beobachtet man den Anstieg der Polygalacturonatlyase (PGTE), der nach 24 Stunden sein Maximum erreicht hat. Parallel dazu beginnen die Infektionsstrukturen Haustorienmutterzellen zu bilden. Dieses Enzym ist sowohl entwicklungsphysiologisch als auch substratspezifisch kontrolliert. Es wird nur dann induziert, wenn zu den Uredosporen von *Uromyces viciae-fabae* Polygalacturonate gegeben werden. Diese Pectatlyase zeigt einen extrem basischen isoelektrischen Punkt (> 10,5), ein pH-Optimum von 10,3 und benötigt Calcium. Außerdem fällt ihre Aktivität mit steigendem Methylierungsgrad des Substrates ab. Wegen des leicht sauren pH-Wertes des Apoplasten sind zumindest alle Hydrolasen mit basischen isoelektrischen Punkten positiv geladen und dürften schwach an die negativ geladenen Zellwandabschnitte gebunden sein. Dies hätte zur Folge, daß das enzymatische Lösen von Zellwandbereichen höchst lokal erfolgt, ohne daß größere

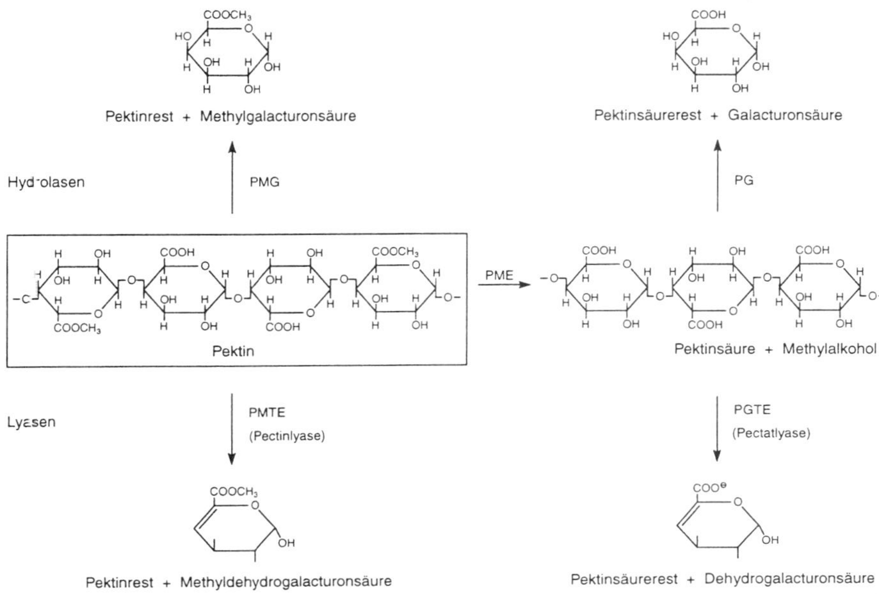

12.5 Schema des Pectinabbaus. (Der Pectinabbau erfolgt über zwei Enzymhauptformen, die kettenspaltenden Enzyme und die Pectinmethylesterasen (PME). Letztere spalten die Esterbindung zwischen der Carboxylgruppe und dem Methanol. Es entsteht die Pectinsäure und Methanol. Die kettenspaltenden Enzyme lösen die α-1,4-glykosidische Bindung zwischen angrenzenden Galacturonsäureresten. Man unterscheidet: Polymethylgalacturonasen (PMG), welche Pectine in Pectinrest und Methylgalacturonsäure spalten. Polygalacturonasen (PG) spalten Pectinsäure in Pectinsäurerest und Galacturonsäure. Weiterhin von Bedeutung sind Transeliminasen oder Lyasen. Hierbei entsteht durch Transelimination eines Protons am C_5 eine Doppelbindung zwischen C_4 und C_5 des abgespaltenen Pectinbausteins: Die Pectinmethyltranseliminasen (PMTE) spalten Pectin; es entstehen Pectinrest und Methyldehydrogalacturonsäure. Die Polygalacturonattranseliminase (PGTE; Pectatlyase) spaltet Pectinsäure. Es werden der Pectinsäurerest und die Hydrogalacturonsäure freigesetzt. (Modifiziert nach: Schönbeck, F. (1979) *Pflanzenkrankheiten.* Teubner Verlag, Stuttgart.)

Zellbereiche abgetötet werden. Dies dürfte dem Pathogen zugute kommen, da *Uromyces viciae-fabae* als obligat biotropher Pilz auf intakte Wirtszellen angewiesen ist.

Den pectinabbauenden Enzymen scheint gerade für das Wachstum der Pilze im interzellulären Bereich des Wirtes eine besondere Bedeutung zuzukommen. So wurde zum Beispiel ein drastischer Anstieg der Endopolygalacturonase für den Erreger der Brennfleckenkrankheit der Bohne (*Colletotrichum lindemuthianum*) während des Wachstums des Pilzes im Wirt beobachtet. Das Enzym konnte sich frei in der Zellwand des Wirtes verteilen und verursachte dort einen drastischen Abbau des Pectinmaterials der Primärwand und der Mittellamelle. Diese Veränderungen der Zellwandstrukturen werden für das Absterben der Wirtszellen verantwortlich gemacht, welches beim Übergang von der biotrophen in die nekrotrophe Wachstumsphase des Pilzes beobachtet wird. Während des Zellwandabbaus (vor allem der Mittellamelle) werden gleichzeitig kurze Pectinfragmente in den Interzellularraum abgegeben, die als Auslöser (Elicitoren) weiterer Abwehrreaktionen diskutiert werden (Abschnitt 19.1).

Pectinmethylesterasen kommen auch in den Zellwänden gesunder Pflanzen vor.

12.4.3 Eindringen über Wunden

Wunden können auf unterschiedlichste Weise entstehen, etwa durch Verletzung an ober- oder unterirdischen Organen oder auch während der normalen Entwicklung (zum Beispiel bei der Bildung von Seitenwurzeln).

Wunden können jedoch auch aktiv durch Perthophyten entstehen. Unter Perthophyten versteht man Pilze, die lebendes Wirtsgewebe aktiv abtöten (möglicherweise durch Toxine) und dann auf dem toten Substrat saprophytisch wachsen. Zu den Perthophyten zählen *Botrytis* an Salat oder *Fusarium*-Welkepilze an Tomaten. Ein wichtiger Wundparasit von wirtschaftlicher Bedeutung ist auch *Nectria galligena*, der Erreger des Obstbaumkrebses.

12.5 Die Ausbildung von Haustorien

Der Aufbau eines Haustoriums ist in Abbildung 12.6 zusammengefaßt. Während der Haustorienbildung wird die Wand der Mesophyllzelle penetriert, das Plasmalemma jedoch nur eingestülpt und *nicht zerstört*. Ein Haustorium baut sich aus dem Haustorienhals und dem Haustorienkörper auf, der kugelförmig oder wie bei Echten Mehltaupilzen fingerförmig strukturiert ist. Der Haustorienhals ist von einer kragenförmigen Struktur umgeben, die aus einer Papille entstanden ist. Das ganze Haustorium ist von der Haustorienzellwand (entspricht der Pilzzellwand) umgeben und in ein sackförmiges Gebilde, die extrahaustoriale Matrix, eingelagert, die vom Wirtsplasmalemma begrenzt wird. Das Haustorium ist somit außerhalb des Wirtscytoplasmas gelagert. Die Funktion des Haustoriums besteht darin, die Wirtszelle für die Ernährung des Pilzes nutzbar zu machen (die Nährstoffe gelangen über das Haustorium aus der Wirtszelle in die Pilzhyphen), sie aber dennoch über eine längere Zeitdauer funktionsfähig zu halten, da biotrophe Erreger (zum Beispiel obligate Parasiten wie Echte und Falsche Mehltaupil-

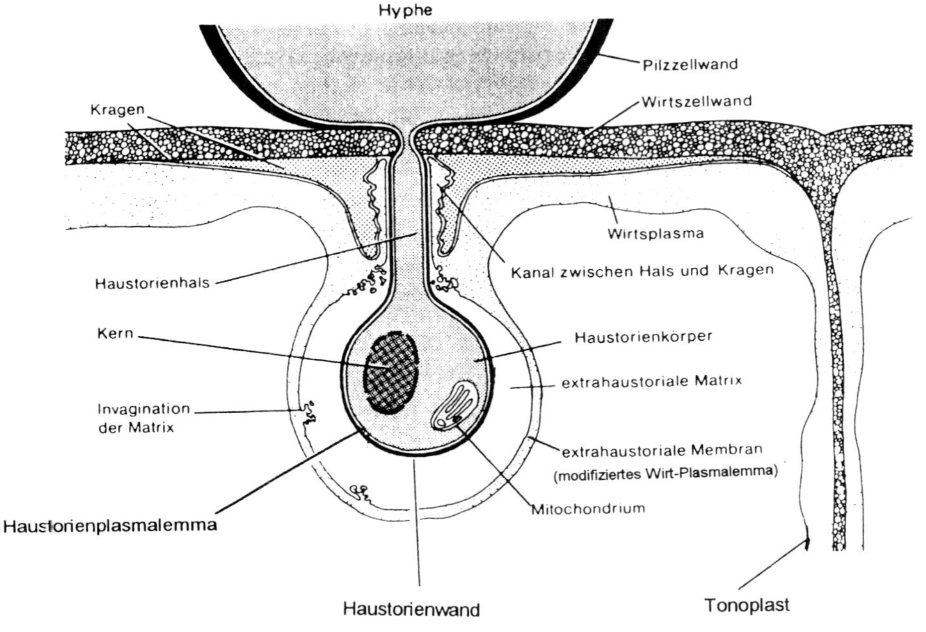

12.6 Der Aufbau eines Haustoriums. (Modifiziert nach: Bracker (1968) In: *Phytopathology*. Bd. 58, S. 12.)

ze) auf eine lebende Zelle angewiesen sind. Die Aufnahme von Photosyntheseprodukten aus der Wirtszelle in das Haustorium geht auf einen ATPase-getriebenen aktiven Transport zurück. Diese Transport-ATPasen sind nur in der Haustorienplasmamembran zu finden und nicht in der extrahaustorialen Membran.

Haustorien von *Erysiphe* f.sp. *hordei* reifen in ungefähr vier Tagen. Bereits zehn Stunden nach Wachstumsbeginn überführt das Haustorium bereits Nährstoffe aus der Wirtszelle in die Hyphen. Ein solches Haustorium ermöglicht die Bildung von etwa 50 Konidien.

13. Mechanismen der Symptomausprägung und der Schädigung der Wirtspflanze

13.1 Der Einfluß von pilzlichen Infektionen auf die Photosynthese

Wie schon für Viren und Bakterien dargelegt, sind reduzierte CO_2-Fixierung, Chloroplastendegenerationen und Chlorophyllverluste auch charakteristisch für fortgeschrittene Stadien von Pilzinfektionen. Diese Effekte sind das Resultat zellulärer und subzellulärer Zerstörungen, die auf mechanische Aktivitäten zurückzuführen sind. Sehr frühe Effekte, die nicht auf mechanische Komponenten zurückzuführen sind, können auf der Wirkung von Toxinen beruhen, die von Penetrationshyphen oder Haustorien abgesondert werden. So wurde zum Beispiel ein Abbau von Chloroplastenpolysomen durch *Erysiphe graminis* f.sp. *hordei* beobachtet, welcher als Ektoparasit nur Epidermiszellen befällt. Diese Epidermiszellen enthalten aber keine Chloroplasten. Betroffen sind die Chloroplasten der darunterliegenden Gewebezellen des Mesophylls. Die Schädigung muß also durch ein Produkt des Pilzes erfolgt sein, welches in die chloroplastenhaltigen Zellen vorgedrungen ist.

Mehltauinfizierte Weizenblätter (*Erysiphe graminis*) zeigen keine Abnahme der photosynthetischen Einheiten, bezogen auf die Chlorophyllmenge, obwohl die Gesamtkonzentration an Chlorophyll abnahm. Das bedeutet, daß der Mechanismus der photosynthetischen Primärreaktionen vom Infektionsvorgang unberührt blieb. Die photosynthetische Phosphorylierung kann dennoch in manchen Fällen gehemmt werden, ohne daß der photosynthetische Elektronentransport berührt wird. Diese spezifische Einflußnahme ist auf Toxine, vor allem von fakultativen Parasiten (Nektrotrophen) wie *Alternaria tenuis* zurückzuführen. Tentoxin greift in terminale Schritte der ATP-Synthese ein und wirkt als Energieübertragungsinhibitor.

Man kennt mehrere Effekte auf die Photosynthese, unter anderem die ATP-Synthese, den Elektronentransport, die Dunkelreaktionen der CO_2-

Fixierung (Calvin-Zyklus) und über die Einflußnahme auf indirekt die Photosynthese steuernde Reaktionen, etwa die Stomaapertur oder die Translokation organischer Verbindungen sowie die Stärkeakkumulation. So wurde beispielsweise gezeigt, daß in Chloroplasten aus mehltauinfizierten Zuckerrübenblättern der photosynthetische Elektronentransport inhibiert wurde. Dabei wurde der Elektronentransport stärker gehemmt als die Photophosphorylierung – ein Zeichen dafür, daß in infizierten Blättern der zyklische Elektronentransport zunehmend mit der Infektion an Bedeutung gewann und das ATP-Defizit, das durch die Hemmung des nichtzyklischen Elektronentransportes entstand, wieder ausgeglichen wurde.

Eine Hemmung der sogenannten Hill-Reaktion (= Wasserspaltung durch PS II unter Reduktion von zugesetzten künstlichen Elektronenakzeptoren) fand man auch in Chloroplasten aus Baumwollblättern, die mit Stämmen von *Verticillium albo-atrum* infiziert waren.

Einflüsse auf die CO_2-Fixierung können biphasisch sein, wie an mehltauinfizierten Gerstenblättern gezeigt werden konnte. In einer ersten Phase wird die CO_2-Fixierung unabhängig vom Chlorophyllgehalt reduziert; in einer zweiten Hemmphase korreliert die Reduktion der CO_2-Fixierung mit einem Verlust an Chlorophyll. Während die zweite Phase gut erklärbar ist, ist die erste Phase der Hemmung der CO_2-Fixierung eher unverständlich. Hier zeigte sich, daß die Inhibition der CO_2-Fixierung auf einem anderen Defizit als auf dem Chlorophyllverlust beruht. So fand zum Beispiel ein Abbau der Chloroplastenpolysomen statt, wobei anzunehmen ist, daß nicht direkt die Primärreaktionen der Photosynthese, sondern Nachfolgeprozesse (Calvin-Zyklus, Allokation und so weiter) betroffen sind.

Diese zweiphasige Hemmung der CO_2-Fixierung gilt für Mehltaue, aber nicht für Rosterkrankungen. Bei Rosterkrankungen kann der Chlorophyllgehalt in der ersten Phase sogar ansteigen. Auch die Respiration nimmt zu, und man mißt eine verstärkte Dunkel-CO_2-Fixierung in der Nähe der Infektionsstellen. In der ersten Phase der Infektion wird also die Effektivität der CO_2-Fixierung sogar gesteigert. In späteren Infektionsstadien sinkt die CO_2-Fixierung jedoch sehr stark ab und zwar bis auf die Hälfte der Werte, die in gesunden Teilen des Blattes oder in nichtinfizierten Blättern gemessen werden. Während der Sporulation des Pilzes treten deutliche Seneszenzphänomene auf, und es kommt zu einem Abbau subzellulärer Organellen.

Die Photorespiration trägt zu den genannten Prozessen kaum bei, es ist vielmehr eine Stimulierung respiratorischer Dunkelreaktionen, die in späteren Phasen zu einer Verschiebung der CO_2-Bilanz beitragen. Eine Stimulierung der CO_2-Fixierung findet man in infizierten Pflanzen immer dann, wenn sie unbefallene und befallene Blätter gleichzeitig besitzen. Während die befallenen Blätter die besagten Umwandlungen durchlaufen, ist in unbefallenen Blättern fast immer eine Steigerung der CO_2-Nettowerte zu verzeichnen. Die gesunden Blätter der Pflanzen gleichen somit Verluste späterer Befallsphasen beinahe aus.

Dies gilt auch für Mehltaue, wo die Nettophotosynthese in unkolonisierten Blättern im Vergleich zu befallenen Blättern stimuliert ist. Besonders auffällig ist dieser Prozeß in Pflanzen, die gleichzeitig einer Dürrebehandlung unterzogen werden. Dieser Effekt wird darauf zurückgeführt, daß Mehltaue die Stomaapertur reduzieren und dadurch Wasserverluste vermeiden. Dies führt zu einer Anhebung des Wasserpotentials in nichtbefallenen Geweben. Um das Gesamtwasserdefizit auszugleichen, öffnen sich in nichtbefallenem Gewebe die Stomata, wodurch ein erhöhter CO_2-Eintritt in diesen unkolonisierten Blättern für erhöhte Photosyntheseraten sorgt. In einigen Fällen wurde gezeigt, daß eine starke Erhöhung der Ribulose-1,5-bisphosphat-Carboxylase-Oxigenase für die erhöhte CO_2-Aufnahmerate in nichtinfizierten Blättern verantwortlich ist. Effekte auf die Stomaapertur wurden auch für *Fusarium*-infizierte Tomatenblätter gezeigt, wo eine starke Reduktion der Photosynthese über eine Zunahme der Stomataresistenz und damit eine Abnahme der Gasdiffusion verantwortlich für diese Effekte sind.

Phytophthora infestans-infizierte Kartoffelblätter zeigen eine abnormal erhöhte Öffnung der Spaltöffnungen. In der Nähe der Infektionsstellen wird dadurch auch primär eine erhöhte Photosyntheserate gemessen. Dieser Effekt paßt zu dem oben erwähnten Befund, daß in früheren Befallsphasen Photosynthesereaktionen erhöht sein können. Erst nach Zerstörung von Gewebe- und Organellteilen sinkt die Photosynthese, bis hin zum völligen Erlöschen, ab.

Bei vielen Erkrankungen, die durch obligate Parasiten hervorgerufen werden, wird die Translokation von Photosyntheseprodukten aus nichtinfizierten Gewebebereichen heraus stimuliert, wobei die infizierten Teile der Pflanze profitieren. Der Export von Photosyntheseprodukten und Aminosäuren aus den infizierten Teilen heraus ist dagegen stark unterdrückt. Diese Translokationen stehen unter hormoneller Kontrolle. Während solcher Prozesse kommt es zur Bildung sogenannter "grüner Inseln" (*green island effect*), wobei rund um die Infektionsstellen der Chlorophyllgehalt und auch die hohen Photosyntheseraten beibehalten werden. Solche Effekte lassen sich sehr schön an rostbefallenen Bohnenblättern und an mehltaubefallenen Ahornblättern demonstrieren. Die Gewebebereiche um die Infektionsstellen herum werden zu metabolischen *sinks*, deren Bildung und Aufrechterhaltung durch Cytokinine gesteuert ist (Abschnitt 13.4.3).

Solche Umsteuerungen findet man bei nichtobligaten Parasiten wie *Phytophthora infestans* nicht. Hier führt eine Infektion nicht zu der Bildung eines metabolischen *sinks*, und man vermißt ebenfalls die metabolischen Umsteuerungen. Obligate Parasiten führen auch zu einer massiven Stärkeakkumulation in den befallenen Gewebebereichen. Bei Rosterkrankungen sinkt der Stärkegehalt kurz nach der Infektion zunächst ab und steigt dann während der Hauptphase der Sporulation stark an, gefolgt von einem starken Abfall nach der Hauptsporulationsphase. Diese Stärkesynthese ist vermutlich auf eine erhöhte Aktivität der Glucose-1-Phosphat-Adenyltransferase zurückzuführen. Dieses allosterisch regulierte Enzym wird durch Intermediate der Glykolyse aktiviert und durch anorganisches Phosphat gehemmt. Die Pegel dieser Aktivatoren und Inhibitoren regeln somit die Rate der Stärkesynthese.

Hier wird ganz deutlich, daß bei diesem Wirt-Parasit-Verhältnis das Pathogen auf regulatorische Enzyme im Wirt einwirkt. Eine Stärkeakkumulation im infizierten Wirtsgewebe ist unmittelbar verknüpft mit einem darauffolgenden Chloroplastenabbau in späteren Phasen der Pathogenese. Eine Folge davon sind Vergilbungen.

13.2 Pathologische Veränderungen der Respiration

Wie bei virus- und bakterieninfizierten Pflanzen wird auch bei pilzinfizierten Wirten häufig eine Erhöhung respiratorischer Tätigkeiten gemessen. Das gilt sowohl für obligate als auch für fakultative Pathogene. Die Erhöhung respiratorischer Tätigkeiten läuft gewöhnlich mit dem Erscheinen sichtbarer Symptome parallel, wobei maximale Atmungsraten mit Sporulationsvorgängen korrelieren und sich anschließend stark erniedrigen. Obwohl nicht letztlich geklärt ist, zu welchem Prozentsatz das Pilzgewebe selbst an den respiratorischen Vorgängen teilnimmt, mißt man in infizierten Geweben einen respiratorischen Quotienten (RQ) von 1,0. Der RQ beschreibt das Verhältnis zwischen Sauerstoffaufnahme und CO_2-Abgabe. Ist er 1,0, so entspricht dies einer Gesamtformel von $C_6H_{12}O_6 + 6\ O_2 \rightarrow 6\ CO_2 + 6\ H_2O$. Abweichungen von der Zahl 1 bedeuten, daß entweder kein Kohlenhydrat, sondern andere Substrate veratmet werden, oder daß außergewöhnliche Atmungstypen induziert wurden. Bei der Fettoxidation wird zum Beispiel mehr Sauerstoff verbraucht als CO_2 gebildet. Dies beruht darauf, daß Fette ärmer an Sauerstoff sind als Kohlenhydrate. Hier mag der RQ 0,7 betragen. Werden sauerstoffreiche Substrate veratmet, wie die Äpfelsäure, werden

Werte über 1, etwa 1,33 für die Äpfelsäure, gemessen. Hier gilt die Formel $C_4H_6O_5 + 3\ O_2 \rightarrow 4\ CO_2 + 3\ H_2O$ (CO_2: O_2 = 1,33). In *Erysiphe graminis*-infizierten Gerstenblättern findet man eine erhöhte Atmung im Zentrum der Koloniebildung auf den Blättern im Vergleich zu peripheren Blattbereichen.

Den Mechanismus der Atmungssteigerung erklärt man auf zweierlei Weise:

1. Durch eine Entkoppelung der oxidativen Phosphorylierung, die zu einem erhöhten Sauerstoffverbrauch führt.
2. In biosynthetischen Prozessen im Infektionsherd wird ATP verbraucht, was zur Steigerung des respiratorischen Elektronentransportes führt. Dies hat zur Folge, daß in diesen Geweben die Pegel an freiem Phosphat ansteigen und die Empfindlichkeit gegenüber einem Entkoppler der Phosphorylierung (2,4-Dinitrophenol, DNP) abfällt.

Infizierte Gewebe sind relativ unempfindlich gegenüber DNP, was auf eine Entkoppelung des Elektronentransportes hinweist (vgl. Abb. 9.3). Solche Effekte wurden auch für fakultative Parasiten, wie *Helminthosporium victoriae, Gibberella saubinetii, Cercospora personata* und für die Aktivität des T-Toxins beschrieben.

Wie schon erwähnt, kann die Glucose im lebenden Gewebe über zwei Wege abgebaut werden:

1. über den glykolytischen Weg und
2. über den Pentosephosphatweg (Abschnitt 5.7.2).

Der glykolytische Weg führt zu veratembaren Substraten, weil hier vor allem NADH anfällt. Beim Pentosephosphatzyklus fällt vor allem NADPH an, das große Bedeutung für Biosynthesen besitzt. Dieser Pentosephosphatweg ist für infizierte Gewebe von besonderer Bedeutung, indem er indirekt eine Stimulierung der Respiration bewirkt. Der indirekte Beitrag besteht darin, daß nach Infektionen synthetische Prozesse stimuliert werden. Solche Prozesse, wie die Synthese von Protein, Nucleinsäuren und vor allem Aromaten, benötigen sehr viel NADPH und auch ATP. Über den ATP-Verbrauch und die dadurch erhöhte ADP-Bereitstellung kann man sich eine Erhöhung der Respirationsrate (Pasteur-Effekt) erklären.

Die erwähnten Respirationsstimulierungen sind als "nochnicht"-pathologisch zu bezeichnen und damit charakteristisch für frühe Stadien der Infektion. In späteren Infektionsstadien sind pathologische Respirationstypen meßbar. Diese sind vor allem durch eine erhöhte Sauerstoffaufnahme, die nicht unbedingt mit einer CO_2-Bildung korreliert ist, gekennzeichnet. In diesen Stadien werden oxidative Enzyme (Oxidasen, Oxigenasen) und Autoxidationen induziert, welche Sauerstoff verbrauchen, ohne ATP zu bilden. Solche Atmungstypen werden auch allein durch Verwundungen hervorgerufen. Man sollte jedoch bei der Beurteilung der Atmungstypen nach Verwundung sehr vorsichtig sein, da in Wundregionen auch eine vermehrte Synthese von Mitochondrien beobachtet wurde, die wiederum für erhöhte "echte" Atmungsraten verantwortlich sein können. Auch ist häufig die Temperatur in der Nähe von Krankheitsherden höher als in gesunden Geweben. Eine Temperaturerhöhung von 0,3-0,7°C wurde in mehltau- und rostinfizierten Gewebeteilen beobachtet. Diese Temperaturerhöhung kann ebenfalls für eine gesteigerte respiratorische Tätigkeit (mit)verantwortlich, aber auch ihre Folge sein, zum Beispiel über den alternativen Respirationsweg, wie weiter unten näher ausgeführt wird.

Es wurde bereits erwähnt, daß das Zusammenspiel von glykolytischem Abbau und Pentosephosphatweg die Homöostase des zellulären Metabolismus garantiert (Abschnitt 2.3.3).

Die Regulation dieser Homöostase und damit auch der respiratorischen Vorgänge wird durch den Pasteur-Effekt mitbewirkt. Er beruht auf der Regulation der Fructose-6-Phosphatkinase, die Fructose-6-Phosphat in Fructose-1,6-Bisphosphat überführt. Dieser ATP-verbrauchende Schritt wird durch hohe ATP-Mengen und Zitronensäure gehemmt und durch AMP gefördert. Dinitrophenol (DNP) entkoppelt die Phosphorylierung und führt damit zu einer Erhöhung von ADP. ADP mobilisiert über die sogenannte Myokinasereaktion ADP + ADP = ATP + AMP die Energiereserve im ADP als ATP, wobei aber auch die AMP-Konzentrationen erhöht werden. Entkoppler, wie das DNP verwischen beziehungsweise verdrängen den Pasteur-Effekt also unter anderem über die Bereitstellung großer Mengen von AMP.

Rostpilzinfizierter Weizen, *Puccinia carthami*-infizierte Färberdistel (Tabelle 13.1) oder *Helicobasidium mompa*-infizierte Süßkartoffelblätter zeigen ebenfalls stark verminderte Pasteur-Effekte.

Hier wird gezeigt, daß in infizierten Pflanzen der Pasteur-Effekt von einem Faktor 0,62 auf 0,26 absinkt, wobei die reduzierte Sensitivität gegenüber Natriumfluorid (NaF), einem Inhibitor der Glykolyse ("Enolasehemmer") und des Tricarbonsäurezyklus ("Aconitasehemmer"), bemerkenswert erscheint. Ein Teil dieses Effektes ist mit Sicherheit darauf zurückzuführen, daß anstelle der aeroben Atmung eine aerobe Fermentation auftritt, bei der Hexose zum Teil nur zu Alkohol abgebaut wird.

Tabelle 13.1: Veränderte Respiration in Färberdistelhypokotylen nach Infektion mit *Puccinia carthami*

O_2-Aufnahme

	μLiter/g × h		Aerob CO_2 μLiter/g × h	Anaerob CO_2 μLiter/g × h	Pasteur-Effekt
	Kontrolle	NaF			
Gesund	103	52	107	66	0,62
Krank	171	114	176	40	0,26

Derartige Verhältnisse findet man auch in überfluteten Wurzelbereichen, die an Sauerstoffmangel leiden und wo deshalb Gärung die Atmung partiell ersetzt. In gesundem Gewebe wird die Respiration auf 50% zurückgesetzt, wenn Natriumfluorid zugesetzt wird (Hemmstoff der Enolasereaktion). Analog zu Natriumfluorid als Hemmstoff der Glykolyse kann Malonsäure (HOOC-CH_2-COOH) als kompetitiver Hemmstoff der Succinatdehydrogenase eingesetzt und damit die Beteiligung des Krebszyklus am Respirationsgeschehen dokumentiert werden. Während Malonsäure im gesunden Gewebe ein guter Hemmstoff der Sauerstoffaufnahme ist, sinkt die Hemmrate in erkranktem Gewebe. Dies wurde für rostinfizierte Weizenblätter, für mehltauinfizierte *Brassica*-Blätter und für *Cercospora*-infiziertes Erdnußgewebe gezeigt. Aus den verringerten Malonsäurehemmraten schließt man, daß der Krebszyklus nur zum Teil an der Gesamtsauerstoffaufnahme beteiligt ist. Der Anteil des Pentosephosphatzyklus am gesamten CO_2-Ausstoß kann anhand des sogenannten C_6:C_1-Verhältnisses radioaktiv markierter Glucose sehr gut bestimmt werden. Das Prinzip beruht darauf, daß während der Glykolyse die C-Atome 1 und 6 der Glucose gleich schnell zu CO_2 umgesetzt werden. Läuft verstärkt der Pentosephosphatzyklus ab, wird bevorzugt das C_1 aus der Glucose oxidativ eliminiert. Unter diesen Bedingungen ist das C_6- zu C_1-Verhältnis im CO_2 kleiner als 1. Man füttert also Zellen oder Gewebe mit Glucose-1-^{14}C und Glucose-6-^{14}C im gleichen Verhältnis und bestimmt anschließend die Entwicklung von radioaktivem CO_2 aus C_6- oder C_1-markierter Glucose. Das C_6:C_1-Verhältnis fällt in rostinfiziertem Weizen oder Bohnen und in mehltauinfizierter Gerste stark ab. Der steilste Abfall des C_6:C_1-Verhältnisses ist während der Zeit der Sporulation meßbar. Es herrscht also eine negative Korrelation zwischen dem C_6:C_1-Verhältnis und der Respirationsrate. Unter diesen Bedingungen mißt man auch eine Erhöhung der Aktivität von Schlüsselenzymen des Pentosephosphatzyklus, nämlich Glucose-6-Phosphatdehydrogenase und 6-Phosphogluconatdehydrogenase, die beide sowohl in rost- als auch in mehltauinfizierten Pflanzen erhöht sind. Ähnliches gilt für Kartoffelknollen, die mit *Phytophthora infestans* infiziert sind. Die Aktivierung dieser Enzyme ist aber nicht immer wirt- oder parasitspezifisch, sondern kann auch durch Verwundung, Stickstoffmangel, Virusinfektion und durch andere toxische Effekte hervorgerufen werden.

Erhöhte Sauerstoffaufnahmeraten in infizierten Geweben sind, wie schon oben erwähnt, nicht immer auf eine Erhöhung der mitochondrialen Respiration zurückzuführen. Zahlreiche nichtmitochondriale, terminale, das heißt letztlich sauerstoffverbrauchende, Oxidationen können auf Kosten von NADH oder NADPH, katalysiert durch eine Vielfalt von NAD(P)H-Oxidasen (Diaphorasen), Elektronen auf den Sauerstoff übertragen und damit eine erhöhte Respiration simulieren. Diese Oxidationsketten beinhalten sehr häufig Ascorbinsäure und Chinone, die über Ascorbatoxidasen oder Polyphenoloxidasen letztlich Sauerstoff reduzieren und dabei in den meisten Fällen Wasser produzieren. Andere Oxidasen (Abschnitt 3.2) wieder führen zur Bildung von Wasserstoffperoxid oder Superoxid. Solche Redoxketten sind bei zahlreichen Wirt-Pathogen-Verhältnissen gezeigt worden. Bei diesen terminalen Oxidationen werden zum Teil Produkte erzeugt, die im Rahmen der Resistenz der Wirte gegen das Pathogen eine besondere Bedeutung erlangen. Auf diese Reaktionen wird an anderer Stelle näher eingegangen (Abschnitt 19.2.3).

Hier muß auch die sogenannte alternative Oxidase der mitochondrialen Respirationskette erwähnt werden. Diese Oxidase ist Bestandteil der alternativen Respiration, die in der Nähe des Chinonpools von der Cytochromkette abzweigt. Die alternative Oxidase ist gegenüber Salicylhydroxamsäure (SHAM) anfällig, gegen Cyanid hingegen insensitiv. In zahlreichen pflanzlichen Geweben dient diese cyanidresistente Atmung der Thermogenese, das heißt der Erwärmung des Gewebes (oben). Während dieser Reaktion geht die metabolische Energie nicht in Form von ATP in einen chemischen Energiespeicher über, sondern wird als Wärme freigesetzt.

Induziert wird diese Respirationskette auch nach einiger Zeit in verwundeten Geweben und läuft zum Beispiel in *Phytophthora*-infiziertem Kartoffelgewebe parallel zu der Akkumulation von Terpenoid-Phytoalexinen. Ethylen kann als Induktor der alternativen Respiration fungieren.

Zusammenfassend kann gesagt werden, daß der oxidative Metabolismus und gesteigerte Respirationsraten im direkten Zusammenhang mit der Induktion von Resistenz stehen. Im Kapitel Signalübertragung wird auf diese Prozesse näher eingegangen (Abschnitt 19).

13.3 Der Einfluß pilzlicher Infektionen auf den Nucleinsäure- und Proteinmetabolismus

Wie schon für andere Wirt-Parasit-Verhältnisse beschrieben, steigt auch in den Initialphasen einer Pilzinfektion der Gesamtstickstoff- und -proteingehalt an. Für *Uromyces phaseoli*-infizierte Bohnenblätter konnte gezeigt werden, daß markiertes Glycin vor allem im Pathogen an den Infektionsstellen verstärkt in die Proteinfraktion eingebaut wurde, was eine verstärkte Proteinsynthese andeutet. Der Einbau erfolgt im wesentlichen in das Pilzmycel und in die Uredosporen. In anderen Fällen wurden eine verstärkte Proteinsynthese auch im Wirt beobachtet und hier besonders in der Nähe der Infektionszentren, zum Beispiel in *Phytophthora*-infizierten Kartoffeln oder in Süßkartoffeln, infiziert mit *Ceratocystis* oder *Helicobasidium*. Infektionsprozesse werden sehr häufig mit Prozessen der mechanischen Schädigung, der Seneszenz oder der Reifung verglichen. In allen Fällen werden neue Proteine synthetisiert, die mit dem Primärmetabolismus und der Respiration in Zusammenhang stehen. Hier sollen nur einige wesentliche Enzyme aufgezählt werden: die Cytochromoxidase, Glucose-6-Phosphat-Dehydrogenase und 6-Phosphogluconat-Dehydrogenase (oben), Invertase, Peroxidase, Polyphenoloxidasen, Ribonuclease, Phenylalaninammoniumlyase und ein ganzer Satz von in gesundem Gewebe kaum vorhandenen Proteinen, die zum großen Teil zu den *pathogenesis related proteins* (PR-Proteine) gehören (Abschnitt 17.6).

Neben der Proteinneusynthese ist sicherlich in vielen Fällen auch die Synthese von Proteinaseinhibitoren für den erhöhten Proteingehalt mitverantwortlich, da diese den Proteinabbau in bestimmten Kompartimenten infizierter Zellen stillegen. Ein Anzeichen der gesteigerten Proteinumsätze ist auch die Freisetzung von Ammonium aus Stickstoffspeichermolekülen wie Glutamin oder Asparagin.

An rostinfizierten Weizenblättern wurde gezeigt, daß besonders aus Glutamin und Asparagin Ammoniak freigesetzt wird. In anderen Fällen, wie in *Erysiphe graminis*-infizierten Gerstenblättern, werden Enzyme der Ammoniakassimilation aktiviert.

Insgesamt kann festgehalten werden, daß nach Infektion durch Pilze der Proteinhaushalt mobilisiert und reorganisiert wird, wobei Proteine im Zusammenhang mit der Resistenz oder der Abwehr aktiviert sowie stickstoffspeichernde Aminosäuren (zum Beispiel Glutamin oder Asparagin) aus ihren Proteinen freigesetzt werden und damit als N-Quellen zur Verfügung stehen.

Was die Nucleinsäuren betrifft, steigt in zahlreichen Fällen in empfänglichen, aber nicht in resistenten Pflanzen die Menge der Ribonucleinsäure an. Gleichzeitig findet man eine Vergrößerung des Nucleolus im Wirt, der ja ein Schauplatz der RNA- und Protein-akkumulation innerhalb des Zellkerns darstellt. Eine Vergrößerung des Nucleolus 20 Stunden nach Infektion auf das sechsfache wurde in Zellen von Kohlblättern gefunden, die mit *Plasmodiophora brassicae* infiziert waren. Veränderungen der DNA-Gehalte sind in rost- oder mehltauinfizierten Pflanzen so gut wie vernachlässigbar.

Unterschiedliches wird über die ribosomale RNA berichtet. Ein Verlust ribosomaler Chloroplasten-RNA tritt im Zusammenhang mit der Symptomausprägung zahlreicher Infektionsprozesse auf. Ein Verlust der Chloroplasten-rRNA unter gleichzeitiger Abnahme der Chloroplastenpolysomen in mehltauinfizierten Pflanzen wird durch das Einwirken von Toxinen dieser Ektoparasiten erklärt. Diese Verluste an Ribonucleinsäure korrelieren häufig mit einem Anstieg der Ribonucleaseaktivität. Eine besondere Stellung nehmen bei dieser These toxinbindende Proteine ein. Diese kann man im Zusammenhang mit Resistenz oder Kompatibilität sehen. *Helminthosporium sacchari* produziert ein wirtsspezifisches Toxin, das spezifisch an Proteine empfänglicher, aber nicht resistenter Stämme des Zuckerrohrs bindet. Diese Bindeproteine besetzen spezifische Stellen der Wirtsplasmamembran. Wenn das Toxin daran bindet, wird die Ionenbalance in der Wirtszelle empfindlich gestört, und es entwickeln sich sichtbare Symptome. Da nur empfindliche Wirte diese Bindeproteine enthalten, nicht aber resistente, entwikeln sich somit auch nur in empfindlichen Zukerrohrrassen Symptome. Auf die Proteinklassen der Lektine oder Phytoagglutinine wurde bereits im Zusammenhang mit bakteriellen Infektionen eingegangen (Abschnitt 10).

Besonders gut untersucht sind Glykoproteine in den Zellwänden von Melonen, die mit *Colletotrichum lagenarium* infiziert wurden. Diese hydroxyprolinreichen Glykoproteine (Abschnitt 1.1.3 und 17.7) stehen in Verbindung mit erhöhter Resistenz, und eine Hemmung der Synthese dieser Glykoproteine korrelierte mit zunehmender Empfindlichkeit. Die Synthese wird durch Ethylen initiiert und stimuliert. Man diskutiert eine Funktion dieser hydroxyprolinreichen Glykoproteine in der Resistenz gegenüber Viren, Bakterien und Nematoden.

13.4 Die Veränderung des Phytohormonmusters nach Pilzinfektionen

Veränderungen pflanzlicher Wachstums- und Entwicklungsreaktionen sowie Veränderungen charakteristischer Symptome nach Pilzinfektion sind häufig mit Verschiebungen im Hormonhaushalt verbunden. Außergewöhnliche Wachstumsreaktionen sind an verschiedenen rostinfizierten Pflanzen zu beobachten oder bei der Bakanae-Krankheit des Reises.

Deformationen, Hypertrophien und Hyperplasien werden nicht nur durch Bakterien sondern auch sehr häufig durch Pilze, wie durch *Albugo candida, Gibberella fujikuroi* oder *Taphrina deformans,* hervorgerufen und beruhen auf Verschiebungen von wachstumsfördernden Hormen, etwa Auxinen, Gibberellinen oder Cytokininen. Blattfall oder Wachstumseinschränkungen nach Pilzbefall sind hingegen auf erhöhte Ethylen- oder Abscisinsäurebildung oder auf den Abbau von Auxinen zurückzuführen.

Neben sichtbaren Effekten, die durch Verschiebungen von Hormonen nach Pilzinfektionen hervorgerufen werden, gibt es jedoch auch nicht so leicht erkennbare Änderungen im pflanzlichen Metabolismus, die ebenfalls durch eine Induktion von Pflanzenhormonen ausgelöst werden, wie zum Beispiel die Neusynthesen von Salicylsäure, Jasmonsäure oder Methyljasmonat. Diese Veränderungen sind äußerlich schwer zu erkennen, jedoch mit neueren analytischen Methoden durchaus zu erfassen. Dazu gehört auch die Induktion von Resistenzparametern, wie PR-Proteinen, auf die an anderer Stelle eingegangen wird (Abschnitt 17.6).

13.4.1 Hyperauxie und erhöhte Synthese von Indolessigsäure

Im Zusammenhang mit bakteriellen Erkrankungen (*Agrobacterium tumefaciens*, Abschnitt 9.6.1) wurde bereits auf die erhöhte Synthese von Indolessigsäure eingegangen. Bei *Peronospora*-Infektionen von *Capsella bursa-pastoris*, der sogenannten *club root disease* von Cruciferen oder bei *Phytophthora*-Infektion an Kartoffeln wurden erhöhte Pegel von Indolessigsäure und Indol-Acetonitril gemessen. Auch in der Färberdistel (*Carthamus*), deren Hypokotyle rostinfiziert wurden (*Puccinia cartami*), findet man eine ausgeprägte Elongation dieser Hypokotyle.

Erhöhte Indolessigsäurekonzentrationen treten außerdem in Mais auf, der durch *Ustilago zeae* infiziert wurde. Die Veränderung des Biosyntheseweges von Indolessigsäure in infizierten Geweben im Vergleich zu gesunden Geweben wurde bereits im Zusammenhang mit bakteriellen Erkrankungen

(Abschnitt 9.6.1) erwähnt. Nicht immer wird jedoch die Indolessigsäure nach Infektionen neu synthetisiert. Im Falle der *club root disease* von Cruciferen (Infektionen durch *Plasmodiophora brassicae*) werden Auxine aus vorgeformten Indolderivaten freigesetzt. Cruciferen akkumulieren große Mengen von Indolglucosinolaten in ihren Geweben. Der Wirt besitzt Enzyme, die diese Glucosinolate hydrolysieren können. Dabei entstehen 3-Indol-Acetonitril, Glucose, Sulfat, Schwefelwasserstoff und freier Schwefel. Ein weiteres Enzym, die Nitrilase, setzt Indol-Acetonitril zur 3-Indolessigsäure, dem eigentlichen Hormon, um. Nach der Infektion werden die vorgeformten Glucosinolate in die entsprechenden auxinaktiven Verbindungen umgesetzt. Dieser Vorgang beruht auf einer Aktivierung oder Freisetzung der erwähnten, im gesunden Wirt latent vorliegenden, Enzyme.

Es muß jedoch nicht immer der Wirt selbst sein, der das Auxin synthetisiert oder zur Verfügung stellt. *Ustilago zeae, Melampsora lini, Gymnosporangium juniperi, Taphrina deformans* und sicherlich noch viele andere, bilden in axenischen Kulturen Auxine. *Fusarium oxysporum*, ein Auslöser der Bananenwelke, sowie *Fusarium vasinfectum* und *Phytophthora infestans* produzieren Indolessigsäure *in vitro*.

Weiterhin scheinen auch bestimmte Phytotoxine auxinähnliche Wirkungen zu haben. Dazu gehört zum Beispiel das Victorin, das von *Helminthosporium victoriae* produziert wurde. Victorin induziert eine schnelle Zellelongation in *Avena*-Koleoptilen, ganz ähnlich wie viele Auxine. Hier vermutet man, daß das Victorin Membranpermeabilitäten verändert und dadurch eine auxinähnliche Wirkung auslöst.

Auch das Fusicoccin, ein nichtspezifisches Pilztoxin, wird als "Superauxin" bezeichnet. Hier erfolgt die Wirkung durch eine Veränderung des pH-Wertes in den Zellwänden, welche ihrerseits zu einer Elongation führt, ohne daß ein Hormon an seinen spezifischen Rezeptor binden muß.

Neben der Auxinsynthese wird auch die Auxinabbaureaktion (Oxidation) durch Pilzbefall verändert. In *Uromyces pisi*-infizierter *Euphorbia cyparissias* wird ein stark verminderter Auxinabbau in infizierten Pflanzen gemessen. Ähnliches wurde für die Baumwollwelke, hervorgerufen durch *Verticillium albo-atrum*, gefunden. Hier scheint in Analogie zu bakteriellen Erkrankungen die Auxinoxidation durch Peroxidasen und die Balance von Monophenolen und Diphenolen reguliert zu werden, wobei Monophenole die Oxidation des Auxins beschleunigen und Diphenole hemmen.

Daneben gibt es auch indolessigsäureabbauende Enzyme, die vom Pilz selbst bereitgestellt werden. Dies wurde für *Omphilia flavida* und *Diplocarpon roseae* gezeigt. Das *Omphilia*-Enzym ist dabei ähnlich der Indolessigsäureoxidase von Höheren Pflanzen in seiner Aktivität von Manganionen abhängig. Bis heute ist jedoch unklar, ob diese Indolessigsäureoxidasen spezifische Enzyme sind oder ob sie nur eine "artifizielle" Abwandlung der gewöhnlichen Peroxidaseaktivitäten in den Zellwänden Höherer Pflanzen darstellen.

13.4.2 Die Veränderung der Gibberellingehalte durch Pilzbefall

Die Gibberelline wurden vor mehr als 50 Jahren in Reiskulturen entdeckt. Diese als *foolish seedling disease* bekannte Reiskrankheit ist darauf zurückzuführen, daß der früher als imperfekte *Fusarium*-Art beschriebene Pilz *Gibberella fujikuroi* Gibberelline (GA_3) in das Nährmedium oder auch *in vivo* in den Wirt entläßt und dadurch auffälliges Längenwachstum hervorruft. Bei dieser Reiserkrankung wird auch die Bildung der Infloreszenzen unterdrückt, was man auf einen kombinierten Effekt von Auxinen und Gibberellinen zurückführt.

Neben den Gibberellinen selbst (Abschnitt 2.2.2) können auch Phytotoxine wie das Helminthosporal gibberellinähnliche Effekte hervorrufen. *Helminthosporium sativum*, ein Pathogen, das Wurzel- und Blatterkrankungen an Weizen und Gerste hervorruft, produziert das Helminthosporal. Dieses wiederum verursacht eine starke Elongation der Stiele in Reiskeimlingen, hat aber auf Weizenkeimlinge keinen Effekt.

13.4.3 Die Veränderung des Cytokiningehaltes nach Pilzbefall

Unter dem *green island effect*, der bereits besprochen wurde, versteht man die Erhaltung juvenilen Gewebes an Stellen pilzlicher Infektion, während der Rest des Gewebes (Blatt, Stengel) Seneszenzerscheinungen zeigt. An den Stellen der Penetration und der unmittelbaren Ausbreitung des Pilzes entsteht ein metabolischer *sink*, an dem sich Nährstoffe anreichern und seneszenzbedingte Abbaureaktionen gehemmt werden. Hervorgerufen wird dieses Symptom durch einen erhöhten Cytokiningehalt der entsprechenden Gewebe. Neben diesem "Grüninseleffekt" werden auch in Geweben von Tumoren und Gallen, zum Beispiel hervorgerufen durch *Plasmodiophora brassicae* oder *Taphrina deformans* (Auxin), erhöhte Zellteilungsraten gefunden, welche auf erhöhte Cytokiningehalte zurückzuführen sind. Auch bei der *club root disease* in Kohl sind die Cytokiningehalte gegenüber gesunden Geweben zehn- bis 100fach erhöht. Strittig ist auch hier wieder die Frage, woher das Cytokinin (häufig Zeatin) in diesen infizierten Geweben stammt:

vom Wirt oder vom Parasit. Keimende Sporen des Weizenstengelrosts entlassen Cytokinin in ihre Keimungsflüssigkeit. Das bedeutet, daß auch der Parasit zum Cytokiningehalt beitragen mag. Auf der anderen Seite konnte recht klar gezeigt werden, daß die Cytokininanhäufung in infizierten Bohnenblättern vom Wirt selbst stammt, wobei der Infektionsprozeß selbst genügt, um erhöhte Cytokininproduktion im Wirt zu induzieren.

13.4.4 Veränderungen des Abscisinsäuregehaltes und der Ethylenbildung nach Pilzbefall

Erhöhte Konzentrationen an Abscisinsäure (ABA) wurden für *Verticillium albo-atrum*-infizierte Baumwolle gezeigt, wobei sich der ABA-Gehalt in Baumwollblättern verdoppelte. Verbunden war der erhöhte ABA-Gehalt mit einer Stimulierung des Blattfalls. Erhöhungen des Abscisinsäuregehaltes korrelieren häufig mit, oder sind eine Folge von, erhöhter Ethylenbildung in pilzbefallenen Pflanzengeweben. Ethylen selbst ruft epinastische Veränderungen an Blättern und schließlich den Blattfall hervor. Die Ethylenbildung als Folge einer Infektion wurde für zahlreiche Wirt-Parasit-Kombinationen beschrieben und sogar als Indikator für Pilzbefall herangezogen. Ethylen stimuliert eine Reihe von Synthesen und kann in manchen Wirt-Parasit-Interaktionen als Induktor von PR-Proteinen (*pathogenesis related proteins*) dienen (Abschnitt 17.6). Enzyme, die durch Ethylen stimuliert werden, sind beispielsweise Phenylalaninammoniumlyase (PAL), Zimtsäurehydroxylase und andere Enzyme des Shikimi-Säurewegs sowie Proteasen und Hydrolasen, wie Chitinasen, Chitosanasen und Glucanasen. Auch Peroxidasen und Phenoloxidasen werden durch Ethylen induziert.

Die Ethylenbildung ist relativ unspezifisch und stellt eine allgemeine Reaktion auf Verwundung oder mechanische Verletzung dar. Für Bohnen wurde gezeigt, daß frühhypersensitive Sorten schon beim Eindringen der Keimschläuche des Bohnenrostes durch die Stomata mit einem deutlichen Ethylensignal reagieren. Dabei werden sehr frühe Resistenzreaktionen induziert, so daß keine sichtbaren Symptome der Infektion auf der Pflanze auftreten.

Kompatibel reagierende Bohnensorten, auf denen *Uromyces phaseoli* Uredosporenlager ausbilden kann, reagieren nur mit sehr geringer Ethylenbildung auf das Eindringen der Keimschläuche 14 Stunden nach Inokulation. Späthypersensitiv reagierende Sorten zeigen fast keine Reaktion beim Eindringen der Keimschläuche durch die Stomata, jedoch eine sehr starke Ethylensynthese mit der Ausbildung großflächiger Nekrosen 60 bis 70 Stunden nach der Primärinfektion. Daraus kann man schließen, daß das

Ethylen sowohl als Signal (frühe Phase der Ethylenbildung) für die Resistenzauslösung dienen kann, aber gleichzeitig auch ein begleitendes Phänomen beim Zusammenbruch ganzer Gewebebereiche darstellt (Nekrotisierung späthypersensitiv reagierender Rassen).

Die Rolle des Ethylens als Auslöser von Resistenzreaktionen muß aber von Fall zu Fall individuell geklärt werden und kann keineswegs als Regel gelten.

13.5 Der Einfluß pilzlicher Infektionen auf transzelluläre und vaskuläre Transportvorgänge

Pilze beeinflussen sowohl den Wassertransport von den Wurzeln in die oberirdischen Organe als auch den Phloemtransport von Nährstoffen aus den Blättern in die unterirdischen Organe. Darüber hinaus treten bei Pilzinfektionen eine Dysfunktion der Spaltöffnungen und eine Veränderung der kutikulären Transpiration auf. Pilze, die das Wurzelsystem angreifen, haben einen starken Effekt auf die Funktion der aufwärts transportierenden Systeme (*lifting force*) und beeinflussen damit vor allem das vaskuläre Xylemsystem: *Pythium, Rhizoctonia, Fusarium, Verticillium, Ophiobolus, Fusicoccum, Cytospora* und *Ceratocystis* sind Beispiele für die Beeinflussung des Wassertransportes nach Infektion. In einer gesunden Pflanze wird der Wassertransport insbesondere durch Reibungskräfte im Wasserleitsystem beherrscht. Diese Resistenz in den Xylemgefäßen kann durch pilzliche Infektion stark verändert werden, zum Beispiel durch direkte Besiedelung der Gefäße durch Pilzhyphen, aber auch durch Toxine und Enzyme, die vom Pilz abgegeben oder induziert werden. Die Beeinflussung des Transportes kann jedoch nicht isoliert gesehen werden, denn nicht sie allein ist für Welkesymptome und letztendlich auch für Nekrosen verantwortlich. Begleiterscheinungen, wie erhöhte Atmung, Ethylen- und Auxinbildung sowie die Akkumulation aromatischer Verbindungen innerhalb der Gefäße oder der Geleitzellen, sind gleichwohl von Bedeutung.

Genauso wie Pilzinfektionen unterirdischer Organe den Wassertransport und damit die Nährstoffbewegung aus dem Boden beeinflussen, wirkt sich auch eine Veränderung der stomatären Apertur und der Intaktheit der Kutikeln auf die Geschwindigkeit dieser Transportvorgänge aus. *Fusarium*-infizierte Tomatenblätter transpirieren nur ungefähr 30% im Vergleich zu gesunden. Bei genauerer Untersuchung fand man, daß im Vergleich zu gesunden Pflanzen die stomatäre Apertur reduziert war. Auch *Erysiphe*-

infizierte Gerstenblätter zeigen stark eingeschränkte Transpiration. Ähnliches fand man bei *Erysiphe polygoni*-infizierten Zuckerrüben und *Erysiphe pisi*-infizierten Erbsen.

Andere Mehltaue oder Roste hingegen stimulieren die Transpiration. Dies ist wohl darauf zurückzuführen, daß die Epidermis und damit die aufliegende Wachsschicht (kutikulare Wachse) geschädigt werden. Eine ähnliche Schädigung der Kutikula ist vermutlich die Ursache des Welkens von Bohnen, die mit *Uromyces phaseoli* infiziert sind.

Wie an anderer Stelle beschrieben (Abschnitt 21.2), wird die Transpirationsrate auch von Toxinen bestimmt. Vor allem das Pilztoxin Fusicoccin hemmt den stomatären Verschluß durch Störung des geregelten K^+-Transportes und führt damit zur Welke. Effekte auf den Wassertransport hat auch die Zellpermeabilität, wobei die Intaktheit des Apoplasten-Symplasten-Kompartimentsystems gestört wird. Permeabilitäten wurden durch Toxine, wie Fusarinsäure, Lycomarismin und *Alternaria*-Säure beeinflußt. Für *Verticillium*-infizierte Tomatenkeimlinge wurde gezeigt, daß eine Akkumulation von Auxinen für die erhöhte Permeabilität der Protoplasten verantwortlich zu sein scheint. Für die Beeinträchtigung der Leitbahnen direkt sind zwei Faktoren verantwortlich:

1. die direkte Erhöhung der Resistenz gegenüber hydrodynamischen Parametern, verursacht durch Gele, Mycelien, Sporen und kollabierte Gefäße sowie durch Thyllenbildung, und
2. die Anhäufung hydrolytischer Produkte des Pectins und kolloidalen Polysacchariden sowie Cellulose oder Melaninpigmenten, die sich in den Gefäßen anhäufen und sie dadurch regelrecht verstopfen.

Ob letztendlich die Erhöhung der Viskosität und damit die Beeinflussung des Tracheenflusses ("Okklusion") oder die Gasembolien für die Symptome verantwortlich sind, sei dahingestellt. Viele Punkte sprechen jedoch für die Okklusionstheorie, da man festgestellt hat, daß besonders nach pilzlichen Infektionen pectolytische und cellulytische Enzyme des Pathogens phenolische Bestandteile der Wirtszellwände und gummiartige Substanzen in den Gefäßen anreichern.

Phloemtransportraten wurden intensiv mit Hilfe radioaktiv markierten Phosphats untersucht. Wurden zum Beispiel *Puccinia graminis* f.sp. *tritici*-infizierte Weizenpflanzen mit radioaktivem Phosphat gefüttert, so reicherte sich die Radioaktivität in den rostinfizierten Teilen der Blätter an. Auch sammelte sich in den Primärblättern von Bohnen, die mit *Uromyces phaseoli* infiziert waren, sehr schnell und nachhaltig Phosphat. Andere Autoren deuteten darauf hin, daß diese Translokationen stark von einem aeroben Metabolismus abhängig waren, da Inhibitoren der Atmungskette und der oxidativen Phosphorylierung die Mobilisierung und Akkumulation von Nährstoffen in der Nähe der Infektionsstellen verhinderten oder verzögerten. Mit Hilfe dieser radioaktiven Markierungen wurde gezeigt, daß die Infektionsstellen metabolische *sinks* sind und damit eine Transportart darstellen, die durch Hormone (Kinetin) gesteuert wird. Diese Umsteuerung des Metabolismus in infizierten Pflanzen im Vergleich zu gesunden Pflanzen betrifft sowohl den Phloem- als auch den Xylemtransport (Tab. 13.2): Ein verstärkter Transport im Phloem ("abwärts") deutet auf starken Verbrauch im Infektionsbereich hin.

Tabelle 13.2: Transport markierter Substanzen in gesunden und *Uromyces phaseoli*-infizierten Bohnenpflanzen: "Aufwärts" = Xylem; "Abwärts" = Phloem

	Verhältnis Abwärts/Aufwärts	
Substanz	**gesunde Pflanze**	**infizierte Pflanze**
$Na_2HP^{32}O_4$	0,6	11,1
Na_2SO_4	0,7	5,7
Glycin-C^{14}	0,5	6,7

Die Umsteuerung des Metabolismus geschieht vermutlich wiederum auf zweifache Art:

1. Der Parasit fungiert als Nährstoffverbrauchszentrum (*sink*); die Infektionsstelle ist das verbrauchsdominante Gewebe.
2. Cytokinine steuern das betroffene Gewebe in Richtung Juvenilität um.

Die Konsequenzen solcher Umsteuerungen wurden schon in anderen Kapiteln (Abschnitte 2.2.3 und 9.6.2) angesprochen.

E Abwehrreaktionen zwischen Wirt und Pathogen

Phytopathogene Organismen haben häufig raffinierte Mechanismen zur Infektion und Besiedelung ihrer Wirtspflanzen entwickelt. Als Gegenreaktion dazu haben Pflanzen im Laufe der Coevolution komplexe Abwehrmechanismen ausgebildet, die im weiteren näher besprochen werden sollen.

14. Einige Begriffsdefinitionen

Wir müssen generell zwei Extremtypen von Wirt-Parasit-Wechselwirkungen unterscheiden: die kompatible und die inkompatible Wirt-Parasit-Interaktion (Abb. 14.1). Zwischen diesen Extremen gibt es beinahe alle erdenklichen Übergänge.

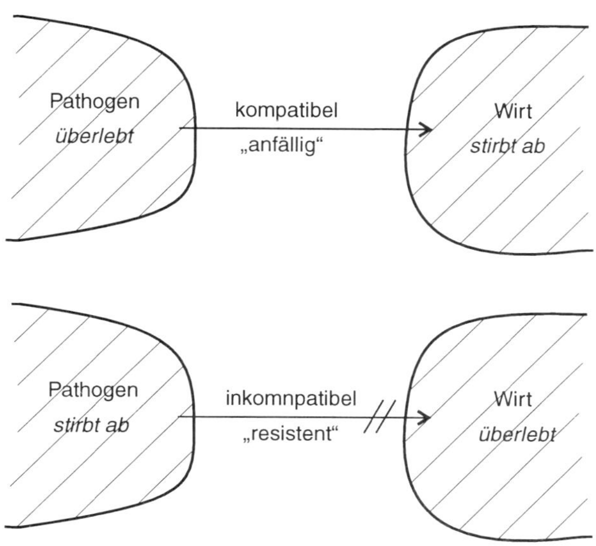

14.1 Wirt-Parasit-Wechselwirkungen: die Extreme.

Unter einer kompatiblen Wechselwirkung versteht man die verträgliche Interaktion zwischen einer virulenten Rasse (Pathogen) und einer anfälligen Sorte (Wirt). Die Krankheit wird virulent. Der Begriff "kompatibel" wird oft synonym für eine anfällige Wirt-Parasit-Interaktion gebraucht. In diesem Fall überlebt das Pathogen, es kann Vermehrungsstrukturen (Sporen, Konidien) ausbilden; der Wirt stirbt letztlich ab.

Unter einer inkompatiblen Interaktion versteht man dagegen die unverträgliche Wechselwirkung zwischen einer avirulenten Rasse (Pathogen) und einer resistenten Sorte (Wirt). Der Begriff wird auch oft für die Bezeichnung einer resistenten Wirt-Parasit-Interaktion benutzt. In diesem Fall kann das Pathogen die Pflanze ebenfalls infizieren, wird jedoch vor oder nach schwacher Symptomausprägung in seinem Wachstum gehemmt oder abgetötet.

Der Kampf zwischen Wirt und Parasit wird schließlich entschieden durch die Schlagkraft und die Schnelligkeit, mit der die Waffen der beiden Gegner zum Einsatz gelangen. In beiden Fällen, kompatibel wie inkompatibel, kommt es zu Abwehrreaktionen durch den Wirt. Der Unterschied zwischen einer anfälligen und einer resistenten Interaktion besteht häufig nur in der Geschwindigkeit der Abwehr. Der resistente Wirt kann sehr viel schneller als der anfällige Wirt Abwehrmaßnahmen ergreifen, die dann in ihrer Gesamtheit eine inkompatible Wirt-Parasit-Interaktion zur Folge haben. In den allermeisten Fällen ist es also nie ein "Entweder-Oder" (keine Abwehr bei der kompatiblen Wechselwirkung und volle Abwehr bei der inkompatiblen Interaktion), sondern ein "Mehr-oder-Weniger", was die Gesamtheit der Abwehrmaßnahmen angeht und damit die Fülle der Interaktionstypen bedingt.

Charakteristisch für eine inkompatible Wirt-Parasit-Interaktion ist die hypersensitive Reaktion (HR). Kurz nach der lokalen Infektion sterben die Zellen an der Infektionsstelle ab, noch bevor sich der Pilz weiter ausbreiten kann. Sie bilden einen Hof von totem Gewebe um den Eindringling (Abwehrnekrose). Mit den Wirtszellen stirbt auch das Pathogen ab. Der induzierte Zelltod erfolgt sehr schnell. Makroskopisch werden kleine braune Flecken (Nekrosen) auf den befallenen Organen (zum Beispiel Blätter) sichtbar. Die genauen Mechanismen, die die hypersensitive Reaktion und damit den lokalen Zelltod einleiten beziehungsweise verursachen, sind bis zum heutigen Tag noch nicht eindeutig geklärt. Für den lokalen Absterbeprozeß wird die Abfolge folgender Ereignisse auf zellulärer Ebene beschrieben (Abb. 14.2).

Kurz nach dem Eindringen des Pathogens kommt es zu einem Anstieg der Respiration. Danach beobachtet man eine verstärkte Cytoplasmaströmung.

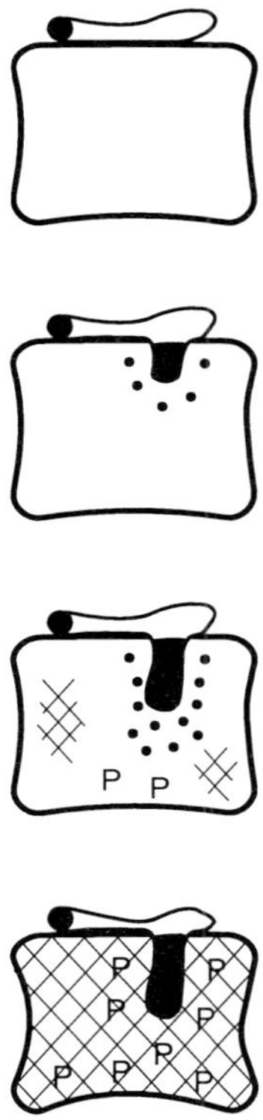

14. 2 Phasen des hypersensitiven Todes (P = Phytoalexine).

Es erscheinen oft granuläre Substanzen, die sich zur Eindringstelle hin bewegen. Kurz darauf stoppt die Cytoplasmaströmung, und die befallenen, hypersensitiv reagierenden Zellen verfärben sich bräunlich und sterben ab. Während dieser Phase beobachtet man häufig einen starken Elektrolytverlust, was auf eine Membranzerstörung (Plasmalemma) schließen läßt. Anschließend kommt es zu einer Akkumulation von Phytoalexinen im abgestorbenen Gewebe; das Pilzwachstum wird eingestellt. Diese Reaktionsfolge trifft beispielsweise für die inkompatible Interaktion zwischen der Kartoffelsorte "Rishiri" und dem Erreger der Kraut- und Knollenfäule *Phytophthora infestans* der Rasse O zu. Die gesamte hypersensitive Reaktion kann nach der Penetration der Zellwand innerhalb von 30 bis 150 Minuten vollständig abgeschlossen sein. Bei der kompatiblen Paarung (*Phytophthora infestans*, Rasse 1) kann sich der Pilz dagegen ungehindert im Pilzgewebe ausbreiten. Zahlreiche Untersuchungen machen deutlich, daß Phytoalexine (Abschnitt 17.5) die hypersensitive Reaktion begleiten, sie jedoch nicht auslösen.

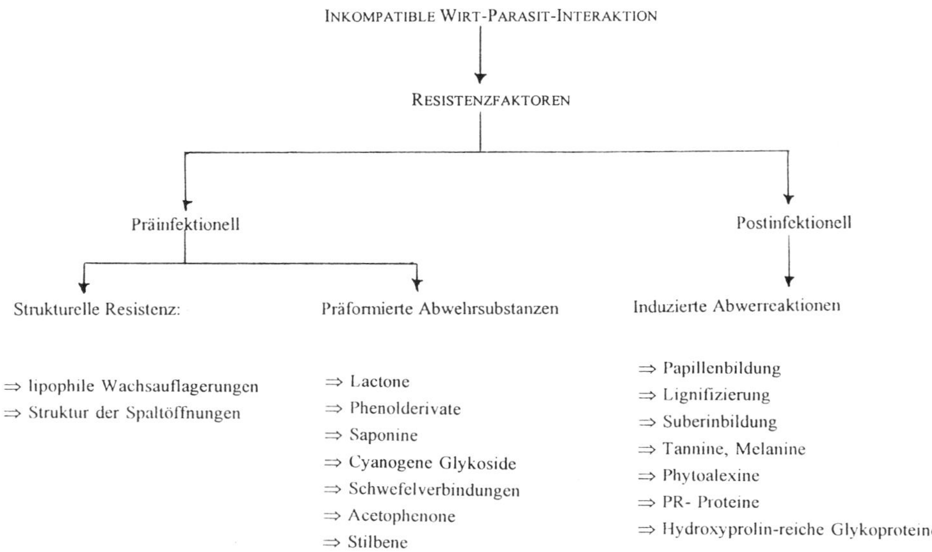

14.3 Resistenzfaktoren der inkompatiblen Wirt-Parasit-Paarung.

Der Übergang zu einer kompatiblen (anfälligen) Wirt-Parasit-Interaktion ist gleitend (oben). Im Unterschied zur inkompatiblen Interaktion sind die nekrotischen Flecken bei einer anfälligen Wechselwirkung deutlich größer ausgebildet. In diesen Fällen kann sich das Pathogen schneller im Wirtsgewebe ausbreiten, als es der Wirt schafft, den Eindringling durch den hypersensitiven Zelltod auf das befallene Gewebe einzugrenzen und abzutöten.

Im folgenden wollen wir uns näher mit den Abwehrmaßnahmen beschäftigen, die eine resistente von einer anfälligen Wirt-Parasit-Interaktion unterscheiden. Die inkompatible Wirt-Parasit-Paarung ist durch sogenannte Resistenzfaktoren charakterisiert (Abb. 14.3).

Unter Resistenzfaktoren versteht man Strukturen, Substanzen und Prozesse der Wirtspflanze, die den Befall durch Pathogene hemmen oder verhindern. Bis heute sind in vielen Fällen die genauen Mechanismen, die eine Resistenz bedingen, noch unklar. Das Problem besteht darin, daß zum einen keine Verallgemeinerung zulässig ist, zum anderen sich die nach außen sichtbare Resistenz aus der Kombination der unterschiedlichen Resistenzfaktoren ergibt. Zudem können in verschiedenen Pflanzenteilen (Organen) unterschiedliche Resistenzmechanismen gegen den gleichen Erreger wirksam werden. Dies ist zum Beispiel bei Kartoffeln nach Infektion mit *Phytophthora infestans* der Fall: In der Knolle findet man Terpenphytoalexine (Rishitin,

Lubimin), in Blättern dagegen PR-Proteine, phenolische Komponenten und weitere noch unbekannte Faktoren.

Die vergleichsweise hohe Anfälligkeit unserer Kulturpflanzen dürfte nicht zuletzt darauf zurückgehen, daß verschiedene chemische Abwehrstoffe (Abschnitt 16) aus ernährungsphysiologischen, verarbeitungstechnischen oder geschmacklichen Gründen durch Züchtung eliminiert wurden. Bei den entsprechenden Wildpflanzen sind diese Abwehrbarrieren meist so gut entwickelt, daß eine Erkrankung eher die Ausnahme darstellt. Durch die intensiven Untersuchungen von Molekularbiologen und Biochemikern dürften in den nächsten Jahren noch weitere spezifische Resistenzgene und deren Translationsprodukte charakterisiert werden, was die Aufklärung von Resistenzmechanismen erleichtern sollte.

15. Strukturelle Resistenz

Unter struktureller Resistenz versteht man alle Oberflächenbeschaffenheiten der Wirtspflanze, welche potentielle Pathogene am Eindringen in die Wirtspflanze hindern können.

So bewirken lipophile Überzüge (zum Beispiel Wachse) auf Blättern das Abperlen von Tau- oder Regentropfen. Da solche Tropfen möglicherweise Pilzsporen enthalten, können Wachsüberzüge auch Infektionen verhindern. So kann etwa *Phaeoseptoria eucalypti* alte *Eucalyptus bicostata*-Blätter befallen, junge Blätter dagegen sind deutlich resistenter. Ein Grund für diese unterschiedliche Anfälligkeit mag darin bestehen, daß junge Blätter wegen ihrer dicken Wachsauflagerungen im Vergleich zu alten Blättern, die witterungsbedingt deutlich schwächer ausgeprägte Wachsüberzüge tragen, schlechter benetzbar sind. Für diese Erklärung spricht der Befund, daß auch junge Blätter nach Abreiben der Wachsschichten gegen *Phaeoseptoria eucalypti* anfällig gemacht werden können.

Struktur und Anzahl der Stomata können bei der strukturellen Resistenz ebenfalls eine Rolle spielen. So ist das Ausmaß des Befalls verschiedener Maisvarietäten mit *Puccinia sorghi* proportional zur Stomatadichte: Varietäten mit vielen Stomata werden stärker befallen als solche mit wenigen Stomata. Die Struktur der Spaltöffnungen spielt beispielsweise bei der Resistenz von *Citrus*-Arten eine Rolle, die von *Pseudomonas citri* befallen werden. Bei der resistenten Art *Citrus nobilis* ist der Porus der Stomata durch stark ausgebildete Kuticularleisten extrem verkleinert, was bei der anfälligen Art *Citrus grandis* nicht der Fall ist.

Weiterhin spielen fungitoxische und fungistatische Komponenten, die in die Kutikula eingelagert sind, eine Rolle bei der Pathogenabwehr. So geht zum Beispiel die Resistenz von *Pinus radiata*-Nadeln gegenüber dem Pathogen *Dothistroma pini* unter anderem auf oxidierte Dehydroabiessäurederivate zurück, die in die Wachsschicht der Nadeln eingebettet sind (Abb.15.1).

Die Bedeutung dieser Substanzen für die Resistenzausbildung wird dadurch untermauert, daß nach dem Entfernen der Wachsschichten (kurzzeitiges Eintauchen in Aceton) die Nadeln eine deutlich höhere Anfälligkeit gegenüber *Dothistroma pini* zeigten.

Bei vielen Pinus- und Eukalyptusarten findet man verschiedene Stilbene (Diphenylethylene) im Kernholz, wobei das Pinosylvin die Hauptkomponente darstellt (Abb. 15.2).

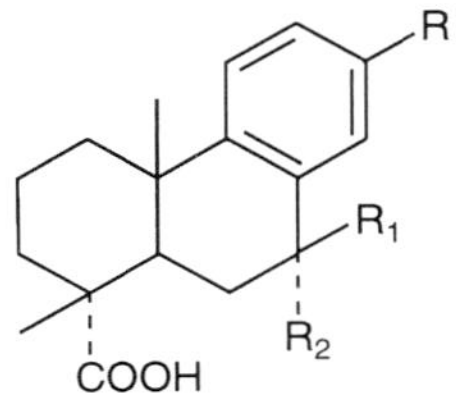

15.1 Dehydroabiessäurederivate von *Pinus radiata*-Nadeln. (Dehadroabiessäure: R = Isopropyl; $R_1 = R_2 = H$).

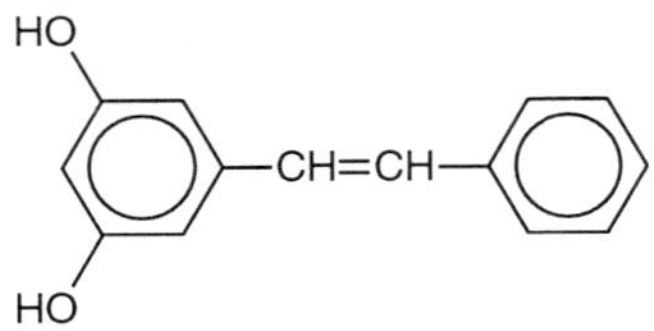

15.2 Die Struktur des Stilbens Pinosylvin.

Die Konzentrationen von Pinosylvin im Kernholz schwanken zwischen 1-30 mg/g Trockengewicht. Diese Stilbene werden von absterbenden Holzparenchymzellen an der Kernholz-Splintholz-Grenze gebildet. Die Kernholzstilbene liegen immer als Aglykon vor und sind somit leicht von den Stilbenglykosiden des Splintholzes zu unterscheiden (Abschnitt 16.7). Stilbene zeigen fungitoxische Aktivitäten. Man macht sie deshalb mitverantwortlich für die nahezu vollständige Resistenz des Kernholzes gegenüber den Abbau durch Fäulnispilze.

16. Vorgebildete Inhaltsstoffe in Pflanzen als Abwehrsubstanzen gegen Schaderreger

Pflanzen verfügen über gut funktionierende und breitgefächerte Abwehrreaktionen, die in mehreren Stufen zeitlich versetzt ablaufen können, so daß sie auf diese Weise über eine wirksame Schutzkette gegenüber den meisten Pathogenen verfügen. Im folgenden Abschnitt werden Substanzen vorgestellt, die in gebundener Form (Glykosid) meist in der Vakuole vorliegen und erst nach dem Angriff des Schaderregers in das Cytoplasma entlassen werden. Dort werden sie dann über β-Glykosidasen in die freien, aktiven Aglykone umgewandelt (Abb. 16.1).

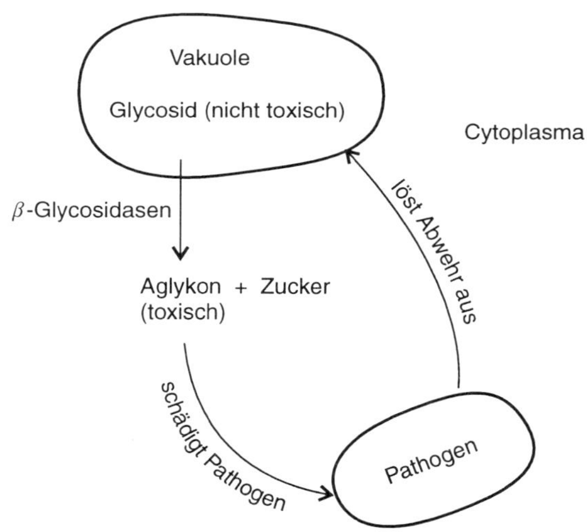

16.1 Die Aktivierung präformierter Abwehrsubstanzen in der Wirtszelle.

16.1 Lactone und Hydroxycarbonsäuren

Ungesättigte Lactone treten vor allem in den Familien der *Liliaceae*, *Ranunculaceae* und *Rosaceae* auf. Die Mehrzahl der ungesättigten Lactone

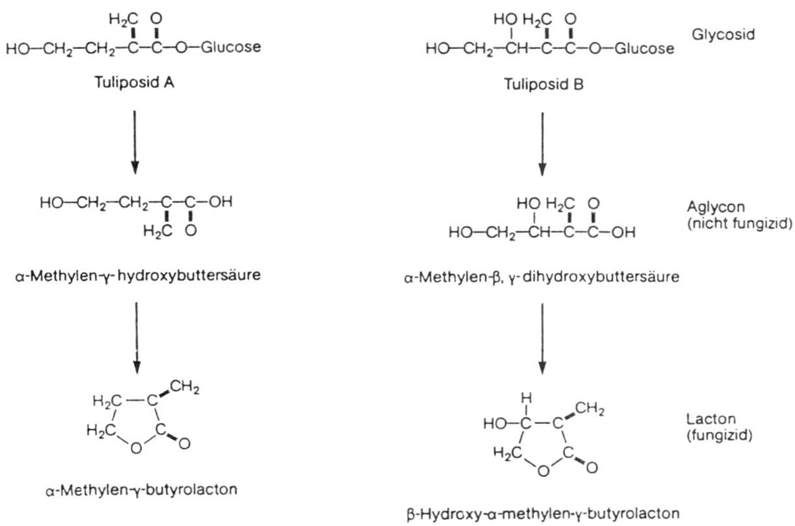

16.2 Tuliposid A und B als Glykosid und Aglykon.

beziehungsweise Hydroxycarbonsäuren liegt in den unversehrten Pflanzen in Form von Glykosiden vor. Nach Verwundung des pflanzlichen Gewebes spalten endogene β-Glykosidasen den Zuckeranteil ab, wodurch die jeweiligen Aglykone entstehen. Antimikrobielle Aktivität zeigen nur die Lactone; die entsprechenden Hydroxycarbonsäuren sind in der Regel inaktiv.

Als Beispiel sollen hier die Tuliposide A und B vorgestellt werden. Diese Verbindungen kommen in Tulpen, und hier vor allem in den Narben und Griffeln der Blüten vor. Es handelt sich um 1-Acylglykoside von α-Methylen-γ-Hydroxybuttersäure und α-Methylen-β-γ-Dihydroxybuttersäure (Abb. 16.2).

Die Grauschimmelkrankheit der Tulpe wird von *Botrytis tulipae* verursacht, bei *Botrytis cinerea* kommt es zu einer Resistenzreaktion im Wirt. Diese unterschiedliche Empfindlichkeit der Tulpen läßt sich aufgrund folgender Erkenntnisse erklären: Tuliposid A und B sind in den Vakuolen der Pflanzenzellen gespeichert. Das Pilzwachstum vollzieht sich anfänglich interzellulär, das heißt, die Pilze können nur dann mit der für sie toxischen Substanz in Kontakt kommen, wenn sie über einen Mechanismus verfügen, der die Membranpermeabilität in der Wirtszelle erhöht. Entsprechende Untersuchungen zeigen, daß Kulturfiltrate von *B. cinerea* die Permeabilität der Zellmembranen des Wirtes in größerem Ausmaß steigern als Kulturfiltrate von *B. tulipae*; dadurch ist *B. cinerea* vermutlich höheren Tuliposidkonzen-

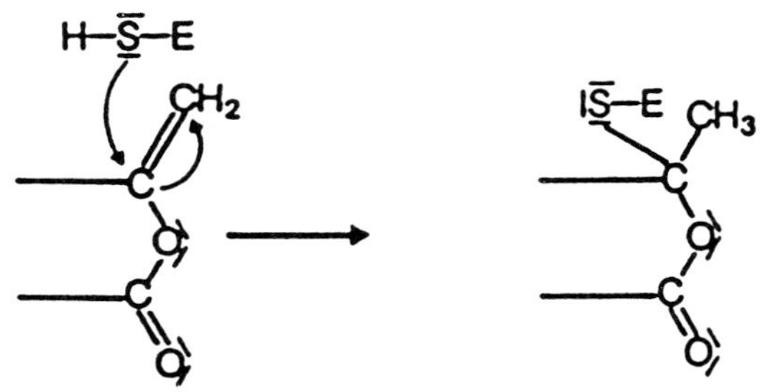

16.3 Die Reaktion von SH-Gruppen mit der Exomethylengruppe von Lactonen.

trationen ausgesetzt als *B. tulipae*. Außerdem werden die Tuliposide nur in Anwesenheit von *B. cinerea* in die aktiven Lactone umgewandelt, in Gegenwart von *B. tulipae* entstehen nur die inaktiven Hydroxycarbonsäuren.

Die antimikrobielle Aktivität von pflanzlichen Lactonen, die eine Exomethylengruppe tragen, könnte in der Inaktivierung von SH-Gruppen von Enzymen der Pathogene bestehen. Es käme hierbei zu einer nukleophilen Addition an die Exomethylengruppe (Abb. 16.3).

16.2 Phenole und Phenolderivate

In diese Gruppe gehört das Glykosid Phloridzin in Blättern von Apfelbäumen, die gegen den Erreger des Apfelschorfs (*Venturia inaequalis*) resistent

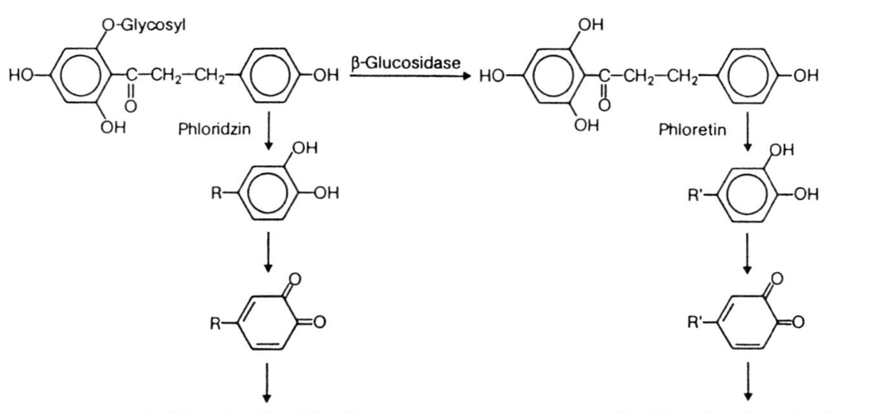

16.4 Die Umwandlung von Phloridzin in Orthochinone.

sind. Während des Wachstums des Schorfpilzes in der Wirtspflanze kommt es zur Dekompartimentierung von Wirtszellen, wodurch das Glykosid mit β-Glykosidasen und Polyphenoloxidasen in Kontakt tritt. Es entsteht ein sehr instabiles o-Chinon (Abb. 16.4).

Diese Orthochinone können mit SH- oder NH_2-Gruppen von Enzymen des eindringenden Pathogens reagieren (1,4-Addition), was zur Schädigung oder zum Abtöten des Krankheitserregers führt.

16.3 Saponine

Saponine sind Glykoside mit unterschiedlichen Aglykonen (Triterpen- oder Alkaloidtyp). Wichtige Saponine sind zum Beispiel das Avenacin bei Hafer, das Cyclamin des Alpenveilchens (Triterpensaponine), das α-Tomatin der Tomate und das α-Solanin von Kartoffeln (alkaloidische Saponine).

Das allgemeine Modell, wonach präformierte Abwehrsubstanzen erst nach der Abspaltung des Zuckerrestes durch β-Glucosidasen aktiviert werden, trifft für die Stoffgruppe der Saponine nur bedingt zu. Man kennt mono- und bidesmosidische Saponine. Erstere tragen in C-3-Position nur eine Zuckergruppe, wohingegen bidesmosidische Saponine zusätzlich eine weitere an C-28 (Triterpentyp) oder an C-26 (Steroidtyp) aufweisen (Abb. 16.5). Ein weiterer Unterschied zwischen den beiden Formen besteht darin, daß monodesmosidische Saponine die eigentlich fungitoxischen Komponenten darstellen, wogegen bidesmosidische Saponine nicht toxisch sind. Zu den bidesmosidischen Saponinen zählt beispielsweise das Avenacosid B, das man in der Vakuole von Haferblättern findet. Nach der Dekompartimentierung der Zellen, hervorgerufen durch das Pathogen, gelangt es in das Cytoplasma, wo es über Avenacosidasen in das toxische, an C-26 deglycosilierte Avenacosid B, überführt wird (Abb. 16.5).

Wird die Zuckergruppierung von C-3 teilweise oder vollständig abgebaut, so verlieren die Saponine ihre Toxizität. Interessanterweise bilden einige pathogene Pilze solche spezifische Glykosylhydrolasen und entgiften damit monodesmosidische Saponine. Der Entgiftungsmechanismus und die Bedeutung dieser Reaktion für die Pathogenität einzelner Pilze wurde bei der Wirt-Parasit-Interaktion zwischen Hafer und verschiedenen Wurzelpathogenen genauer untersucht. In Epidermiszellen von Haferwurzeln findet man das toxische, monodesmosidische Saponin Avenacin A-1 (Abb. 16.5). Wurzeln von Haferpflanzen sind resistent gegenüber dem Pathogen *Gaeumannomyces graminis* var. *tritici*. Sie reagieren dagegen anfällig gegen *G.*

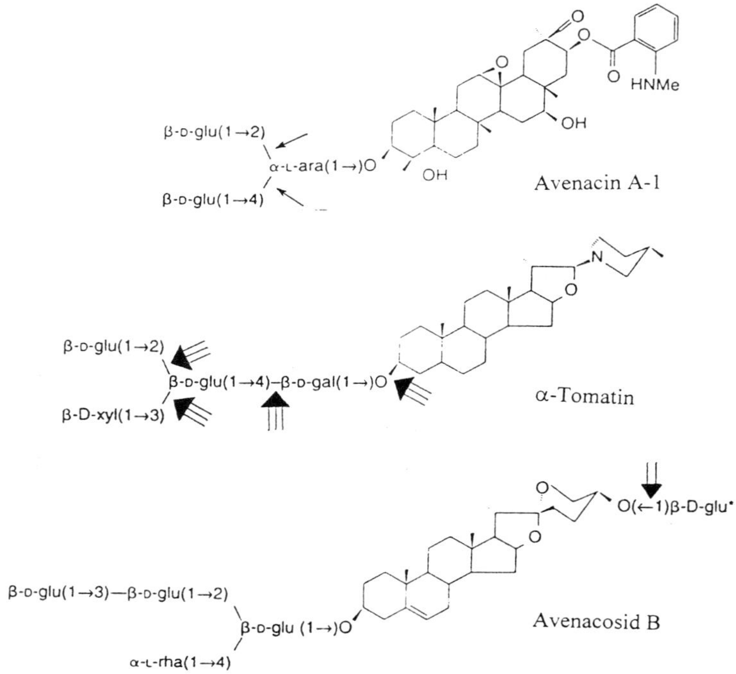

16.5 Die Strukturformen einiger wichtiger Saponine. (*β*-D-Glu: *β*-D-Glucose; *α*-L-Ara: *α*-L-Arabinose; *β*-D-Xyl: *β*-D-Xylose; *α*-L-Rha: *α*-L-Rhamnose; einfacher Pfeil: Angriffspunkt der Avenacinase; doppelter Pfeil: Angriffspunkt der Avenacosidase; dreifacher Pfeil: Angriffspunkt der Tomatinasen). (Modifiziert nach: Osborne (1996) *Trends in Plant Science*. Bd. 1, S. 4.)

graminis var. *avenae*. Die Erklärung hierfür ist, daß *G. graminis* var. *avenae* über das AVN1-Gen eine extrazelluläre Avenacinase exprimiert, die die Glucose in Position *β*,1-2 und *β*,1-4 innerhalb der Zuckergruppe in C-3-Position abbaut und dadurch das Saponin Avenacin A-1 entgiftet (Abb. 16.5). Der Beweis für den kausalen Zusammenhang zwischen der Pathogenität des Pilzes und der Expression der Avenacinase wurde mit Avenacinase-minus-Mutanten geführt. Sie zeigten keine Avenacinaseaktivität und waren nicht in der Lage, das gegen sie gerichtete Avenacin A-1 zu metabolisieren. Haferpflanzen waren gegen diese Mutanten resistent (Abb. 16.6).

Interessanterweise können beide, *G. graminis* var. *avenae* mit dem AVN1-Gen und die Minusmutante, Weizenpflanzen, die keine Saponine bilden, befallen. Dies unterstreicht nochmals die Bedeutung der Avenacinase für die Ausbildung einer anfälligen Wirt-Parasit-Interaktion bei solchen Pflanzen, die das Saponin Avenacin A-1 als präformiertes Abwehrtoxin beinhalten.

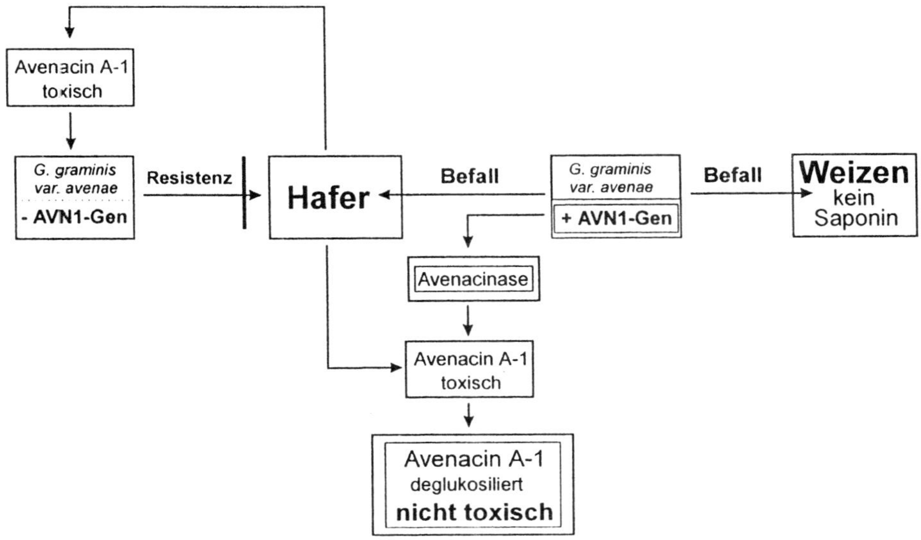

16.6 Der Zusammenhang zwischen der Entgiftung von Avenacin A-1 und der Pathogenität von *G. graminis* var. *avenae* gegenüber Hafer und Weizen.

Bei Pflanzen, die keine Saponine bilden, entscheidet die Glykosylhydrolase dagegen nicht über Befall oder Nichtbefall.

Saponinentgiftungsenzyme wurden auch für eine Reihe von Tomatenpathogenen beschrieben. Diese Enzyme werden als Tomatinasen zusammengefaßt und entgiften α-Tomatin durch die Abspaltung von Zuckergruppen an unterschiedlichen Stellen im Molekül (Abb. 16.5).

Saponine kommen nur in Pflanzen vor.

Auffallend sind die hohen Tomatingehalte grüner Tomaten, die auf sehr niedrige Werte in reifen Früchten zurückgehen.

Von entscheidender Bedeutung für die toxische Wirkung der Saponine ist das Vorhandensein von Sterinen. Saponine reagieren mit diesen Sterinen, und es bilden sich innerhalb der Pilzmembranen Steroid-Sterin-Komplexe, die diesen Membranabschnitten eine quasikristalline Struktur verleihen. Es kommt zu einer Porenbildung (Durchmesser < 5 nm) in der Membran, wodurch die Integrität der Pilzzelle verlorengeht. Interessanterweise besitzen virulente Pilze weniger Sterine in ihren Membranen als avirulente Pathogene.

Ein weiterer Hinweis dafür, daß die Toxizität von Saponinen auf die Komplexbildung mit Sterolen zurückgeht, wurde mit *Fusarium solani*-Isolaten, die Tomatenfrüchte befallen, erbracht. So konnte das Wildtypisolat nur reife Tomaten, die sehr geringe Mengen α-Tomatin enthielten, befallen.

Unreife, grüne Früchte mit hohen Saponingehalten wurden nicht befallen. Dagegen zeigten *Fusarium solani*-Mutanten, die sich durch eine defekte Sterolbiosynthese auszeichneten, erhöhte Resistenz gegen α-Tomatin. Sie befielen neben reifen auch unreife, grüne Früchte.

Die einzelnen Entgiftungsschritte (Abb. 16.5) verhindern die Komplexbildung von α-Tomatin mit Sterolen von Pilzmembranstrukturen.

16.4 Cyanogene Glykoside

Cyanogene Glykoside treten in mehr als 800 Pflanzenarten auf. Man findet sie vor allem bei vielen Vertretern der *Rosaceae*, wo sie in Wurzeln, im Stamm, in Blättern, in Blüten und in Samen lokalisiert sind. In intakten Geweben liegen sie als glykosidische Derivate der Cyanwasserstoffsäure (HCN) vor. Nach Verwundung des Wirtsgewebes durch das Eindringen und das Wachstum des Pathogens kommen cyanogene Glykoside in Kontakt mit normalerweise kompartimentierten Enzymen, was zu einer raschen Freisetzung von HCN (Cyanwasserstoffsäure, Blausäure) führt. Die Toxizität von HCN geht auf die Hemmung der Endoxidase der Atmungskette der Mitochondrien zurück. Möglicherweise spielen die cyanogenen Glykoside über die Freisetzung von HCN eine Rolle bei der Pathogenabwehr. In vielen Fällen konnte jedoch keine Korrelation zwischen der Resistenz und der HCN-Freisetzung festgestellt werden. Interessanterweise sind einige Pilze, die *Sorghum bicolor* (Hirse) infizieren können, in der Lage, das freigesetzte HCN über die β-Cyanoalaninsynthase zu entgiften.

Möglicherweise geht die Virulenz dieser Pathogene auf solche enzymatischen Umsetzungen zurück.

16.5 Schwefelverbindungen

Thioether (R-S-R) findet man in Form von Ölen in verschiedenen *Allium*-Arten. Charakteristisch für solche Zwiebelarten ist der strenge, unangenehme Geruch, der sofort nach Verletzung des Pflanzengewebes auftritt. Dieser Geruch geht bei vielen *Allium*-Arten auf die Bildung von Allicin zurück, welches nach Verletzung des Gewebes innerhalb weniger Sekunden enzymatisch aus Alliin freigesetzt wird. In *Allium*-Pflanzen ist die Alliinlyase für diese Umwandlung verantwortlich. Im Knoblauch wird Allicin weiter zum Diallyldisulfid reduziert.

Allicin hat antimikrobielle Aktivität; Diallyldisulfid zeigt keine Toxizität gegenüber Bakterien, es hemmt jedoch das Wachstum von *Phytophthora cactorum*. Wahrscheinlich sind Thioether bei der Resistenz vieler *Allium*-Arten gegenüber ihren Pathogenen von Bedeutung.

16.6 Acetophenone

Ein wichtiger Vertreter dieser Stoffgruppe ist das p-Hydroxyacetophenon (pHAP). Man findet diese Substanz in Fichtennadeln in Konzentrationen bis zu 0,5 mg/g Frischgewicht. In zehn- bis 100fach höherer Konzentration als pHAP liegt das entsprechende Glykosid, das Picein, in Fichtennadeln vor. Es kann durch β-Glykosidasen verschiedener Nadelendophyten (zum Beispiel *Lophodermium piceae*) und während der Nadelverbräunung nahezu vollständig in sein Aglykon umgewandelt werden (Abb. 16.7).

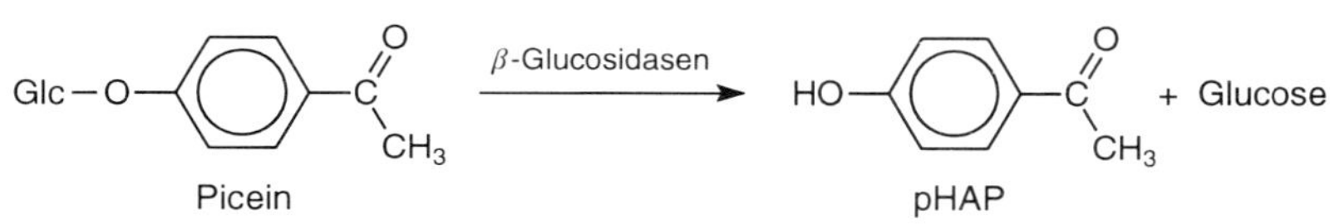

16.7 Die enzymatische Umwandlung von Picein zu p-Hydroxyacetophenon. (Glc: Glucose; pHAP: p-Hydroxyacetophenon).

Das Wachstum verschiedener Nadelpathogene, etwa von *Sirococcus strobilinus* (Erreger des Triebspitzensterbens der Fichte), wird durch pHAP im Agartest gehemmt. Der ED_{50}-Wert liegt bei etwa 1,0 mM. Interessanterweise ist der Endophyt *Lophodermium piceae*, der nur schwach durch pHAP im Wachstum beeinträchtigt wird, in der Lage, das Toxin zu metabolisieren. Dies könnte eine Erklärung für die geringe Anfälligkeit dieses Pilzes gegenüber der fungitoxischen Substanz sein.

16.7 Stilbene

Stilbene sind ihrer Struktur nach Diphenylethylene. Im Gegensatz zu den bereits besprochenen Stilbenen des Kernholzes findet man in der Rinde und

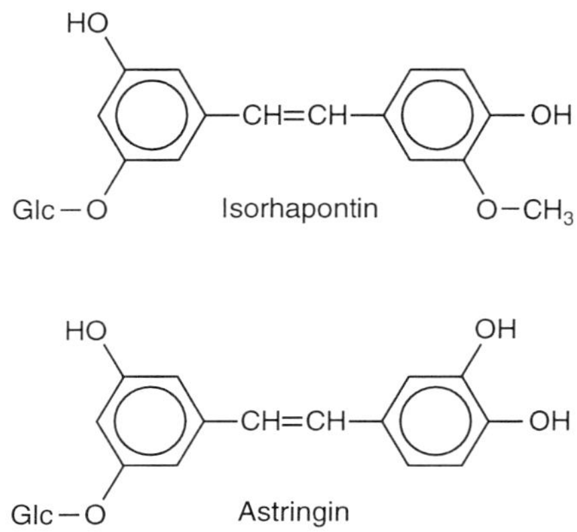

16.8 Die Stilbenglykoside Isorhapontin und Astringin. (Glc: Glucose).

im Kambium von Sproßachse und Wurzel verschiedener Coniferen (zum Beispiel bei *Picea abies* und *Picea sitchensis*) hauptsächlich Stilbenglykoside wie Isorhapontin und Astringin (Abb. 16.8).
Die Konzentrationen liegen auch hier im Milligrammbereich pro Gramm Frischmasse (mg/g FM).

Es konnte gezeigt werden, daß das Glykosid Astringin nach Befall von Rindenscheiben von *Picea sitchensis* durch *Phaeolus schweinitzii* über β-Glykosidasen in das entsprechende Aglykon, das Astringenin, umgewandelt wird. Stilbenglykoside zeigen wie die entsprechenden Aglykone im Agartest Wachstumshemmung gegenüber unterschiedlichen Pathogenen, wobei die Aglykone allerdings deutlich höhere fungitoxische Aktivitäten besitzen (bis zu zehnfach höher). Aus diesem Befund und der Tatsache, daß die Wachstumshemmung vieler Pathogene positiv mit der Freisetzung der meisten Aglykone korreliert, schreibt man den Stilbenaglykonen eine gewisse Bedeutung bei der Abwehr verschiedener Stamm- und Wurzelpathogene zu.

17. Induzierte Abwehrmechanismen

Im folgenden wollen wir uns mit postinfektionellen Resistenzmechanismen beschäftigen (Abb. 14.3). Darunter versteht man alle Abwehrmaßnahmen, die im Wirt nach einer Infektion eingeleitet werden. In vielen Fällen kommt es über eine spezifische Genaktivierung zur Neusynthese von Substanzen und zur Akkumulation von Strukturen, die in gesunden Pflanzen nicht vorhanden sind.

17.1 Die Papillenbildung

Auf die Penetration eines Pilzes oder auf die Bildung von Haustorien reagiert die resistente Pflanze oft mit einer induzierten Zellwandverdickung (Papille) um die Eintrittsstelle herum.

Die Papille wird, noch bevor die Penetrationshyphe (PH) die Zellwand durchwächst, zwischen der Zellwand und dem Plasmalemma unmittelbar unterhalb des Appressoriums (AP) ausgebildet. Der Papillenbildung geht häufig eine Cytoplasmaaggregation am Infektionsherd voraus. Papillen können in Form, Dicke und Größe variieren. Hauptbestandteil der Papillen ist die Kallose, ein β-1,3-Glucan. Daneben findet man auch Suberin, Pektin, Lignin und Cellulose. Die einzelnen Schritte der Kalloseinduktion sind in Abbildung 17.1 zusammengefaßt.

Es wurde gezeigt, daß Chitosan (weitgehend deacetyliertes Chitin) und auch Polylysin in Zellsuspensionskulturen von Sojabohne und *Catharanthus roseus* die Kallosesynthese induzierten. Diese Induktion fand nur in Anwesenheit von Calciumionen (Ca^{2+}) statt. Die Wechselwirkung der Polykationen Chitosan oder Polylysin mit Phospholipiden des Plasmalemmas (polyanionische Oberfläche) könnte veränderte Ionenflüsse zur Folge haben. So wurde ein Einstrom von Calcium (Ca^{2+}) in das Cytoplasma und ein Ausstrom von Kalium (K^+) ins Medium gemessen. Gleichzeitig kam es zur Alkalisierung der Außenflüssigkeit durch den Einstrom von Protonen. Die Erhöhung der intrazellulären Calciumkonzentration führt dann zur Aktivierung der plasmalemmagebundenen β-1,3-Glucansynthase und somit zur

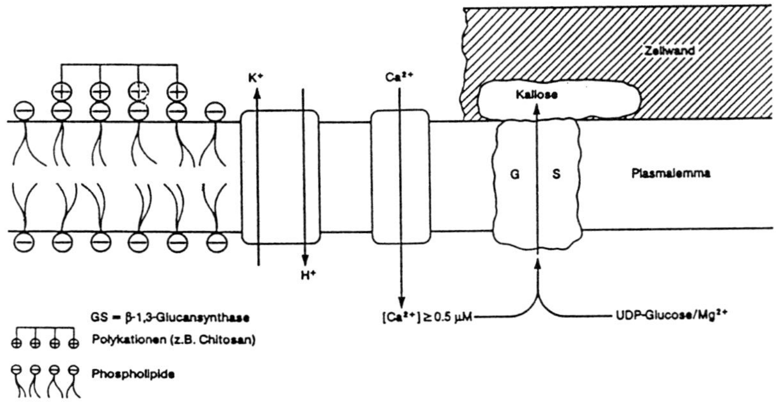

17.1 Der Mechanismus der Kalloseinduktion bei Pflanzen. (Modifiziert nach: Kauss, H. et al. (1990) In: Ranjeva, R.; Boudet, A. M. (Hrsg.) *Signal Perception and Transduction in Higher Plants*. NATO ASI Series, Bd. 47, S. 117, Springer Verlag, Berlin, Heidelberg.)

Neusynthese von Kallose. Das UDP-abhängige Enzym ist schon durch Spuren von Calcium stimulierbar.

Nur in wenigen Fällen wurde gezeigt, daß Papillen für die Pilzhyphen undurchdringliche Barrieren bilden. So dürften sie beispielsweise bei der Altersresistenz und bei der durch 2,6-Dichlorisonicotinsäure (DCINA) induzierten Resistenz der Gerste gegenüber dem Echten Mehltau (*Erysiphe graminis*) für das lokale Abgrenzen dieses Ektoparasiten von Bedeutung sein. Auch bei der Papillenbildung ist die Schnelligkeit ihrer Fertigstellung entscheidend, ob sie als zusätzliche mechanische Barriere fungiert oder nicht. In vielen Fällen wird das Wachstum des Eindringlings nicht vollständig unterbunden, sondern nur verzögert.

Eindringende Hyphen können mit Kallose und Zellwandmaterial auch wie von einer Scheide umgeben werden, die weit in das Zellumen hineinragt. Solche Strukturen bezeichnet man als Lignituber.

17.2 Die Lignifizierung

17.2.1 Die Biosynthese von Lignin

Die Bausteine der Ligninbiosynthese sind Coniferyl-, Sinapyl- und p-Cumarylalkohol. Es handelt sich dabei um Derivate der Zimtsäure, welche

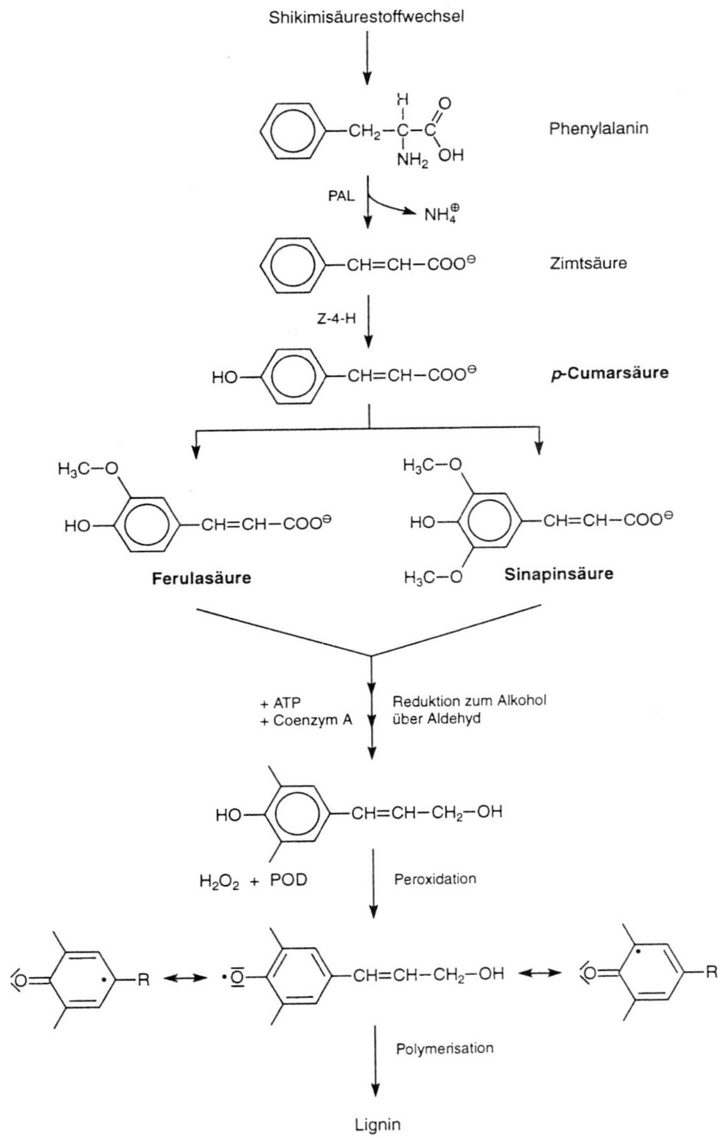

17.2 Die Ligninbiosynthese. (Z-4-H: Zimtsäure-4-Hydroxylase; PAL: Phenylalanin-Ammonium-Lyase).

durch Desaminierung aus Phenylalanin entstehen. Phenylalanin ist ein Endprodukt des Shikimatweges, bei dem Phosphoenolpyruvat und Erythrose-4-Phosphat die Ausgangsverbindungen sind. p-Cumarsäure, die Vorläufersubstanz von p-Cumarylalkohol, kann auch direkt durch Desaminierung von

Tyrosin gebildet werden – ein Weg, der vor allem bei Gräsern beschritten wird. In Abbildung 17.2 sollen die prinzipiellen Schritte der Lingninbiosynthese verdeutlicht werden.
Die aus dem Shikimatweg stammenden Vorstufen p-Cumarsäure, Ferulasäure und Sinapinsäure werden nach einem Aktivierungsschritt (ATP) zu den entsprechenden Alkoholen reduziert, und es entstehen p-Cumaryl-, Conferyl- und Sinapylalkohol (Abb. 1.6). Durch den Angriff von zellwandgebundenen Peroxidasen und Wasserstoffperoxid (H_2O_2) werden die drei Alkohole in Alkoxyradikale umgewandelt, die mesomeriestabilisiert sind. Die so entstandenen Radikale können in mannigfaltiger Weise zu einem dreidimensionalen Netzwerk, dem Lignin, polymerisieren (Abb. 1.7).

Das Lignin wird zwischen die Cellulosemikrofibrillen in die Zellwand eingelagert. Die einzelnen Ligninbausteine gelangen in Form ihrer wasserlöslichen β-Glykoside an die Orte der Ligninbiosynthese. Dort werden sie durch spezifische β-Glukosidasen enzymatisch zu den entsprechenden Alkoholen umgesetzt.

17.2.2 Die Bedeutung der Lignifizierung für die Resistenzausbildung

Die Lignifizierung kann auf verschiedene Weise an der Resistenzausbildung beteiligt sein:

- Die Zellwände werden mechanisch widerstandsfähiger.
- Die Anfälligkeit der Zellwände gegenüber enzymatischem Abbau wird vermindert.
- Die Translokation von Wasser und Nährstoffen von der Pflanze zum Erreger wird erschwert.
- Die Translokation von Enzymen und Toxinen vom Erreger zum Wirt wird erschwert.
- Ligninvorläufer (o-Dihydroxyphenole, radikalische Zwischenstufen) können toxisch auf den Erreger wirken.

Im folgenden sollen einige Beispiele für die Bedeutung der Lignifizierung für die Resistenzausbildung angeführt werden.

Weizen (*Puccinia graminis* f.sp. *tritici*)

Eine gut untersuchte Wirt-Parasit-Paarung ist die inkompatible Interaktion zwischen Weizen (*Triticum aestivum* L.) und *Puccinia graminis* f.sp. *tritici*

(Erreger des Schwarzrostes an Weizen). Die Resistenz von Weizen gegen den obligaten Parasiten *Puccinia graminis* geht auf das dominante Resistenzgen Sr5 und auf das dominante Avirulenzgen P5 im Parasiten zurück (Abschnitt 20.1). Der erste sichtbare Effekt ist das Erscheinen eines gelb autofluoreszierenden Zellwandbereiches in unmittelbarer Umgebung zur ersten Haustorienbildung. Dem folgt die Autofluoreszenz der gesamten Zellwandbereiche, was auf Lignin und ligninähnliche Substanzen zurückgeht. Bei dieser Wirt-Parasit-Interaktion kommt es zu keiner Phytoalexinbildung. Anschließend beobachtet man den hypersensitiven Zelltod der befallenen Zellen; auch das Pathogen stirbt ab. Ein Nachweis für die lokale Lignifizierung war der spezifische Einbau ^{14}C-markierter Zimtsäure in die Zellwände der Epidermiszellen, in denen sich die ersten Haustorien entwikkelten. Die Bedeutung der Lignifizierung für die Resistenzausbildung bei dieser Wirt-Parasit-Interaktion ergab sich auch aus Versuchen mit spezifischen Hemmstoffen. So wurde zum Beispiel durch einen Hemmstoff der PAL die Ligninbildung in den Epidermiszellen der resistenten Rasse weitgehend unterdrückt. Dies hatte die massive Bildung von Haustorien zur Folge, die in ihrer Größe mit denen der kompatiblen Interaktion vergleichbar waren. Es besteht offensichtlich ein enger Zusammenhang zwischen der Lignifizierung und der Größe der gebildeten Kolonien. Die Lignifizierung wurde interessanterweise auch durch einen Elicitor, der aus den Keimschläuchen der Uredosporen von *Puccinia graminis* gewonnen wurde, ausgelöst, nachdem dieser in den Apoplasten von Weizenprimärblättern injiziert wurde. Der Ligninbildung ging ein Anstieg der PAL-Aktivität voraus, die von dem Anstieg weiterer Enzyme des Phenylpropancarbonsäure-Stoffwechsels (Abschnitt 17.2.1), wie der 4-Cumaryl-CoA-Ligase (4CL), der Zimtalkoholdehydrogenase (CAD) und der Peroxidase (POD), gefolgt wurde.

Weitere Arbeiten ergaben, daß es sich bei dem erwähnten Elicitor (Pgt-Elicitor) von *Puccinia graminis* um ein Glykoprotein mit einem Molekulargewicht von 67000 Dalton handelte. Die aktive Komponente dieses Elicitors geht auf den Zuckeranteil zurück, denn es kam nur nach Natriumperjodat ($NaIO_4$-)Behandlung zur Inaktivierung der Elicitoraktivität, nicht jedoch nach Zugabe von Proteasen (Pronase, Trypsin). Natriumperjodat oxidiert vicinale OH-Gruppen von Zuckermolekülen. Weitere Untersuchungen ergaben, daß der Pgt-Elicitor zu 90% aus Kohlenhydrat und nur zu 10% aus Protein besteht.

Kartoffel (*Phytophthora infestans*)

Die induzierte Ligninbildung muß jedoch nicht unbedingt im Zusammenhang mit einer schnellen hypersensitiven Resistenzausbildung stehen. Man findet eine erhöhte Ligninablagerung in den Zellwänden der resistenten Kartoffelsorte "Orion" nach Infektion mit *Phytophthora infestans* im Vergleich zur anfälligen Art "Majestic". Die Ligninbildung tritt jedoch viel später auf als die hypersensitive Antwort. Am dritten Tag nach der Infektion kann man den erhöhten Ligninspiegel messen, wohingegen Hyphen einer inkompatiblen Pilzrasse 40-60 Minuten nach Infektion absterben, und das Wachstum der inkompatiblen Rasse nach etwa 11 Stunden völlig unterbunden ist. Deshalb muß die Ligninbildung beim letztgenannten Beispiel einer Wirt-Parasit-Beziehung als das Ergebnis einer Wundreaktion angesehen werden und nicht als ein Resistenzmechanismus.

17.3 Die induzierte Suberinbildung als Abwehrreaktion

Beim Befall von *Ipomea* (Süßkartoffel) durch *Helicobasidium mompa* ist zunächst eine induzierte Lignifizierung zu beobachten, die aber nur der "vorläufigen" Abwehr dient. Erst durch die nachfolgende Suberinisierung wird das Wachstum des Pathogens unterbunden.

Durch Vorbehandlung von Karottenstücken mit abgetöteten Sporen von *Botrytis cinerea* und nachfolgender Inokulation mit lebenden Sporen wird eine Suberinisierung des Gewebes eingeleitet, die zur Resistenz führt. Es kommt in diesem Fall zu keiner Lignininduktion.

Suberin ist ähnlich wie Cutin ein Polyester, der beträchtliche Mengen an Hydroxyfettsäuren, Dicarbonsäuren und langkettigen Säuren und Alkoholen ($C > 20$) enthält. Das extrem apolare Molekül ist mit Phenylpropan-Bausteinen verknüpft, über die eine Bindung an Polysaccharide der Zellwand hergestellt werden könnte.

17.4 Die Bildung von Melanin und Tannin

Alle o-Dihydroxyphenole und deren Derivate stammen aus dem Shikimisäureweg, wobei Melanine und Tannine für die pflanzliche Resistenz von Bedeutung sind.

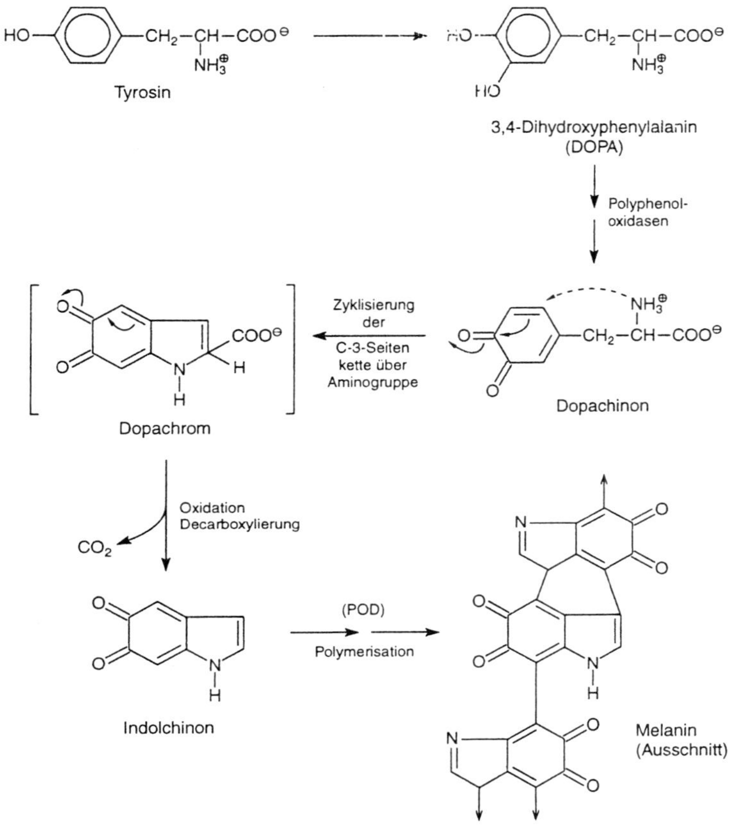

17.3 Die Bildung von Melanin aus Tyrosin.

Die Nekrosenbildung als ein charakteristisches Merkmal der Resistenzreaktion drückt sich durch die Bildung von rot-braunen bis schwarzen Pigmenten (Melaninen) in kollabierten Zellen aus. Die Intensität der Melaninbildung korreliert oft direkt mit der Intensität der Abwehrreaktion. Dies läßt darauf schließen, daß Melanine oder deren Vorläufer bei Resistenzreaktionen ebenfalls von Bedeutung sind. Pflanzenmelanine leiten sich in der Regel vom Tyrosin ab (Abb. 17.3).
Bei der Melaninbildung sind Polyphenoloxidasen (PPO) und Peroxidasen (POD) beteiligt. Während die Polyphenoloxidasen die Hydroxyverbindungen zu den entsprechenden o-Chinonen oxidieren, welche "autopolymerisieren", sind auch Peroxidasen (ähnlich wie bei der Ligninbildung) an der komplexen Polymerisation beteiligt.

Diese Reaktionsketten werden in Gang gesetzt, wenn die in den Zellwänden lokalisierten Enzyme mit dem Cytoplasma und dem Vakuoleninhalt in

Kontakt treten. Verfärbungen, die ebenfalls auf die spontane Melaninbildung zurückzuführen sind, sind zum Beispiel das Verbräunen von Schalen reifender Bananen oder das Braunwerden angeschnittener Äpfel, Kartoffeln und Sellerie.

Die Toxizität des Melanins kommt wahrscheinlich durch die Bildung freier Radikale während der peroxidasekatalysierten Polymerisation zustande. Dies könnte zur Inaktivierung zellulärer Bestandteile von Wirt und Pathogen führen. Weiterhin sind melanisierte Zellwände für längere Zeit unempfindlich gegenüber Hydrolyse. Ascorbinsäure verhindert die Braunfärbung: Sie reduziert die o-Chinone zu den entsprechenden o-Hydrochinonen, bis sie "verbraucht" (oxidiert) ist.

Tannine sind Makromoleküle, bestehend aus Gallussäuremolekülen, die zum einen untereinander und zum anderen über Hydroxylgruppen mit Glucosemolekülen verknüpft sein können. Benachbarte Hydroxylgruppen an den Gallussäuremolekülen können durch Polyphenoloxidasen zu o-Chinonen oxidiert werden (auch phenolische Abwehrstoffe, Abschnitt 16.2). Die Toxizität von Tanninen könnte auf die zahlreich im Molekül vorhandenen Hydroxylgruppen zurückzuführen sein, welche Wasserstoffbrückenbindungen mit den Carbonylfunktionen von Peptidbindungen in Proteinen und Enzymen eingehen können. Ferner sind Chinonreste im Molekül in der Lage, kovalente Bindungen mit freien Amino- oder SH-Gruppen von Proteinen auszubilden (auch konstitutive Abwehrtoxine, Abschnitt 16). Dies alles kann zur Inaktivierung von Exoenzymen der Pathogene führen.

17.5 Phytoalexine

Bis vor etwa 50 Jahren war es noch völlig unklar, wie es zum Abtöten des Pathogens bei einer hypersensitiven Reaktion kommt. Arbeiten von Müller und Börger (1940) brachten mehr Licht in diesen Sachverhalt. An Kartoffeln untersuchten sie verschiedene Pilzrassen der Gattung *Phytophthora*, die den Wirt nicht befallen können und hypersensitive Reaktionen auslösen (inkompatible Rassen). Diese verglichen sie mit Rassen, die im Wirt parasitierten (kompatible Rassen). Sie versuchten zu klären, ob die hypersensitiven Reaktionen einen Einfluß auf die Ausbreitung einer kompatiblen *Phytophthora*-Rasse auf dem gleichen Wirtsgewebe hat. Dazu behandelten sie die Oberfläche einer Kartoffelscheibe mit einer inkompatiblen Pilzrasse und einen Tag später mit einer Rasse, die normalerweise auf dieser Kartoffel parasitieren kann. Sie fanden, daß letztere sich aufgrund der Vorbehandlung nicht in der Kartoffel ausbreiten konnte. Wurde die Kartoffeloberfläche jedoch nur teilweise mit der hypersensitiven Rasse behandelt, so entwickelte sich die kompatible Rasse nur im unbehandelten Teil. Das bedeutet, daß im hypersensitiv reagierenden Gewebe eine "Resistenz" gegen die kompatible Rasse aufgebaut wurde. Aus diesen Ergebnissen schlossen sie, daß die Hemmung der kompatiblen Rasse auf einen Bestandteil zurückzuführen ist, der von den hypersensitiv reagierenden Wirtszellen abgegeben wird. Müller und Börger bezeichneten diesen unbekannten Bestandteil als "Phytoalexin". *Unter dem Begriff "Phytoalexin" versteht man heute niedermolekulare, antimikrobiell wirkende Verbindungen, die von der Wirtspflanze synthetisiert werden und innerhalb bestimmter Wirtszellen akkumulieren, nachdem der Wirt mit Mikroorganismen in Kontakt gekommen ist.*

17.5.1 Phytoalexine verschiedener Pflanzenfamilien

Phytoalexine sind für einige Pflanzenfamilien charakteristisch. Im folgenden sollen einige Beispiele aufgeführt werden.

Phytoalexine der Familie der *Leguminosaceae*

In dieser Familie findet man vor allem Isoflavonoide. Darunter fallen Isoflavane, Isoflavanone, Isoflavone, Pterocarpane, Pterocarpene und Coumestane. Abbildung 17.4 faßt einige wichtige Isoflavonoidphytoalexine der *Leguminosaceae* zusammen.

Phytoalexine der Familie der *Solanaceae*

Man kann die Phytoalexine dieser Pflanzenfamilie in drei Gruppen einteilen:

1. Phenylpropancarbonsäureabkömmlinge,
2. Terpenoidabkömmlinge und
3. Acetylene beziehungsweise Polyacetylene

In Abbildung 17.5 sind einige wichtige Phytoalexine dieser Gruppen aufgeführt.

Stoffgruppe		Name	Wirt
Isoflavanon	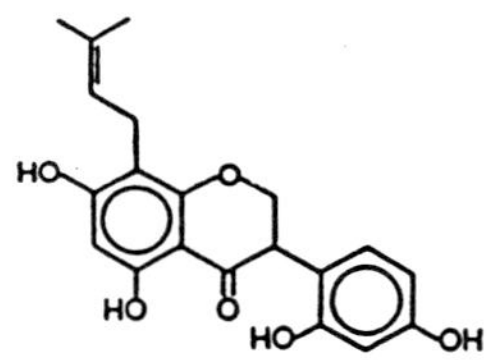	Kieviton	*Lablab niger* (H) *Macroptilium atropurpureum* (L) *Phaseolus aureus* (H) *Phaseolus vulgaris* (C, H, L)
Pterocarpane	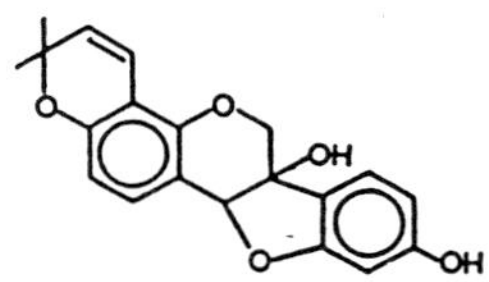	Glyceollin I	*Glycine max* (C) *Glycine canescens* (L)
	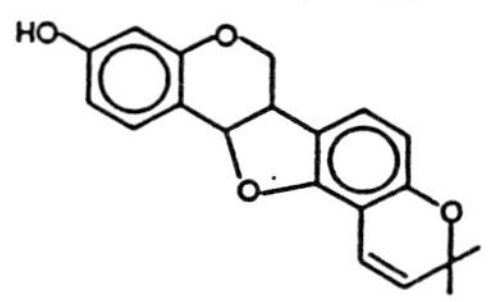	Phaseollin	*Phaseolus vulgaris* (C,H,L)
	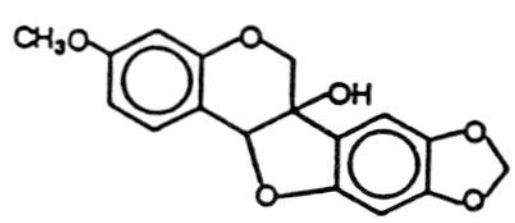	Pisatin	*Pisum sativum* (C)

17.4 Einige Phytoalexine der *Leguminosaceae.*

Stoffgruppe		Name	Wirt
Phenylpropane	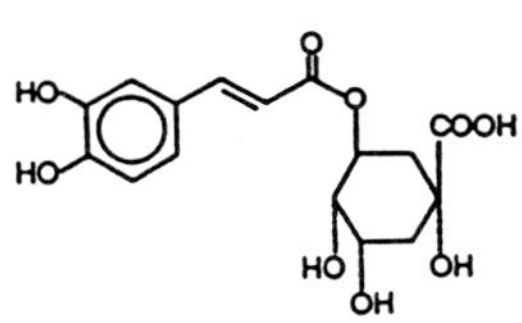	Chlorogensäure	*Solanum tuberosum* *Nicotiana tabacum*
Norsesqui- und Sesquiterpene	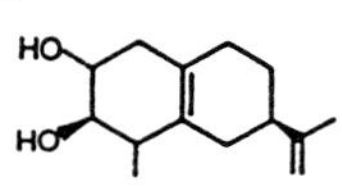	Rishitin	*Solanum tuberosum* *Nicotiana tabacum* *Lycopersicon esculentum*
Polyacetylene	$CH_3-(CH_2)_6-CH_2-CH=CH-CH_2-C\equiv C-C\equiv C-CH(OH)-CH=CH_2$	Falcariniol	*Lycopersicon esculentum*

17.5 Phytoalexine der *Solanaceae.*

Phytoalexine weiterer Pflanzenfamilien

Neben den Familien der *Leguminosaceae* und *Solanaceae* findet man auch in zahlreichen anderen Pflanzenfamilien Phytoalexine (Abb. 17.6).

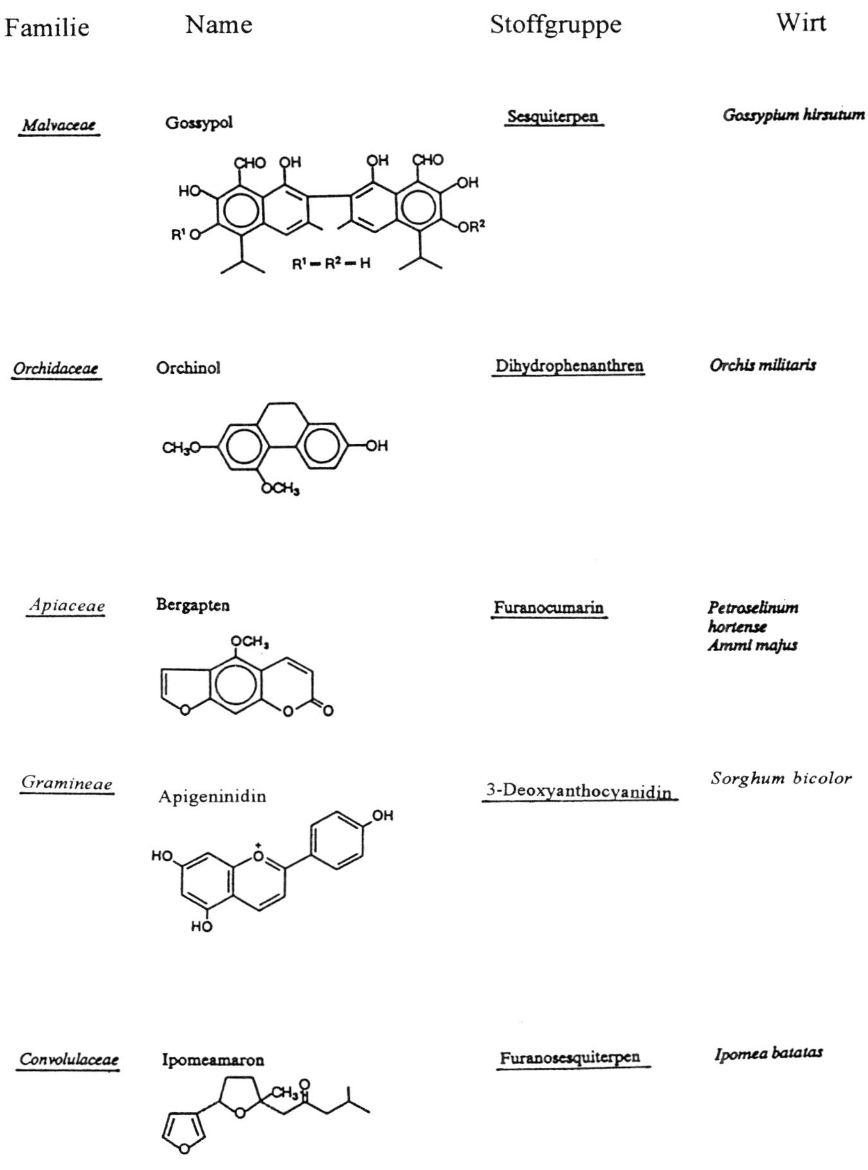

17.6 Phytoalexine anderer Pflanzenfamilien.

Phytoalexine der Familie der *Pinaceae* und der *Vitaceae*

Bei Vertretern dieser Familien findet man Phytoalexine, die zu den Stilbenen gezählt werden. Die beiden wichtigsten Vertreter sind das Pinosylvin, bei der Gattung *Pinus* und das Resveratrol, bei Vertretern der *Vitaceae* und bei der Gattung *Picea.* Daneben treten auch Methylether, wie das 5-Methoxypinosylvin, auf (Abb. 17.7).

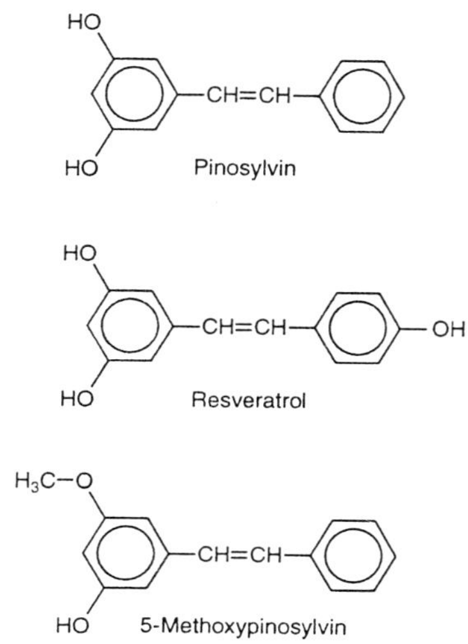

17.7 Die Struktur von Pinosylvin, 5-Methoxypinosylvin und Resveratrol.

Stilbene der Gattung *Pinus*

Hier findet man hauptsächlich Pinosylvin und den Pinosylvinmethylether. Beide Substanzen werden nach Pilzinfektion oder nach Streßeinwirkung von lebenden Zellen des Splintholzes oder von Cambiumzellen synthetisiert. So beobachtete man zum Beispiel die Akkumulation von Pynosylvin und dem entsprechenden 5-Methylether im Splintholz von Wurzel und Stamm bei *Pinus resinosa* (*red pine*), *Pinus taeda* (*loboli pine*) und bei *Pinus nigra* var. *martima* (*Corsican pine*) nach Infektion mit *Fomes annosus* (Wurzelschwamm). Eine Ethylen- oder UV-Licht-Behandlung führt ebenfalls bei *Pinus radiata* oder bei *Pinus sylvestris* zur Induktion der beiden Stilbene. Da Pinosylvin und der Methylether nach Pilzbefall von lebenden Zellen synthetisiert werden und beide fungitoxische Aktivitäten zeigen, werden diese Stilbene des Splintholzes von Wurzel und Stamm in die Gruppe der

Phytoalexine gestellt. Weitere Untersuchungen zeigten, daß auch *Pinus sylvestris*-Nadeln, die mit *Botrytis cinerea* infiziert waren, Pinosylvin zeitabhängig akkumulierten.

Parallel zur Neusynthese der beiden Stilbene wurde auch eine vorübergehende Aktivitätssteigerung der Schlüsselenzyme Phenylalaninammoniumlyase und der Stilbensynthase (STS) beobachtet.

Weitere Untersuchungen machten deutlich, daß auch Zellsuspensionskulturen von *Pinus sylvestris* (L.), die mit einem Elicitor (Abschnitt 19.1) aus *Lophodermium seditiosum* (Erreger der Kiefernschütte) behandelt wurden, in der Lage waren, Pinosylvin und Pinosylvinmethylether zu synthetisieren. Beide Stilbene wurden in das Kulturmedium abgegeben, wobei auch Pinosylvinmethylether in die Zellwandfraktion eingebaut wurde.

Auch in diesem Fall wurde eine starke Aktivitätssteigerung der beiden Enzyme Phenlyalaninammoniumlyase (PAL) und der Stilbensynthase (STS) bei elicitierten *Pinus sylvestris*-Zellsuspensionskulturen gemessen.

Am Beispiel von *Pinus taeda* (*Loblolly pine*), die mit *Fomes annosus* infiziert ist, soll die Ausbreitung des Pilzes und die Bildung von Abwehrzonen genauer dargestellt werden (Abb. 17.8).

Das Myzel des Pilzes breitet sich im Splintholz in Richtung Bast aus. Man beobachtet das Auftreten einer dunkel gefärbten Zone, die sogenannte *reaction zone* (3) an der Grenze zwischen infiziertem und nichtinfiziertem

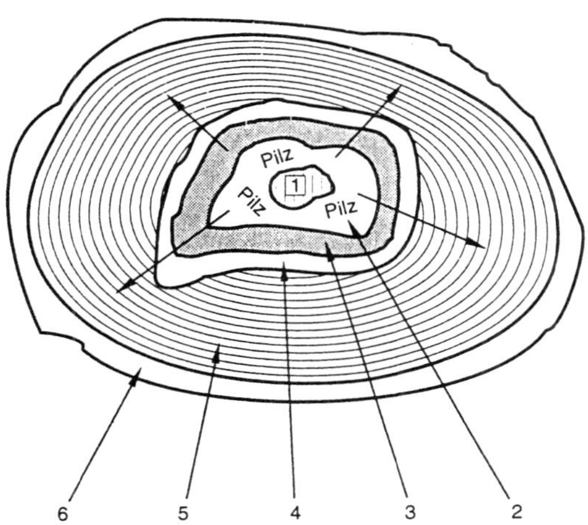

17.8 Querschnitt durch einen mit *Fomes annosus* infizierten Stamm. (1: Kernholz (tote Zellen); 2: infiziertes Splintholz; 3: *Reaction zone* (tote Holzparenchymzellen, keine Stärke vorhanden, reich an Pinosylvin (PS) und 5-Pinosylvinmethylether (PSME); 4: *Transition zone* (lebende Holzparenchymzellen, metabolisch sehr aktiv, intensiver Stärkeabbau); 5: nichtinfiziertes Splintholz (stilbenfrei); 6: Bast). (Modifiziert nach: Shain, L. (1971) *Phytopathology*. Bd. 61, S. 301.)

Splintholzgewebe. An diesen Zellabschnitt schließt sich oft noch eine sogenannte *transition zone* (4) an. Die Xylemparenchymzellen der *reaction zone* sind abgestorben und weisen keine Stärke mehr auf. Acetonextrakte dieses Gewebeabschnittes, die hauptsächlich die Stilbene Pinosylvin und den Pinosylvinmethylether beinhalteten, hemmten das Myzelwachstum von *Phomes annosus*. Die sich anschließende *transition zone* besteht dagegen aus metabolisch sehr aktiven, lebenden Xylemparenchymzellen, die durch einen schnellen Stärkeabbau charakterisiert sind. Man geht davon aus, daß die Stilbene in diesen lebenden Parenchymzellen synthetisiert werden und in die *reaction zone* gelangen. Man nimmt an, daß durch die in der *reaction zone* vorhandenen Stilbene und durch weitere phenolische Substanzen das Pilzwachstum in radialer Richtung eingedämmt wird. Die lebenden, nichtinfizierten Zellen des Splintholzes (5) sind stilbenfrei.

Stilbene der Gattung *Vitis*

Bei der Gattung *Vitis* findet man Stilbene und Stilbenderivate in den Blättern und Beeren nach Infektion mit Pathogenen wie *Botrytis cinerea* (Grauschimmel), *Plasmopara viticola* (Falscher Mehltau) und *Uncinula necator* (Echter Mehltau). Das bekannteste Stilben ist das Resveratrol (Abb. 17.7).

Die Stilbene werden in Zellen, die sich kreisförmig um den Infektionsherd befinden, synthetisiert, wobei die höchsten Konzentrationen in lebenden, noch nicht infizierten Zellen gemessen werden. Wegen ihrer starken Fluoreszenz nach Bestrahlung mit UV-Licht (366 nm) lassen sich Stilbene relativ leicht im Gewebe sichtbar machen. Interessanterweise stieg die Resistenz gegen *B. cinerea* bei der Sorte "Sultana" mit dem Alter der Blätter an, was mit dem Anstieg der Resveratrol-Bildung korrelierte. Ähnlich verhält es sich auch bei Trauben, die mit *B. cinerea* infiziert sind. Auch hier findet man die höchsten Resveratrol-Konzentrationen in Beeren, die sich in unmittelbarer Nachbarschaft zu bereits infizierten Beeren befinden. Interessanterweise sind Stilbene in Weinblättern durch UV-Licht (260-270 nm) induzierbar.

Weiterführende Untersuchungen zeigten, daß die Stilbenneusynthese mit der vorübergehenden Induktion der drei Schlüsselenzyme PAL, Zimtsäure-4-hydroxylase und Stilbensynthase korrelierte. Zahlreiche Stilbeninduktionsversuche ergaben, daß die Fähigkeit und das Ausmaß zur Stilbenneusynthese als grober Screeningtest zur Resistenzabschätzung von Weinsorten gegenüber *Botrytis cinerea* und *Plasmopara viticola* verwendet werden kann. Mit einigen Ausnahmen ist die Resistenz gegenüber diesen Pathogenen positiv mit dem Ausmaß der Resveratrolbildung korreliert.

Weitere Untersuchungen zeigten, daß Kulturfiltrate von *Botrytis cinerea*-Isolaten in der Lage waren, Resveratrol abzubauen. Interessanterweise korrelierte die Pathogenität der Isolate mit der Fähigkeit zur Stilbenmetabolisierung. Alle Isolate, die Stilbene abbauten, waren pathogen, wohingegen solche, die die Fähigkeit zum Abbau nicht besaßen, sich nicht im Wirt ausbreiteten. Neuere Arbeiten verdeutlichen, daß Resveratrol und entsprechende Derivate über die Trauben auch in den Wein gelangen und sich während der Gärung anhäufen.

Den Stilbenderivaten, insbesondere dem Resveratrol im Rotwein, schreibt man eine gesundheitsfördernde Wirkung zu, da es die Oxidation des *low density lipoproteins* (LDL) verhindert, was das Risiko der Arterioskrlerosebildung reduzieren soll.

17.5.2 Die Biosynthesewege einiger wichtiger Phytoalexine

Isoflavonoid-, Stilben-, 3-Deoxyanthocyanidin- und Furanocumarin-Phytoalexine leiten sich alle vom Phenylpropancarbonsäure-Stoffwechsel ab.

Schlüsselenzyme dieses Biosyntheseweges, wie die PAL, Z4H, die 4CL, die CHS und die CHI, waren Gegenstand intensiver Untersuchungen. So konnte zum Beispiel die Biosynthese der Phytoalexine der Gartenbohne (Phaseollin) oder der Sojabohne (Glyceolline) nahezu vollständig aufgeklärt werden (Abb. 17.9).

In vivo- und *in vitro*-Pulsmarkierungsversuche mit ^{35}S-Methionin und anschließender Immunfällung mit spezifischem Anti-PAL-, Anti-CHS- und Anti-4CL-Seren ergaben, daß die nach Elicitor oder nach Infektion gesteigerten Enzymaktivitäten bei der Garten- und Sojabohne auf erhöhte Enzymgehalte zurückgingen. RNA-Blot-Hybridisierungsversuche mit spezifischen cDNA-Sonden (*northern blots*) für PAL, 4CL, CHS und die CHI zeigten weiterhin, daß die vorübergehend gesteigerten RNA-Aktivitäten ihren Ursprung in erhöhten RNA-Gehalten hatten, welche auf gesteigerte Transkriptionsraten zurückzuführen waren (DNA-Aktivierung).

Die Stilbene leiten sich ebenfalls vom Phenylpropancarbonsäure-Weg ab. Auch hier wird Phenylalanin über die Phenylalaninammoniumlyase (PAL) zur Zimtsäure und weiter nach einer Hydroxylierung zur p-Cumarsäure umgewandelt. Beide Phenole werden anschließend über HS-CoA-Ligasen in die entsprechenden "energiereichen" Thioester umgewandelt. Diese werden anschließend über die entsprechenden Stilbensynthasen und Malonyl-CoA in die Stilbene Pinosylvin oder Resveratrol überführt. Der aromatische Ring A leitet sich von drei Molekülen Malonyl-CoA ab, wogegen das Ringsystem B und die C_2H_2-Einheit aus den entsprechenden Thioestern stammt (Abb. 17.10).

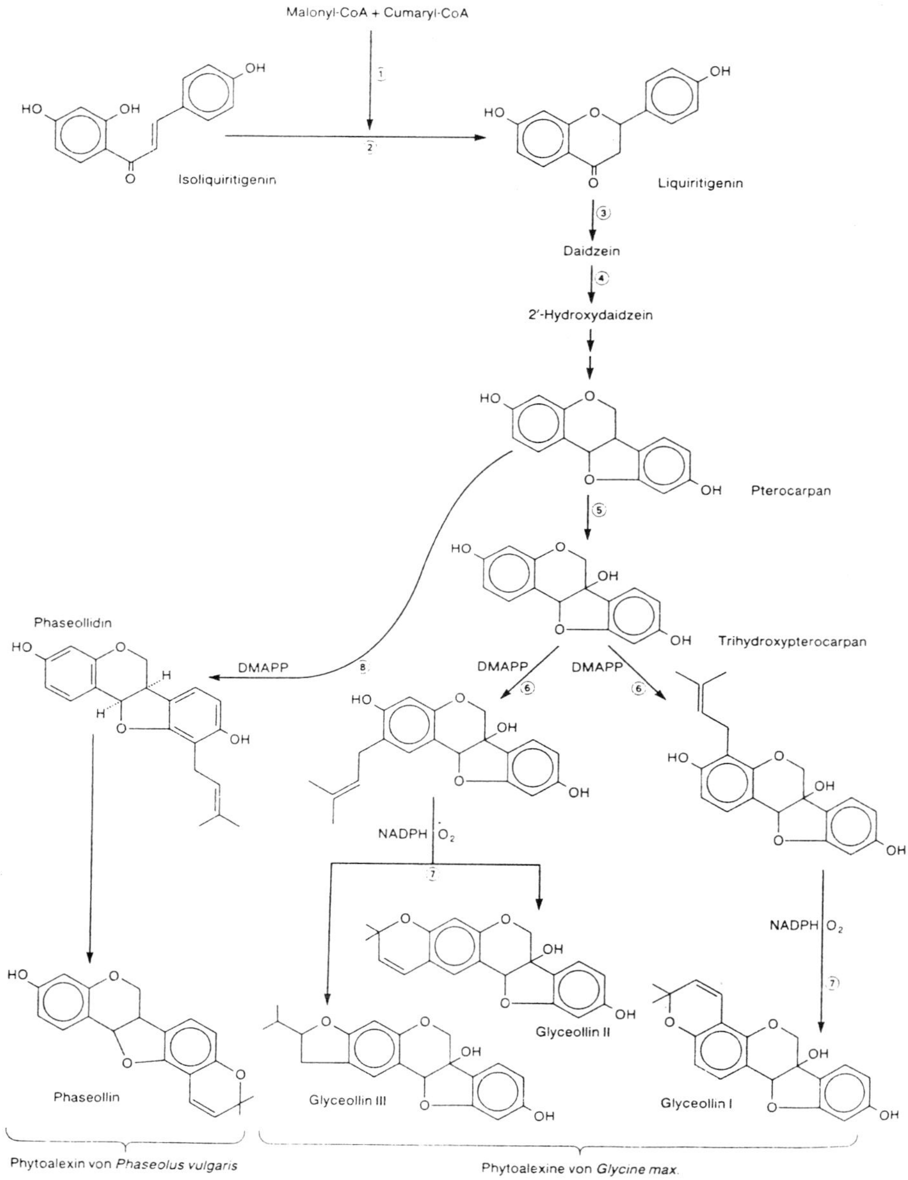

17.9 Die Biosynthese der Phytoalexine der Sojabohne und der Gartenbohne. (1: 6'-Deoxychalkonsynthase; 2: Chalkonisomerase; 3: Isoflavonsynthetase; 4: Isoflavon-2'-Hydroxylase; 5: Pterocarpan-6a-Hydroxylase; 6: Pterocarpandimethylallyltransferase; 7: Cytochrom P450-abhängige Monooxigenase ("Cyclase"); 8: Dimethylallyltransferase; DMAPP: Dimethylallylpyrophosphat).

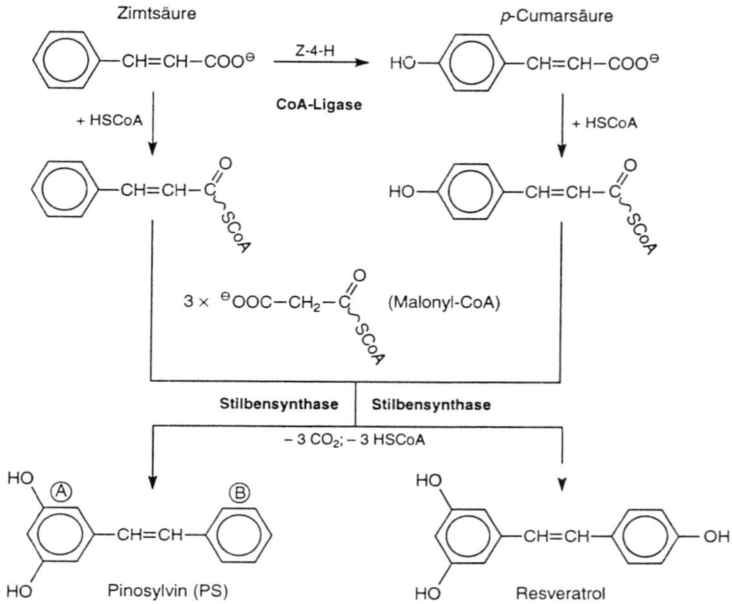

17.10 Biosynthese von Pinosylvin und Resveratrol. (O = C ~ SCoA: Thioester mit hohem Gruppenübertragungspotential = "energiereiche" Bindung (~)).

17.5.3 Die Toxizität von Phytoalexinen

Im folgenden Abschnitt soll kurz auf Mechanismen der Toxizität von Phytoalexinen eingegangen werden.

Fungitoxizität

Es stehen eine Vielzahl von Biotests zur Verfügung, mit denen man den Einfluß eines Phytoalexins auf das Pilzwachstum untersuchen kann, beispielsweise den Einfluß auf die Sporenkeimung, auf das Wachstum des Keimschlauches oder des Myzels. In den meisten Fällen handelt es sich hierbei um sogenannte *in vitro*-Versuche, das heißt um Versuche, die nicht innerhalb, sondern außerhalb des Wirtes durchgeführt werden. Deshalb tritt häufig die Frage auf, inwieweit Ergebnisse aus solchen *in vitro*-Versuchen auf *in vivo*-Verhältnisse übertragbar sind. Ein häufig verwendeter Biotest basiert auf der Dünnschichtchromatographie: Hierzu trägt man ein Aliquot des zu testenden Phytoalexinextraktes auf eine Dünnschichtplatte auf. Durch ein geeignetes Laufmittel werden die einzelnen Phytoalexinkomponenten voneinander getrennt. Nach Beendigung des Laufes besprüht man die Platte mit Nährlösung und einer Sporensuspension; zum Beispiel Sporen von *Cladosporium cucumerinum*. Damit die Sporen auf der Plattenoberfläche auskeimen und ein Hyphengeflecht bilden können, inkubiert man die behandelte Dünnschichtplatte im Dunkeln für einige Tage bei 25°C und hoher Luftfeuchte. Nur dort, wo sich fungizide Phytoalexine auf der Platte befinden, ist das Pilzwachstum gehemmt. Man erhält an diesen Stellen helle Banden im dunklen Pilzrasen.

Cytologische und physiologische Effekte

Das Phytoalexin Kieviton hemmt das Myzelwachstum des Pilzes *Rhizoctonia solani*, dessen Sporen auf einer Agarplatte aufgetragen sind. Zoosporen von Oomyceten sind oft geeignete Untersuchungsobjekte für Isoflavonoid- und Terpenphytoalexine. Behandelt man Sporen mit verschiedenen Phytoalexinen, wie Rishitin oder Phytuberin, so kann man immer die gleiche Abfolge von Reaktionen beobachten: Verlust der Beweglichkeit, Abrunden und Schwellen der Zellen, Auftreten granulärer Bestandteile im Cytoplasma, Aufbrechen der Zellmembran und schließlich Auslaufen von Zellinhaltsstoffen ins Medium. Ähnliche Phänomene beobachtet man auch bei Pilzhyphen, die mit Phytoalexinen in Kontakt gekommen sind. Apikale Zellen scheinen besonders empfindlich gegenüber Phytoalexinen zu sein. Möglicherweise ist der Durchtritt der Phytoalexine in das Zellinnere aufgrund der noch schwach ausgebildeten Zellwände im Vergleich zu älteren, voll ausdifferenzierten Zellwänden erleichtert. In den meisten Fällen führt eine Phytoalexinbehandlung im Konzentrationsbereich zwischen 10^{-5} und 10^{-4} Mol pro Liter zum Absterben des Pathogens. Es sind jedoch auch Ausnahmen bekannt: Zum Beispiel Zoosporen von *Pythium*-Arten sterben nach Inkubation mit Phytuberin nicht ab, sie verlieren nur ihre Beweglichkeit. Etwa 60 Minuten nach Kievitonbehandlung bildet sich bei *Fusarium solani* in einiger Entfernung von der Spitze eine Trennwand aus, die anscheinend die Phytoalexine daran hindert, tiefer ins Myzel einzudringen. Direkt an der Trennstelle verzweigt sich die Hyphe, was deutlich macht, daß die Zellen unterhalb der Trennwand noch am Leben sind. Eine weitere Möglichkeit, der fungiziden Wirkung von Phytoalexinen zu entgehen, stellt ihre Detoxifizierung dar (Abschnitt 20.4). Aufgrund der oben bereits erwähnten Membranzerstörung ist es nicht verwunderlich, daß man durch Phytoalexinbehandlung den Ausfluß von Elektrolyten und Metabolyten aus den Pilzzellen als schnelle Reaktion messen kann, so zum Beispiel als Anstieg der elektrischen Leitfähigkeit im Medium.

17.6 *Pathogenesis-related proteins*

Unter *pathogenesis-related proteins* versteht man Proteine, die in der Regel nach einem Virus-, Bakterien- oder Pilzbefall in Wirtspflanzen induziert werden. In nichtinfizierten Pflanzen werden sie nicht oder nur in geringer Konzentration gefunden. Es sind säurestabile Proteine, sie zeigen geringe Empfindlichkeit gegenüber Proteinasen, ohne jedoch Proteinaseinhibitoraktivität zu besitzen. PR-Proteine sind kleine Proteine mit Molekulargewichten zwischen 15 und 40 kD und durch stark saure oder stark basische isoelektri-

Tabelle 17.1: Einteilung der PR-Proteine in Familien

Familie	Funktion	Typ
PR-1	unbekannt	Tabak PR-1a
PR-2	β-1,3-Glucanase	Tabak PR-2 Glucanase Typ I-III
PR-3	Chitinasen	Tabak PR P, Q Chitinase Typ I, II, IV
PR-4	unbekannt	Tabak PR R
PR-5	fungitoxisch	Tabak PR S, Osmotine, "Thaumatin-like"
PR-6	Proteinase-Inhibitoren	Tomate-Inhibitor I
PR-7	Endoproteinasen	Tomate PR P
PR-8	Chitinasen, Lysozymaktivität	Gurken-Chitinase Chitinase Typ III
PR-9	Peroxidasen	Tabak "Ligninbildende Peroxidase"
PR-10	unbekannt	"Ribonuclease-like"
PR-11	Chitinase	Tabak Typ V Chitinase

sche Punkte charakterisiert. PR-Proteine wurden zuerst in den frühen siebziger Jahren in Tabakblättern gefunden, die hypersensitiv gegenüber Tabakmosaikviren (TMV) reagierten. Momentan faßt man die PR-Proteine in elf Familien zusammen (Tab. 17.1).

Familie 1, 4 und 10 beinhalten kleine Proteine mit noch weitgehend unbekannter Aktivität. Die Proteine der 2. Familie zeigen β-1,3-Glucanaseaktivität und die der 3., 8 und 11. Familie Chitinaseaktivität. Die drei Proteine der 5. Familie werden als thaumatinähnliche Proteine beschrieben. Sie zeigen in ihrer Aminosäuresequenz bis zu 65% Homologie mit der des intensiv süß schmeckenden Proteins der Frucht von *Thaumatococcus danielii*. Zu dieser Familie werden auch die Osmotine gezählt – Proteine, die bei Tabak und Tomate sowohl nach Salzstreß als auch nach Pilzinfektion neu gebildet werden. Die Osmotinproteine hemmen das Wachstum von Oomyceten (zum Beispiel Gattung *Phytophthora*; besitzen kein Chitin in ihrer Zellwand) irreversibel. Besonderes Interesse fanden in den letzten Jahren β-1,3-Glucanasen und Chitinasen. Bei diesen Proteinen handelt es sich um Endohydrolasen. Manche Chitinasen (Familie 8) zeigen auch Lysozymaktivität und bauen das in Bakterienzellwänden vorhandene Peptidoglucan ab.

Die Induktion und Kompartimentierung der PR-Proteine

PR-Proteine werden bei Dikotyledonen und Monokotyledonen gefunden. Sie wurden beispielsweise in Kartoffelblättern, in Bohnenhypokotylen, in Erbsenhülsen sowie in Gurken-, Tomaten-, Gersten-, Weizen- und Maisblättern beschrieben, die mit unterschiedlichen Pilzen infiziert waren Die Chitinaseaktivität kann nach Infektion auf ein Vielfaches der endogenen Aktivität ansteigen. So wurde zum Beispiel in mit *Verticillium albo-atrum* infizierten Tomatenblättern eine 40fache Steigerung gemessen. Eine Salicylatbehandlung oder eine Ethylenbegasung führte bei Tabak und Bohnen zur Induktion von β-1,3-Glucanasen und Chitinasen. Die Induktion von PR-Proteinen kann in Zellsuspensionskulturen auch durch biotische Elicitoren ausgelöst werden. Chitinaseaktivität wurde auch im Flavedogewebe grüner, unreifer Grapefruit- und Orangefrüchten gefunden. Die Hydrolaseaktivitäten fielen während der Reifung der Früchte auf Minimalwerte ab.

Wie zahlreiche Northern-Blot-Experimente zeigten, läuft die Induktion der PR-Proteine über eine spezifische Genaktivierung. In Tabakblättern (Genotyp Samsun NN) kam es nach einer Salicylatbehandlung oder einer TMV-Infektion zur Neubildung zahlreicher PR-mRNAs.

Neuere Untersuchungen zeigen, daß Tabakpflanzen auch auf einen abiotischen Reiz mit der Induktion von PR-Proteinen reagieren. So kam es bei der Tabaksorte "BelW3" (ozonempfindlich) im Vergleich zur Sorte "BelB" (ozonunempfindlich) nach einer fünfstündigen O_3-Behandlung zu einer deutlichen Steigerung der β-1,3-Glucanaseaktivität. Der β-1,3-Glucanaseanstieg korrelierte mit dem Anstieg der β-1,3-Glucanase-mRNA-Gehalte, was auf eine spezifische Genaktivierung durch Ozon schließen läßt.

Großes Interesse fanden in den letzten Jahren die PR-Proteine der Gruppe 5. Man fand heraus, daß das Osmotin (AP24), das in TMV-infizierten Tabakpflanzen akkumulierte, das Wachstum von Oomyceten, die kein Chitin in ihrer Zellwand besitzen (zum Beispiel *Phytophthora*-Pilze), irreversibel hemmt. Ein vergleichbares Protein wurde auch in Tomatenpflanzen gefunden, die mit *Phytophthora infestans* infiziert waren. Das Tabakosmotin AP24 zeigt große Ähnlichkeit mit vielen thaumatinähnlichen Proteinen, die aus Gerste, Mais, Hafer, Hirse und Weizenkörnern gewonnen werden können. Diese Proteine hemmen *in vitro* das Wachstum einer Vielzahl von Pilzen. Intressanterweise wurden das Osmotin AP24 und weitere osmotinähnliche Proteine nicht nur nach Pathogenbefall, sondern auch nach Salzstreß (Natriumchlorid) in Tabak und anderen Pflanzen induziert, weshalb ihnen eine doppelte Funktion, die Beseitigung des osmotischen Stresses und die Pathogenabwehr, zugesprochen wird.

Saure und basische PR-Proteine zeigen in der Regel unterschiedliche Kompartimentierung innerhalb der Zellen. Für Tabak wurde gezeigt, daß die sauren PR-Proteine im Interzellularraum (zwischen den Zellen) und basische PR-Proteine in der Vakuole gefunden wurden. Neuere Untersuchungen zeigen, daß der gerichtete Transport der basischen PR-Proteine (Chitinase, β-1,3-Glucanase und AP24 Osmotin) in die Vakuole auf ein kurzes Signalpeptid am Carboxylende des Proteins, das sogenannte Carboxyl-Terminal-Propeptid (CTPP), zurückgeht. Dieses Signalstück wird während oder nach dem Transport in die Vakuole vom Propetid abgetrennt. Ist das Signalpeptid nicht vorhanden, findet man die Proteine ohne Verlust ihrer Aktivität im extrazellulären Raum.

Da Chitin, das Substrat der Chitinasen, nicht in Höheren Pflanzen vorkommt, jedoch in Glucanen einen Hauptbestandteil der Zellwand der meisten Pilze ausmacht (Ausnahme Oomyceten, sie haben kein Chitin in ihrer Zellwand), wird den pflanzeneigenen β-1,3-Glucanasen und Chitinasen eine Rolle bei der Pathogenabwehr eingeräumt. Die mögliche Induktion und Bedeutung von Chitinasen und β-1,3-Glucanasen bei der Pathogenabwehr ist in Abbildung 17.11 zusammengefaßt.

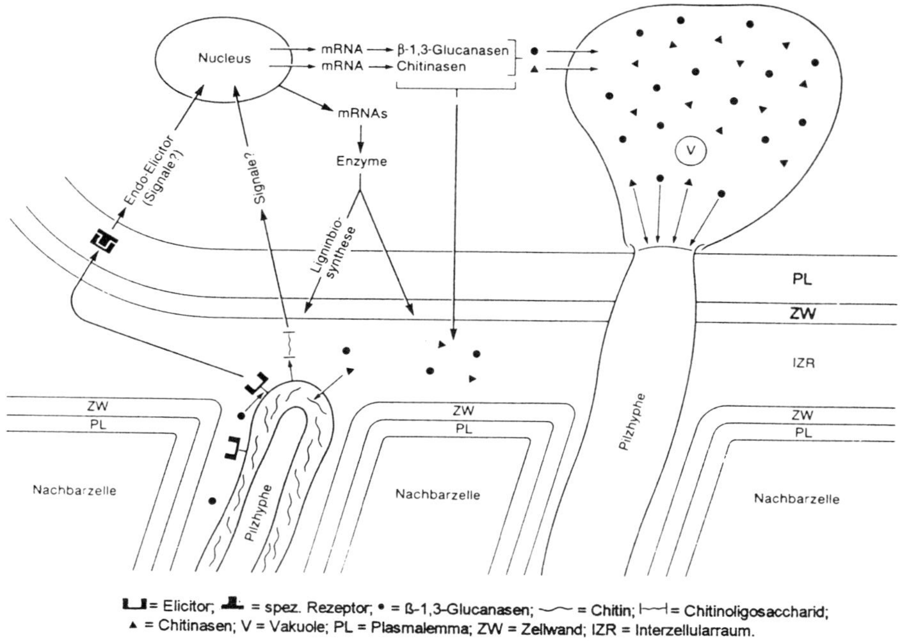

17.11 Die mögliche Induktionskette und Bedeutung von Chitinasen und Glucanasen bei der Pathogenabwehr.

Im Interzellularraum vorhandene β-1,3-Glucanasen setzen Glucanfragmente aus der äußeren Pilzzellwand frei, welche als Elicitoren an Plasmalemma gebundene spezifische Rezeptoren bindet. Solche β-1,3-Glucanasen wurden für Sojabohnenhypokotyle beschrieben. Über Endo-Elicitoren und eine noch weitgehend unbekannte Signalkette werden über DNA-Aktivierung und neue mRNAs weitere β-1,3-Glucanasen und Chitinasen synthetisiert. Die neuen Hydrolasen werden in die Vakuole und den interzellulären Raum abgegeben. Die sauren Hydrolasen könnten im interzellulären Raum direkt mit dem Pathogen Kontakt aufnehmen und die Hyphen irreversibel schädigen. Außerdem wurde gezeigt, daß saure Chitinasen als Endo-Hydrolasen Oligosaccharide aus der Chitinfraktion der Pilzzellwand freisetzten, die wiederum als Elicitoren über Genaktivierung die Ligninbildung auslösten. Während der nekrotrophen Wachstumsphase des Pilzes soll es nach dem Bruch des Tonoplasten zur spontanen Freisetzung basischer Hydrolasen, wie Chitinasen und β-1,3-Glucansen, kommen, die jetzt in hoher lokaler Konzentration das Pilzmyzel überschwemmen und das Wachstum des Pathogens hemmen. Man hätte somit eine schnelle Abwehr über die saueren PR-

Proteine im Apoplasten und eine verzögerte Abwehr über basische PR-Proteine nach dem Bruch des Tonoplasten.

17.7 Die Bildung hydroxyprolinreicher Glykoproteine (HPRG)

Neben der Induktion von PR-Proteinen wird bei vielen Wirt-Parasit-Interaktionen auch die Neusynthese hydroxyprolinreicher Glykoproteine (Extensine, Abschnitt 1.1.3) beobachtet. Sie zeichnen sich durch hohe Hydroxyprolingehalte (25-45%) aus und zeigen eine interessante strukturelle Eigenschaft. Ihr Proteingerüst besteht aus sich wiederholenden Pentapeptiden (Serin-Hyrdroxyprolin-4), die mit Arabinose- oder Galactosemolekülen verknüpft sind. Hydroxyprolin-reiche Glykoproteine wurden zum Beispiel bei Melonen und Bohnen, die mit unterschiedlichen Pathogenen (Pilze und Bakterien) infiziert waren, in den Zellwänden lebender Zellen in direkter Nachbarschaft zu toten, hypersensitiv reagierenden Zellen abgelagert. Bei den mit *Colletotrichum lagenarium* infizierten Melonenblättern ging die Akkumulation der Glykoproteine auf die Neusynthese spezifischer mRNAs zurück. Da hydroxyprolinreiche Glykoproteine in höheren Konzentrationen und schneller bei resistenten als bei anfälligen Pflanzen akkumulieren, wird ihnen eine Bedeutung bei der Pathogenabwehr zugesprochen. Möglicherweise stellen sie in der Zellwand eine zusätzliche mechanische und/oder chemische Barriere für das Hyphenwachstum dar.

18. Die Bedeutung der besprochenen Abwehrreaktionen (Resistenzfaktoren) für die Ausbildung der Resistenz

Im folgenden soll exemplarisch die Bedeutung verschiedener Resistenzfaktoren für die Ausbildung einer resistenten Wirt-Parasit-Paarung besprochen werden.

Phytoalexine

Zur Beurteilung der Rolle von Phytoalexinen bei der Pathogenabwehr sind folgende Fragen zu klären:

1. Bestehen Unterschiede zwischen der kompatiblen und der inkompatiblen Wirt-Parasit-Interaktion bezüglich der Phytoalexinakkumulation?
2. Wie hoch sind die lokal auftretenden Phytoalexinkonzentrationen?
3. Kann man durch die Hemmung der Phytoalexininduktion möglicherweise aus einer resistenten eine anfällige Wirt-Parasit-Paarung machen?

Diese Fragen wurden unter anderem eingehend für die Wirt-Parasit-Interaktion zwischen der Sojabohne "Harosoy 63" und *Phytophthora megasperma* f. sp. *glycinea* Rasse 1 (hypersensitive Interaktion) und Rasse 3 (kompatible Interaktion) studiert.

Wird das Hypokotyl der Sojabohne "Harosoy 63" mit Pilzmyzel infiziert, so beobachtet man einen deutlich schnelleren und höheren Anstieg der Glyceolline bei der hypersensitiv reagierenden im Vergleich zur kompatibel reagierenden Wirt-Parasit-Paarung (Abb. 18.1).
Weitere Untersuchungen ergaben, daß die Resistenz der Sojabohne von einer lokal hohen Glyceollinakkumulation begleitet ist, welche 25 Stunden nach Infektion etwa 3 mg/ml beträgt und damit mehr als das zehnfache des EC_{90}-Wertes erreicht (EC_{90}-Wert = Konzentration, bei der das Myzelwachstum zu 90% gehemmt ist). Weiterhin wurde gezeigt, daß es bei der inkompatiblen Reaktion zu einem steilen Anstieg des Glyceollingehaltes an der

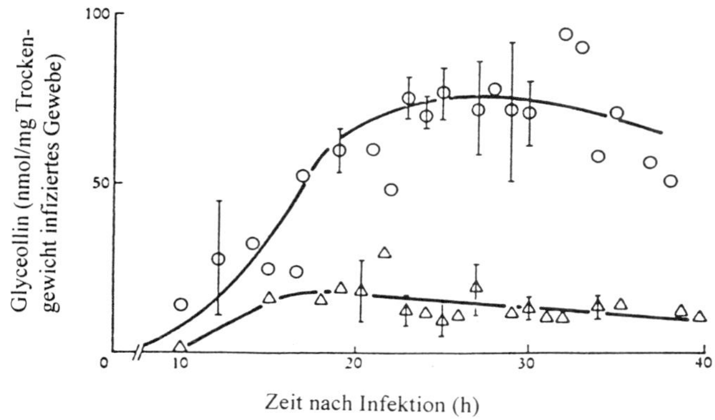

18.1 Akkumulation von Glyceollin im Hypokotyl der Sojabohnensorte "Harosoy 63" nach Infektion mit Mycel der Rasse 1 oder der Rasse 3 von *Phytophthora megasperma* f. sp. *glycinea*. (Kreis: Infektion mit Rasse 1 (inkompatibel); Dreieck: Infektion mit Rasse 3 (kompatibel)). (Modifiziert nach: Ebel, J. (1983) *Biologie in unserer Zeit*. Bd. 13, S. 130.)

Grenzlinie zwischen infiziertem zu nichtinfiziertem Gewebe kam. Bei der anfälligen Paarung verteilte sich das Glyceollin dagegen über einen größeren Gewebebereich um die Infektionsstelle und erreichte deutlich niedrigere lokale Konzentrationen von etwa 160 μg/ml.

Weiterhin wurde die Wirkung eines spezifischen Inhibitors der Phenylalaninammoniumlyase (PAL), L-2-Aminooxy-3-Phenylpropionsäure (L-AOPP), auf die Reaktionsform der Sojabohne untersucht. Die Gabe dieses Hemmstoffes führte bei Sojakeimlingen, die mit der inkompatiblen Rasse von *Phytophthora megasperma* infiziert waren, zu einer starken Hemmung der Glyceollininduktion bei gleichzeitigem Verlust der Resistenz. Bei Zufuhr steigender Mengen des Inhibitors ergab sich die in Abbildung 18.2 aufgezeigte Korrelation zwischen Abnahme des Glyceollingehaltes und Zunahme der Menge an infiziertem Gewebe.

Unter der Voraussetzung, daß der Inhibitor keine Nebenwirkungen auf Pflanze und Pilz ausübt, und mit der Annahme, daß keine weiteren Resistenzmechanismen, die sich ebenfalls vom Sekundärstoffwechsel ableiten könnten, beeinflußt werden, läßt sich aus diesen Ergebnissen schließen, daß den Glyceollinen eine zentrale Rolle bei der Abwehr der Sojabohne gegenüber *Phytophthora megasperma* zukommt. Genaugenommen handelt es sich hier allerdings nur um eine Korrelation zwischen der Induktion von Resistenzmechanismen (hier Glyceolline) und der Ausbildung einer resistenten Wirt-Parasit-Paarung. Die Ergebnisse können jedoch den kausalen Zusammenhang zwischen den Resistenzparametern und der Resistenzausprä-

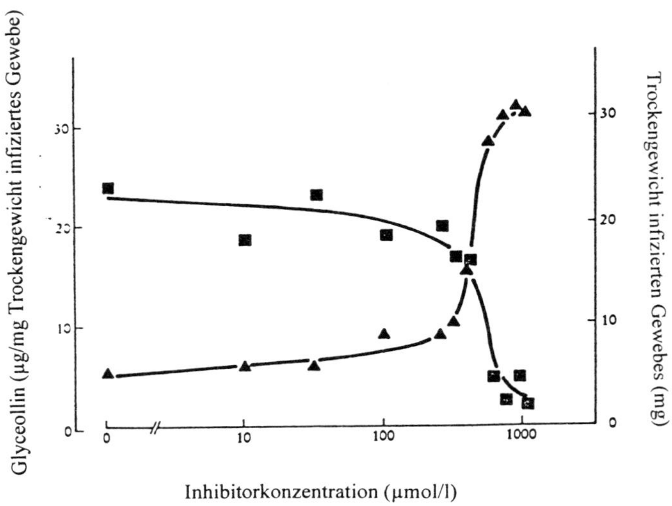

18.2 Abhängigkeit des Glyceollingehaltes und der Menge an infiziertem Gewebe von der L-AOPP-Konzentration nach Infektion von Keimlingen der Sojasorte "Harosoy 63" mit einer inkompatiblen Rasse von *Phytophthora megasperma*. (Quadrat: Glyceollingehalte; Dreieck: Menge infizierten Gewebes). (Modifiziert nach: Ebel, J. (1983) *Biologie in unserer Zeit.* Bd. 13, S. 130.)

gung nicht eindeutig beweisen. Der direkte und schlüssige Beweis für die Rolle von Phytoalexinen bei der Resistenzausbildung kann nur mit Experimenten auf genetischer Ebene oder mit Mangelmutanten geführt werden. So wurde zum Beispiel gezeigt, daß das Ausmaß der Virulenz verschiedener *Nectria haematococca* und *Gibberella pulicaris*-Rassen mit der Fähigkeit der Entgiftung der Phytoalexine Pisatin und Rishitin verknüpft war (Abschnitt 20.4) und daß Pathogene, die über Gentransfer in die Lage versetzt wurden, Enzyme zur Entgiftung von Phytoalexinen zu exprimieren, plötzlich virulent wurden. Kürzlich wurde auch der entgegengesetzte Fall gezeigt. In Weinpflanzen wurde das Gen für die Stilbensynthase eingesetzt, wodurch transgene Pflanzen über die Expression der Stilbensynthase und der Neusynthese des Phytoalexins Resveratrol (Abb. 17.7) in die Lage versetzt wurden, erhöhte Resistenz gegenüber *Botrytis cinerea* besaßen. Diese Ergebnisse sind der beste Beweis dafür, daß die Phytoalexine bei manchen Wirt-Parasit-Interaktionen kausal mit der Resistenzausprägung verknüpft sind. Versuche mit Mangelmutanten verdeutlichten jedoch auch, daß Pflanzenmetabolite, die in die Gruppe der Phytoalexine gestellt wurden, wohl nicht für die Resistenzausbildung von Bedeutung sind. Genetische Studien mit drei *Arabidopsis*-Phytoalexin-Mangelmutanten ergaben, daß das Wachstum von *Pseudomonas syringae* weiterhin gehemmt wurde, obwohl die Wirtspflanzen nicht mehr in der Lage waren, Camalexin zu bilden, für das *in vitro* eine Wachstumshemmung gegenüber *Pseudomonas syringae* und *Cladosporium cucumerinum* gezeigt wurde.

Die Bedeutung von Produkten des Sekundärstoffwechsels für die Resistenzausbildung wurde mit transgenen Tabakpflanzen, die deutlich geringere Aktivitäten für das Schlüsselenzym Phenylalaninammoniumlyase aufwiesen, dargelegt. Diese Pflanzen bildeten im Vergleich zu den Wildtyppflanzen nach der Infektion mit dem virulenten Pilz *Cercospora nicotianae* schneller auftretende Symptome und deutlich vergrößterte Läsionen.

Pathogenesis related proteins

Da Chitin, das Substrat der Chitinasen, nicht in Höheren Pflanzen vorkommt, jedoch mit Glucanen einen Hauptbestandteil der Zellwand der meisten Pilze ausmacht, wird den pflanzeneigenen *β*-1,3-Glucanasen und Chitinasen eine Rolle bei der Pathogenabwehr eingeräumt. So wurde zum Beispiel gezeigt, daß die durch *Fusarium oxysporum* in Tomatenwurzeln induzierte Chitinase durch die Zellwand in den interzellulären Raum abgegeben wurde und dort Pilzhyphen lysierte. Weitere *in vitro*-Versuche machten deutlich, daß Chitinasen und *β*-1,3-Glucanasen aus Bohnenblättern und Erbsenhülsen das Wachstum zahlreicher Pilze hemmten. Nach gleichzeitiger Applikation beider Hydrolasen wurde in den meisten Fällen eine synergistische Wachstummshemmung beobachtet. Das notwendige Zusammenspiel der beiden Hydrolasen macht verständlich, weshalb Chitinasen und *β*-1,3-Glucanasen oft gleichzeitig im Wirtsgewebe induziert werden. Die Auswertung cytochemischer und elektronenmikroskopischer Untersuchungen zeigt, daß bei *Trichoderma longibrachiatum* nur die Hyphenspitze den alleinigen Angriffspunkt für Chitinasen und *β*-1,3-Glucanasen darstellt. In vielen Untersuchungen wurde die Induktionskinetik von Chitinasen und *β*-1,3-Glucanasen bei anfälligen und resistenten Wirt-Parasit-Paarungen verglichen. Northern-Blot-Experimente ergaben, daß die mRNA der Chitinase in *Phaseolus vulgaris*, die mit der avirulenten Rasse von *Pseudomonas syringae* pv. *phaseolicola* infiziert war, bereits nach sechs Stunden nachgewiesen wurde. Dagegen wurde die entsprechende mRNA der virulenten Paarung erst nach 20 bis 24 Stunden gefunden. Die unterschiedliche Kinetik der mRNA-Induktion spiegelte sich auch in der Chitinaseaktivität wider. So war die Hydrolaseaktivität bei der resistenten Paarung bereits nach acht Stunden, bei der anfälligen dagegen erst nach 30 Stunden nachweisbar.

Aus diesen Ergebnissen könnte man den Schluß ziehen, daß den Chitinasen und β-1,3-Glucanasen eine Rolle bei der Pathogenabwehr zukommt. Im Gegensatz dazu fand man bei Erbsenhülsen, die mit dem Pathogen *Fusarium solani* f.s. *P. pisi* (susceptible Paarung) und dem Nichtpathogen *Fusarium solani* sp. *phaseoli* (inkompatible Paarung) infiziert waren, keine unterschiedliche Kinetik für die Chitinase und β-1,3-Glucanase-Induktion. Bei dieser Wirt-Parasit-Paarung scheinen die beiden Hydrolasen nicht kausal mit der Resistenzausbildung verknüpft zu sein.

In den letzten Jahren wurden ebenfalls Versuche mit transgenen Pflanzen durchgeführt, um die Frage zu klären, inwieweit PR-Proteine kausal mit der Resistenzausbildung verknüpft sind. So hatten transgene Tabakpflanzen, die das Gen für die Bakterienexochitinase aus *Serratia* oder das Gen für die vakuoläre Chitinase aus Bohnen enthielten, eine deutlich geringere Symptomausprägung nach der Infektion mit dem nekrotrophen Pathogen *Rhizoctonia solani*. Im Gegensatz dazu zeigten transgene Tabakpflanzen, die deutlich erhöhte konstitutive Gehalte einer vakuolären Chitinase aufwiesen, keine erhöhte Resistenz gegenüber *Cercospora nicotianae* im Vergleich zu unbehandelten Pflanzen.

Ähnliche Ergebnisse ergaben sich auch für transgene Tabak- und Tomatenpflanzen, die saure Chitinasegene aus Zuckerrüben und Mais exprimierten. Auch hier war keine erhöhte Resistenz für die transgenen Pflanzen gegenüber verschiedenen pilzlichen Pathogenen zu beobachten. Dieses Ergebnis wird damit erklärt, daß saure Chitinasen, die hauptsächlich im Apoplasten zu finden sind, deutlich schwächere antifungale Aktivität aufweisen als basische Chitinasen, die vorwiegend in der Vakuole vorkommen. Kürzlich wurden auch transgene Pflanzen konstruiert, die basische vakuoläre Chitinasen in den Apoplasten abgaben. Es bleibt abzuwarten, inwieweit diese transgenen Pflanzen erhöhte Resistenz gegen Pilzinfektion zeigen. Hinweise dafür, daß Chitinasen und β-1,3-Glucanasen zusammen für die Resistenzausbildung von Bedeutung sind, ergeben sich aus Versuchen mit transgenen Pflanzen, die Gene für eine basische Chitinase und β-1,3-Glucanase besaßen. Transgene Tabakpflanzen zum Beispiel, die gleichzeitig eine basische Chitinase und eine saure ß-1,3-Glucanase exprimierten, besaßen deutlich erhöhte Resistenz gegenüber *Cercospora nicotianae*. Versuche mit transgenen Pflanzen, die weitere PR-Proteine, wie Osmotin oder das Protein PR-1a, exprimierten, machen deutlich, daß diesen Proteinen eine Bedeutung bei der Abwehr von Oomyceten zugeschrieben werden muß. So zeigten etwa Blätter transgener Kartoffelpflanzen, die das 24-kD Protein Osmotin konstitutiv exprimierten, deutlich geringeren Befall nach Infektion mit *Phytophthora infestans*.

Zu ähnlichen Ergebnissen kam man auch mit transgenen Tabakpflanzen, die das PR-1a-Gen überexprimierten. Nur die transgenen Pflanzen, die hohe konstitutive Gehalte für das PR-1a-Protein aufwiesen, zeigten erhöhte Resistenz gegenüber den beiden Oomyceten *Peronospora tabacina* und *Phytophthora parasitica* var. *nicotianae*.

Neuere Arbeiten mit transgenen Tabakpflanzen, die β-1,3-Glucanasen konstitutiv exprimierten, ließen diese Hydrolasen in einem neuen Licht bezüglich ihrer zusätzlichen Funktion als Auslöser von Abwehrmechanismen erscheinen. Wiederum nur die transgenen Tabakpflanzen, die die Sojabohnen-β-1,3-Endoglucanase konstitutiv exprimierten, zeigten deutlich erhöhte Resistenz gegenüber dem Pathogen *Phytophthora parasitica* var. *nicotianae*. Interessanterweise hatte die hochgereinigte β-1,3-Endoglucanase keine fungitoxische Wirkung auf das Pathogen. Die Hydrolase kann also nur über einen indirekten Effekt für die erhöhte Resistenz beitragen. Außerdem wurde deutlich, daß es nur bei transgenen Pflanzen nach Infektion zu einer massiven Induktion der Phenylalaninammoniumlyase, des Schlüsselenzyms des Sekundärstoffwechsels, über Genaktivierung kam. Mit dem Wissen, daß diese β-1,3-Glucanase Glukan-Elicitoren aus den Zellwänden verschiedener Pilze, unter anderem auch aus den Zellwänden von Oomyceten, freisetzt, formuliert man folgende Signalkette (Abschnitt 17.6):

Die konstitutiv in der transgenen Pflanze vorhandene β-1,3-Glucanase setzt erst, nachdem das Pathogen im Wirt angelangt ist, aus dessen Zellwand Glucan-Elicitoren frei, die dann über eine noch unbekannte Signalkette spezifische DNA-Aktivierung auslösen. Erst jetzt kommt es zur induzierten Abwehr, möglicherweise gesteuert durch die Phenylalaninammoniumlyase. Der Vorteil dieser Konstrukte könnte darin bestehen, daß die Wirtspflanzen nicht ständig konstitutiv toxische Substanzen oder Metabolite akkumuliert, sondern nachdem sie infiziert wurde. Die Pflanze würde somit über die Anhäufung von β-1,3-Glucanasen in eine gewisse "Lauerposition" versetzt.

19. Die Induktion von Abwehrmechanismen (Resistenzfaktoren)

Es ist einleuchtend, daß resistente Pflanzen die Fähigkeit besitzen müssen, zum einen das eindringende Pathogen zu erkennen und zum anderen diese Information innerhalb der Zellen weiterzugeben, damit Abwehrreaktionen eingeleitet werden können. Abbildung 19.1 soll die Mechanismen der Induktion von Abwehrmaßnahmen grob zusammenfassen.
Die gesamte Induktion kann in drei Phasen unterteilt werden:

Phase 1: Freisetzung von Elicitoren aus dem Pathogen;
Phase 2: die Erkennung der Elicitorstrukturen, die Freisetzung weiterer endogener Signale bis hin zur DNA-Aktivierung und der Akkumulation verschiedener Resistenzfaktoren auf lokaler Ebene (in unmittelbarer Umgebung der befallenen Zellen);

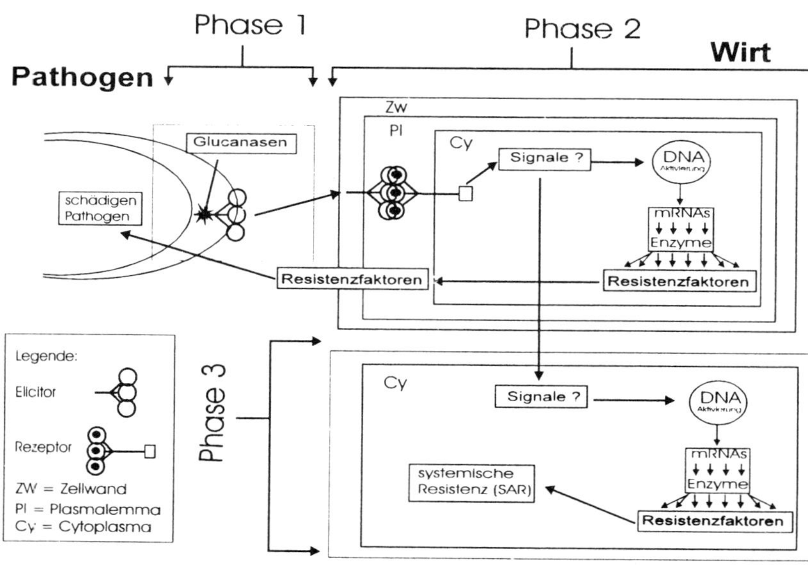

19.1 Die möglichen Mechanismen der Induktion von Abwehrmaßnahmen in resistenten Pflanzen. (ZW: Zellwand; Pl: Plasmalemma; Cy: Cytoplasma).

Phase 3: die Weiterleitung systemischer Signale und die Aktivierung von Abwehrmaßnahmen in entfernten Geweben (Induktion der systemischen Resistenz; *systemic aquired resistance* (SAR)).

Die Regelkreisläufe und die Induktion von Abwehrmechanismen auf lokaler Ebene (Phase 2) kann innerhalb weniger Sekunden bis Stunden ablaufen. Demgegenüber beobachtet man die Induktion von Resistenzfaktoren der Phase 3 (*systemic aquired resistance*) erst nach mehreren Stunden beziehungsweise Tagen. Im folgenden werden die einzelnen Strukturen und Regelkreisläufe näher besprochen.

19.1 Elicitoren und ihre Freisetzung aus dem Pathogen (Phase 1)

Unter Elicitoren versteht man Komponenten des Pathogens (hauptsächlich aus der Zellwand), die verschiedene Abwehrmechanismen in Wirtspflanzen auslösen. Elicitoren können aus Kulturfiltraten, Zoosporen oder Myzelwänden von Pathogenen, aber auch Nichtpathogenen gewonnen werden. Elicitoren lösen Abwehrmechanismen in der Wirtspflanze in einem Konzentrationsbereich von 10^{-12} bis 10^{-10} M aus. Einige wichtige Elicitoren sind in Tabelle 19.1 zusammengefaßt und näher beschrieben.

Die Elicitoren 1 mit 5 sind Polysaccharide mit spezifischer Verknüpfung der einzelnen Zuckerbausteine. Bei den Nummern 6 mit 9 handelt es sich um Glykoproteine und bei den Nummern 10 mit 12 um kleine Polypeptide. Auch Fettsäuren können Elicitoraktivität besitzen (13). Die am besten untersuchte Elicitorkomponente stammt aus der Pilzzellwand von *Phytophthora megasperma* f.sp. *glycinea*. Sie wird durch saure Hydrolyse aus dem Pilzmyzel gewonnen. Die kleinste elicitoraktive Komponente ist ein Heptaglucan (Abb.19.2).

Die elicitoraktive Komponente ist eine aus β-Glucose-Molekülen (1,6-glykosidische Bindung) zusammengesetzte Fünferkette mit 1,3-Seitenverzweigungen an Molekül 2 und 4. Mit Hilfe von Strukturaktivitätsuntersuchungen wurde die Wirksamkeit dieses Heptaglucans näher beschrieben (Abb. 19.2).

Die Untersuchungen ergaben, daß die beiden endständigen β-D-Glucosemoleküle Nr. 1 und 5 sowie die β-D-Glucose Nr. 7, die mit der β-D-Glucose Nr. 4 der 5er Kette verknüpft ist (Abb. 19.2, Teilabbildung 1) essentiell für die Aktivität des Elicitormoleküles sind. So fiel zum Beispiel die Aktivität

Tabelle 19.1: Einige bekannte Elicitoren verschiedener Pflanzenpathogene

Pathogen	induzierte Abwehr	chemische Natur und Struktur
1. *Phytophthora megasperma* f. sp. glycinea	Glyceollin in *Glycine max* Rishitin in *Solanum tuberosum*	**Heptaglucan** - β-1,6-Fünferkette mit β-1,3-Seitenverzweigung an Zuckern 2 und 4 - aus Mycelzellwand
2. *Phytophthora megasperma* f.sp glycinea	Glyceollin in *Glycine max*	**Glucan** - Gemisch aus β-1,3-verknüpften Glucanen; Molekulargewicht 3-80 - aus keimenden ZoosporenkD
3. *Colletotrichum*-Arten	Phaseollin und andere Phytoalexine in *Phaseolus vulgaris*	**Glucan** - β-1,3-Glucan mit β-1,4-Seitenverzweigungen
4. *Uromyces phaseoli*	Phaseollin in *Phaseolus vulgaris*	**Glucan**
5. *Fusarium solani* f. sp. pisi *Fusarium solani* f. sp. phaseoli	Pisatin in *Pisum sativum*	**Chitosan** - β-1,4-Glucosamin-Polymer
6. *Phytophthora megasperma* f. sp. glycinea	Phytoalexine (Furanocumarine) in *Petroselinum crispum* zusammen mit Genaktivierung	**Glykoprotein** - Molekulargewicht 42 kD - empfindlich gegen Proteinasen - aktive Komponente ist ein Peptid mit 13 Aminosäuren (Pep-13)
7. *Rhizopus stolonifer* (Saprophyt)	Casben in *Ricinus communis*	**Glykoprotein** - inaktiviert nach 15 min bei 60°C
8. *Phytophthora parasitica* var. nicotianae	Phytoalexine in Tabak	**Glykoprotein** - Molekulargewicht 46 kD
9. *Puccinia graminis*	Ligninneusynthese in Weizenblättern	**Glykoprotein** - Molekulargewicht 67 kD - aus Keimhyphen
10. *Monilia fructicola*	Phaseollin in *Phaseolus vulgaris*	**Polypeptid** - Molekulargewicht 8 kD
11. *Phytophthora*-Arten	Phytoalexin (Capsidiol) und Hypersensitive Reaktion in Tabak	**Polypeptide (Elicitine)** - Molekulargewichte um 10kD
12. *Pseudomonas*-, *Xanthomonas*- und *Erwinia*-Arten	Hypersensitive Reaktion und Bildung reaktiver Sauerstoffspezies in Tabak, Bohnen und Tomaten	**Polypeptide (Harpine)** - Molekulargewichte zwischen 28 und 44 kD; hitzestabile Proteine; inaktivierbar durch Proteinasen
13. *Phytophthora infestans*	Phytoalexine Rishitin und Lubimin in *Solanum tuberosum*	**Fettsäure** - cis-5,8,11,15-Eicosatetraensäure

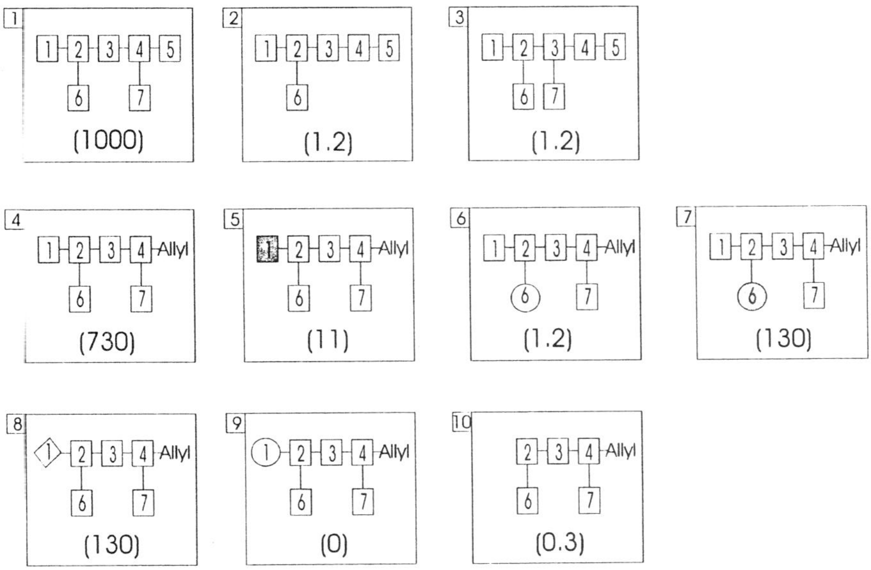

19.2 Struktur-Aktivitätsuntersuchungen am Heptaglucanelicitor. (Offenes Quadrat: β-Glucose; ausgefülltes Quadrat: β-Galactose; offener Kreis: β-N-Acetylglucosamin; ausgefüllter Kreis: β-Glucosamin; offene Raute: β-Xylose; die relativen Aktivitäten der einzelnen Strukturen bezüglich der Glyceollininduktion sind in den Klammern angegeben. Die höchste Aktivität zeigte der Heptaglucanelicitor (1). Sie wurde = 1000 gesetzt.)

nach der Entfernung der β-D-Glucose Nr. 1 und Nr. 7 aus dem Elicitormolekül nahezu auf Null ab (Abb. 19.2, Teilabbildung 1, 2 und 10). Durch den Austausch der β-D-Glucose an Position 1 und 6 durch andere nahe verwandte Zuckermoleküle fiel die Aktivität des Heptaglucans ebenfalls dramatisch ab (Abb. 19.2, Teilabbildung 4, 5, 6, 7, 8 und 9). Die hohe Strukturspezifität dieses Moleküls wird vor allem dadurch verdeutlicht, daß seine Aktivität durch den Austausch der β-Glucose an Position 1 durch eine β-Galactose nahezu auf Null zurückging (Abb. 19.2, Teilabbildung 4 und 5). Außerdem darf das Heptaglucanmolekül an Position 3 nicht verzweigt sein. Ist dies der Fall, sinkt die Aktivität ebenfalls stark ab (Abb. 19.2, Teilabbildung 1 und 3). Dagegen wirkte sich eine Modifikation an Position 4 und 5 des Heptaglucans nur gering auf die Gesamtaktivität aus (Abb. 19.2, Teilabbildung 1 und 4).

Besonderes Interesse fanden in den letzten Jahren die Elicitinproteine. Sie werden in großen Mengen von verschiedenen *Phytophthora*-Arten ins Kulturmedium abgegeben. Es sind kleine Proteine mit Molekulargewichten um 10000 Dalton. *In vitro*-Versuche zeigten, daß Elicitine, nachdem sie in Tabakblättern aufgenommen waren, Nekrosen auf den Blättern auslösten.

Außerdem kam es durch diese Proteine auch zur Induktion von Resistenzfaktoren in Tabakblättern, wie zum Beispiel zur Neusynthese des Phytoalexins Capsidiol.

Neuere Untersuchungen ergaben, daß die Elicitine Cryptogein und Capsicein von *Phytopthora cryptogea* und *Phytophthora capsici* auch Tabakpflanzen vor dem Befall durch *Phytophthora nicotianae* schützen können. Der Vergleich der Aminosequenzdaten zeigt, daß die Elicitinproteine der untersuchten *Phytophthora*-Arten untereinander große Homologien aufweisen. Interessanterweise haben diese Elicitine in ihrer Sequenz gewisse Homologien mit dem Welketoxin des Pathogens *Ceratocystis ulmi* (Abschnitt 21.2).

Es stellt sich zwangsläufig die Frage, wie diese Elicitoren aus dem Pathogen freigesetzt werden, um mit den Strukturen innerhalb der Wirtspflanze in Kontakt zu treten. Es konnte gezeigt werden, daß der in Tabelle 19.1 unter Nr. 2 aufgeführte Glucanelicitor aus keimenden Zoosporen von *Phytophthora megasperma* ohne die Einwirkung der Wirtspflanze freigesetzt wurde. Man geht jedoch auch davon aus, daß pflanzliche, extrazelluläre β-1,3-Glucanasen bei der Freisetzung von Glucanelicitoren aus der Pilzzellwand mitbeteiligt sind (Abschnitt 17.6).

19.2 Die Erkennung der Elicitorstrukturen und die Induktion von Abwehrmechanismen (Phase 2)

Die gut wasserlöslichen Glucane und Peptide sollen nach dem Durchtritt durch die Zellwand an Rezeptormoleküle am Plasmalemma binden. Die notwendigen Bindungsstudien wurden mit radioaktiv markierten Glucan- und Peptidelicitoren durchgeführt. Man konnte für den radioaktiv markierten Glucan- und auch für den Peptidelicitor aus *Phytophthora megasperma* (Tab. 19.1, Nr. 1 und 6) spezifische Bindungsstellen an mikrosomalen Membranfraktionen von Sojabohnenwurzeln nachweisen. Die Bindungsstelle für den Glucanelicitor wurde durch Proteolyse oder durch eine Hitzebehandlung inaktiviert, was darauf hindeutet, daß es sich bei den Rezeptoren um Proteine oder Glykoproteine handelt. Das Bindeprotein für den Glucanelicitor wurde kürzlich teilweise gereinigt. Es ist ein Protein mit einem Molekulargewicht von 70000 Dalton. Auch für den Peptidelicitor (Pep-13), der aus dem 42-kD-Glykoprotein-Elicitor (Tab. 19.1, Nr. 6) gewonnen wurde, ließ sich zweifelsfrei ein spezifisches Bindeprotein (Elicitorakzeptor) an Plasmalemmastrukturen von Petersilienprotoplasten nachweisen.

Die Bindung der Elicitoren an spezifische Membrankomponenten (Elicitor-Rezeptor-Strukturen) wird als die Voraussetzung für die Induktion der Abwehrreaktionen angesehen. Sowohl die Struktur der Signalkette als auch die Natur der einzelnen Komponenten, die für die spezifische Genaktivierung verantwortlich gemacht werden, sind noch weitgehend unbekannt. Im folgenden sollen die bisher bekannten Fakten näher beschrieben werden.

Die meisten Ergebnisse wurden mit Zellsuspensionskulturen, wie von *Glycine max* (Sojabohne) oder *Petroselinum* (Petersilie), gewonnen, die mit unterschiedlichen Elicitoren, etwa dem Heptaglucanelicitor oder dem Peptidelicitor (Pep-13), aus *Phytophthora megasperma* behandelt wurden. Im folgenden wird versucht, die einzelnen Ereignisse in chronologischer Reihenfolge vorzustellen.

19.2.1 Cytologische Veränderungen

Mit der Videomikroskopie wurde gezeigt, daß sich der Zellkern und das Cytoplasma von Petersilienprotoplasten nach der Kontaktaufnahme mit Keimhyphen von Zoosporen des Pilzes *Phytophthora infestans* schnell auf die Infektionsstelle hin bewegten. Diese Reaktion wurde von der lokalen Depolymerisierung des mikrotubulären Netzwerkes begleitet. Später beobachtete man die Aktivierung des *pathogenesis related* PR-1-Gens in infizierten Zellen und in nichtinfizierten Nachbarzellen, noch bevor es zu hypersensitiven Reaktionen kam.

19.2.2 Schnelle Reaktionen an Membranen

Die erste sehr schnelle Reaktion von Petersilienprotoplasten auf die Elicitorbehandlung ist die Alkalisierung des Wachstumsmediums, was auf den Eintransport von Protonen in die Zellen zurückgeht.

Gleichzeitig zum H^+-Einfluß (extrazelluläre Alkalisierung) wird ein Ausfluß von Kalium- und Chloridionen und ein Einstrom von Calciumionen (Abb. 19.3) in die Zellen beobachtet. Diese Ionenflüsse entlang der Membran sind bereits zwei bis fünf Minuten nach Elicitorgabe meßbar. Auch Zellen von Sojabohnenkotyledonen reagieren auf Elicitorgabe (Glucanelicitor aus *Phytophthora megasperma* f.sp. *glycinea*) mit einer schnellen Membrandepolarisierung und einer verzögerten Alkalisierung des Diffusionstropfens.

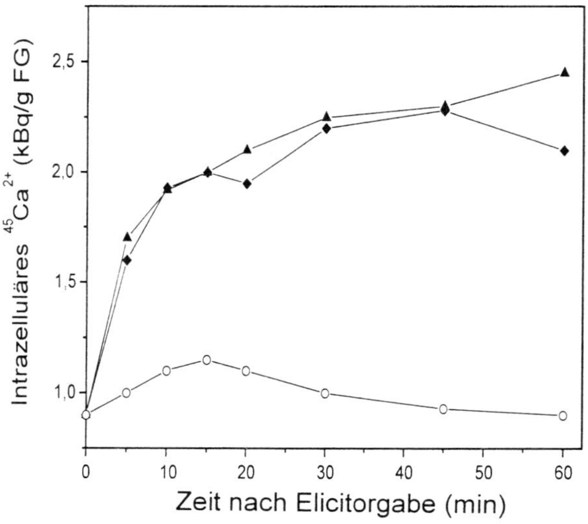

19.3 Ca^{2+}-Einstrom bei Petersilienprotoplasten nach Elicitorbehandlung. (Die Petersilien-Zellsuspensionskultur wurde mit dem Pmg-Elicitor (50 µg/ml) oder dem Pep-13-Elicitor (100 ng/ml) behandelt. Kreis: unbehandelte Kontrolle; Dreieck: behandelt mit Pep-13-Elicitor; Raute: behandelt mit Pmg-Elicitor). (Modifiziert nach: Nürnberger et al. (1994) In: *Cell* 78, S. 449.)

Auch Chitinelicitoren mit einem Polymerisationsgrad von mehr als sechs Monomeren können Membranen von Reisprotoplasten depolarisieren. Veränderungen innerhalb der Ionenflüsse werden hier bereits nach einer Minute gemessen, was darauf hindeutet, daß Veränderungen im Membranpotential eines der ersten schnellen Ereignisse bei der Signalweiterleitung darstellen. Eine Reihe von Versuchen belegt, daß der Calciumioneneinfluß kausal mit der Induktion von Phytoalexinen und der Aktivierung der entsprechenden Abwehrgene verknüpft ist. So unterblieben zum Beispiel in calciumfreien Medien die Induktion der Furanocumarine (Phytoalexine der Petersilie) und die Induktion der Phenylalaninammoniumlyase sowie der 4-Cumarat-CoA-Ligase in Petersilienprotoplasten nach Elicitorbehandlung. Calciumionen scheinen auch bei der Glyceollininduktion in Sojabohnen von Bedeutung zu sein. So akkumulierten Zellsuspensionskulturen der Sojabohnen, die mit dem Glucanelicitor behandelt waren, nur dann Phytoalexine, wenn ihnen im Kulturmedium ausreichend Calciumionen angeboten wurden. Die Phytoalexinbildung unterblieb dagegen, wenn extrazelluläres Calcium durch den Komplexbildner EGTA (Ethylenglycol-(2-Aminoethylether-)N,N-Tetraacetat) aus dem Kulturmedium entfernt wurde. Dagegen wurde die Pterocarpansynthese durch das Calciumionophor A23187 konzentrationsabhängig verstärkt.

Aus diesen Ergebnissen wird geschlossen, daß Elicitoren Ionenflüsse an Membranen verändern, wobei möglicherweise den Calciumionen eine besondere Bedeutung bei der Induktion von hypersensitiven Abwehrreaktionen und Genaktivierungen zukommt.

Neben diesen Ionenflüssen beobachtet man bei Tomatenzellsuspensionskulturen, die mit dem Hefeelicitor (Extrakt von *Saccharomyces cerevisiae*) inkubiert waren, die schnelle Freisetzung des Phytohormons Ethylen.

19.2.3 Der *oxidative burst*

Eine ebenfalls schnelle Reaktion, die man bei der hypersensitiven Interaktion beobachtet, ist die Freisetzung von reaktiven Sauerstoffspezies (*active oxygen species*; AOS), was man unter dem Begriff *oxidative burst* zusammenfaßt. Diese Antwort der Wirtspflanze nach Pathogenbefall oder nach Behandlung mit verschiedenen Elicitoren beobachtet man bei einer Vielzahl von Pflanzen. So zum Beispiel bei Reis, Tabak, Sojabohne und Fichte. Diese AOS (Abschnitt 3.2) sind toxische Verbindungen, die durch Einelektronenübertragung auf Sauerstoff entstehen (Reaktion 1).

Reaktion 1: $$O_2 + e^- \longrightarrow O_2^{\bullet -} \xrightarrow[\text{oder spontan}]{\text{Superoxiddismutase}} H_2O_2$$

Sauerstoff wird in einem Einelektronenschritt zum Superoxidradikalanion ($O_2^{\cdot -}$) reduziert, das spontan oder katalysiert durch die Superoxiddismutase (SOD) zu Wasserstoffperoxid dismutiert. Wasserstoffperoxid kann weiter zum Hydroxylradikal (HO·) reduziert werden (Reaktion 2). Zu den reaktiven Sauerstoffspezies, die man bei verschiedenen Wirt-Parasit-Interaktionen nachweisen kann, zählen das Superoxidanion ($O_2\cdot^-$), das Wasserstoffperoxid (H_2O_2) und Hydroxylradikale. Superoxidanionen können weiter als Reduktans Eisen^{3+} und Kupfer^{2+} zu Eisen^{2+} und Kupfer^{1+} reduzieren, welche H_2O_2 zum Hydroxylradikal reduzieren (Reaktion 2).

Reaktion 2: $$H_2O_2 + Fe^{2+} \longrightarrow OH^- + OH^\bullet + Fe^{3+}$$

Das Hydroxylradikal (OH·) ist das wohl stärkste Oxidans in biologischen Systemen ($E_0 > +2{,}0$ Volt). Es wird deshalb für die Modifikation von Makromolekülen und für die Auslösung des hypersensitiven Zelltodes mitverantwortlich gemacht. Hydroxylradikale können weiterhin Kettenreaktionen, wie die Lipidperoxidation (Abb. 5.16c), einleiten. Sie können zur Inaktivierung von Enzymen führen und außerdem Nucleinsäuren oxidativ schädigen. Demgegenüber stellen Superoxidanionen und Wasserstoffperoxid weit schwächere Oxidantien dar. Auch sie können jedoch Proteine, die Eisen-schwefel-Zentren oder Hämgruppen beinhalten, oxidieren.

Wie oben bereits erwähnt, beginnt der *oxidative burst* mit der schnellen Bildung von Superoxidanionen und H_2O_2. Man geht heute davon aus, daß diese Sauerstoffaktivierung auf membrangebundene NADPH-Oxidasen zurückgeht, die über eine Phosphorylierung aktiviert werden (Abb. 19.4).

An dieser Stelle soll kurz vergleichend auf den *oxidative burst* bei Leukocyten eingegangen werden. Er wurde erstmals bei wirbellosen Tieren und später bei der Phagocytose von Bakterien oder Viren durch Leukocyten von Säugetieren beschrieben. Im Säugetiersystem kommt es zu einer schnellen Freisetzung großer Mengen an H_2O_2 durch NADPH-Oxidasen an Plasmamembranen der Phagocyten. Das für Bakterien und Viren toxische Agens ist vermutlich das an der Phagocytenoberfläche freigesetzte Hypochlorit (HOCl), das aus Wasserstoffperoxid und Chlorid über die Myeloperoxidasekatalyse gebildet wird (vgl. Abb. 9.1 S. 155).

Reaktion 3: $$H_2O_2 + Cl_2 \xrightarrow{\text{Myeloperoxidase}} 2\,HOCl$$

Die für Phagocyten bekannte Signalweiterleitung bis hin zur Aktivierung der Oxidase ist in Abbildung 19.4 zusammengefaßt.

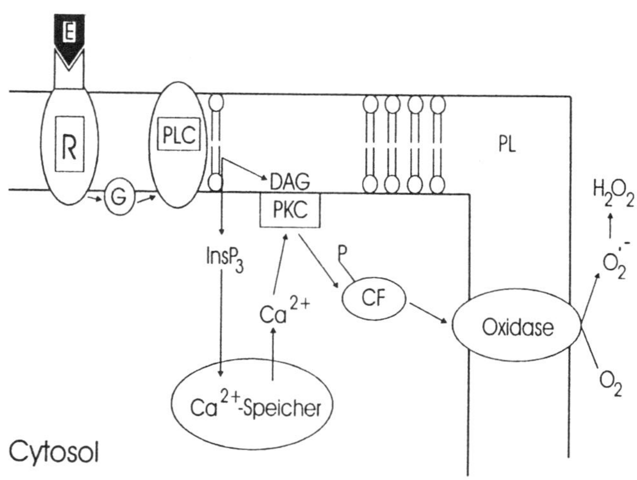

19.4 Die Signalaufnahme und -weiterleitung sowie die Aktivierung der NADH-Oxidase bis hin zur H_2O_2-Bildung bei Phagosomen. (E: Effektor; R: Rezeptor; G: G-Protein; PLC: Phospholipase C; DAG: Di-acylglycerin; $InsP_3$: Inositoltriphosphat; CF: cytosolische Faktoren; P: Phosphat; Pl: Plasmamembran; PKC: Proteinkinase C).

Nach der Bindung eines Aktivators E an einen spezifischen Rezeptor R wird über G-Proteine (das heißt Rezeptormoleküle für Guanosintriphosphat (GTP), die dadurch aktiviert werden) die Phospholipase C in der Membran aktiviert, welche Phospholipide zu Inosit-3-phosphat ($InsP_3$) und Diacylglycerol (DAG) abbaut. Über Inositoltriphosphat wird aus Calciumspeichern, wie dem endoplasmatischen Reticulum, kurzfristig Calcium in das Cytoplasma freigesetzt. Calciumionen und Diacylglycerol aktivieren die Proteinkinase C, die ATP-abhängig cytosolische Faktoren (CF) phosphoryliert. Einer der beiden cytosolischen Faktoren ist das Protein P47, das für die Aktivierung des Oxidasekomplexes von entscheidender Bedeutung ist. Die Untereinheiten und die Nucleinsäuresequenzen des Oxidasekomplexes von Säugetierleukocyten sind bereits gut charakterisiert.

Die NADPH-Oxidase setzt sich aus einem membranständigen heterodimeren b_{558}-Typ-Cytochrom (T22), einem Flavoprotein (Fp) und zwei cytosolischen Komponenten (Protein P47 und P67) zusammen. Im Zuge der Oxidaseaktivierung binden beide cytosolischen Faktoren (P47 und P67) an den heterodimeren Cytochromkomplex. Voraussetzung hierfür ist allerdings ihre Phosphorylierung (Abb. 19.4: Proteinkinase-Reaktion). Gleichzeitig nähert sich das Flavoprotein an den Cytochromkomplex in der Membran an. Ist diese Konstellation erreicht (aktivierte Oxidase), wird NADPH-abhängig "außen" $O_2\cdot^-$ gebildet, das spontan zu H_2O_2 dismutiert.

Neuere Arbeiten machen deutlich, daß der in Pflanzen für den *oxidative burst* verantwortlich gemachte Oxidasekomplex in ähnlicher Weise aufgebaut ist wie der in Phagocyten beschriebene Komplex und auch so ähnlich funktioniert. So wurde zum Beispiel die bei elicitierten Sojabohnenzellen ausgelöste H_2O_2-Bildung durch Diphenyljodonium (DPI), das als Inhibitor der Phagocytenmembranoxidase bekannt ist, unterdrückt. DPI hemmt auch die NADPH-abhängige H_2O_2-Bildung mikrosomaler Membranen von Sojabohnen. Weiterhin wurde gezeigt, daß der spezifische Antikörper gegen das Phagocyten-P22-Protein mit einem Polypeptid vergleichbarer Größe aus Mikrosomenmembranen der Sojabohne kreuzreagierte. Ähnlich verhielt es sich mit dem Antiserum gegen das Phagocyten-P47-Protein. Auch hier kam es in Western-Blots zu spezifischen Wechselwirkungen zwischen dem Antikörper und einem vergleichbar großen cytoplasmatischen Protein von Sojabohnen. Diese Versuche zeigen eindeutig, daß zumindest einige Bestandteile des Oxidasekomplexes tierischer Phagocyten auch bei Pflanzen vorhanden sind.

Nach neueren Untersuchungen spielen G-Proteine (Abb. 19.4) eine wichtige Rolle bei dieser Signalkette (Abb. 19.8).

Beispiele für die Bildung reaktiver Sauerstoffspezies (AOS) bei verschiedenen Wirt-Parasit-Interaktionen

Die Bildung reaktiver Sauerstoffspezies (Superoxidanionen) wurde zuerst bei Kartoffelscheiben, die mit der inkompatiblen Rasse von *Phytophthora infestans* inokuliert waren, nachgewiesen. Die kompatible Rasse führte dagegen zu keiner $O_2\cdot^-$-Freisetzung. Zum Nachweis der Superoxidanionen wurden die Kartoffelscheiben mit Nitrotetrazoliumblau (NBT) infiltriert, das durch $O_2\cdot^-$ zum Formazan reduziert wird. Die Versuche zeigten, daß es zu einer lokalen Formazanabscheidung um die Infektionshyphen der inkompatiblen Rasse kam, noch bevor die Zelle abstarb. Vakuuminfiltrierte Superoxiddismutase (SOD) verzögerte sowohl das Absterben der Zellen (hypersensitiver Tod) als auch die Phytoalexinbildung, was auf die Beteiligung von Superoxidanionen hinweist. Vergleichbare Ergebnisse wurden auch mit Kartoffelprotoplasten erzielt. Nach der Inkubation der Protoplasten mit Zellwandkomponenten der inkompatiblen Rasse von *Phytophthora infestans* kam es in Anwesenheit von NADPH erneut zur extrazellulären NBT-Reduktion. Interessanterweise hemmten wasserlösliche Glucane der kompatiblen Pilzrasse, die als Suppressoren (Abschnitt 20.2) der hypersensitiven Reaktion bekannt sind, die Reduktion der Farbstoffe, wenn sie vor den elicitoraktiven Zellwandkomponenten der inkompatiblen Rasse appliziert wurden. Viele Zellsuspensionskulturen, zum Beispiel von Sojabohne, Petersilie oder Fichte, reagieren auf Elicitorbehandlung auch mit einer starken Wasserstoffperoxidbildung (Abb. 19.5).
Die Bildung von Wasserstoffperoxid wurde durch die Zugabe von Katalase bewiesen. In Anwesenheit dieses Enzyms, das H_2O_2 zu Wasser und Sauerstoff abbaut, kam es zu keiner meßbaren Reaktion (Chemilumineszenz). In ähnlicher Weise reagierten auch Tabak- und Sojabohnen-Zellsuspensionskulturen nach Inokulation mit unterschiedlichen Bakterien. Interessanterweise beobachtete man bei der inkompatiblen Paarung eine zweiphasige Wasserstoffperoxidbildung; bei der kompatiblen Interaktion war dagegen lediglich die erste (frühe) Phase der Sauerstoffaktivierung zu erkennen.

Nur die Bakterienstämme, die an den Blättern der intakten Pflanze eine hypersensitive Reaktion (inkompatible Interaktion) hervorrufen, lösten eine zweiphasige H_2O_2-Bildung aus.

Die Bedeutung des *oxidative burst* für wirtseigene Abwehrreaktionen

Die Frage, die sich bei all diesen Untersuchungen stellt, ist, ob der *oxidative burst* kausal mit der Pathogenabwehr verknüpft ist oder ob die Bildung

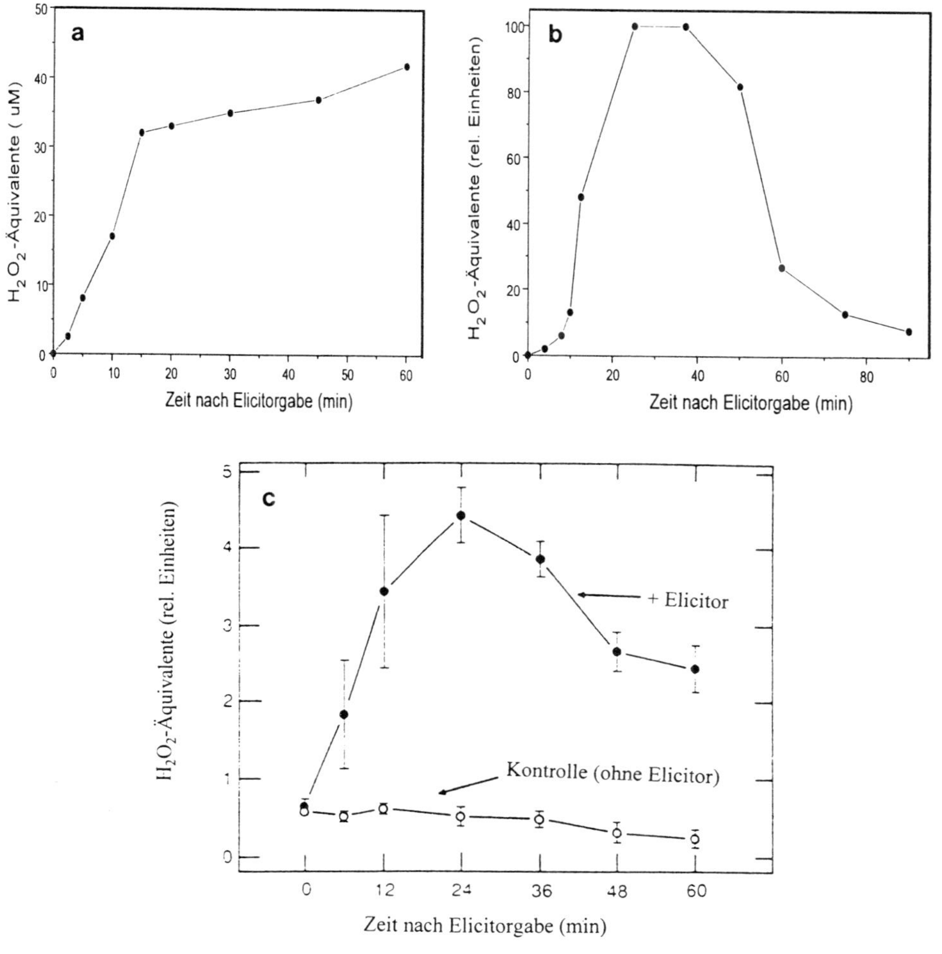

19.5 Die Bildung von Wasserstoffperoxid durch verschiedene Zellsuspensionskulturen nach Elicitorbehandlung. (Petersilie (a)- und Sojabohnen (b)-Zellsuspensionskulturen behandelt mit dem Glucan-Elicitor aus *Phytophthora megasperma* f.sp. glycinea (Pmg-Elicitor); (c) Fichten-Zellsuspensionskulturen behandelt mit einem Elicitor aus dem Pilz *Hebeloma crustuliniforme*). (Modifiziert nach: a) Nürnberger et al. (1994) In: *Cell*. Bd. 78, S. 449. b) Levine et al. (1994) In: *Cell*. Bd. 79, S. 583. c) Schwacke und Hager (1992) In: *Planta*. Bd. 187, S. 136.)

reaktiver Sauerstoffspezies eine Konsequenz der Wirt-Parasit-Interaktion darstellt. Einige Untersuchungen deuten darauf hin, daß reaktive Sauerstoffspezies direkt mit der Einschränkung der Lebensfähigkeit von Pathogenen verknüpft sind. Es wurde beispielsweise gezeigt, daß bei Tabakzellsuspensionskulturen, die mit hypersensitive Reaktion auslösenden Bakterien inokuliert waren, nach Zugabe von "Fängern" reaktiver Sauerstoffspezies

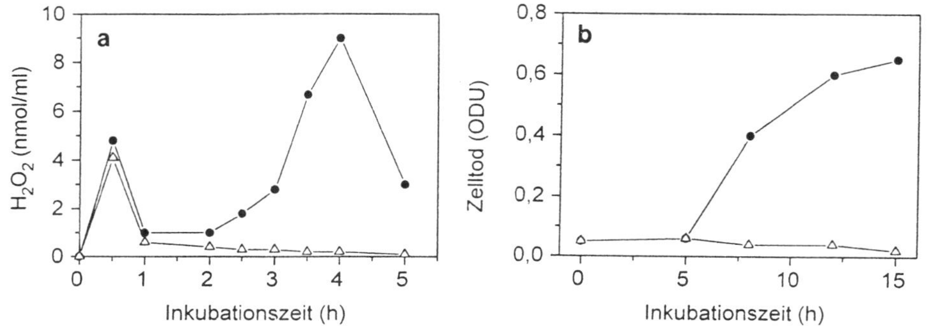

19.6 32: H_2O_2-Akkumulation und induzierter Zelltod bei Sojabohnen-Zellsuspensionskulturen, inokuliert mit inkompatibler und kompatibler Rasse von *Pseudomonas syringae*. (A: H_2O_2-Bildung; B: Zelltod (Nekrosenbildung); ODU = relative Einheit für den Zelltod; ausgefüllter Kreis: *Pseudomonas syringae* pv. glycinea Rasse 6 (inkompatibel); offenes Dreieck: *Pseudomonas syringae* pv. glycinea Rasse 4 (kompatibel)). (Modifiziert nach: Baker und Orlandi (1995) In: *Annu. Rev. Phytopthol.* Bd. 33, S. 299.)

sowohl die Bildung reaktiver Sauerstoffspezies unterdrückt war als auch eine erhöhte Überlebensrate von Bakterien gemessen wurde. Kalkulationen ergaben, daß es bei Sojabohnen-Suspensionskulturen zu einer H_2O_2-Akkumulation von etwa 3×10^{-14} Mol pro elicitierter Zelle kommen kann – Konzentrationen, die man auch bei aktivierten Phagocyten findet.

Es gibt Hinweise dafür, daß reaktive Sauerstoffspezies, die bei der inkompatiblen Interaktion entstehen, für den hypersensitiven Tod mitverantwortlich sind. So korrelierte die Bildung reaktiver Sauerstoffspezies (H_2O_2) der Phase 2 bei der inkompatiblen Interaktion zwischen der Sojabohne und *Pseudomonas syringae* pv. *glycinea* Rasse 6 mit dem Absterben von Pflanzenzellen (hypersensitive Reaktion). Für die kompatible Interaktion mit der Rasse 4 wurden dagegen keine H_2O_2-Akkumulation und kein induzierter Zelltod beobachtet (Abb. 19.6).

Den kausalen Zusammenhang zwischen H_2O_2-Akkumulation und Zelltod bewiesen Inokulationsversuche an Sojabohnen-Suspensionskulturen mit *Pseudomonas syringae*, die das dominante Avirulenzgen avrA trugen (Abschnitt 20.1). Hier wurde das Absterben von Zellen durch Katalase (entgiftet Wasserstoffperoxid zu Wasser und Sauerstoff) und durch Diphenyliodonium (DPI hemmt NADPH-Oxidase) nahezu vollständig unterdrückt, wohingegen der hypersensitive Zelltod nach Zugabe des Katalaseinhibitors 3-Amino-Triazol (H_2O_2 reichert sich an) deutlich stimuliert war.

Neuere Untersuchungen zeigen, daß H_2O_2 auch für die Zellwandverstärkung (*oxidative cross linking*) von Bedeutung ist. So wurde ein bereits vorhandenes hydroxyprolinreiches Zellwandprotein (Abschnitt 1.1.3 und 17.7) in Sojabohnenzellwände eingebaut, nachdem die Zellsuspensionskultur mit dem Glucanelicitor aus *Phytophthora megasperma* f.sp. *glycinea* inkubiert worden war. Dieser Elicitoreffekt konnte auch durch exogenes H_2O_2 erreicht werden. Außerdem wurde der elicitorkatalysierte Einbau dieses Proteins durch die gleichzeitige Gabe von Katalase verhindert. Diese Ergebnisse deuten erneut darauf hin, daß das während des *oxidativ burst* gebildete H_2O_2 kausal mit dem sogenannte *oxidative cross linking* von Proteinen in die Pflanzenzellwand verknüpft zu sein scheint. Bei dieser Reaktion handelt es sich um ein sehr schnelles Ereignis. Bereits zwei Minuten nach Elicitorgabe beobachtet man das *oxidative cross linking*, das nach weiteren 18 Minuten abgeschlossen war. Der Einbau dieses hydroxyprolinreichen Proteins in die Zellwand gehorcht dem Gen-für-Gen-Modell (Abschnitt 20.1). Wurden voll ausgebildete Blätter der Sojabohne cv. "Harasoy" mit der virulenten Rasse von *Pseudomonas syringae* (Rasse 4) inokuliert, beobachtete man nach 72 Stunden die bekannte kompatible Interaktion. Nach der Inokulation mit der avirulenten Rasse, die das Avirulenzgen avrD trug, kam es bereits nach 48 Stunden zur hypersensitiven Reaktion, die durch den schnellen Einbau des hydroxyprolinreichen Proteins in die Zellwand charakterisiert war. Im Gegensatz dazu kam es bei der kompatiblen Interaktion zu keinerlei *oxidative cross linking*. Weitere Versuche zeigten, daß die Protoplastengewinnung mit Hilfe eines Enzymgemisches, das aus mehreren zellwandlytischen Hydrolasen bestand, bei elicitierten Sojabohnenzellen (haben Protein eingebaut) unmöglich war. Die Widerstandsfähigkeit gegen das Auflösen der Zellwände stand zweifelsfrei in keinem Zusammenhang mit der Neusynthese von Ligninvorstufen. Aufgrund dieser Ergebnisse geht man davon aus, daß das durch Elicitoren ausgelöste *oxidative cross linking* von Zellwandstrukturproteinen die Zellwände widerstandsfähiger gegenüber dem Angriff zellwandlytischer Enzyme macht.

Es wurde auch berichtet, daß verschiedene reaktive Sauerstoffspezies als mögliche endogene Signale für die Induktion der Phytoalexinbiosynthese bei verschiedenen Systemen verantwortlich gemacht werden können. Bei Kartoffelknollen wurde gezeigt, daß exogen applizierte Superoxiddismutase die Bildung von Superoxidanionen verhinderte und gleichzeitig die Phytoalexinakkumulation unterdrückte. Ähnliche Effekte wurden auch für weitere antioxidative Enzyme und Radikalfänger auf die Phytoalexinbildung in verschiedenen Pflanzen, zum Beispiel Erbse, Sojabohne und Baumwolle, gefunden. Die Wirkung von Antioxidantien auf die Phytoalexinakkumulation ist stark vom Elicitor und der Pflanze abhängig, was darauf hindeutet, daß sicherlich noch weitere Signalketten, unabhängig vom *oxidative burst*, für die Regulation und Induktion der Phytoalexine von Bedeutung sind.

Weiteren Untersuchungen zufolge sind reaktive Sauerstoffspezies, zum Beispiel Hydroxylradikale, bei der Phytoalexinbildung verschiedener Leguminosen von Bedeutung sind. So wurde die Glyceollinbildung der Sojabohne, die durch abiotische Elicitoren, wie Silbernitrat, ausgelöst wurde, durch (obgleich unspezifische!) Hydroxylradikalfänger, wie Benzoat, Dimethylsulfoxid oder Mannit, unterbunden. Darüber hinaus wurde gezeigt, daß Sojabohnencotyledonen, die mit dem Glucanelicitor aus *Phytophthora megasperma* behandelt waren, Wasserstoffperoxid akkumulierten. Die Phytoalexinbildung wurde durch den Elicitor oder durch H_2O_2 alleine ausgelöst und durch Katalase gehemmt.

Aus diesen Ergebnissen schließt man, daß eine NADH- oder NADPH-Oxidase nach der Wechselwirkung mit dem Elicitor und dem Rezeptor aktiviert werden könnte, welche Sauerstoff zu Wasserstoffperoxid reduziert. Wasserstoffperoxid oder weitere Folgeprodukte werden als mögliche endogene Signale für die Glyceollinbildung diskutiert.

Zusammenfassung

Die während des *oxidative burst* gebildeten reaktiven Sauerstoffspezies, wie Superoxidanionen und Wasserstoffperoxid, könnten für die Abwehrreaktion der Wirtspflanze auf folgenden Ebenen von Bedeutung sein:

1. direktes Abtöten des Pathogens im Apoplasten (Zellwand und interzellularer Raum) durch lokal gebildetes H_2O_2,
2. Auslösung des hypersensitiven Zelltodes bei inkompatiblen Wirt-Parasit-Interaktionen,
3. Zellwandverstärkung durch *oxidative cross linking* von bereits existierenden hydroxyprolinreichen Proteinen in der Zellwand,
4. Wasserstoffperoxid, Superoxidanionen und weitere reaktive Sauerstoffspezies als mögliche endogene Signale für die Induktion von Abwehrgenen (Biosynthese von Phytoalexinen).

19.2.4 Proteinphosphorylierungen

Parallel zur Bildung reaktiver Sauerstoffspezies (vor allem H_2O_2) beobachtet man bei vielen Zellsuspensionskulturen die schnelle Phosphorylierung von Kern-, Cytoplasma- und Membranproteinen. So fand man bei Petersilien-Zellsuspensionskulturen bereits eine Minute nach Elicitorgabe die Phosphorylierung eines 45-kD-Membran- und Cytoplasmaproteins. Daneben

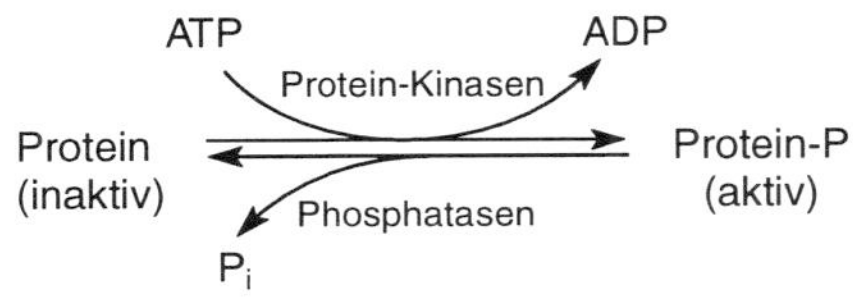

19.7 Aktivierung und Deaktivierung von Proteinen durch Proteinkinasen und Phosphatasen. (P: Phosphatrest).

wurde die schnelle Phosphorylierung eines 26-kD-Kernproteins nach Elicitorbehandlung gemessen. Auch bei Tomaten-Zellsuspensionskulturen, die mit einem Elicitor aus Hefeextrakten behandelt waren, beobachtete man bereits nach einer Minute die Phosphorylierung von Proteinen. Interessanterweise wurde diese erste Phase der Proteinphosphorylierung von einer zweiten nach fünf bis zehn Minuten gefolgt. Diese Reaktionen gehen auf Proteinkinasen zurück, die Proteine auf Kosten von ATP phosphorylieren und sie in den aktiven Zustand überführen. Gegenspieler der Proteinkinasen sind die Phosphatasen. Sie dephosphorylieren die aktivierten Proteine und inaktivieren sie (Abb. 19.7).
Die Bedeutung der Protein-Kinasen wird mit spezifischen Hemmstoffen, wie K-252a oder Staurosporin, bewiesen. In Anwesenheit dieser Inhibitoren unterbleiben die oben beschriebenen Proteinphosphorylierungen. Interessanterweise wird mit diesen Proteinkinaseinhibitoren auch die Induktion der Phenylalaninammoniumlyase in elicitierten Tomaten-Zellsuspensionskulturen unterdrückt, was die Bedeutung der Proteinphosphorylierung für die Signalweiterleitung bis hin zur Genaktivierung unterstreicht. Im Gegensatz dazu hatten Proteinkinaseinhibitoren keinen Einfluß auf die Phytoalexinbildung in Petersilien-Zellsuspensionskulturen. Die schnellen Reaktionen elicitierter Tomaten-Zellsuspensionskulturen, wie zum Beispiel die Alkalisierung des Außenmediums und die Freisetzung von Ethylen, wurden durch Kinasehemmstoffe wiederum gehemmt. Diese Ergebnisse lassen vermuten, daß für die Aktivierung dieser Reaktionen ebenfalls Proteinphosphorylierungen vonnöten sind.

Kürzlich wurde gezeigt, daß ein spezifischer Inhibitor wichtiger Proteinphosphatasen die gleichen schnellen Reaktionen in Tomaten-Zellsuspensionskulturen auslöste, wie sie für elicitierte Suspensionskulturen beschrieben wurden. So kam es mit dem Inhibitor ohne Elicitor zur Alkalisierung des Mediums und zur schnellen Aktivierung der ACC-Synthase, des Schlüsselenzyms der Ethylenbiosynthese (Abschnitt 2.2.5). Gleichzeitig traten neue phosphorylierte Proteine auf, die mit denen nach Elicitorbehandlung identisch waren. Diese Reaktionen wurden bereits 40 Sekunden nach Zugabe des spezifischen Proteinphosphataseinhibitors beobachtet, wohingegen elicitierte Zellsuspensionskulturen diese Reaktionen erst nach mehreren Minuten zeigten. Aus diesen Ergebnissen wird geschlossen, daß die für die Signalkette wichtigen Proteine in nichtelicitierten Zellen ständig phosphoryliert und dephosphoryliert werden und daß sich nach der Hemmung der Desphosphorylierung genügend phosphorylierte Proteine anhäufen, um die Signalkette auszulösen. Die Wirkung des Elicitors könnte demnach entweder auf der Hemmung der Proteinphosphatasen oder auf der Aktivierung von Proteinkinasen beruhen.

Die Rolle von Calciumionen für die Phosphorylierungsreaktionen und die Bedeutung dieser Reaktionen für die Auslösung des *oxidative burst* sowie für weitere Folgereaktionen innerhalb der Signalkette wird aus zahlreichen Versuchen deutlich. Bei Fichten-Zellsuspensionskulturen kam es in Abwesenheit von Calciumionen bei Elicitorzugabe nur zu einer geringen Bildung reaktiver Sauerstoffspezies. Demgegenüber verursachte das Calciumionophor A23187 in Abwesenheit des Elicitors bereits die Bildung reaktiver Sauerstoffspezies. Auch mit Blockern von Calciumionenkanälen, beispielsweise mit La^{3+}-Ionen, wurde die Bildung von Wasserstoffperoxid in elicitierten Tabak-Suspensionskulturen vollständig unterbunden. Weiterhin konnte mit spezifischen Protein-Kinase-Inhibitoren, etwa mit Staurosporin, der *oxidativ burst* in Fichten-Suspensionskulturen sowie die Wasserstoffperoxidbildung in elicitorbehandelten Tabak-Zellsuspensionskulturen mit K-252a vollständig unterdrückt werden.

Ähnlich verhielt es sich für die spezifische Phosphorylierung eines 45-kD-Proteins in Zellsuspensionskulturen nach Elicitorgabe. Auch hier beobachtete man eine stark reduzierte Phosphorylierung des Proteins in calciumfreiem Medium. Aufgrund dieser Ergebnisse geht man davon aus, daß Calciumionen Proteinkinasen aktivieren können, die ihrerseits ATP-abhängig membrangebundene NADPH-Oxidasen phosphorylieren. Weiterhin könnten Proteinkinasen Transkriptionsfaktoren in ihre aktive Form überführen und so eine spezifische Genaktivierung auslösen (Abb. 19.9). Bei der Aktivierung von Proteinkinasen könnte man sich auch die Mitwirkung von Calmodulin denken. Calmodulin (Abschnitt 5.7.7) kann bis zu vier Calciumionen pro Molekül an spezifischen Zentren anlagern. Dieses Protein kann Calciumionen binden und in dieser Form verschiedene Enzyme aktivieren. Die durch die Bindung von Calcium bewirkten Konformationsänderungen von Calmodolin exponieren in stärkerem Maße die hydrophobe Oberfläche, die für die Zusammenwirkung mit seinen Zielproteinen, den Proteinkinasen, notwendig ist. Es gibt jedoch noch wenige eindeutige Hinweise dafür, daß dieses calciumbindende Protein auch in Pflanzen bei der Signalweiterleitung von Bedeutung ist. So wurde gezeigt, daß Calmodolinantagonisten die Akkumulation des Sesquiterpenphytoalexins Capsidiol und die Induktion des Schlüsselenzyms des entsprechenden Biosyntheseweges, die Sesquiterpencyclase, in elicitierten Tabak-Zellsuspensionskulturen hemmten. Die kürzlich gemachten Beobachtungen, wonach pflanzliche Proteinkinasen selbst calmodolinähnliche Domänen besitzen, legen die Vermutung nahe, daß Calmodulin als solches nicht unbedingt für die Aktivierung calciumabhängiger Proteinkinasen in Pflanzen notwendig sein muß.

Kürzlich wurde gezeigt, daß auch die Induktion von PR-Proteinen (Abschnitt 17.6) in Tabak-Zellsuspensionskulturen (*Nicotiana tabacum*, Linie XD6S) calcium- und Protein-Kinase-abhängig ist. So wurde zum Beispiel die Induktion einer basischen Chitinase und einer *β*-1,3-Glucanase sowohl durch La^{3+}-Ionen als auch durch Staurosporin auf Transkriptionsebene unterdrückt.

Mit Hilfe transgener Tabakpflanzen, die das calciumsensitive lumineszierende Protein Aequorin exprimierten, wurde gezeigt, daß Tabaksämlinge *in vivo* nach einer Elicitorbehandlung im Cytoplasma ihrer Zellen kurzzeitig Calciumionen akkumulierten. Es ist jedoch noch unklar, ob dieser Calciumanstieg im Cytoplasma auf einen Calciumeinfluß aus dem Apoplasten oder auf die Freisetzung von Calcium aus Calciumspeichern, wie dem endoplasmatischen Reticulum oder der Vakuole, zurückgeht. Interessanterweise kam es auch nach dem raschen Abkühlen der Sämlinge von 20°C auf 0 oder 5°C zu einem Calciumanstieg. Diese Versuche sind deshalb von großer Tragweite, da sie zum ersten Mal verdeutlichen, daß lebende Pflanzen *in vivo* auf verschiedene äußere Stimuli "gleichartig" mit einer schnellen Akkumulation von Calciumionen im Cytoplasma reagieren.

Ein weiterer überraschender Befund war, daß der *oxidative burst* in Sojabohnen-Suspensionskulturen durch spezifische Aktivatoren von GTP-Bindeproteinen (G-Proteine, Abb. 19.8) auch ohne Elicitor ausgelöst wurde. Diese Ergebnisse zeigen, daß G-Proteine in Pflanzen nicht nur vorhanden, sondern auch funktionstüchtig sind und zumindest im obigen Beispiel bei der Signalweiterleitung von Bedeutung zu sein scheinen.

Ähnliches gilt für Proteinkinasen bei der Induktion von Abwehrreaktionen (oben). Es gelang, das pto-Gen der Tomate, das für die Resistenz gegen *Pseudomonas syringae* p.v. tomato verantwortlich ist, zu klonieren (Abschnitt 20.1). Die abgeleitete Aminosäuresequenz führte zu einem Protein, das große Ähnlichkeit mit bekannten Proteinkinasen aufwies. An dieser Stelle soll darauf hingewiesen werden, daß das Produkt des ersten klonierten Resistenzgens von Pflanzen nicht in das Modell der Elicitor-Rezeptor-Hypothese paßt. Zumindest kommt dem geforderten Rezeptor bei der Interaktion zwischen der Tomate und *Pseudomonas syringae* keine zentrale Bedeutung zu. Vielmehr ist die Resistenzreaktion davon abhängig, ob bei der inkompatiblen Interaktion eine Proteinkinase exprimiert wird.

19.2.5 Ethylen als Signalsubstanz

Bei vielen Wirt-Parasit-Interaktionen wurde während des Pilzwachstums in der Wirtspflanze die Bildung des Phytohormons Ethylen gemessen (Abschnitt 13.4.4). So kam es bei *Phaseolus vulgaris*-Blättern, die mit dem inkompatiblen Rostpilz *Uromyces phaseoli* infiziert waren, nach 13 und 59 Stunden zu zwei Ethylenausbrüchen. Die erste Ethylenbildung korrelierte mit der Penetration des Pilzes durch die Stomata. Weiterhin konnte gezeigt werden, daß die Ethylenbiosynthese von Tabakblättern, die hypersensitiv gegenüber Tabakmosaikviren (TMV) reagierten, mit der "normalen Biosynthese" übereinstimmt. Ethylen entsteht aus der 1-Amino-Cyclopropan-1-Carbonsäure (ACC) über die sauerstoffabhängige ACC-Oxidase (Abschnitt 2.2.5). Auch Elicitoren (Abschnitt 19.1) können die Ethylenbildung in Pflanzen auslösen. So setzten Sojabohnenkotyledonen nach einer Elicitorbehandlung Ethylen frei, noch bevor es zur Phenylalaninammoniumlyase(PAL-)Induktion und zur Glyceollinbildung kam. Ähnliches wurde auch bei der Petersilien-Zellsuspensionskultur, die mit dem Heptaglucanelicitor aus *Phytophthora megasperma sojae* behandelt wurden, beobachtet. Hier war die Ethylenfreisetzung mit dem schnellen Anstieg der ACC-Synthaseaktivität verknüpft. Zeitverzögert wurden erhöhte PAL- und Chitinaseaktivitäten gemessen. Eine Ethylenbegasung führte in vielen Fällen auch zur Induktion verschiedener Abwehrreaktionen. So kam es bei Tabakblättern nach Behandlung mit Ethephon, einer Substanz, die hydrolytisch Ethylen freisetzt (Abb. 2.7), zur Induktion von PR-Proteinen. Außerdem wurde eine Induktion der systemischen Resistenz gegenüber TMV beobachtet. In Bohnenblättern führte die Ethylenbegasung zur Induktion von basischen β-1,3-Glucanasen und Chitinasen, die in der Vakuole abgelagert wurden. In diesem Fall wurden die Enzymaktivitäten und die Gehalte der translatierbaren mRNA nahezu gleichzeitig induziert.

Weiterhin wurde gezeigt, daß die β-1,3-Glucanase-Aktivität im Hypokotyl von Sojabohnensämlingen nach einer Ethylenbegasung signifikant anstieg. Gleichzeitig kam es zur Glyceollininduktion und einer teilweise erhöhten Resistenz gegenüber dem kompatiblen Pathogen *Phytophthora megasperma* f.sp. *glycinea*. Aus diesen Ergebnissen leitet man folgendes Modell der möglichen Phytoalexininduktion im Hypokotyl ethylenbehandelter Sojabohnensämlinge ab:

Ethylen → β-1,3-Glucanasen → Elicitor → Phytoalexine

Über ethyleninduzierbare β-1,3-Glucanasen sollen Elicitoren aus der Pilzzellwand freigesetzt werden, (Abb. 17.11) welche die Phytoalexinbildung im Wirtsgewebe auslösen. Es wurde auch berichtet, daß Schlüsselenzyme der Phytoalexinbildung durch Ethylen aktiviert werden. So wurden zum Beispiel die Phenylalaninammoniumlyase, die 4-Cumaryl-CoA-Ligase und die Chalkonsynthase in Karottenwurzeln durch dieses Phytohormon induziert.

Die angeführten Beispiele zeigen, daß Streßethylen zusammen mit exogenem Ethylen in vielen Fällen ausreicht, um bestimmte hypersensitive Reaktionen in Wirtspflanzen auszulösen. Es bleibt jedoch die Frage offen, ob Ethylen auch als notwendiges Signal für Abwehrreaktionen fungiert. Versuche mit spezifischen Hemmstoffen der Ethylenbiosynthese gaben Aufschluß darüber. Es wurde gezeigt, daß die Glyceollininduktion in Sojabohnenkotyledonen nicht durch Ethylen induziert wurde. Der spezifische Hemmstoff der Ethylenbiosynthese AVG (Amminoethoxyvinylglycin; Abb. 2.7), unterdrückte die Ethylenbildung, nicht jedoch die PAL- und die Glyceollininduktion. Ähnliches wurde bei der Wirt-Parasit-Paarung zwischen *Fusarium solani* f.sp. *phaseoli* und der Erbse beobachtet. In unreifen Erbsenhülsen kam es parallel zur Ethylenbildung zu einer Chitinase- und β-1,3-Glucanaseinduktion. Hemmversuche mit AVG zeigten, daß auch hier kein ursächlicher Zusammenhang zwischen der Phytohormonbildung und der Enzyminduktion bestand. Aus diesen Ergebnissen ist zu schließen, daß Ethylen bei den meisten Wirt-Parasit-Interaktionen als Indikator, aber nicht als Induktor von Abwehrreaktionen anzusehen ist.

19.2.6 Signalweiterleitung über den Phospholipase-C- und den Adenylat-Cyclase-Weg

Die Signalkette über Phospholipase C, Adenylatcyclase und die entsprechenden Botenstoffe, wie zyklisches AMP (cAMP) und G-Proteine, ist bei Tieren bereits gut untersucht. Die einzelnen Signalketten sollen hier kurz vorgestellt werden. Von zentraler Bedeutung sind die G-Proteine, die über die Interaktion mit Rezeptoren und Effektoren Signale von außen über das Plasmalemma in das Zelleinnere weitergeben können (Abb. 19.8).

G-Proteine sind sogenannte Heterotrimere und bestehen aus drei verschiedenen Untereinheiten, die mit den griechischen Buchstaben α, β und γ bezeichnet werden. Sie haben im Ruhezustand ein Molekül GDP gebunden und stehen nicht in Kontakt mit Rezeptoren (Abb. 19.8A). Bindet ein Hor-

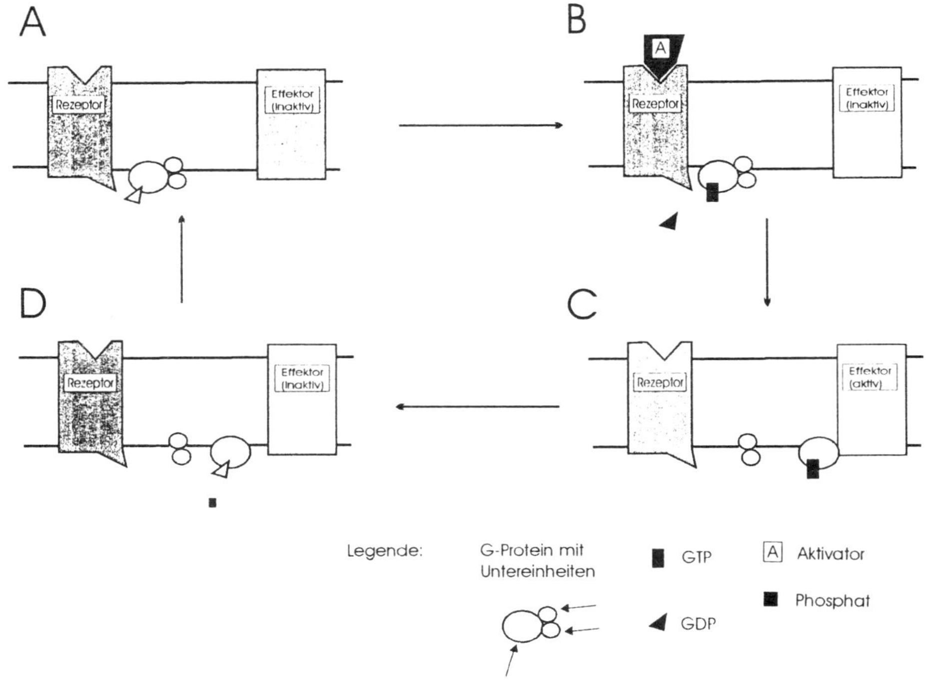

19.8 Die Signalweitergabe über G-Proteine. (Modifiziert nach: Lindner und Gilman (1995) In: Goody, R. S. (Hrsg.) *Proteine.* Spektrum Akademischer Verlag, Heidelberg, S. 84-92.)

mon oder ein anderer erster Botenstoff an den Rezeptor, veranlaßt dieser das G-Protein GDP gegen Guanosintriphosphat (GTP) auszutauschen (Abb. 19.8B). Das jetzt aktivierte Protein dissoziiert, und seine mit GTP beladene α-Untereinheit bewegt sich in der Membran entlang bis hin zum Effektor, den sie aktiviert (Abb. 19.8C). Damit steht der Zeitschalter auf "ein". Innerhalb weniger Sekunden wandelt die α-Untereinheit GTP in GDP um und inaktiviert sich dadurch selbst. Der Schalter steht auf "aus" (Abb. 19.8D). Die α-Untereinheit reassoziiert anschließend wieder mit dem β-γ-Komplex (Abb. 19.8A). Die erwähnten Effektoren können die Phospholipase C oder die Adenylatcyclase sein.

Das aktivierte G-Protein (α-Untereinheit mit GTP) wandert zum Effektor. Im Fall der Phospholipase C (Abschnitt 19.2.6) wird aus Phosphatidylinositol-4,5-Diphosphat (PIP2), Inositoltriphosphat (IP3) und Diacylglycerol (DAG) gebildet.

Interagiert das G-Protein mit der Adenylatcyclase, so entsteht aus Adenosintriphosphat (ATP) das zyklische AMP (cAMP, Reaktion 4), das als zweiter Botenstoff (*second messenger*) Enzyme aktivieren kann (zum Beispiel Phosphorylasen, die in der Leber den Glykogenabbau katalysieren).

Reaktion 4:

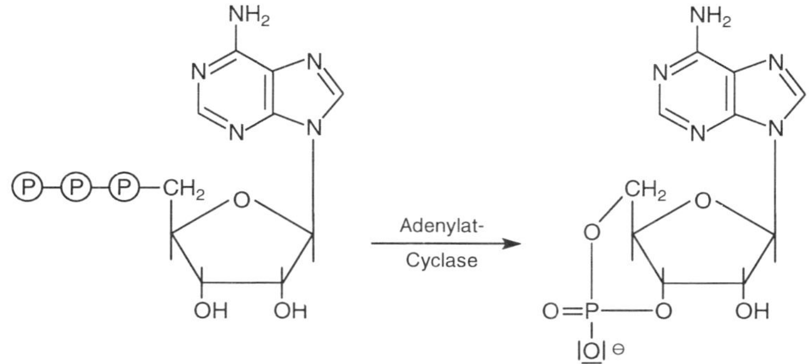

ATP cAMP

Inositoltriphosphat (IP3) verursacht dagegen das schnelle Freisetzen von Calciumionen aus endogenen Speichern (endoplasmatisches Reticulum oder Vakuole) in das Cytosol. Diacylglycerol (DAG) ist in der Lage, membrangebundene Proteinkinasen zu aktivieren (Abb. 19.4).

Die Aktivierung bestimmter Phospholipasen der Familie C ist auch für Tyrosinkinaserezeptoren beschrieben.

Diese Rezeptorkinasen zeichnen sich durch ihre große extrazelluläre Domäne aus, die bestimmte Aktivatoren bindet. Daran schließt sich eine einzige Membrandomäne an, die aus einer Helix besteht, deren Länge gerade ausreicht, um die Plasmamembran zu durchspannen. Weiterhin sind diese Rezeptorkinasen durch eine in das Cytosol reichende Kinasedomäne charakterisiert. Bindet ein Aktivator, kommt es zur spontanen Dimerisierung, was die Autophosphorylierung innerhalb der Kinasedomäne an spezifischen Tyrosinresten zur Folge hat. In dieser Konfiguration binden bestimmte Phospholipasen an einen phosphorylierten Tyrosinrest und werden selbst phosphoryliert. In dieser aktiven Form setzen sie aus Phosphaditylinositoldiphosphat (PIP2) die Produkte Inositoltriphosphat (IP3) und Diacylglycerol (DAG) frei.

Kürzlich wurde eine Phopholipase C in isolierten Plasmamembranen von Weizenblättern (*Triticum aestivum* L. cv. "Prelude") gefunden und näher beschrieben. Ihre Aktivität gegenüber den Polyphosphaditylinositol-Substraten war stark calciumabhängig. Bei einer bestimmten Calciumkonzentration (20 μM) wurde Phosphaditylinositol-4,5-diphosphat (PIP2) hauptsächlich zu Inositol-3-phosphat (IP3) umgesetzt. Interessanterweise war die PIP2-Phospholipaseaktivität durch Magnesium und GTP steigerbar. Außerdem wurde in der Membran auch eine molybdänabhängige Phosphatase beschrieben, die Inositol-1,4,5-triphosphat dephosphorylierte.

Die Frage nach der möglichen Bedeutung der oben erwähnten Signalketten für die Induktion von Abwehrreaktionen in Höheren Pflanzen sollte mit Hilfe von spezifischen Hemmsubstanzen und Aktivatoren beantwortet werden. So wurde unter anderem Neomycinsulfat, ein Hemmstoff von Phospholipasen, und Mastoparan, das G-Proteine direkt aktiviert, verwendet. Neuere Untersuchungen ergaben, daß die Induktion des *oxidative burst* bei elicitierten Sojabohnen-Zellsuspensionskulturen möglicherweise abhängig ist von Phospholipase C, Inositol-3-phosphat und G-Proteinen. Nach Elicitorbehandlung kam es zu einem schnellen Anstieg von IP3 noch bevor die Bildung von Wasserstoffperoxid gemessen wurde.

Auch induzierte Mastoparan alleine bereits die Bildung von IP3 und von Wasserstoffperoxid. Die durch den Elicitor und auch die durch Mastoparan ausgelöste IP3-Akkumulation und Wasserstoffperoxidbildung wurden durch den Phospholipaseinaktivator Neomycinsulphat vollständig unterdrückt.

Der durch den Elicitor und durch Mastorpan ausgelöste IP3-Anstieg korrelierte mit der Abnahme der membrangebundenen Vorstufen, wie Phosphaditylinositolmonophosphat (PIP) und Phosphaditylinositol-4,5-diphosphat (PIP2). Diese Ergebnisse könnten die in Abbildung 19.4 gezeigte Signalkette der Induktion des *oxidative-burst* auf dem Weg über die G-Protein- und Phospholipaseaktivierung und der IP3-Akkumulation unterstützen. Auch wenn noch wenige Daten über die Funktion von G-Proteinen in Pflanzen verfügbar sind, ist deren Existenz unbestritten. So wurde gezeigt, daß verschiedene Pflanzenextrakte bestimmte Proteine enthalten, die spezifisch GTP binden. Weiterhin kreuzreagierten Antikörper, die konservierte Sequenzen tierischer G-Proteine erkennen, mit pflanzlichen Proteinen ähnlichen Molekulargewichtes. Und schließlich zeigte der Vergleich der Sequenzen der cDNA-Klone wahrscheinlicher G-Proteine von *Arabidopsis* und *Lycopersicon* mit denen der tierischen G-Proteine, daß alle wichtigen Regionen der tierischen G-Proteine auch bei den pflanzlichen Proteinen vorhanden waren.

Die mögliche Verknüpfung dieser Signalkette mit der Induktion von Phytoalexinen wurde kürzlich für Erbsenepikotyle dargelegt, die mit dem Elicitor aus *Mycosphaerella pinodes* behandelt waren. In diesem System und auch an isolierten Plasmamembranen, die mit dem Elicitor inkubiert waren, wurde bereits nach wenigen Sekunden ein Anstieg von Phosphaditylinositolmonophosphat (PIP) und dem entsprechenden Diphosphat (PIP2) beobachtet. Parallel dazu wurde auch ein starker Anstieg von Inositoltriphosphat (IP3) gemessen.

Aus der Tatsache, daß die Akkumulation von IP3 sowohl in Epikotylen als auch in Plasmamembranen stattfand und die nachfolgende Pisatinbildung durch den Phospholipasehemmstoff Neomycinsulfat nahezu vollständig unterdrückt wurde, schließt man, daß zumindest Teile der in Abbildung 19.10 dargestellten Signalkette für die Induktion des Phytoalexins Pisatin in Erbsenepikotylen nach Elicitorbehandlung von Bedeutung sein könnten. Darüber hinaus wurde gezeigt, daß das avirulente Pathogen *Mycosphaerella pinodes* sich auf Erbsenblättern genau dort ungehindert ausbreiten konnte, wo die Blattsegmente mit Neomycin vorbehandelt waren.

Auch in Petersilien-Zellsuspensionskulturen, die mit dem 42-kD-Glykoproteinelicitor aus *Phytophthora megasperma* var. *glycinea* inkubiert waren, scheint die Signalkette über Phospholipase C und Inositoltriphosphat für die Induktion der Phytoalexine (Furanocumarine) von Bedeutung zu sein. In diesem System wurde die Phytoalexinbildung ebenfalls durch den Phospholipase-C-Inhibitor Neomycinsulfat gehemmt, durch Inositoltriphosphat und IPR3S3, einer Substanz, die ebenfalls Calciumionen aus dem endoplasmatischen Reticulum freisetzt, hingegen deutlich gesteigert.

Die Induktion des Cumarinphytoalexins 6-Methoxymellein der Karotte (*Daucus carota* L.) ist, hinsichtlich einiger Teilschritte, mit der des Pisatins der Erbsen vergleichbar. So beobachtete man in Zellsuspensionskulturen, die mit einem endogenen Elicitor behandelt wurden (Oligogalacturonan-Elicitor; gewonnen aus der Pectinfraktion von Karottenzellen nach Pectinasebehandlung), die schnelle Induktion der Phospholipase C und zeitversetzt dazu die Akkumulation von Inositoltriphosphat (IP3). Neuere Untersuchungen zeigen, daß für die Induktion des Phytoalexins im gleichen System eine weitere Signalkette von Bedeutung sein könnte. So beobachtete man in elicitierten Zellsuspensionskulturen die vorübergehende Akkumulation von cAMP.

Weiterhin wurde deutlich, daß die Phytoalexininduktion in diesem System ebenfalls stark calciumabhängig war. Es kam zu deutlich geringeren Mengen an 6-Methoxymellein im calciumfreien Medium beziehungsweise in Zellsuspensionskulturen, die mit EGTA versetzt waren. Demgegenüber wurden in Zellsuspensionskulturen nach Behandlung mit dem Calciumionophor A23187 in Abwesenheit des Elicitors Phytoalexine gemessen. Die Bedeutung von cAMP für die Induktion der Phytoalexine wurde kürzlich durch weiterführende Versuche bewiesen. In Zellsuspensionskulturen kam es zum Beispiel durch Adenylat-Cyclase-Aktivatoren, wie Forskolin, nicht nur zur Phytoalexinbildung, sondern auch zur Akkumulation von cAMP und von Calciumionen im Cytoplasma.

Weiteren Versuchen zufolge vermag auch cAMP alleine einen Calciumanstieg und die Akkumulation von Phytoalexinen in Zellkulturen auszulösen. Die Bedeutung der Öffnung von Calciumionenkanälen durch cAMP für die Phytoalexinbildung wurde mit $LaCl_3$ gezeigt. Mit diesem Blocker für Ca^{2+}-Ionenkanäle wurde die 6-Methoxymelleinsynthese deutlich unterdrückt. Außerdem wurde die durch Adenylat-Cyclase-Aktivatoren oder mit cAMP induzierte Phytoalexinbildung durch Hemmstoffe von Ca^{2+}/Calmodulin unterdrückt. Die aufgeführten Ergebnisse lassen vermuten, daß für die Induktion der Phytoalexine in Karotten-Zellsuspensionskulturen Abschnitte der in Abbildung 19.10 dargestellten Signalkette von Bedeutung sein könnten.

19.2.7 Die spezifische Genaktivierung

Im Augenblick werden beträchtliche Anstrengungen gemacht, um bestimmte Abwehrgene und deren Promotoren aus Pflanzen zu isolieren und zu charakterisieren. Die Verfügbarkeit solcher Gene ist die Voraussetzung für die Anwendung von Gen-Transfer-Methoden in modernen Pflanzenzüchtungsprogrammen mit dem Ziel, Pflanzen mit erhöhten Resistenzen gegenüber unterschiedlichen Pathogenen zu generieren. Die augenblicklich zu diesem Komplex vorliegenden Daten und die daraus gezogenen Schlußfolgerungen bezüglich der Genaktivierung, sollen am Beispiel der Medicarpininduktion in Alfalfa dargestellt werden.

Das Pterocarpanphytoalexin Medicarpin leitet sich, wie alle Phytoalexine der Leguminosen, vom Phenylalanin ab (Abschnitt 17.5.2). Bei der Biosynthese sind mindestens elf verschiedene enzymatische Schritte notwendig. Die Beteiligung von Reduktasen und Cytochrom $P\text{-}_{450}$ Hydroxylasen setzt das Vorhandensein von NADPH voraus. Die dazu benötigten Reduktionsäquivalente werden über den oxidativen Pentosephosphatzyklus zur Verfügung gestellt. Die Gene beziehungsweise die cDNAs von sieben Schlüsselenzymen, die für die Bildung des Phytoalexins Medicarpin verantwortlich sind, wurden aus Alfalfa kloniert und näher beschrieben. Die Synthese der einzelnen Zwischenverbindungen bis hin zum Endprodukt ist mit erhöhten Aktivitäten der einzelnen Schlüsselenzyme korreliert. Weiterführende Untersuchungen ergaben, daß die gesteigerten Enzymaktivitäten auf erhöhte Transkriptgehalte (mRNA) zurückgehen, die ihren Ursprung in der spezifischen Aktivierung der entsprechenden Gene haben. In manchen Fällen konnte eine erhöhte Transkriptionrate bereits fünf Minuten nach Elicitorbehandlung gemessen werden. Einige dieser Schlüsselenzyme werden von Multigenfamilien codiert. Die größte Anzahl von Genen, nämlich mehr als sieben, wurde für die Chalkonsynthase in Alfalfa beschrieben. Für Alfalfa wurde weiter gezeigt, daß die beiden Schlüsselenzyme des oxidativen Pentosephosphatzyklus, die Glucose-6-Phosphat-Dehydrogenase und die 6-Phosphogluconat-Dehydrogenase, ebenfalls spezifisch über die Aktivierung der entsprechenden Gene induziert werden. Die Genaktivierung (Transkription) geht auf die spezifische Wechselwirkung von sogenannten Transkriptionsfaktoren mit den entsprechenden Cis-Elementen innerhalb der Promotoren der entsprechenden Gene zurück. Als Cis-Elemente bezeichnet man bestimmte DNA-Abschnitte von Promotoren, an die bestimmte Transkriptionsfaktoren spezifisch binden.

Erst nachdem der oder die aktiven Transkriptionsfaktoren an die entsprechenden Cis-Elemente innerhalb der Promoterregion gebunden sind, kommt es über die Aktivierung der mRNA-Polymerase zur Transkription und zur Bildung neuer mRNAs (Abb. 19.9).
Die Genaktivierung basiert also auf der Bildung intrazellulärer Signale, über die spezifische Transkriptionsfaktoren aktiviert werden. Diese Aktivierung kann, wie in einigen Fällen gezeigt, durch die Phosphorylierung oder Dephosphorylierung von Proteinen, katalysiert über Proteinkinasen und Phosphatasen, erfolgen.

Abbildung 19.10 faßt schematisch noch einmal die möglichen Wege bei der Signalweiterleitung zusammen.

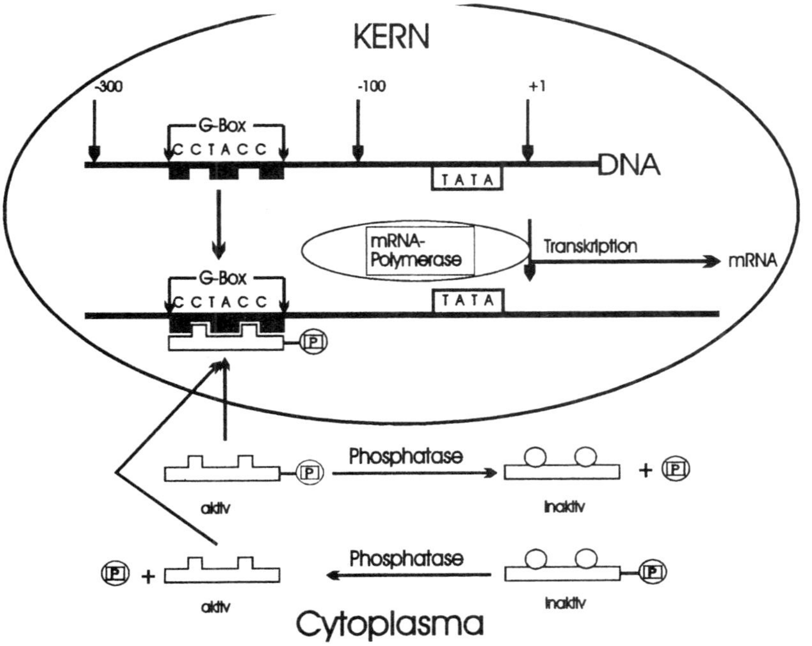

19.9 Vereinfachte Darstellung der möglichen Genaktivierung durch spezifische Transkriptionsfaktoren.

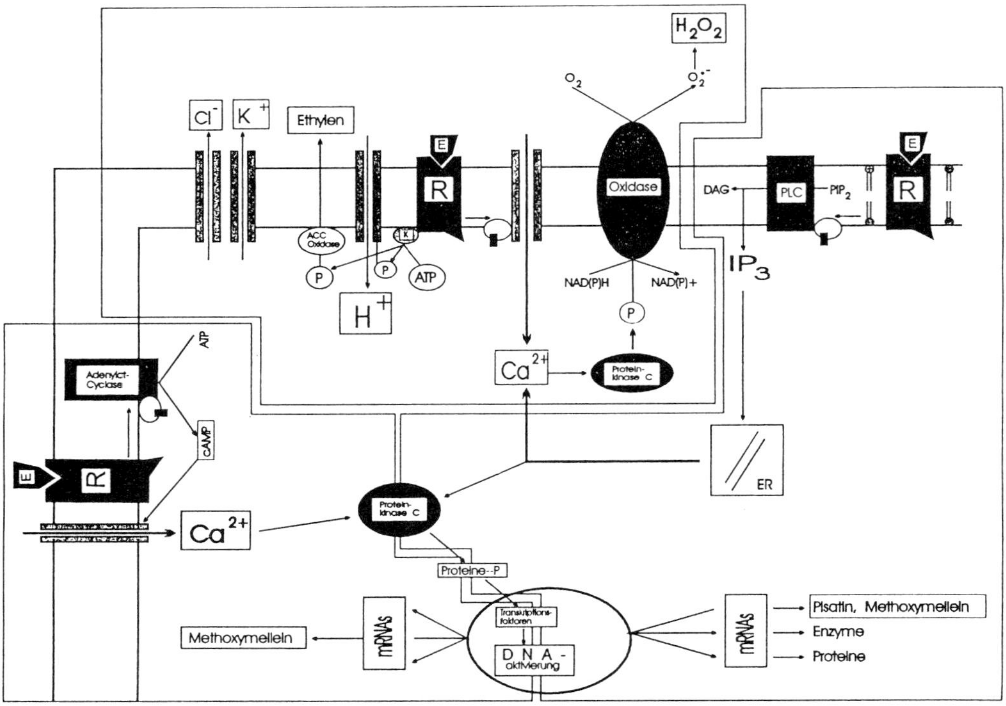

19.10 Zusammenfassendes Schema der Signalweiterleitung (E: Elicitor; R: Rezeptor; PLC: Phospholipase C; IP_3: Inositoltriphosphat; ER: endoplasmatisches Reticulum; DAG: Diacylglycerol; PIP_2: Phosphatidylinositol-4,5-Diphosphat; Ellipse: G-Protein; ▮ : GTP).

19.3 Systemisch erworbene Resistenz (Phase 3)

Bei vielen Pflanzen führt die lokale Infektion älterer Blätter mit verschiedenen Pathogenen zu einer verstärkten Resistenz in nichtinfizierten, jüngeren Blättern gegenüber dem gleichen oder einem anderen Pathogen (Abb. 19.11).

In diesem Fall wurden ältere Tabakblätter (A1) von *Nicotiana tabacum* cv. *Xanti nc*, die das N-Gen für Resistenz gegenüber Tabakmosaikvirus tragen, lokal mit TMV vorinokuliert. Gleich alte Blätter (B1) der Kontrollpflanze wurden nur mit Pufferlösung behandelt. Nach weiteren sechs Tagen wurden jüngere Folgeblätter der Versuchs- und der Kontrollpflanze (A2 und B2) erneut mit TMV inokuliert. Die systemisch geschützten Blätter (A2) zeigten im Vergleich zu den Blättern der Kontrollpflanze (B2) deutlich weniger und im Durchmesser kleinere nektrotische Flecken. Dieses Phänomen wird als systemische Resistenz bezeichnet.

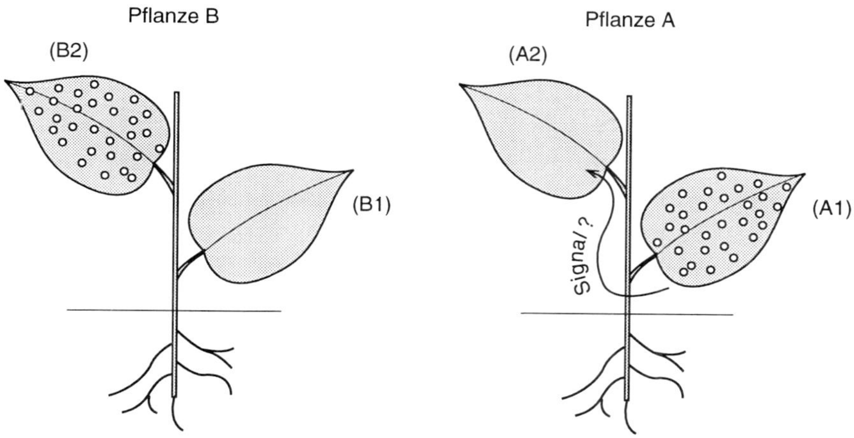

19.11 Systemische Resistenz bei Tabak gegenüber Tabakmosaikvirus nach Vorinfektion mit TMV. (A1: ältere Blätter, vorinokuliert mit TMV; A2: junge Blätter, nach 6 Tagen nachinokuliert mit TMV; B1: nicht inokulierte Kontrollblätter; B2: junge Blätter, nach 6 Tagen nachinokuliert mit TMV).

Diese Art der Resistenz ist gegen eine große Anzahl von Pathogenen, wie Viren, Bakterien und Pilze, wirksam und kann über mehrere Wochen oder sogar Monate hinweg anhalten.

19.3.1 Die Induktion der systemischen Resistenz und die Korrelation mit PR-Proteinen

Das Phänomen der systemischen Resistenz wurde um 1900 das erste Mal beschrieben. Allerdings hat man erst vor einigen Jahren damit begonnen, eine Korrelation zwischen der systemischen Resistenz und der Induktion von Resistenzfaktoren herzustellen. Man fand, daß nur relativ wenige der zahlreichen bekannten Abwehrmechanismen mit der systemischen Resistenz korrelierten. Am besten untersucht sind Tabak-, Gurken- und Arabidopsispflanzen. Für Tabakpflanzen wurde gezeigt, daß die systemische Resistenz mit der Induktion von mindestens neun Genfamilien in systemisch geschützten Blättern einherging. So wurden β-1,3-Glucanasen, Chitinasen, thaumatinähnliche Proteine und PR1-Proteine (Abschnitt 17.6) in systemisch geschützten Blättern induziert. Für diese Proteine wurden in vielen Fällen fungitoxische Aktivitäten nachgewiesen. Interessanterweise kam es auch nach der Applikation von Salicylsäure und 2,6-Dichlorisonicotinsäure zur Aktivierung der gleichen Genfamilien.

Bei Kartoffelpflanzen korrelierte die systemische Resistenz mit der Induktion von sauren und basischen Isoformen der β-1,3-Glucanasen und Chitinasen.

Das Phänomen der systemischen Resistenz impliziert zwangsläufig, daß nach der ersten Infektion auf älteren Blättern dort ein Signal freigesetzt werden muß, das zu den später systemisch geschützten jüngeren Blättern gelangt, um dort die systemische Resistenz zu manifestieren (vergleiche Abb. 19.11). In den letzten Jahren mehrten sich die Berichte, wonach die Salicylsäure als endogenes Signal für die Induktion von PR-Proteinen und der systemischen Resistenz in Frage kommen könnte. Es wurde zum Beispiel ein starker Anstieg der Salicylsäuregehalte nach TMV-Inokulation in lokal geschützten Blättern (älteren Blätter) und eine verzögerte Akkumulation der Salicylsäure in systemisch geschützten jüngeren Blättern gemessen. Aufgrund der Tatsache, daß Salicylsäure aus Phloemextrakten gewonnen wurde und daß sie sowohl bei Tabak- als auch bei Gurkenpflanzen Resistenz gegenüber Pathogene und die Induktion von SAR-Genen (SAR = *systemic acquired resistance*) auslöste, wurde sie als das endogene Signalmolekül intensiv diskutiert. Neuere Ergebnisse aus Pfropfungsversuchen zwischen Wildtyp- und transgenen Tabakpflanzen, die Salicylsäure zu Catechol umsetzen, bestätigen jedoch nicht die der Salicylsäure ursprünglich zugesprochene Rolle bei der systemischen Resistenz. Sie scheint nicht das "endgültige" phloemmobile systemische Signal zu sein. Die Versuche zeigen allerdings auch, daß die Salicylsäure in den jüngeren Blättern vorhanden sein muß, damit es zusammen mit dem noch unbekannten transportierten Signal zur Ausbildung der SAR kommen kann.

19.3.2 Die systemische Akkumulation von Proteinaseinhibitoren und die Bedeutung von Systemin

Eine Reihe von Pflanzen antwortet auf Verletzung (zum Beispiel Insektenfraß) mit der Neusynthese von Proteinaseinhibitoren. Die Akkumulation solcher Proteine, wie die Proteinase-Inhibitoren 1 und 2 in Tomaten- und Kartoffelblättern, wurde lokal und auch in nicht verwundeten weiter entfernten Blättern beobachtet. Es handelt sich also hier ebenfalls um eine systemische Induktion dieser Proteine.

Die systemische Induktion von Proteinaseinhibitoren zeigt sich außerdem auf der Ebene ihrer mRNA-Transkripte. Viele Untersuchungen liegen vor allem für die Kartoffel- und Tomate-Proteinase-Inhibitor-2-Genfamilie (Pin2-Gen) vor. Zusätzlich zu ihrer konstitutiven Expression in Knollen und

Blütenblättern akkumuliert die Pin2-mRNA lokal nach Verwundung, aber auch zeitverzögert in nichtgeschädigten Blättern verwundeter Pflanzen. Lange Zeit wurde nach dem systemischen Signal gesucht, das am Ort der Wundsetzung freigesetzt oder aktiviert und dann weiter in der Pflanze transportiert wird, um in entfernter gelegenen Organen die Induktion dieser PR-Proteine auszulösen. Aufgrund der Tatsache, daß Pin2-mRNA in Blättern oberhalb und unterhalb einer Verwundung akkumuliert, schloß man, daß sich das Signal höchstwahrscheinlich im Phloem bewegt. Vor wenigen Jahren wurde das systemische Signal gefunden und als kleines Peptid mit 18 Aminosäuren identifiziert. Es entsteht nach Verwundung aus Prosystemin, einem Polypeptid, das sich aus 200 Aminosäuren zusammensetzt. Interessanterweise wird das Systemingen nach Verwundung in allen Pflanzenteilen mit Ausnahme der Wurzeln aktiviert. Ein weiterer Beweis, daß Systemin für die Induktion der Proteinaseinhibitoren verantwortlich ist, zeigt folgender Versuch: Behandelt man Tomatenpflanzen mit synthetischem Systemin, so mißt man die Akkumulation der gleichen Inhibitoren, die man auch nach Insektenfraß oder Verwundung in Tomatenblättern findet. In transgenen Tomatenpflanzen, die die Systemin-DNA in der Antisensorientierung tragen, kam es dagegen nach Verwundung zu einer bis zu 70% reduzierten Induktion der Proteinaseinhibitoren. Mit Hilfe von radioaktiv markiertem Systemin wurde der Transport des Proteins im Phloem zweifelsfrei bewiesen. Kürzlich wurde gezeigt, daß Systemin auch Polyphenoloxidasen lokal und systemisch in Tomatenblättern induziert. Polyphenoloxidasen wird eine Rolle bei der Pathogenabwehr eingeräumt (Melaninbildung, Abschnitt 17.4). Somit könnte dem Signalmolekül Systemin eine sehr bedeutende Rolle bei der Auslösung von Abwehrreaktionen zukommen.

Der eindeutige Beweis, daß Prosystemin und Systemin für die Induktion von Proteinaseinhibitoren in Tomaten verantwortlich sind, wurde mit transgenen Pflanzen geführt, die das Prosystemingen in ihrem Genom enthielten. Hier kam es zur Akkumulation der Proteinaseinhibitoren in älteren und jüngeren Blättern transgener Tomatenpflanzen. Ebenfalls kam es nach Verwundung der transgenen Pflanzen lokal und systemisch zu einer gesteigerten Bildung der Proteinaseinhibitoren.

Pfropfungsversuche zwischen Wildtyppflanzen, die kein Prosystemingen enthielten, und transgenen Tomatenpflanzen machten den kausalen Zusammenhang zwischen der Induktion der Proteinaseinhibitoren und der Signalsubstanz Systemin nochmals deutlich. So wurde die Akkumulation der Proteine nur in Blättern von gepfropften Wildtyptomatenpflanzen beobachtet, die auf einer transgenen Unterlage saßen. Diese Versuche machen weiterhin deutlich, daß der systemische Transport der Signalsubstanz Systemin

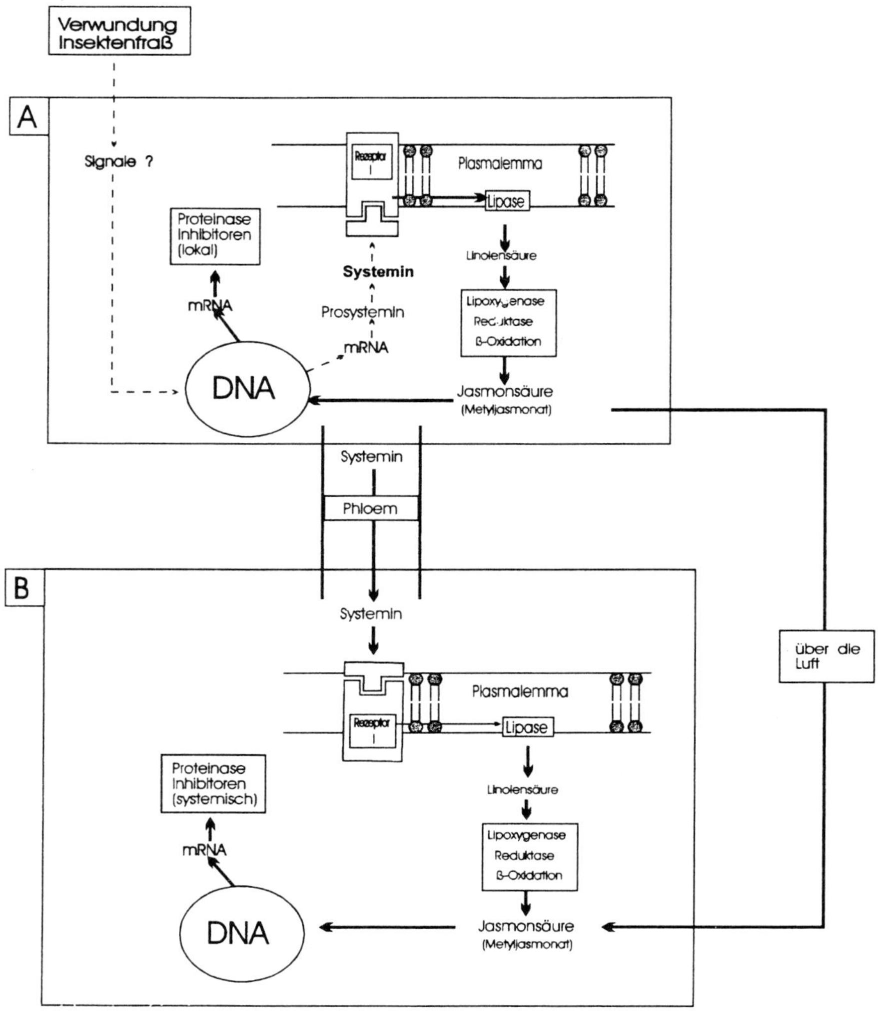

19.12 Die Induktion von Proteinaseinhibitoren in Tomate und Kartoffel durch Systemin. (A: lokale Induktion; B: systemische Induktion).

auch ohne lokale Verwundung erfolgt. Die einzelnen Schritte der Induktion der Proteinaseinhibitoren durch Systemin ist in Abbildung 19.12 zusammengefaßt.

Durch Wundreaktionen, wie nach Insektenfraß, wird die Expression des Systemingens aktiviert. Es entsteht Prosystemin, das später zum kleinen Peptid (18 Aminosäurereste), dem Systemin, prozessiert wird. Das Signalmolekül bindet an einen spezifischen Rezeptor (Rezeptor 1) am Plasmalemma. Dadurch wird eine Lipase in der Membran aktiviert, welche α-Linolensäure freisetzt. Die freie C18:3-Fettsäure wird weiter über mehrere Reaktionsschritte in die Jasmonsäure überführt (Abb. 2.9).

Jasmonsäure soll über DNA-Aktivierung und der Bildung neuer mRNAs die Neusynthese von Proteinaseinhibitoren auslösen. Das Signalpeptid kann über das Phloem in entfernter gelegene Blätter transportiert werden, wo es über den gleichen Mechanismus zur Neusynthese der Proteinaseinhibitoren beiträgt. Neuere Untersuchungen zeigen, daß auch andere Elicitoren, wie etwa Chitosan oder Oligogalacturonide (als endogene Elicitoren aus der Peptidfraktion der pflanzlichen Zellwand), über die gleiche Signalkette zur Jasmonsäure und damit zur Induktion der Proteinaseinhibitoren beitragen können. In diesen Fällen führt die Tatsache, daß diese Elicitoren nicht systemisch in der Pflanze transportiert werden können, nur zur lokalen Induktion der Proteinaseinhibitoren. Interessanterweise kommt es in Tomaten nicht nur nach Applikation von Jasmonat, sondern auch mit der flüchtigen Form, dem Methyljasmonat (= Jasmonsäuremethylester), zur Induktion der bekannten Proteinaseinhibitoren.

Neuere Untersuchungen zeigen, daß der Signalweg über die Freisetzung der α-Linolensäure bis hin zur Umwandlung zur Jasmonsäure auch in zahlreichen Zellsuspensionskulturen durch verschiedene Elicitoren, beispielsweise dem *yeast cellwall extract* ausgelöst werden kann. So kam es in Zellsuspensionskulturen des Grases *Agrostis tenuis*, die mit dem *yeast cellwall*-Elicitor inkubiert waren, zu einer starken vorübergehenden Akkumulation von Jasmonsäure, vergleichbar mit der Induktion in *Vicia fabae*-Blättern nach Raupenfraß von *Spodoptera littorales.* Durch den gleichen Elicitor kam es auch in *Phaseolus vulgaris*-Zellsuspensionskulturen zur Akkumulation von Jasmonsäure und zu einer schnellen Alkalisierung des Außenmediums.

Interessanterweise wurden in diesem Fall ebenfalls die Alkalisierung und die Jasmonsäurebildung durch den Hemmstoff Staurosporin vollständig unterdrückt. Dies verdeutlicht erneut, daß sowohl für die Jasmonsäurebildung als auch für die Alkalisierung des Außenmediums Phosphorylierungsreaktionen von essentieller Bedeutung sind (Abschnitt 19.2.4).

In diesem Zusammenhang wurde in den letzten Jahren besonders intensiv die Zellsuspensionskultur von *Eschscholtzia californica* untersucht. Bei diesen Zellen kam es nach Elicitorbehandlung zuerst zu einer Freisetzung der α-Linolensäure, gefolgt von der Jasmonatakkumulation und anschließend zu einer Neusynthese von typischen Alkaloiden (Benzophenanthridinalkaloide). Die vollständige Biosynthese einschließlich der Schlüsselenzyme dieser Alkaloide mit der Schlüsselsubstanz Sanguinarin wurde kürzlich aufgeklärt.

Interessanterweise zeigen Vertreter dieser Alkaloide antibakterielle und fungitoxische Aktivitäten. In diesem System wies der Heptaglucanelicitor aus *Phytophthora megasperma*-Zellwänden keinerlei Aktivitäten auf. Die Bildung von Sanguinarin und die Induktion von fünf membrangebundenen Schlüsselenzymen dieses Biosyntheseweges wurde sowohl durch den *yeast cellwall*-Elicitor als auch mit Methyljasmonat und der 12-Oxo-Phosphodiensäure ausgelöst (Abb. 2.9). Die Enzymaktivierung ging in allen Fällen auf spezifische Genaktivierung zurück. Strukturaktivitätsuntersuchungen ergaben eindeutig, daß die Ketofunktion im Fünfer-Ring essentiell für die Elicitoraktivität war. Wurde sie zur Hydroxylgruppe reduziert, so zeigten diese Verbindungen keinerlei Aktivitäten mehr. Die Untersuchungen verdeutlichten weiterhin, daß für die Aktivitätsausprägung dieser Signalsubstanzen nicht unbedingt eine β-Oxidation bis hin zur Jasmonsäure erfolgen muß. So zeigte zum Beispiel die 12-Oxo-Phytodiensäure und die entsprechende reduzierte Verbindungen, die 10-11-Dihydro-12-Oxo-Phytodiensäure, mit der Jasmonsäure vergleichbare Aktivitäten bezüglich der Induktion der Alkaloide. Daher werden die Substanzen 12-Oxo-PDA und 10,11-Dihydro-12-PDA neben der Jasmonsäure als gleichwertige primäre Signalsubstanzen für die Induktion dieser Alkaloide diskutiert.

20. Die Spezifität der Wirt-Parasit-Beziehung

In diesem Kapitell sollen verschiedene Modelle vorgestellt werden, die die Spezifität der Wirt-Parasit-Beziehung erklären. Man kann generell zwei Arten der Spezifität von Wirt-Parasit-Beziehungen unterscheiden:

1. Eine Wirtspflanze (W) ist gegenüber einem bestimmten Pathogen (P1) resistent, kann jedoch von einer anderen Rasse der gleichen Art (P2) befallen werden. Ersteres bezeichnet man als spezifische Resistenz, letzteres als spezifische Anfälligkeit (Suszeptibilität).
   So ist die Sojabohne der Rasse "Harasoi 63" anfällig gegenüber dem Pilz *Phytophthora megasperma* var. *sojae* der Rasse 3, reagiert jedoch inkompatibel gegenüber der Rasse 1 des gleichen Pathogens.
2. Es ist auch möglich, daß ein Pathogen einen bestimmten Wirt (W1) befällt, wohingegen es aber in einer anderen Sorte (W2) derselben Art nicht parasitieren kann.
   So ist der Rostpilz *Uromyces phaseoli* in der Lage, die Bohne *Phaseolus vulgaris* var. Favorit zu befallen; er reagiert jedoch mit der var. 017 von *Phaseolus vulgaris* inkompatibel.

Mit Hilfe der in Abschnitt 19.1 besprochenen Elicitoren kann diese Spezifität nicht erklärt werden. Man findet in vielen Fällen sowohl bei der kompatibel als auch bei der inkompatibel reagierenden Pilzrasse identische Elicitormoleküle. Aus der Pilzzellwand von *Phytophthora megasperma* var. *sojae* der Rasse 1 und der Rasse 3 beispielsweise können Glucanelicitoren vergleichbarer Struktur und Aktivität gewonnen werden. In den allermeisten Fällen ist es noch völlig unklar, wie es zur Spezifität zwischen Wirt und Pathogen kommt und welche Strukturen für diese Reaktion verantwortlich sind. Gerade deshalb wird dieses Feld vor allem von Molekularbiologen intensiv bearbeitet, die auf der Suche nach spezifischen Resistenzgenen im Wirt und spezifischen Avirulenzgenen im Pathogen sind. Je mehr Einblick man in diese komplexe Wechselwirkung vor allem auf genetischer Ebene bekommt, desto größere Möglichkeiten sieht man, anfällige Pflanzen durch gezielte genetische Veränderungen in transgene resistente Pflanzen umzuwandeln.

In den letzten Jahren mehren sich die Berichte, daß kleine Polypeptide Elicitoraktivität zeigen und nur in ganz bestimmten Sorten einer Wirtspflanze Abwehrreaktionen (hypersensitive Reaktionen) auslösen. Diese Oligopeptide werden deshalb auch als spezifische Elicitoren bezeichnet und sind ein wichtiger Bestandteil des Gen-für-Gen-Modells.

20.1 Das Gen-für-Gen-Modell

In den frühen vierziger Jahren hat vor allem Flor, der in den USA mit Flachspflanzen und mit verschiedenen physiologischen Rassen des Rostpilzes *Melampsora lini* arbeitete, die genetische Basis für diese Wirt-Parasit-Interaktion beschrieben. Er konnte zeigen, daß es nur dann zu einer spezifischen Resistenz zwischen Flachs und dem Pathogen *M. lini* kam, wenn ein dominantes Resistenzgen der Wirtspflanze mit einem dominanten Avirulenzgen des Pathogens gepaart war (Tab. 20.1).

Tabelle 20.1: Das Gen-für-Gen-Modell

	Resistenz- oder Anfälligkeitsgene der Pflanze	
Virulenz- oder Avirulenzgene im Pathogen	**R** (resistent) *dominant*	**r** (anfällig) *rezessiv*
A (avirulent) *dominant*	**AR** (resistent)	**Ar** (anfällig)
a (virulent) *rezessiv*	**aR** (anfällig)	**ar** (anfällig)

In den meisten Fällen sind die Resistenzgene der Wirtspflanze dominant (R), wogegen die Gene für Anfälligkeit rezessiv sind (r). Für das Pathogen gilt genau das Entgegengesetzte: Hier sind die Avirulenzgene dominant (A) und die Virulenzgene rezessiv (a). Es kommt nur dann zu einer spezifischen Resistenzreaktion, wenn ein dominantes Resistenzgen (R) der Wirtspflanze mit einem dominanten Avirulenzgen (A) des Pathogens gepaart ist. Alle anderen Genpaarungen Ar, aR oder ar führen immer zu einer anfälligen Wirt-Parasit-Interaktion. Das Gen-für-Gen-Modell hat zur Konsequenz, daß die spezifischen Elicitoren auf die dominanten Avirulenzgene im Pathogen zurückgehen, wohingegen die postulierten spezifischen Rezeptoren im

Tabelle 20.2: Mögliche Genkombinationen unterschiedlicher Anfälligkeit von Tomatensorten gegenüber *Cladosporium fulvum*-Rassen (HR: hypersensitive Reaktion (Resistenz); K: kompatible Interaktion (Anfälligkeit))

	Resistenzgene zweier Tomatensorten	
Avirulenzgene zweier Pathogenrassen (*Cladosporium fulvum*)	**CF 9** *dominant*	**cf 9** *rezessiv*
AVR 9 *dominant*	1) **AVR 9 x CF 9 (HR)**	2) AVR 9 x cf 9 (K)
avr 9 *rezessiv*	3) avr 9 x CF 9 (K)	4) avr 9 x cf 9 (K)

Wirt von den dominanten Resistenzgenen kodiert werden. Das Gen-für-Gen-Modell hat sich für viele Rost-, Brand- und Echte sowie Falsche Mehltaupilzinfektionen bestätigt, ist jedoch keinesfalls auf alle Wirt-Parasit-Interaktionen übertragbar. Es dient häufig zur Beschreibung der sogenannten "vertikalen Resistenz", die als die Interaktion weniger Gene charakterisiert ist; die "horizontale Resistenz" dagegen, die polygenen Charakter besitzt, gehorcht nicht dem Gen-für-Gen-Modell.

Das erste klonierte Avirulenzgen eines Pilzes war das AVR9-Gen von *Cladosporium fulvum*, einem biotrophen, imperfekten Pilz, der Tomatenpflanzen befällt und während seiner Lebensphase hauptsächlich im interzellulären Raum (Apoplasten) zwischen den Mesophyllzellen zu finden ist. Der Pilz bildet keine Haustorien aus und verursacht keine sichtbaren Schäden an den Mesophyllzellen. Die Spezifität der Interaktion zwischen dem Pathogen und der Wirtspflanze läßt sich mit dem Gen-für-Gen-Modell erklären (Tab. 20.2).

Der spezifische Elicitor wurde nur aus der interzellulären Waschflüssigkeit (IWF) von kompatibel reagierenden Tomatenpflanzen gewonnen, die mit der *Cladosporium fulvum*-Rasse, die das dominante AVR9-Gen trug, infiziert waren (Tab. 20.2, Kombination 2). Der Elicitor konnte dagegen nicht bei kompatibel reagierenden Tomatenpflanzen gewonnen werden, die mit *C. fulvum* inokuliert waren und denen das dominante AVR9-Gen fehlte (Tab. 20.2, Kombination 3 und 4). Diese Ergebnisse zeigen klar, daß die Abwesenheit des Elicitors immer mit der Virulenz, das heißt mit dem Nichtauslösen der hypersensitiven Reaktion, korreliert war. Um zu beweisen, daß das AVR9-Gen auch wirklich für die spezifische Resistenz bei Tomatenpflanzen, die das dominante CF9-Gen trugen, verantwortlich war, transformierte man eine virulente *C. fulvum*-Rasse mit dem dominanten AVR9-Gen. Diese vorher virulente *C. fulvum*-Rasse, die eine oder mehrere Kopien des dominanten AVR9-Gens enthielt, wurde jetzt avirulent auf Tomaten des Genotyps CF9 (dominantes Resistenzgen). Das dominante AVR-Gen codiert einen Proteinvorläufer aus 63 Aminosäuren, der in den aktiven spezifischen, noch aus 28 Aminosäuren bestehenden, Elicitor umgebaut wird. Interessanterweise wurde das Peptid nur in der befallenen Pflanze gebildet und war in der Zellsuspensionskultur des Pilzes nicht nachzuweisen. Dies läßt darauf schließen, daß die Wirtspflanze in irgendeiner Weise für die Induktion dieses spezifischen Elicitors mitverantwortlich sein muß.

Weiterhin wurde gezeigt, daß sich die Hüllproteingene verschiedener TMV-Isolate sich in Tabakpflanzen, die das N-Resistenzgen gegen TMV tragen, wie Avirulenzgene verhielten. Der Vergleich der Sequenzen der Hüllproteingene avirulenter und virulenter TMV-Stämme ergab, daß eine nur kleine Veränderung innerhalb der Aminosäuresequenz im Hüllprotein darüber entscheidet, ob sich eine kompatible oder eine inkompatible Interaktion ausbildet. Kürzlich wurden transgene Tabakpflanzen konstruiert, die entweder das Hüllproteingen des virulenten oder des avirulenten TMV-Isolates trugen. Pflanzen, die das Hüllprotein der virulenten TMV-Isolate enthielten, zeigten keinerlei Symptome. Dagegen kam es bei Tabakpflanzen, die das Hüllprotein der avirulenten TMV-Isolate exprimierten, zur Bildung nekrotischer Blattflecken, vergleichbar mit denen einer hypersensitiven Reaktion. Das Hüllprotein des avirulenten TMV-Isolates fungiert also als Elicitor der hypersensitiven Reaktion in Tabakpflanzen, die das dominate N-Resistenzgen tragen.

Das Florsche Gen-für-Gen-Modell impliziert zwangsläufig, daß für die beschriebenen spezifischen Elicitoren auch spezifische Rezeptorstrukturen in der Wirtspflanze vorhanden sein müssen. Im folgenden soll näher auf die heute bekannten Rezeptorstrukturen eingegangen werden. Das erste entschlüsselte Resistenzgen stammt aus Tomaten. Es handelt sich um das Pto-Gen, das in Tomaten die Resistenz gegenüber *Pseudomonas syringae* pv. *tomato*-Rassen, die das dominante Avirulenzgen, das avrPto-Gen, tragen, bedingt. Das Pto-Gen codiert eine Serin-Threonin-Proteinkinase, die hohe Homologie mit pflanzlichen Rezeptorkinasen aufweist (Abschnitt 19.2.4). Diese besitzen eine extrazelluläre Domäne, die bestimmte Liganden spezifisch bindet und somit erkennen kann. Daran schließt sich eine einzige Membrandomäne an, eine Helix – deren Länge gerade ausreicht, um das Plasmalemma zu durchspannen. Diese Rezeptorstrukturen sind zusätzlich durch eine dem Cytosol zugewandte Kinasedomäne charakterisiert. Solche

Rezeptorkinasen sind für die Inkompatibilität (Unverträglichkeit) zwischen Pollen und Narbe und somit für die Verhinderung der Selbstbefruchtung von entscheidender Bedeutung. Glykoproteine (die auch als Elicitoren bezeichnet werden können), die vom Pollen abgegeben werden, sollen an diese Rezeptorkinasen binden. Es kommt nur dann zu einer Erkennungsreaktion, wenn der Pollen von der gleichen Pflanze stammt. Über Proteinphosphorylierungen werden Abwehrreaktionen eingeleitet, wie die Akkumulation niedermolekularer Verbindungen, die die Pollenkeimung hemmen oder die lokale Ablagerung von Kallose um die Kontaktstelle bewirken.

Der Proteinkinase, die sich vom Pto-Gen ableitet, fehlen die extrazelluläre und auch die Membrandomäne. Man geht davon aus, daß sich die Proteinkinase möglicherweise an einen Transmembranrezeptor anlagert, an den wiederum der Avirulenzfaktor (spezifischer Elicitor) des AVR-Pto-Avirulenzgens spezifisch bindet. Es sollen dann die in Abbildung 20.1 dargestellten Reaktionswege in Gang gesetzt werden, die letztlich über DNA-Aktivierung zur induzierten Abwehr und zur hypersensitiven Reaktion führen.

Das RPS2-Resistenzgen von *Arabidopsis thaliana*, das für die Resistenz gegenüber *Pseudomonas syringae*-Rassen, die das Avirulenzgen avrRpt2 besitzen, verantwortlich ist, codiert für ein Transmembranprotein. Das von der Nucleotidsequenz des Resistenzgens abgeleitete Protein besteht aus drei Teilen:

1. die extrazelluläre Domäne, wobei in diesem Bereich die 20 bis 30 Aminosäurewiederholungen leucinreicher Sequenzen auffallen; interessanterweise zeigt dieser Abschnitt des Proteins Homologie mit tierischen Rezeptorproteinen;
2. der Transmembranbereich und
3. die cytoplasmatische Domäne.

Letztere weist Nucleotidbindungsstellen für ATP und GTP auf, ohne wahrscheinlich selbst Proteinkinaseaktivität zu besitzen.

Kürzlich wurde auch das *Nicotiana tabacum*-N-Gen, das die Resistenz gegenüber Tabakmosaikvirus bedingt, geklont und sequenziert. Überraschenderweise hatte das Resistenzgen aus *Nicotiana tabacum* große Ähnlichkeit mit dem Resistenzgen RPS2 von *Arabidopsis thaliana*. Es zeigte ebenfalls eine Nucleotidbindungsstelle und einen Bereich mit leucinreichen Aminosäurewiederholungen. Das N-Genprodukt hatte jedoch keine Transmembrandomäne, woraus abgeleitet wird, daß das Protein im Cytoplasma lokalisiert ist. Große Aufmerksamkeit erregte auch die Tatsache, daß das N-Genprodukt große Homologie mit der cytoplasmatischen Domäne des Inter-

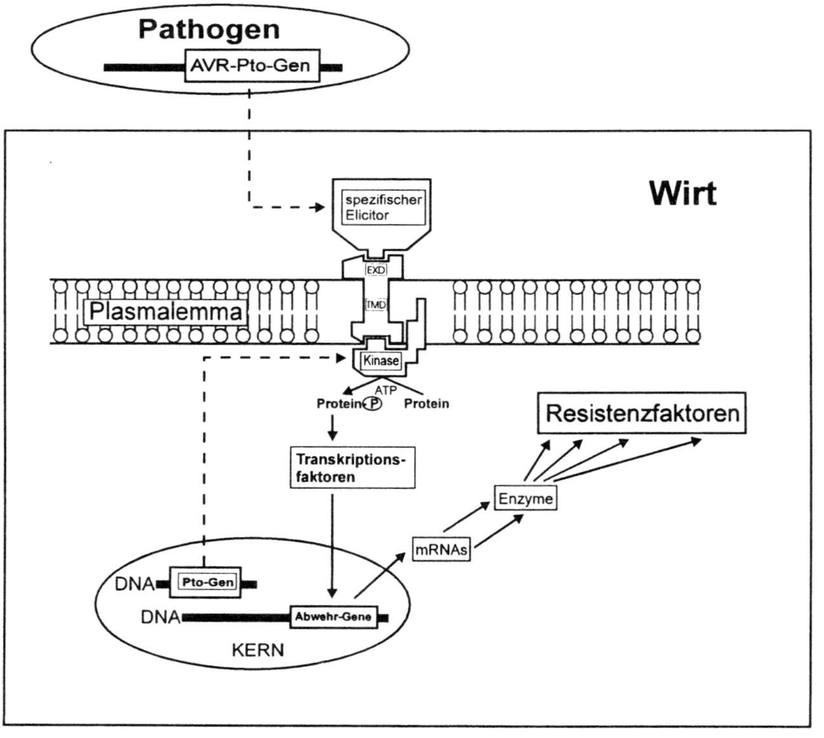

20.1 Modell der möglichen Bedeutung des Pto-Genproduktes der Tomate für die Abwehr von *Pseudomonas syringae* pv. *tomato*. (EXD: extrazelluläre Domäne; TMD: Transmembran-Domäne; gestrichelter Pfeil: konstitutive Reaktionen; durchgezogener Pfeil: induzierte Reaktionen. Die Proteinkinase, die vom Pto-Gen kodiert wird, bindet an einen noch unbekannten Transmembranrezeptor, der wiederum den spezifischen Elicitor (das Produkt des AVR-Pto-Avirulenzgens) aufnimmt. In dieser Konstellation wird die Proteinkinase aktiv. Über Proteinphosphorylierungs-Reaktionen werden Transkriptionsfaktoren gebildet, die ihrerseits Abwehrgene in der Wirtspflanze aktivieren und so Abwehrreaktionen einleiten.)

leukin-1-Rezeptors von Tieren zeigte. Die mögliche Bedeutung des N-Resistenzgenproduktes für die Signalweiterleitung und die Auslösung der hypersensitiven Reaktion in Tabak gegenüber Tabakmosaikvirus sowie der Vergleich mit der Induktion der Immunabwehr im tierischen System durch Interleukin 1 ist in Abbildung 20.2 zusammengefaßt.

Die Signalkette der Immunantwort im tierischen System, ausgelöst durch Interleukin, ist weitgehend bekannt. Nach der Bindung von Interleukin 1 an den Interleukinrezeptor kommt es zur Aktivierung cytoplasmatischer Transkriptionsfaktoren (NFκB) (Abb. 20.2B) und deren Translokation in den Zellkern. Anschließend wird die mRNA-Polymerase aktiv, und es wer-

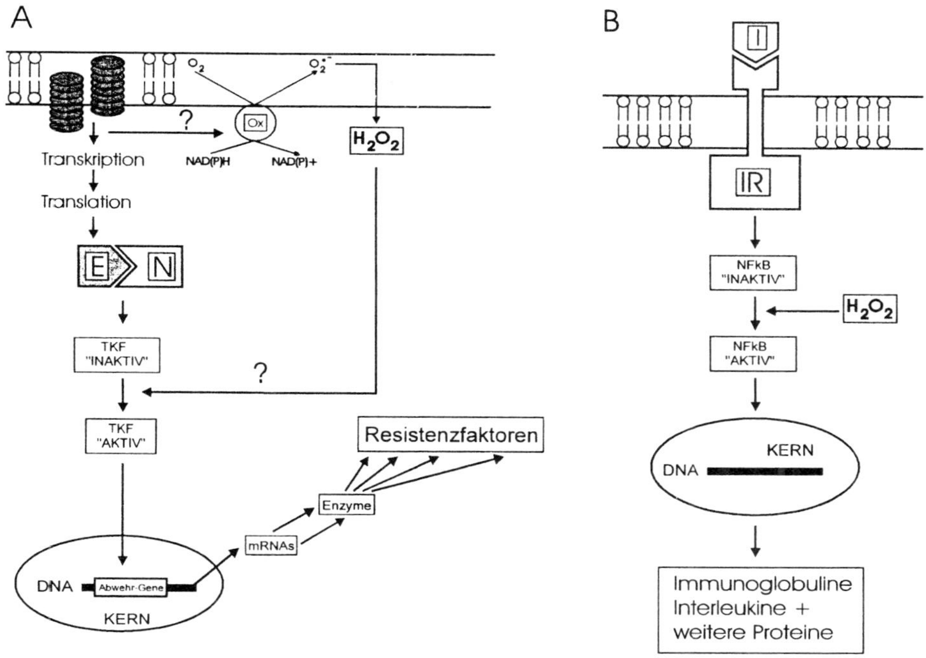

20.2 Vergleichende Darstellung der Bedeutung von Resistenzgenprodukten für die Induktion von Abwehrreaktionen bei Pflanzen und Tieren. (Ox: Oxidase; E: Elicitor; N: N-Protein; TKF: Transkriptionsfaktor; I: Interleukin; IR: Interleukinrezeptor).

den bestimmte DNA-Bereiche abgelesen. Interessanterweise wird die Aktivierung des Transkriptionsfaktors NFκB durch H_2O_2 vermittelt. Aufgrund der Tatsache, daß das N-Resistenzgenprodukt von Tabak große Ähnlichkeit mit der cytoplasmatischen Domäne des Interleukinrezeptors zeigt, wird für dieses Protein eine ähnliche Funktion postuliert. Man geht davon aus, daß nach dem Einsetzen der Transkription und der Translation des Virusgenoms im Cytoplasma der befallenen Zellen Elicitorproteine gebildet werden, die spezifisch an das N-Protein binden. Dafür spricht der Befund, daß die TMV-Replikation und die Genexpression vor der hypersensitiven Reaktion beobachtet werden. Nach der spezifischen Wechselwirkung zwischen dem Elicitor und dem N-Protein sollen analog zum tierischen System Transkriptionsfaktoren aktiviert werden, die letztlich zur Genaktivierung führen. Möglicherweise sind auch in diesem System reaktive Sauerstoffspezies, wie H_2O_2 für die Aktivierung der Transkriptionsfaktoren von Bedeutung. Dafür spricht die Tatsache, daß es bei resistenten Tabakpflanzen bereits zehn Minuten nach TMV-Infektion zur NADPH- und calciumabhängigen Bildung reaktiver Sauerstoffspezies (H_2O_2) kommt.

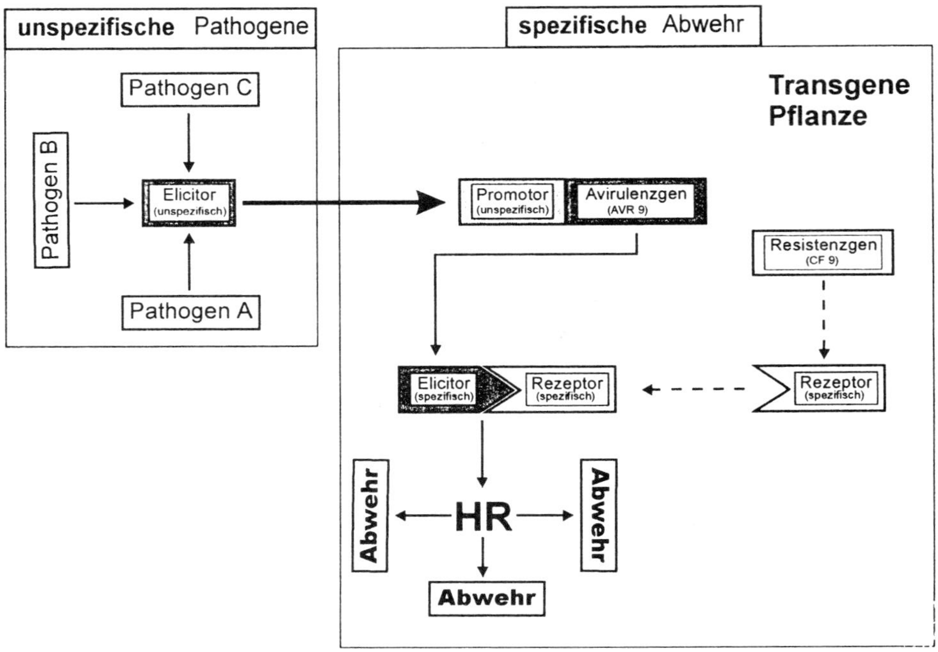

20.3 Das 2-Komponenten-Sensorsystem. (durchgezogener Pfeil: induzierte Reaktion im Wirt; gestrichelter Pfeil: konstitutive Induktion im Wirt).

Kürzlich wurde auch das cf9-Gen kloniert, das die Resistenz von Tomaten gegen *Cladosporium fulvum*-Rassen, die das Avirulenzgen AVR9 tragen, verursacht. Es soll sich hierbei um ein membranverankertes, extracytoplasmatisches Glykoprotein handeln, das Homologie mit der Rezeptordomäne von Rezeptorproteinkinasen, beispielsweise von *Arabidopsis thaliana*, zeigt. Das Genprodukt trägt jedoch keine cytoplasmatische Proteinkinasedomäne. Es bleibt zu überprüfen, ob der Proteinelicitor (Produkt des Avirulenzgens AVR9 von *Cladosporium fulvum*) spezifisch an dieses Glykoprotein bindet.

Am Ende dieses Kapitels soll kurz auf einige Möglichkeiten eingegangen werden, die augenblicklich auf der Basis der vorgestellten Ergebnisse diskutiert werden, um anfällige Pflanzen in Pflanzen mit einer möglichst breiten Resistenz gegen eine Vielzahl von Pathogenen zu transformieren. Von Dewit wird das Zwei-Komponenten-Sensorsystem vorgeschlagen (Abb. 20.3).

Das gleichzeitige Einbringen von Resistenzgen (zum Beispiel CF9 von Tomate) und dem komplementären Avirulenzgen (AVR9 von *Cladosporium fulvum*) in das Genom der zu transformierenden Pflanze versetzt sie in die

Lage, hypersensitiv zu reagieren, wenn beide Gene exprimiert werden. Es muß allerdings gewährleistet sein, daß beide Gene nicht konstitutiv exprimiert werden. Dies hätte die Selbstzerstörung der Pflanze zur Folge. Das Avirulenzgen, das den spezifischen Elicitor codiert, müßte über einen vorgeschalteten Promotor, der durch verschiedene unspezifische Elicitoren induzierbar sein sollte, aktivierbar sein. Dies hätte den Vorteil, daß die hypersensitive Reaktion erst nach dem Pathogenbefall ausgelöst würde. Außerdem gewährleistet ein solcher Promotor, daß die transgene Pflanze auf verschiedene Pathogene mit der gleichen Abwehrstrategie reagiert und somit gegenüber einer Vielzahl von Eindringlingen resistent gemacht werden könnte. Dieses Modell böte die Möglichkeit, eine spezifische Abwehrreaktion (hypersensitive Reaktion) durch eine Vielzahl unspezifischer Pathogene auszulösen.

20.2 Das Elicitor-Suppressor-Modell

Bei diesem Modell geht man davon aus, daß ein vom Pilz gebildeter Suppressor die durch den Elicitor normalerweise ausgelöste Abwehrreaktion unterdrückt. Die Unterdrückung der Abwehr kann auf verschiedenen Ebenen erfolgen:

a) Verhinderung der Elicitor-Rezeptor-Erkennung,
b) Blockierung der Signalweiterleitung,
c) Hemmung der Genaktivierung, und
d) Unterdrückung der Biosynthesewege für einzelne Resistenzfaktoren.

Solche Suppressoren wurden in den letzten Jahren für verschiedene virulente Pathogene beschrieben. Bei den bekannten Suppressoren handelt es sich um Glykoproteine, Glykopeptide, Peptide oder Glucanmoleküle. Im folgenden sollen einige Suppressoren und deren Wirkungsweise näher vorgestellt werden. Suppressoren werden zum Beispiel während der Keimschlauchbildung der Pyknosporen von *Mycosphaerella pinodes* und von *Mycosphaerella lingulicola* freigesetzt. Interessanterweise entläßt die virulente Rasse OMP-1 deutlich mehr Suppressoren als die avirulente Rasse OML. Beide Rassen besitzen dagegen vergleichbare Elicitoraktivitäten.

Besonders auffällig ist, daß die Suppressoraktivität der virulenten Rasse gleich nach der Sporenkeimung bereits etwa 50% ihrer Gesamtaktivität erreicht, wohingegen 50% der Elicitoraktivität erst drei Stunden nach dem Einsetzen der Keimung gemessen wird. Bei dem Suppressor der virulenten

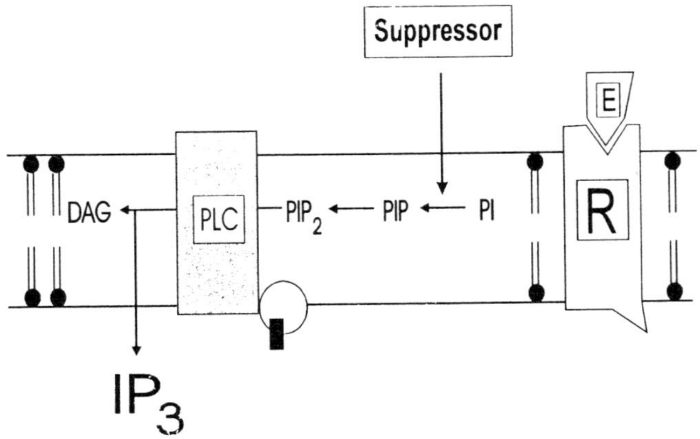

20.4 Die mögliche Einflußnahme des Suppressors aus der *M. pinodes*-Rasse OMP-1 auf die Signalweiterleitung in Erbsenplasmamembranen. (E: Elicitor; R: Rezeptor; PI: Phosphatidylinositol; PIP: Phosphatidyl-inositolmonophosphat; PIP_2: Phosphatidylinositoldiphosphat; DAG: Diacylglycerol; PLC: Phospholipase C; IP_3: Inositoltriphosphat; Elllipse: G-Protein; ▮: GTP).

M. pinodes-Rasse handelt es sich um ein Glykopeptid. Den Beweis, daß Supressoren auch *in vivo* für die Ausbildung einer anfälligen Wirt-Parasit-Interaktion von Bedeutung sind, erbrachten folgende Versuche: Sporen des avirulenten Pilzes *M. ligulicola* waren zum Beispiel in der Lage, Erbsenblätter zu infizieren, nachdem deren Oberfläche mit der Keimhyphenflüssigkeit der virulenten Rasse (OMP-1) von *M. pinodes* vorbehandelt wurde. Weiter konnten sich normalerweise avirulente Pathogene, wie *Mycosphaerella melonis* oder *Alternaria alternata*, Zugang ins Gewebe auf solchen Erbsenblättern verschaffen, die mit Suppressoren der *M. pinodes*-Rasse OMP-1 behandelt waren. Aus diesen Ergebnissen kann man schließen, daß der Suppressor von *M. pinodes* zumindest bei Erbsen für die Ausprägung der spezifischen Anfälligkeit verantwortlich ist.

Versuche mit Erbsenplasmamembranen ergaben, daß der Suppressor der *M. pinodes*-Rasse OMP-1 frühe Reaktionen der Signalkette unterdrückt. So kam es etwa in Anwesenheit des Suppressors zu einer verringerten Bildung von Phosphatidylinositolmono-(PIP-) und -diphosphat (PIP2) und zu keiner Freisetzung von Inositoltriphosphat (IP3). Außerdem wurde die calciumabhängige Phosphorylierung dreier Membranproteine unterbunden (Abb. 20.4).

Ähnliche Ergebnisse wurden kürzlich auch für Weizenblätter beschrieben. Es kam hier bei der kompatiblen Wirt-Parasit-Interaktion zwischen *Triticum aestivum* und *P. graminis* nach Injektion interzellulärer Waschflüssigkeit in die Blätter zur Unterdrückung der durch den Pgt-Elicitor (gewonnen aus Keimhyphen von *Puccinia graminis* f.sp. *tritici*; Tabelle 19.1) induzierten PAL-Aktivität. Die Enzymhemmung korrelierte mit der verringerten Spaltung von Phosphaditylinositoldiphosphat (PIP2) zu Inositoltriphosphat (IP3), katalysiert durch die Phospholipase C.

20.3 Das Zeitmodell

Bei einer inkompatiblen Wirt-Parasit-Interaktion (Resistenzreaktion) kommt es verglichen mit einer kompatiblen Paarung (Anfälligkeit) in der Regel sehr viel schneller zur Induktion von Resistenzfaktoren. Auch ist die Konzentration der einzelnen Abwehrreaktionen bei einer resistenten Paarung höher als bei einer anfälligen Interaktion. Die Tatsache, daß das Pathogen einer kompatiblen Reaktion trotz Nekrotisierung und Phytoalexinbildung überleben kann, soll durch eine theoretische Betrachtung verdeutlicht werden. Die hypersensitive Paarung zeichnet sich dadurch aus, daß es in einem relativ frühen Stadium der Penetration zu Nekrosen- und Phytoalexinbildung kommt. Die relative Phytoalexinkonzentration ist dann rasch hoch genug, um den aus noch wenigen Hyphen bestehenden Pilz abzutöten.

Geht der nekrotischen Phase allerdings eine biotrophe Wachstumsphase voraus, kann sich das Pathogen relativ weit im Wirtsgewebe ausbreiten. Die nach der Wachstumsphase auftretende Phytoalexinkonzentration bleibt nun relativ gering, möglicherweise zu gering, um den Eindringling am weiteren Vordringen zu hindern.

20.4 Detoxifizierungsreaktionen

In frühen Arbeiten wurde die Toxizität von Pisatin, dem Phytoalexin der Erbse, auf eine größere Anzahl von Pathogenen untersucht. Überraschenderweise stellte sich heraus, daß fünf Erbsenpathogene tolerant gegen das Phytoalexin waren. Schon damals wurde die Überlegung geäußert, daß die Toleranz gegen ein Phytoalexin wichtig für die Pathogenität des Pilzes ist. In den letzten Jahren stellte sich heraus, daß die Pathogenität von *Nectria haematococca*-Rassen gegen ihren Wirt, die Erbse, mit der Fähigkeit, das Phytoalexin Pisatin zu entgiften, korrelierte. Alle virulenten Rassen demethylierten Pisatin zur geringen toxischen Verbindung, dem DMDP (Abb. 20.5).

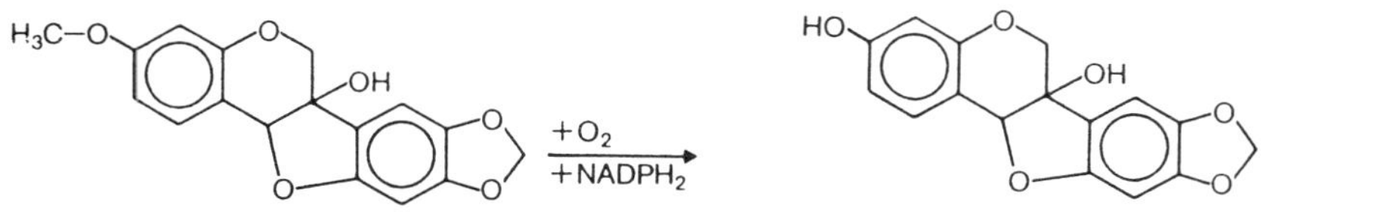

20.5 Die Demethylierung von Pisatin zum DMDP.

Diese Rassen waren gleichzeitig hochtolerant gegenüber dem Phytoalexin. Demgegenüber waren alle Rassen, die Pisatin nicht entgifteten, nur gering virulent und hochempfindlich gegen das Phytoalexin. Bei der Pisatindemethylase handelt es sich um eine mikrosomale Cytochrom-P_{450}-Monooxygenase, die mit Monooxygenasen tierischer Leberenzymen vergleichbar ist. Interessanterweise ist die Demethylase bei einigen *N. haematococca*-Rassen durch ihr Substrat, das Pisatin, stark induzierbar. Auch andere Erbsenpathogene, wie *Ascochyta pisi*, *Fusarium oxysporum* f.sp. *pisi* und *Rhizoctonia solani*, können Pisatin demethylieren. Auch hier korreliert die Fähigkeit zur Entgiftung mit der Pathogenität. Hochvirulente Rassen demethylieren Pisatin deutlich schneller als schwach virulente. Kürzlich wurde ein DNA-Abschnitt aus *N. haematococca*, der das Demethylasegen codiert, auf *Aspergillus nidulans* übertragen. Der transformierte Pilz konnte Pisatin demethylieren und war zugleich hochtolerant gegenüber dem Phytoalexin.

Pathogene der Kichererbse (*Cicer arietinum*), wie *N. haematococca* und *Ascochyta rabiei*, sind ebenfalls in der Lage die Phytoalexine Medicarpin und Maackiain zu metabolisieren (Abb. 20.6).
Isolate von *A. rabiei* können die Pterocarpane durch eine reduktive Spaltung von Ring C (Rk. 1) oder über eine Hydroxylierung von Ring A an Position 1a (Rk. 2) abbauen. Die erste Reaktion geht auf eine lösliche NADPH-abhängige Reduktase, die hohe Spezifität für Medicarpin und Maackiain zeigt, zurück. Demgegenüber weisen *N. haematococca*-Rassen drei unterschiedliche Abbauwege auf, die alle sauerstoffabhängig sind (vergleiche Rk. 2, 3, 4).

Das Muster der Toleranz gegen die Phytoalexine und der Virulenz gegenüber *Cicer arietinum* war mit dem des Pisatin-Erbsen-Systems vergleichbar. Alle virulenten Isolate von *N. haematococca* waren relativ tolerant gegenüber den Pterocarpanen und besaßen die Fähigkeit, die beiden Phytoalexine zumindest über einen Abbauweg zu metabolisieren.

Neuere Untersuchungen zeigen, daß das Bohnenpathogen *Fusarium solani* f.sp. *phaseoli* das Phytoalexin Kieviton metabolisieren kann (Abb. 20.7).

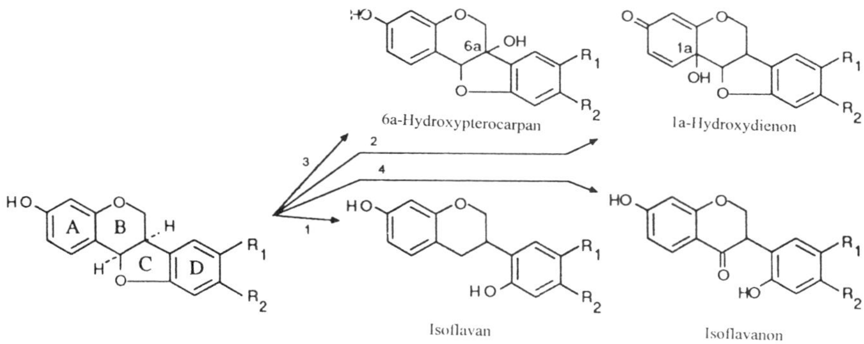

20.6 Die Entgiftung von Medicarpin und Maackiain. (Medicarpin: $R_1 = H$, $R_2 = OCH_3$; Maackiain: $R_1 = R_2 = OCH_2O$). (Modifiziert nach: VanEtten et al. (1989) In: *Annu. Rev. Phytopathol.* Bd. 27, S. 143-164.)

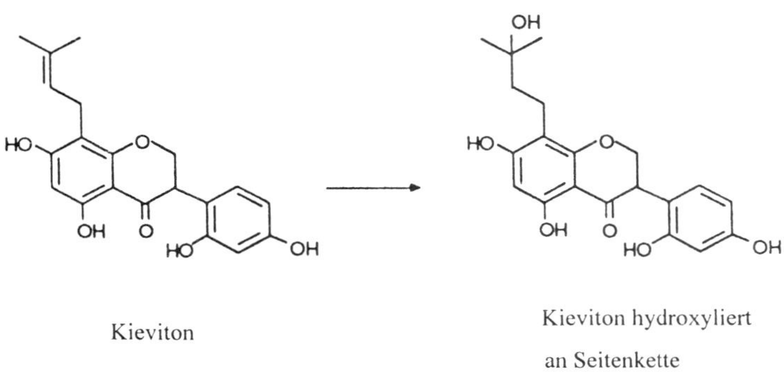

20.7 Der Abbau von Kieviton. (Modifiziert nach: VanEtten et al. (1989) In: *Annu. Rev. Phytopathol.* Bd. 27, S. 143-164.)

Der Abbau wird durch ein extrazelluläres Glykoprotein, die Kievitonhydratase, welche die Isopentenylseitenkette reduziert (hydratisiert), katalysiert. Die Hydratase wird konstitutiv vom Pathogen gebildet. Der Enzymgehalt kann jedoch durch Kieviton auf ein Vielfaches des Grundwertes ansteigen. Von 28 untersuchten Isolaten besaßen 14 Kievitonhydrataseaktivität. Allerdings gaben nur drei Isolate das Enzym nach außen ab. Diese wiesen auch die höchste Virulenz gegenüber der Bohne auf.

Aus all diesen Ergebnissen schließt man, daß die Fähigkeit, Phytoalexine zu entgiften, zum einen ein Toleranzmechanismus der Pilze gegen diese Gifte darstellt und zum anderen ihre Pathogenität determiniert.

F Die Rolle von Toxinen bei Wirt-Parasit-Beziehungen

21. Nichtwirtsspezifische Toxine

Eine umfangreiche Gruppe von phytotoxischen Verbindungen, die von Pathogenen gebildet werden, ist zwar häufig für die Entstehung von Krankheitssymptomen im Wirt mitverantwortlich, diese Verbindungen sind jedoch nicht notwendigerweise mit einer spezifischen Wirt-Parasit-Interaktion verknüpft. Solche Pathogene können mit Hilfe ihrer Toxine neben dem eigentlichen Wirt auch noch weitere Pflanzen schädigen. Deshalb wird diese Gruppe von Toxinen unter der Bezeichnung "nichtwirtsspezifische Toxine" zusammengefaßt. Die Bedeutung dieser Toxine für die Pathogenese ist bis heute noch nicht vollständig geklärt. Man nimmt an, daß mit Hilfe der Toxine die Besiedelung der Pflanze durch das Pathogen erleichtert wird. Bei den Perthophyten geht man allerdings davon aus, daß die Toxine für das Absterben lebender Wirtszellen verantwortlich sind, auf denen sich diese Pathogene anschließend saprophytisch ernähren.

Die in diesem Kapitel zu besprechenden Toxine werden in zwei Gruppen unterteilt:

1. nichtwirtsspezifische Pilztoxine und
2. nichtwirtsspezifische Bakterientoxine.

Die Bakterientoxine unterscheiden sich von den anderen Toxinen vor allem dadurch, daß sie generell eine größere Anzahl von Heteroatomen wie Sauerstoff, Stickstoff, Schwefel oder Phosphor im Molekül enthalten (Phaseolotoxin besitzt zum Beispiel alle vier Heteroatome gleichzeitig). Weiterhin haben Bakterientoxine in der Regel ein kleineres Molekulargewicht als Pilztoxine.

Diese Gruppe von Toxinen wird im vorliegenden Kapitell nach ihrem primären, molekularen Wirkungsmechanismus unterteilt. Dieser kann sein:

Tabelle 21.1: Nichtwirtsspezifische Pilztoxine (Modifiziert nach: Durbin, R. D. (1981) *Toxins in Plant Disease.* Academic Press, New York, London, San Francisco.)

Name	Pathogen	Struktur		Wirt
Naphtazarine (Marticin)	*Fusarium javanicum martii*	Heptaketide	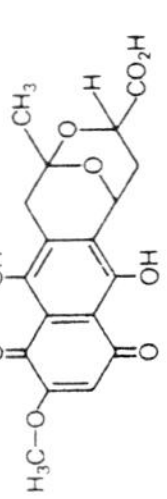	u. a. Kartoffel, Erbse
Fusarsäure	*Fusarium*arten	Aminosäurederivat	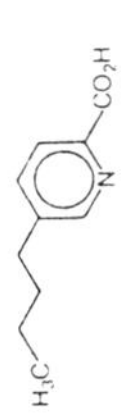	u. a. Tomate, Reis
Cercosporin	*Cercospora beticola, C. kikuchii, C. personata*	Heptaketid (Perylenchinon)	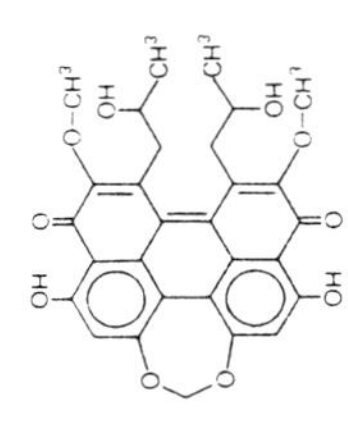	u. a. Zuckerrübe
Enniatin B	*Fusarium avenaceum*	Cyclodepsipeptid	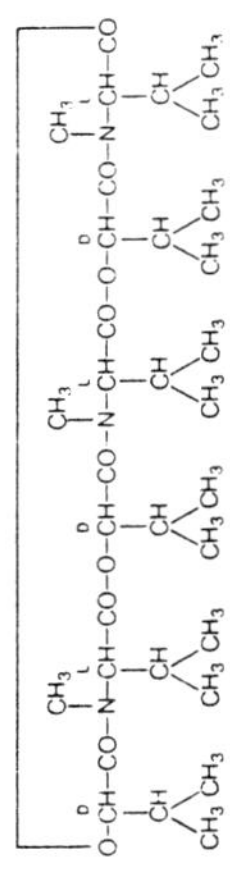	
Fusicoccin	*Fusicoccum amygdali*	Diterpen	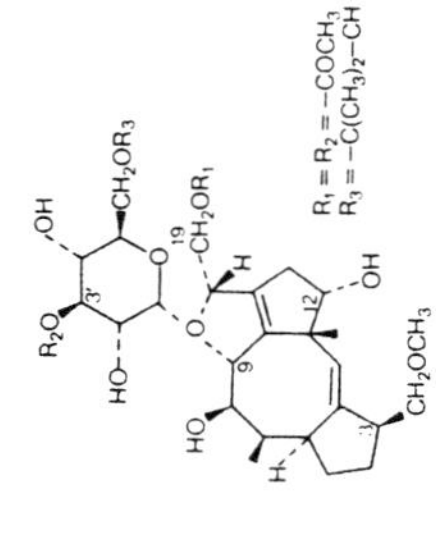	u. a. Gerste, Erbse, Luzerne, Mais

– Membranzerstörung und Hemmung von Enzymaktivitäten,
– Einfluß auf den Wasserhaushalt der Wirtspflanze, und
– Hormonaktivitäten.

Außerdem werden die in den Tabellen 21.1 (Pilze) und 21.2 (Bakterien) aufgelisteten Toxine näher besprochen.

Tabelle 21.2: Nichtwirtsspezifische Bakterientoxine (Modifiziert nach: Durbin, R. D. (1981) *Toxins in Plant Disease.* Academic Press, New York, London, San Francisco.)

Name	Pathogen	Struktur		Wirt
Tabtoxin	*Pseudomonas syringae* pv. garvae; pv. tabaci	Dipeptid	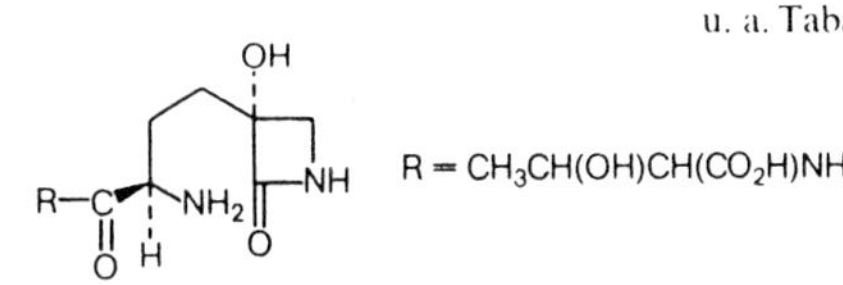	u. a. Tabak
Rhizobitoxin	*Rhizobium japonicum*	Enolätheraminosäure	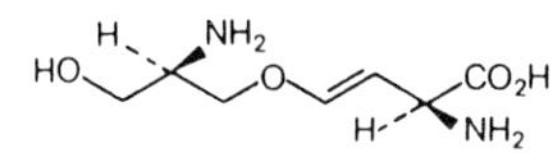	u. a. Leguminosen
Cytokininderivate	*Corynebacterium fasciens* *Agrobacterium tumefaciens*	Puringerüst	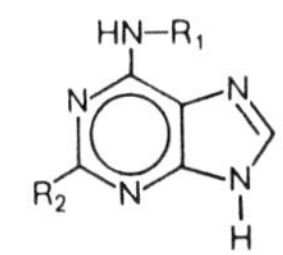	u. a. Tabak
Indolessigsäure (IAA)	*Pseudomonas syringae* pv. savatani, *Agrobacterium tumefaciens*	Indolessigsäure	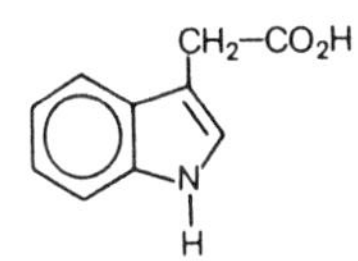	u. a. Tabak

21.1 Membranzerstörung und Hemmung von Enzymaktivitäten

Naphthazarine

Die wichtigsten Vertreter dieser Gruppe sind Marticin, Isomarticin, Norjavanicin und Novarubin.

Die ersten beiden Toxine wirken vor allem phytotoxisch, in geringem Maße jedoch auch antibakteriell. Sie verursachen Wurzel- und Stammfäule sowie Blattnekrosen bei Erbsen. Die Phytotoxizität von Marticin und Isomarticin beruht wahrscheinlich auf der Hemmung der Glutaminsynthetase in den Chloroplasten; dadurch könnte über die Anhäufung von NH_4^+ und die Entkopplung der Photophosphorylierung eine Lipidperoxidation eingeleitet werden, die schließlich zur Membranzerstörung führt. So könnte die Bildung von Nekrosen erklärt werden (Tabtoxin).

Kürzlich wurde gezeigt, daß die beiden Toxine auch die Bildung reaktiver Sauerstoffspezies (Superoxidanionen und Wasserstoffperoxid) in belichteten Chloroplasten auslösen.

Isomarticin kann schnell vom Stamm in die Blätter transportiert werden und dort Membranzerstörungen hervorrufen und somit die Nekrotisierung einleiten.

Norjavanicin und Norvarubin sind vor allem toxisch gegenüber Pilzen und Bakterien. Die toxische Wirkung ist sehr wahrscheinlich auf die Hemmung thiaminpyrophosphatabhängiger Enzyme zurückzuführen. Damit können auch oxidative Decarboxylierungen von α-Ketosäuren (Pyruvat, α-Ketoglutarat) oder Transketolasereaktionen nicht mehr ablaufen.

Fusarsäure

Fusarsäure ist ein toxischer Metabolit verschiedener *Fusarium*-Arten und verursacht Welke und Nekrosenbildung. Bevor Nekrosen auftreten, kommt es zu einem starken Wasserausfluß aus den Zellen. Dieser Wasseraustritt ist auf eine Störung des Plasmalemmas und anderer Zellmembranen zurückzuführen. Durch die Membranstörung werden die Dekompartimentierung der Zelle und ihre Nekrotisierung eingeleitet. Toxische Wirkungen treten bereits bei Konzentrationen von 10^{-9} mol/l auf.

Für die Interaktion mit Membranen ist vermutlich die lipophile Seitenkette der Fusarsäure verantwortlich. Die Stärke der Membranschädigungen nimmt von Methyl über Ethyl, Propyl nach Butyl zu. Die toxischen Wirkungen sind darüber hinaus noch signifikanter, wenn die Fusarsäure in der undissoziierten Form vorliegt. Neben den phytotoxischen Wirkungen beobachtet man auch eine Hemmung der Sporenkeimung, der Atmung bei Hefen und eine Hemmung von Polyphenoloxidasen. Diese Effekte korrelieren mit der Carboxylgruppe der Fusarsäure.

Cercosporin

Das von verschiedenen *Cercospora*-Arten synthetisierte Toxin Cercosporin wird für die Nekrotisierung von Rübenblättern verantwortlich gemacht. Die erste Reaktion, die nach Pilzbefall sichtbar wird, ist das Abheben des Plasmalemmas von der Zellwand. Ihr folgen eine Verdickung der äußeren Mitochondrienmembran, ein Anschwellen der Cristae im Inneren der Mitochondrien und schließlich die Zerstörung des Tonoplasten. Letzteres führt zur Dekompartimentierung und Nekrotisierung der Zellen.

Daß es bei den obigen Membraninteraktionen auch zu einem Membranabbau, das heißt zu einer Membranzerstörung kommt, beweist das Auftreten von Plastoglobuli ("Fetttröpfchen") im Chloroplasten nach Toxinbehandlung.

Der Mechanismus der Membranzerstörung wird wie folgt diskutiert:

Das Cercosporinmolekül ist "photodynamisch" aktiv. Es kann durch Absorption von Lichtenergie in einen angeregeten Zustand überführt werden. Die Anregungsenergie kann spontan auf Sauerstoff übertragen werden, welcher vom Grundzustand (= Triplettzustand) in einen angeregten Singu-

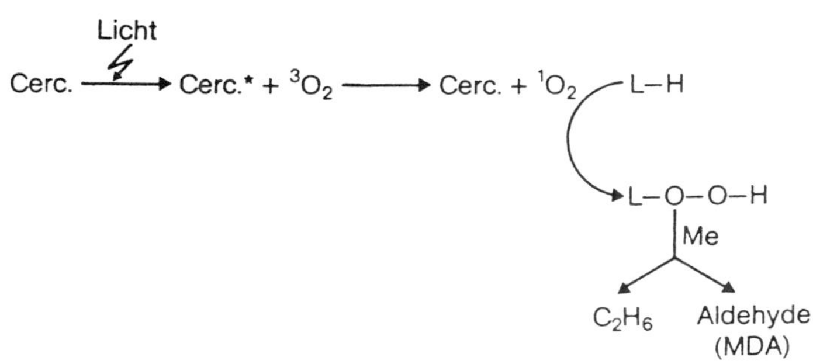

21.1 Die Photoaktivierung von Cercosporin. (Cerc.: Cercosporin; L-H: Fettsäure (α-Linolensäure); MDA: Malondialdehyd; $^3O_2$: Sauerstoff im Grundzustand; $^1O_2$: Sauerstoff im ersten angeregten Singulettzustand).

lettzustand übergeht. Das Cercosporinmolekül liegt nach dieser Reaktionsfolge wieder im Grundzustand vor und kann erneut photoaktiviert werden.

Der auf diesem Weg gebildete Singulettsauerstoff ($^1O_2$) ist sehr reaktiv. Er kann spontan Fettsäuremoleküle peroxidieren, beispielsweise Linolensäure als Hauptbestandteil pflanzlicher Membranen. Es entstehen die entsprechenden Fettsäurehydroperoxide. Diese wiederum können unter Metallkatalyse zu Bruchstücken wie Ethan und reaktiven Aldehyden zerfallen. So kann man nach Belichtung von cercosporinbehandelten Blattstücken oder isolierten Protoplasten das Gas Ethan messen. Die Photoaktivierung von Cercosporin und die Folgereaktionen sind in Abbildung 21.1 zusammengefaßt.

Tabtoxin

Tabtoxin, ein Dipeptid, wird von *Pseudomonas syringae* pv. *tabaci* gebildet. Das Bakterium befällt hauptsächlich Tabakpflanzen. Die eigentlich toxische Komponente, das Tabtoxin-β-lactam (Tβ-L; Abb. 21.2), wird über eine bakterielle, zinkabhängige Aminopeptidase aus dem Tabtoxin freigesetzt.

Das Tabtoxin induziert in Tabakpflanzen lichtabhängige Chlorosen und die anschließende Nekrotisierung der chlorotischen Stellen. Etwa vier Stunden nach Toxinbehandlung schwellen die Granalamellen in den Chloroplasten an, und es kommt im Stroma zu Vesikelbildungen. Alle diese Symptome werden unter dem Begriff *wild-fire-disease* zusammengefaßt.

Die Entstehung des Krankheitsbildes wird auf der Basis folgender Mechanismen diskutiert:

Tabtoxin-β-lactam (Tβ-L) hemmt die Glutaminsynthetase, die für den Einbau von NH_3 in L-Glutamat verantwortlich ist. Da nun gleichzeitig lichtabhängig in den Chloroplasten über die Nitritreduktase NH_3 gebildet wird, steigt in den Chloroplasten zwangsläufig die Ammoniakkonzentration an. In mit Tabtoxin behandelten Tabakblättern lassen sich daher Ammoniakkonzentrationen messen, die im Vergleich zur Kontrolle um das zehn- bis

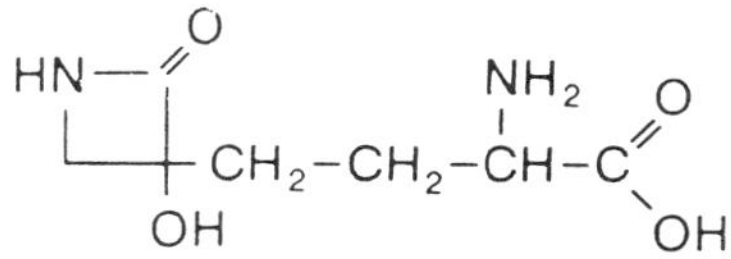

21.2 Die Struktur von Tabtoxin-β-lactam (Tβ-L).

20fache erhöht sind. Diese erhöhte NH_3-Konzentration spielt somit eine entscheidende Rolle bei der Symptomausbildung, was dadurch unterstützt wird, daß NH_3 selbst die Chlorosenbildung auslösen kann.

Die toxische Wirkung von Ammoniak wiederum besteht unter anderem in der Entkopplung der Photophosphorylierung. Dadurch wird einmal die lichtabhängige ATP-Bildung in den Chloroplasten gehemmt. Zum anderen entsteht über monovalente Sauerstoffreduktion das Superoxidanion ($O_2^{\cdot-}$), nachdem sämtliches $NADP^+$ zu $NADPH_2$ reduziert ist. Letzteres dismutiert zu Wasserstoffperoxid. Tabtoxin verursacht also im Licht in den Chloroplasten die Akkumulation von H_2O_2. Damit werden oxidierende Bedingungen geschaffen, die unter anderem Lipidperoxidationen und Pigmentkooxidationen auslösen (Abb. 5.16). Durch Lipidperoxidation und die damit verbundene Membranzerstörung und zelluläre Dekompartimentierung wird die anschließende Nekrotisierung des Gewebes verständlich. Pigmentkooxidationen (Chlorophyllzerstörung) führen wiederum zu Chlorosen.

T*β*-L hemmt auch die Ribulose-1,5-bisphosphatcarboxylase, wodurch der Calvin-Zyklus zum Erliegen kommt. Dieser Hemmeffekt hat wahrscheinlich nur sekundäre Bedeutung für die Symptomausprägung. Primär ist dagegen sicherlich die Entkoppelung der Photophosphorylierung für die Induktion von Chlorosen verantwortlich.

Zusammengefaßt verläuft der Mechanismus der Chlorotisierung durch "Entkoppler". Die Hauptschritte sollen hier kurz wiederholt werden:

1. Entkopplung der Photophosphorylierung führt zur Überreduktion und zur Peroxidbildung.
2. Oxidative Bedingungen führen zu Lipid-(LH-)Peroxidationen und damit zu Membranzerstörungen.
3. "Pigmentkooxidationen" (Chl = Chlorophyll, Car = Carotinoide) haben Chlorotisierung zur Folge.

Rhizobitoxin

Verschiedene wurzelknöllchenbildende *Rhizobium*-Arten synthetisieren das Toxin Rhizobitoxin, das bei jungen Blättern von Wirtspflanzen Nekrosen verursacht, die jedoch erst nach der Ausbildung der Wurzelknöllchen auftreten.

Rhizobitoxin ist ein Inhibitor der pyridoxalphosphatabhängigen *β*-Cystathionase. Die Hemmung beruht auf der Ausbildung einer irreversiblen Bindung zwischen Pyridoxalphosphat und dem Toxin. Die Symptomausbildung ist wahrscheinlich auf ein Methionindefizit zurückzuführen, da Ho-

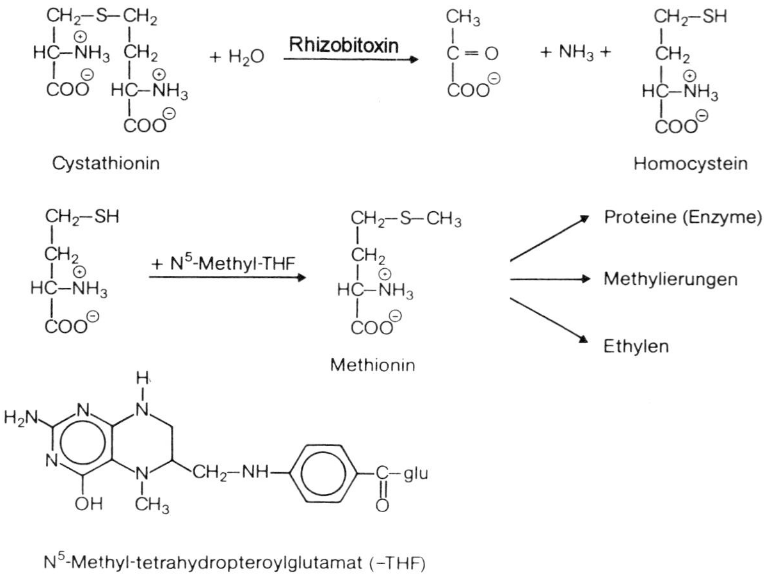

21.3 Hemmung der *β*-Cystathionase durch Rhizobitoxin. (A) Mit Toxin sind Membranporen offen; es fließen kleine Moleküle aus; B) Ohne Toxin bleibt die Membran undurchlässig). (Modifiziert nach: Levings und Siedow (1992) In: *Plant Mol. Biol.* Bd. 19, S. 135-147.)

mocystein unter Toxineinwirkung nicht mehr aus Cystathionin nachgebildet werden kann. Dem Methionin kommt eine zentrale Funktion im pflanzlichen Stoffwechsel zu (Abb. 21.3).

Es besitzt nicht nur Bedeutung als Proteinbaustein, sondern auch als Lieferant von Methylgruppen. Letztere werden dabei in der "aktiven Form" im *S*-Adenosylmethionin (SAM) für C-, O- und N-Alkylierungen verwendet, zum Beispiel bei der Bildung von Plastochinon oder Chlorophyll in den Chloroplasten. Außerdem ist Methionin die Ausgangsverbindung für das Phytohormon Ethylen (Abschnitt 2.2.5). Von entscheidender Bedeutung für die toxische Wirkung von Rhizobitoxin ist die Doppelbindung im Molekül. Die entsprechende reduzierte Dihydroform zeigt keine Aktivität mehr.

21.2 Der Einfluß von Toxinen auf den Wasserhaushalt

In diesem Abschnitt werden die Toxine Enniatin B, Amylovorin, einige Polysaccharide und Fusicoccin vorgestellt (Tab. 21.1).

Das Verwelken von Pflanzenteilen beziehungsweise ganzer Pflanzen ist auf einen gestörten Wasserhaushalt zurückzuführen. Die Ursache für einen Wasserverlust oder für das Verwelken von Pflanzen kann zum einen zellulär auf eine Membranzerstörung und zum anderen strukturell auf die Abtrennung verschiedener Pflanzenteile von ihrer Wasserversorgung durch bestimmte Toxine zurückgehen. So verwelken zum Beispiel Pflanzen, die mit verschiedenen *Fusarium*-Arten (*F. avenaceum, F. oxysporum, F. gibbosum* oder *F. roseum*) infiziert worden sind.

Dieses Erscheinungsbild geht auf die von den Pathogenen gebildeten Toxine Enniatin A und B zurück. Enniatin B ist ein Cyclohexadepsipeptid, bestehend aus D-2-Hydroxyisovaleriansäure und einer *N*-Methyl-L-Aminosäure, die regelmäßig über eine "Kopf-Schwanz"-Verknüpfung miteinander verbunden sind (Tab. 21.1).

Dieses Toxin erhöht aufgrund seines ionophoren Charakters die Permeabilität biologischer Membranen, was den Wasserverlust und das Verwelken der infizierten Pflanzen erklären könnte.

Weiterhin beobachtet man bei einigen Bakterienarten die Bildung von Kohlenhydraten oder die Synthese von Glykopeptiden im Wirtsgewebe. Diese Polymere können das Lumen von Xylemelementen "verstopfen" oder die Poren der Tüpfel von Xylemelementen undurchlässig machen, so daß zwischen diesen Wasserleitbahnen der Wasseraustausch unterbunden wird. Solche Pathogene sind damit in der Lage, den Wasserhaushalt ihrer Wirtspflanze negativ zu beeinflussen (Thyllen, Abschnitt 8.3).

Nach der Infektion von Apfelstücken mit *Erwinia amylovora* kann man von der Oberfläche des befallenen Gewebes das Polysaccharid Amylovorin gewinnen. Es besteht zu 98% aus Galactose und zu einem geringen Prozentsatz aus Aminosäuren. Das Molekulargewicht ist etwa 165000. Die Spaltung des Polymers durch saure Hydrolyse zerstört die Toxizität von Amylovorin. Corynebakterien sind ebenfalls in der Lage, Polysaccharide zu bilden, die durch Verstopfung der Wasserleitbahnen das Verwelken ihrer Wirtspflanzen verursachen.

Corynebacterium michiganense pv. *sepedonicum* bildet ein Glykopeptid mit einem Molekulargewicht von 5×10^6. Es besteht zu 40% aus Fucose, zu 20% aus Glucose und Galactose sowie Spuren von Mannose und Thamnose. Ein kurzes Peptid ist über Threonin glykosidisch mit dem Polysaccharidanteil verknüpft. Trennt man das Peptid enzymatisch vom Glykopeptid ab, bleibt die Toxizität des Polymers erhalten. Dies deutet darauf hin, daß die toxische Wirkung des Glykopeptids auf den Polysaccharidanteil zurückzuführen ist.

Das Verwelken von Ulmen nach Infektion mit *Ceratocystis ulmi* wird auf ein kleines Protein mit insgesamt 75 Aminosäuren und einem Molekulargewicht von ca. 10000 Dalton zurückgeführt. Neuere Untersuchungen zeigen, daß dieses Protein Homologie mit Hydrophobinen (Abschnitt 12.4.2) aufweist. Interessant sind auch die physikalischen Eigenschaften dieses Proteins. Eine Aggregation zu einer höhermolekularen Verbindung kann durch physikalische Veränderungen, wie Abkühlung oder Durchströmen der Proteinlösung mit Gas, erreicht werden und ist reversibel. Die ungewöhnlichen Eigenschaften dieses Proteins spielen möglicherweise eine Rolle bei der Symptomausbildung.

Neben Membranzerstörungen und der Abtrennung ganzer Pflanzenteile von ihrer Wasserversorgung können Toxine auch durch ihren Einfluß auf die Regulation der Stomaapertur Verwelkungserscheinungen bei Pflanzen induzieren. So kann beispielsweise das von *Fusicoccum amygdali* gebildete Fusicoccin (FC) (Abb. 21.1) in einer Konzentration von 10^{-5} M das Öffnen der Stomata im Licht und im Dunkeln induzieren. Dadurch steigt die Transpiration bei behandelten Pflanzen an, was sich in einem erhöhten Wasserverlust und schließlich im Verwelken der Versuchspflanzen ausdrückt. Untersuchungen haben gezeigt, daß ein durch FC stimulierter K^+-Einfluß in die Schließzellen für das Öffnen der Stomata verantwortlich ist. Aus Strukturaktivitätsuntersuchungen bei Tomatenpflanzen wird die Bedeutung von drei entscheidenden Strukturmerkmalen des Fusicoccinmoleküls für die Einleitung der Welke ersichtlich:

1. Wird die OH-Gruppe an C-Atom 12 im FC acetyliert, ist die Aktivität des Moleküls stark reduziert.
   Wird die Acetylgruppe am C-Atom 19 des Aglyconanteils entfernt, ist die Aktivität ebenfalls erniedrigt.
2. Das Aglycon selbst spielt bei den Verwelkungserscheinungen eine entscheidende Rolle. Nach der Abtrennung der Glucoseeinheiten zeigt es selbst noch eine starke Aktivität.

Weiterhin ist Fusicoccin in der Lage, das Längenwachstum von Erbseninternodien zu induzieren, wobei der molekulare Mechanismus mit dem der Indolessigsäure vergleichbar ist (Abschnitt 2.2.1). Fusicoccin stimuliert ebenfalls das Wurzelspitzenwachstum von Maispflanzen, wobei der Protonenausfluß in die Zellwand mit einem K^+-Einfluß in das Wurzelgewebe gekoppelt ist.

21.3 Hormonaktivität

Cytokinine (Purinderivate)

Disorganisiertes Pflanzenwachstum, das durch verschiedene bakterielle Pathogene hervorgerufen wird, geht in vielen Fällen auf die Bildung von cytokininaktiven Molekülen zurück. Unter Cytokininen versteht man Pflanzenhormone, die sich vom Puringerüst ableiten und unter anderem Zellteilungen induzieren können (Abschnitt 2.2.3). Aufgrund der Bildung solcher Wachstumsregulatoren durch das Pathogen während der Infektion würde es zu Hormonstörungen im Wirtsgewebe kommen, was sich in den verschiedenen Krankheitssymptomen ausdrücken könnte.

Pflanzen, die mit *Corynebacterium fascians* infiziert sind, bilden im Vergleich zu Kontrollpflanzen mehr Wurzeln aus, die oft noch verdickt und fleischig sind. Für diese Wurzelmißbildung macht man die durch das Pathogen gebildeten Cytokinine verantwortlich.

Indolessigsäure

Das Auxin Indolessigsäure, ein Wachstumsregulator in Höheren Pflanzen (Abschnitt 2.2.1), wird in wäßriger Kultur von verschiedenen Bakterien gebildet, zum Beispiel von den Pathogenen *Agrobacterium tumefaciens* oder *Pseudomonas savastanoi*. Nach der Infektion von Wirtspflanzen mit einem dieser Pathogene beobachtet man während der Symptomausbildung im infizierten Gewebe (Tumoren, Gallen) einen Anstieg der endogenen Indolessigsäurekonzentration.

Bei Mutanten von *Pseudomonas savastanoi*, dem Erreger der Gallenbildung bei Oliven- oder Oleanderpflanzen, wird die Beteiligung der Indolessigsäure bei der Wachstumssteuerung des Gewebes deutlich.

22. Wirtsspezifische Toxine

Die Wirtsspezifität einiger Pathogene kann auf der Bildung von Toxinen beruhen, die es ihnen erlauben, nur ganz bestimmte Wirte zu befallen. Im folgenden soll auf die Struktur und den molekularen Wirkungsmechanismus solcher spezifischer Toxine, sofern dieser bekannt ist, näher eingegangen werden (Tab. 22.1).

HMT-Toxin

Infiziert man Maispflanzen mit dem Pilz *Cochliobolus heterostrophus* (früher *Helminthosporium maydis*, Rasse T), so beobachtet man nach einigen Tagen Chlorosen und Nekrosen. Außerdem tritt eine Wachstumshemmung im Vergleich zu nicht behandelten oder resistenten Pflanzen auf.

Das Maispathogen existiert als zwei Pathotypen: der Rasse T, die das T-Toxin (HMT-Toxin) bildet, und der Rasse O, die kein Toxin besitzt. Alle Stämme der Rasse T sind hoch pathogen gegenüber Maispflanzen der tms-Cytoplasma-Linie. Diese Maissorte bildet keine lebensfähigen Pollenkörner. Vertreter der Rasse O zeigen nur geringe Pathogenität. Kreuzungen zwischen den Rassen ergaben, daß nur ein einzelner Genlocus (Tox 1) für die Toxinproduktion verantwortlich ist. Für die Ausbildung der Symptome ist das T-Toxin verantwortlich. Das T-Toxin umfaßt eine Familie von zehn- bis 15 linearen Polyketolen mit einer Kettenlänge von C35 bis C45.

Das HMT-Toxin reagiert primär wie viele andere Toxine mit Membranen, beispielsweise mit dem Tonoplasten oder dem Plasmalemma. Sechs Stunden nach Toxinbehandlung kommt es zur Zerstörung des Tonoplasten und zum Ionenausfluß aus den Zellen.

Besonders auffallend sind die Einflüsse des HMT-Toxins auf bestimmte Aktivitäten von Mitochondrien: Bereits 30 bis 60 Minuten nach der Toxinbehandlung kann man eine verringerte ATP-Bildung messen, die nach zehn Minuten auf 20% der ursprünglichen Rate abgefallen ist. Parallel dazu ist die NADH-Oxidation stimuliert. Weiterhin werde durch das HMT-Toxin sowohl die Malat- als auch die Succinatoxidation in isolierten Mitochondri-

All diese Symptome sind auf die Interaktion zwischen dem Toxin und der inneren Mitochondrienmembran zurückzuführen, welche dadurch für kleine Moleküle durchlässiger wird. So strömt zum Beispiel NAD^+ aus den Mitochondrien aus. Dadurch geht das Cosubstrat der Maltdehydrogenase verlo-

Tabelle 22.1: Wirtsspezifische Toxine
(Modifiziert nach: Durbin, R. D. (1981) *Toxins in Plant Disease.* Academic Press, New York, London, San Francisco.)

Name	Pathogen	Struktur	Wirt
T-Toxin (HMT-Toxin)	*Helminthosporium maydis* Rasse T	lineares Polyketol	Mais
HS-Toxin	*Helminthosporium sacchari*	der Zuckerteil besteht aus vier β-Galaktofuranosideinheiten 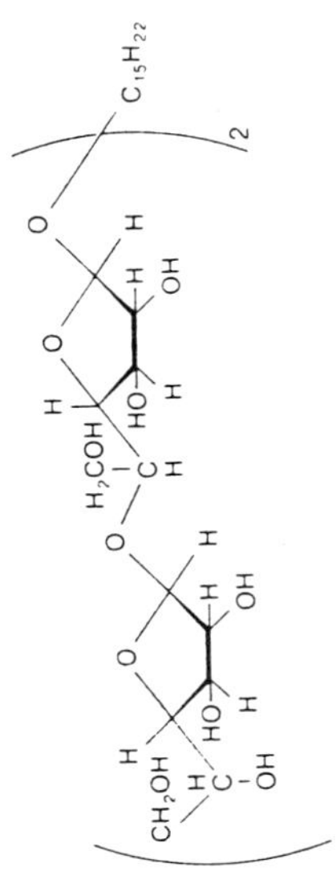	Zuckerrohr
HC-Toxin	*Helminthosporium carbonum*	möglicherweise zyklisches Peptid aus Alanin, Prolin u. a.	Mais

ren, was deren Hemmung durch das HMT-Toxin erklärt. Größere Moleküle, wie Proteine, können die Mitochondrien allerdings nicht verlassen, was zur Schlußfolgerung führt, daß die nach Toxinbehandlung entstandenen Poren etwa 1,5 nm weit im Durchmesser sein müssen. In den letzten Jahren wurde das Toxinbindeprotein der inneren Mitochondrienmembran gefunden und näher charakterisiert. Alle anfälligen Maispflanzen tragen das T-urf13-Gen, welches das URF13-Protein codiert. Es besteht aus 115 Aminosäuren

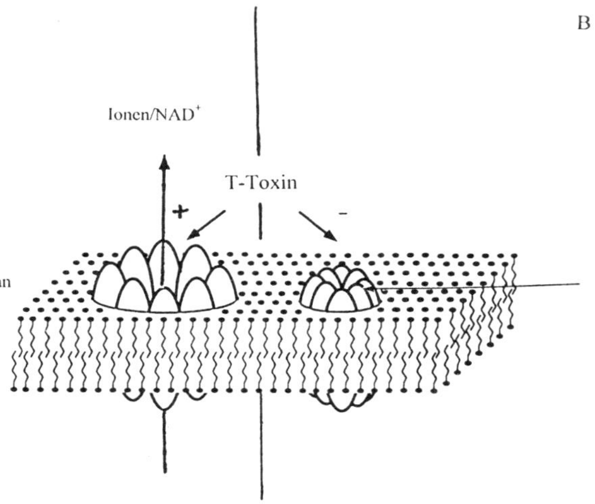

22.1 Die Interaktion des T-Toxins mit dem URF13-Protein.

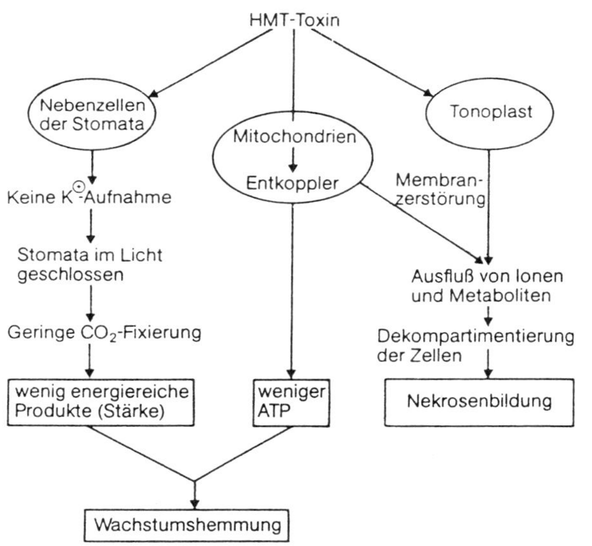

22.2 Die Wirkungsweise des T-Toxins.

und durchspannt in mehreren Helixstrukturen die innere Mitochondrienmembran. Interessanterweise sind Maispflanzen, die ein URF13-Protein mit nur 74 Aminosäuren besitzen, toxinunempfindlich (das heißt resistent gegen *C. carbonum*), und gleichzeitig bilden sie fertile Pollenkörner aus. Man geht heute davon aus, daß nach der Wechselwirkung des T-Toxins mit dem

URF13-Protein Poren in der inneren Mitochondrienmembran entstehen, durch die kleine Moleküle unspezifisch aus den Mitochondrien ausfließen (Abb. 22.1). Diese Reaktionen werden mit Toxinkonzentrationen im Bereich von 20-100 nM hervorgerufen.
Durch das "Leckwerden" der inneren Mitochondrienmembran, dem Ort der Atmungskette, geht der für die oxidative Phsophorylierung notwendige Protonengradient verloren. Aus dieser Erkenntnis heraus wird die Wirkung des HMT-Toxins als Entkoppler der mitochondrialen Atmung verständlich.

Das HMT-Toxin verhindert weiterhin die K^+-Aufnahme in die Nebenzellen der Schließzellen von Stomata. Dadurch wird die Öffnung der Stomata im Licht unterbunden, was wiederum die gehemmte CO_2-Fixierung durch das HMT-Toxin erklären könnte. Abbildung 22.2 soll die verschiedenen Wirkungen des T-Toxins auf die Pflanze zusammenfassen.

HS-Toxin (Helminthosporosid)

Infiziert man Zuckerrohrblätter mit dem Pilz *Helminthosporium sacchari*, kommt es zur Bildung von augenförmigen, nekrotischen Flecken auf Blättern, von denen aus sich braune, strahlenförmige Ausläufer (*runners*; ebenfalls nekrotisches Gewebe) zu den Blattspitzen hinziehen.

Diese Symptome werden mit dem Begriff *eye spot disease* (Augenfleckenkrankheit) bezeichnet. Aus der Tatsache, daß der Pilz nur innerhalb der nekrotischen Flecken zu finden ist und nicht in den *runners*, schloß man auf die Mitwirkung eines Toxins bei der Symptomausbildung.

30 Minuten nach Toxinbehandlung kommt es in Zuckerrohrblättern zu Wasseransammlungen im Gewebe und zur Bildung von Wassertropfen auf beiden Seiten der Blätter. Nach etwa eine Stunde kann man Veränderungen in der Ultrastruktur der Chloroplasten beobachten.

Für den Wirkungsmechanismus des HS-Toxins wird ein spezifischer Rezeptor am Plasmalemma von anfälligen Wirtspflanzen verantwortlich gemacht. Der erste Hinweis hierfür war der Befund, daß ein geringer Teil radioaktiv markierten ^{14}C-Helminthosporosids nur an anfälliges Gewebe, jedoch nicht an resistentes Gewebe gebunden wird. Es ist gelungen, dieses Rezeptorprotein aus Membranfragmenten anfälliger Pflanzen zu isolieren und zu charakterisieren. Das Rezeptorprotein besitzt ein Molekulargewicht zwischen 45 kD und 49 kD, besteht aus vier Untereinheiten und weist zwei Toxinbindungsstellen pro Molekül auf.

Aus resistentem Gewebe konnten ähnliche Proteinrezeptoren gewonnen werden; sie zeigen jedoch keine Bindungsaktivität gegenüber Helminthos-

Tabelle 22.2: Bindung des HS-Toxins an einen endogenen Rezeptor bei verschiedenen Zuckerrohrsorten
(Modifiziert nach: Strobel (1973) In: *J. Biol. Chem.* Bd. 248, S. 1321.)

	Zuckerrohrsorten	Bindung des HS-Toxins in [nmol/mg Protein]
resistent	H 50-7209	0,00
	222	0,08
anfällig	51 NG 97	1,58
	CP 50-28	1,80
	CP 52-68	2,40
	736	1,30
	CP 62-258	1,10

porosid. Diese Rezeptoren unterscheiden sich wahrscheinlich nur in vier Aminosäureresten von denen aus empfindlichen Wirtspflanzen. Ein guter Hinweis für die Annahme, daß die Bindung zwischen Toxin und spezifischem Rezeptor für die Anfälligkeit notwendig sein könnte, zeigt folgender Versuch: Es wurden Membranpräparationen von anfälligen und resistenen Zuckerrohrarten auf ihre Fähigkeit, Helminthosporosid zu binden, untersucht. Es wurde gezeigt, daß nur Membranpräparationen anfälliger Sorten das Toxin banden (Tab. 22.2).
Weiterhin konnte gezeigt werden, daß das Toxin in Membranfraktionen, die aus anfälligem Gewebe gewonnen wurden, eine Stimulierung der K^{+}-Mg^{++}-ATPase hervorruft. Möglicherweise wird durch das Toxin die ionenregulierende Aktivität dieses Membranenzyms gestört, was sich in einer gesteigerten Ionenaufnahme in die Zellen äußern würde. Der osmotische Wert in den Zellen müßte aufgrund der erhöhten Ionenkonzentration ansteigen, so daß es zu einem zusätzlichen Wassereinfluß in die Zellen und schließlich zum Bersten der Protoplasten käme. Genau dieses Phänomen kann man bei anfälligen Protoplasten nach Toxinbehandlung beobachten: Sie schwellen an und platzen schließlich.

Aus der Tatsache, daß das Rezeptorprotein keine ATPase-Aktivität zeigt und die ATPase kein Toxin binden kann, muß man auf eine indirekte Wirkung zwischen dem Toxin und der Aktivierung der Membran-ATPase schließen. Möglicherweise kommt es zu einer Konformationsänderung des Rezeptorproteins während der Bindung des HS-Toxins an das Protein. Diese Konformationsänderung könnte eine Phasenverschiebung in der doppelschichtigen Membran zur Folge haben, was wiederum die membrangebundene ATPase aktivieren könnte. Für die Annahme, daß das Rezeptorprotein die primäre Angriffsstelle für das Toxin ist, spricht folgender Befund: Resistente Zuckerrohrprotoplasten werden nach gleichzeitiger Behandlung mit sind. Behandlung mit dem Toxin allein beziehungsweise mit dem Rezeptorprotein allein zeigt keinen Einfluß auf die Protoplasten.

HC-Toxin

Das Pathogen *Cochliobolus carbonum* (imperfekt: *Helminthosporium carbonum*) bildet ein zyklisches Tetrapeptid, das als spezifisches Toxin (HC-Toxin) Maispflanzen, die ein rezessives *hm1*-Gen besitzen, schädigt. Das Pathogen verursacht unter anderem Nekrosen auf Maisblättern. Das HC-Toxin stellt ein zyklisches Tetrapeptid dar. Im Pathogen ist das spezifische *tox2*-Gen für die Expression des Toxins alleine verantwortlich. Neuere Untersuchungen zeigten, daß das *tox2*-Gen eine Peptidsynthase codiert.

Das HC-Toxin ist auch deshalb interessant, da es neben Zellzerstörung auch stimulierende Einflüsse auf empfindliche Maispflanzen ausübt.

Infizierte, anfällige Maispflanzen zeigen einen signifikanten Anstieg in der Sauerstoffaufnahme; ebenso ist die Fähigkeit, CO_2 im Dunkeln zu fixieren (über die PEP-Carboxylase), gesteigert. Im Verlauf der Infektion sinkt die anfänglich stimulierte CO_2-Fixierungsrate jedoch unter den Wert der Kontrolle, was wahrscheinlich auf die Anhäufung von Inhibitoren der CO_2-Reduktion zurückgeht. Entfernt man letztere, so erhält man die bereits erwähnte gesteigerte Rate zurück. Etwa 24 Stunden nach Infektionsbeginn kommt es zum Ausfluß von Elektrolytlösung aus dem Gewebe, was auf eine Membranstörung schließen läßt.

Die gleichen Symptome können auch nach einer Toxinbehandlung beobachtet werden. Zellfreie Extrakte von toxinbehandeltem Gewebe zeigen eine gesteigerte CO_2-Aufnahme, wenn Ribose-5-phosphat als Substrat verwendet wird. Das gleiche Ergebnis erzielt man mit Gewebe, das mit dem Pathogen infiziert worden ist. Dieser Befund könnte darauf hindeuten, daß der Pilz möglicherweise über das Toxin die Enzyme Ribulosephosphatkinase oder Pentosephosphatisomerase aktiviert.

Das HC-Toxin hat weder Einfluß auf Mitochondrien, Chloroplasten noch auf die Proteinbiosynthese. Dagegen beobachtet man bei niedrigen HC-Konzentrationen neben einer Wachstumsstimulierung bei Maiskeimlingen auch eine erhöhte Nitrataufnahme durch die Wurzeln. Außerdem tritt eine

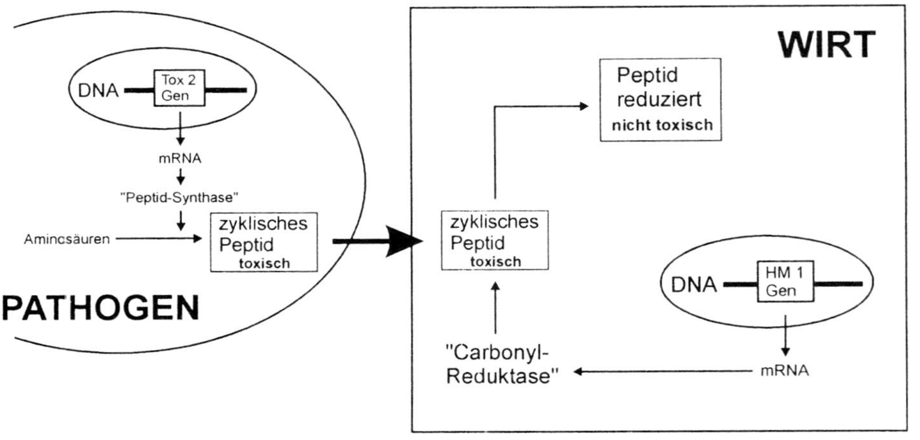

22.3 Die Entgiftung des HC-Toxins durch eine Carbonylreduktase der Wirtspflanze.

erhöhte Aufnahme und Speicherung von Na^+, Cl^-, Methylglucose und Leucin auf. Das HC-Toxin übt keinen Einfluß auf die Aufnahme oder Speicherung von K^+, Ca^{2+}, PO_4^{3-}, SO_4^{2-} oder Glutaminsäure aus.

Diese Ergebnisse führen zu dem Schluß, daß die Plasmamembran durch das HC-Toxin spezifisch verändert wird.

Neuere Ergebnisse verdeutlichen, daß Maispflanzen, die das dominante HM1-Gen tragen, resistent gegenüber *C. carbonum* sind. Nur sie transkribieren eine Carbonylreduktase, die das Toxin in ein nicht weiter toxisches Produkt umsetzt. Die spezifische Resistenz zwischen *C. carbonum* und Maispflanzen mit dem HM1-Gen wird in Abbildung 22.3 zusammengefaßt.

Literatur

Agrios, G. N. *Plant Pathology*. 3. Aufl., San Diego (Academic Press). 1988.

Alberts, B.; Bray, D.; Lewis, J.; Raff, M.; Roberts, K.; Watson, J. D. *Molekularbiologie der Zelle*. 2. Aufl., Weinheim (VCH Verlagsgesellschaft mbH.) 1990.

Andrews, J. H.; Tommerup, I. C. (Hrsg.) *Advances in Plant Pathology*. London/San Diego/New York (Academic Press) 1993.

Arz, M. C.; Grambow, H. J. (1994) In: *Planta* 195, S. 57-62.

Arz, M. C.; Grambow. H. J. (1995) In: *J. Plant Physiol.* 146, S. 64-70.

Bailey, J. A.; Mansfield, J. W. *Phytoalexins*. Glasgow/London (Blackie & Son Ltd.) 1982.

Baker, C. J.; Orlandi, E. W. (1995) In: *Annu. Rev. Phytopathology* 33, S. 299.

Bent, A. F.; Kunkel, B. N.; Dahlbeck, D.; Brown, K. L.; Schmidt, R.; Giraudat, J.; Leung, J.; Staskawicz, B .J. (1994) In: *Science* 265, S. 1856-1860.

Berridge, M. J. (1993) In: *Nature* 361, S. 315-325.

Beyer et al. (1993) In: *Forstw. Cbl.* 112, S. 251-256.

Blechert, S. et al. (1995) In: *PNAS* 92, S. 4099-4105.

Boller, T. (1995) In: *Annu. Rev. Plant Physiol. Plant Mol. Biol.* 46, S. 189.

Bracker (1968) In: *Phytopathology* 58, S. 12f.

Cann, A. M. *Principles of Molecular Virology*. London (Academic Press) 1993.

Côté, F.; Hahn, M. G. (1994) In: *Plant Molecular Biology* 26, S. 1379-1411.

Daniel, M.; Purkayastha, R. P. *Handbook of Phytoalexin Metabolism and Action*. New York (Marcel Dekker, Inc.) 1995.

Demmig-Adams, B.; Adams III, W. W. (1996) *Trends in Plant Science*, 1, S. 21-26.

deWit, P. J. G. M. (1992) In: *Annu. Rev. Phytopathol.* 30, S. 391-418.

Dinesh-Kumar, S. P.; Whitham, S.; Choi, D.; Hehl, R.; Corr, C.; Baker, B. (1995) In: *Proc. Natl. Acad. Sci. USA* 92, S. 4175-4180.

Dixon, R. A.; Harrison, M. J.; Lamb, C. J. (1994) In: *Annu. Rev. Phytopathology* 32, S. 479-501.

Doares, S. H. et al. (1995) In: *PNAS* 92, S. 4095-4098.

Durbin (1981) *Toxins in Plant Disease*. Academic Press, New York, London, San Francisco.

Ebel, J.; Cosio, E. G. (1994) In: *International Review of Cytology* 148, S. 1-36.

Enyedi, A. E. et al. (1992) In: *Cell* 70, S. 879-886.

Fahy, P. C.; Persley, G. J. (Hrsg) *Plant Bacterial Diseases - A Diagnostic Guide*. Sidney/New York/London (Academic Press) 1983.

Farmer, E. E. (1994) In: *Plant Molecular Biology* 26, S. 1432-1437.

Farmer, E. E.; Ryan, C. A. (1992) In: *Plant Cell* 4, S. 129-134.

Farmer, E. E.; Ryan, C. A. (1990) In: *PNAS* 87, S. 7713-7716.

Flor, H. H. (1942) In: *Phytopathology* 32, S. 653-669.

Flores, H. E.; Arteca, R. N.; Shannon, J. C. (Hrsg.) *Polyamines and Ethylene: Biochemistry, Physiology, and Interactions*. Rockville (American Society of Plant Physiologists) 1990.

Fraser, R. S. S. *Biochemistry of Virus-Infected Plants*. Letchworth, U. K. (Research Studies Press Ltd.) 1987.

Goodman, R. N.; Király, Z.; Wood, K. R. *The Biochemistry and Physiology of Plant Disease*. Columbia (University of Missouri Press) 1986.

Heller, W.; Forkmann, G. (1988) In: Harborne, J. B. (Hrsg.): *The Flavonoids*. London (Chapman and Hall Ltd.), Kap. 11, S. 399-425.

Hock, B.; Elstner, E. F. (Hrsg.) *Schadwirkungen auf Pflanzen*. 3. Aufl., Heidelberg (Spektrum Akademischer-Verlag) 1995.

Hoffmann, G. M.; Nienhaus, F.; Poehling, H.-M.; Schönbeck, F.; Weltzien, H. C.; Wilbert, H. *Lehrbuch der Phytomedizin*. 3. Aufl., Berlin (Blackwell Wissenschafts-Verlag) 1994.

Hultmark, D. (1994) In: *Nature* 367, S. 116-117.

Ibelgaufts, H. *Gentechnologie von A bis Z - Studienausgabe*. Weinheim (VCH Verlagsgesellschaft mbH) 1990.

Jones, D. A.; Thomas, C. M.; Hammond-Kosack, K. E.; Balint-Kurti, P. J.; Jones, J. D. G. (1994) In: *Science* 266, S. 789-793.

Kado, C. I.; Crosa, J. H. (Hrsg.) *Molecular Mechanisms of Bacterial Virulence*. Dordrecht/Boston/London (Kluwer Academic Publishers) 1994.

Keen, N. T. (1992) In: *Plant Molecular Biology* 19, S. 109-122.

Keen, N. T.; Tosuge, T.; Walling L. L. (Hrsg.) *Physiology and Biochemistry of Plant-Microbial Interactions*. Rockville (American society of Plant Physiologists) 1988.

Kessmann, H.; Staub, T.; Hofmann, C.; Maetzke, T.; Herzog, J.; Ward, E.; Uknes, S.; Ryals, J. (1994) In: *Annu. Rev. Phytopathol.* 32, S. 439-459.

Kindl, H. (1985) *Biosynthesis of Stilbenes*. In: Higuchi, T. et al. *Biosynthesis and Biodegradation of Wood Components*. London (Acad. Press), S. 349-377.

Kindl, H. *Biochemie der Pflanzen*. 3. Aufl., Berlin/Heidelberg/New York (Springer-Verlag) 1991.

Kogel, K.; Beissmann, B.; Reisener, H. J. (1988) In: *Physiol. Plant Pathol.* 33, S. 173.

Kogel, G.; Beissmann, B.; Reïsener, H. J.; Kogel, K. (1991) In: *Planta* 183, S. 164.

Kombrink, E.; Somssich, I. E. (1995) In: *Advances in Botanical Research* 21, S. 1-33.

Kuc, J. (1995) In: *Annu. Rev. Phytopathol.* 33, S. 275-297.

Lamb, C. J. (1994) In: *Cell* 76, S. 419 - 422.

Leshem, Y. Y.; Halevy, A. H.; Frenkel, C. *Processes and Control of Plant Senescence*. Amsterdam (Elsevier Science Publsihers B.V.) 1986.

Levine, A.; Tenhaken, R.; Dixon, R.; Lamb, C. (1994) In: *Cell* 79, S. 583.

Levings III., C. S.; Siedow, J. N. (1992) In: *Plant Mol. Biol.* 19, S. 135-147.

Lüttge, U.; Kluge, M.; Bauer, G. *Botanik - ein grundlegendes Lehrbuch*. Weinheim (VCH Verlag) 1988.

Madamanchi, N. R.; Kuc, J. (1991) *Induced Systemic Resistance in Plants*. In: Cole, G. T.; Hoch, H. C. (Hrsg.) *The fungus spore and disease initiation in plants and animals*. (Plenum), New York, S. 347-362

McGurl, B. et al. (1994) In: *PNAS* 91, S. 9799-9802 (Abb. zu finden als Fig. 3 auf S. 9801).

Mehdy, M. C. (1994) In: *Plant Physiol.* 105, S. 467.

Mendgen, K.; Deising, H. (1993) In: *New Phytol.* 124, S. 193-213.

Meyer-Kahsnitz, S. *Angewandte Pflanzenvirologie*. Braunschweig (B. Thalacker Verlag) 1993.

Mindrinos, M.; Katagiri, F.; Yu, G. L.; Ausubel, F.M. (1994) In: *Cell* 78, S. 1089-1099.

Moerschbacher B.; Heck, B.; Kogel, K.; Obst, O.; Reisener, H. J. (1986) In: *Z. Zaturforsch* 41c, S. 839.

Morel, F.; Doussiere, J.; Vignais, P. V. (1991) In: *Eur. J. Biochem.* 201, S. 523-546.

Müller, B.; Börger, A. (1940) In: *Arb. Biol. Reichsanstalt Landw. Forstw.* 23, S. 189.

Nürnberger,T.; Nennstiel, D.; Jabs, T.; Sacks, W. R.; Hahlbrock, K.; Scheel, D. (1994) In: *Cell* 78, S. 449.

Pearce, G. et al. (1991) In: *Science* 253, S. 895-898;

Pelland, E. J.; Steffen, K. L. *Active Oxygen/Oxidative Stress and Plant Metabolism.* Rockville (American Society of Plant Physiologists) 1991.

Rayals, J.; Uknes, S.; Ward, E. (1994) In: *Plant Physiol.* 104, S. 1109-1112.

Renelt, A.; Colling, C.; Hahlbrock, K.; Nürnberger, T.; Parker, J. E.; Sacks, W. R.; Scheel, D. (1993) In: *J. Exp. Bot.* 44, S. 257.

Ryan, C. A. (1992) In: *Plant Molecular Biology* 19, S. 123-133.

Ryan, C. A.; Farmer, E. F. (1991) In: *Annu. Rev. Plant. Physiol. Mol. Bio.* 42, S. 651-674.

Ryan, C.A. (1990) In: *Ann. Review Phytopathology* 28, S. 425-449.

Salmond, G. P. C. (1994) In: *Annu. Rev. Phytopathol.* 32, S. 181-200.

Schäfer, W. (1994) In: *Annu. Rev. Phytopathol.* 32, S. 461-477.

Schönbeck, F. (1979) *Pflanzenkrankheiten.* Stuttgart (Teubner).

Shiraishi, T.; Yamada, T.;. Saitoh, K.; Kato, T.; Toyoda, K. Yoshioka, H.; Kim, H.; Ichinose, Y.; Tahara, M.; Oku, H. (1994) In: *Plant Cell Physiol.* 35, S. 1107-1119.

Somssich I. E. (1994) In: Nover, L. (Hrsg.) *Results and Problems in Cell Differentiation 20.*(Springer Verlag), Berlin, Heidelberg, S. 163-179.

Strasburger, E.; Noll, F.; Schenck, H.; Schimper, A. F. W. *Lehrbuch der Botanik für Hochschulen.* 33. Aufl., neubearb. Sitte, P.; Ziegler, H.; Ehrendorfer, F.; Bresinsky, A. Stuttgart (Gustav Fischer Verlag) 1991.

VanEtten, H. D.; Matthews, D. E.; Matthews, P. S. (1989) In: *Annu. Rev. Phytopathol.* 27, S. 143-164.

Wessels, J. G. H. (1996) In: *Trends in Plant Science* 1, S. 9-15.

Whitham, S.; Dinesh-Kumar, S. P.; Choi, D.; Hehl, R.; Corr, C.; Baker, B. (1994) In: *Cell.* 78, S. 1101-1115.

Witham, S.; Dinesh-Kumar, S. P.; Choi, D.; Hehl, R.; Corr, C.; Baker, B. (1994) In: *Cell* 78, S. 1101-1115.

Yang, S. F.; Hofmann, N. E. (1984) In: *Annu. Rev. Plant Physiol.* 35, S. 155-189.

Yoder, O. C. (1980) In: *Ann. Rev. Phytopathol.* 18, S. 103-129.

Yoshikawa, M.; Tsuda, M.; Takeuchi, Y. (1993) In: *Naturwissenschaften* 80, S. 417.

Zhu, Q.; Maher, E. A.; Masoud, S.; Dixon, R. A.; Lamb, C. (1994) In: *Bio/Technology* 12, S. 807.

Index

A

E

F

G

H

M

N

R

S

T

U

V

W